中国印刷年鉴

2021

中国印刷技术协会
中国印刷杂志社
组织编写

文化发展出版社
Cultural Development Press

内容摘要

《中国印刷年鉴（2021）》全面、系统地反映了我国印刷业2020年整体及主要细分市场、区域市场的发展情况。书中汇集了“十三五”期间印刷及相关领域发展的统计数据，基本展示了我国印刷业发展取得的成绩，对相关政府部门制定行业发展政策，为企业了解和把握未来发展趋势并作出正确决策具有一定的参考性和实用性。

图书在版编目（CIP）数据

中国印刷年鉴 . 2021 / 中国印刷技术协会 , 中国印刷杂志社组织编写 . – 北京 : 文化发展出版社 , 2021.10

ISBN 978-7-5142-3576-0

Ⅰ . ①中… Ⅱ . ①中… ②中… Ⅲ . ①印刷工业 – 中国 –2021– 年鉴 Ⅳ . ① F426.84-54

中国版本图书馆 CIP 数据核字 (2021) 第 187528 号

中国印刷年鉴（2021）

中国印刷技术协会
中国印刷杂志社 组织编写

责任编辑：魏　欣　　　　责任校对：岳智勇
责任印刷：邓辉明　　　　责任设计：侯　铮
出版发行：文化发展出版社（北京市翠微路2号　邮编：100036）
网　　址：www.wenhuafazhan.com
经　　销：各地新华书店
印　　刷：北京盛通印刷股份有限公司

开　　本：787mm × 1092mm　1/16
字　　数：480千字
印　　张：30
版　　次：2021年12月第1版
印　　次：2021年12月第1次印刷
定　　价：550.00元
ISBN：978-7-5142-3576-0

◆ 本书内文用纸：金东纸业（江苏）股份有限公司　105g太空梭特级双面铜版纸，80g太空梭本白双胶纸

编辑说明

《中国印刷年鉴》是我国印刷行业唯一一本大型资料性工具书，收录了我国印刷及相关行业上一年度整体发展的相关资料，对于促进印刷资源的开发利用、促进业界对印刷业的深入研究和科学决策发挥了重要作用。

2021 年是中国共产党建党 100 周年，是“十四五”开局之年，是第二个百年目标新征程的开启之年。2021 年也是《中国印刷年鉴》出版 40 周年，在这一重要的历史时刻，中国印刷技术协会决定编辑出版《中国印刷年鉴（2021）》。本卷年鉴也是继 1981 年出版首卷以来的第 30 卷。

《中国印刷年鉴（2021）》全面、系统地反映了我国印刷业 2020 年整体及主要细分市场、区域市场的发展情况，共设 7 个常规栏目：特载、业情综述、大事记、印刷人、地方印刷、政策法规与标准、数据统计。

书中汇集了“十三五”期间（2016—2020 年）印刷和记录媒介复制业规模以上工业企业统计数据、全国印刷业年度统计数据，2020 年全国报纸印刷量调查统计数据，2020 年国内印刷装备、印刷器材主要商品进出口情况，2020 年重点造纸企业产量前 30 名基本情况，基本展示了“十三五”时期及 2020 年度我国印刷业发展取得的成绩，对相关政府部门制定行业发展政策，为企业了解和把握未来发展趋势并作出正确决策具有一定的参考性和实用性。

为庆祝中国共产党建党 100 周年，本卷年鉴增设“党建专辑”栏目，邀请行业企业就党建工作撰写专文。

2021 年恰逢《中国印刷年鉴》出版 40 周年。在这一值得纪念的时刻，我们特邀请行业领导、专家、企业家代表挥笔题词，为《中国印刷年鉴》出版工作锦上添花。

本卷年鉴的编纂工作，得到中宣部印刷发行局、部分省（市、自治区）委宣传部印刷发行处的关心和指导，得到各地印刷协会、海内外印刷界专家和学者以及广大读者的帮助和支持。在此，谨致谢忱。由于本卷年鉴的资料来源广泛，在编纂过程中难免存在疏漏、错误之处，请广大读者批评、指正。

中国印刷技术协会

中国印刷杂志社

二〇二一年十二月

盛通股份
证券代码：002599

北京盛通印刷股份有限公司

集团简介

Group Introduction

北京盛通印刷股份有限公司成立于2000年11月，注册资金5.48亿元，是一家以出版物印刷、儿童素质教育为主要业务的上市公司（证券简称：盛通股份，证券代码：002599）。

公司业务涵盖综合出版服务和素质教育服务两大板块，可为客户提供综合产能加工、创意设计、装帧排版、原材料供应链、图书仓储配送等全产业链综合解决方案。公司先后获得国家高新技术企业、国家印刷示范企业、北京市出版物印刷服务首都核心功能重点保障企业、绿色印刷标兵示范单位等称号。目前盛通股份在京、津、冀、沪共拥有8个现代化的生产基地，占地近30万平方米，全年生产约7.3亿册图书。

公司发展注重内涵增长与外延扩张并重，立足文化出版，大力布局教育、出版等上下游衍生产业发展，积极进行儿童素质教育。2016年11月，盛通股份以4.3亿元收购了国内最大的机器人教育培训企业——乐博乐博，开启了儿童素质教育的重要布局。目前，乐博乐博在全国28个省份，设立了700余家校区，拥有学员10万余名。

专注文化出版，布局教育未来。盛通股份将坚持绿色化、数字化、智能化、融合化发展的方向，利用移动互联、云计算和工业信息化技术，积极推动智能制造、数字化生产，聚合需求、不断延展服务链条，实现印刷综合服务的高质量发展；同时，聚焦教育行业，积极整合教育产业优质资产，延续自身的文化基因，打造教育、出版文化综合服务生态圈。

盛通股份，让知识传播的更广、更远。

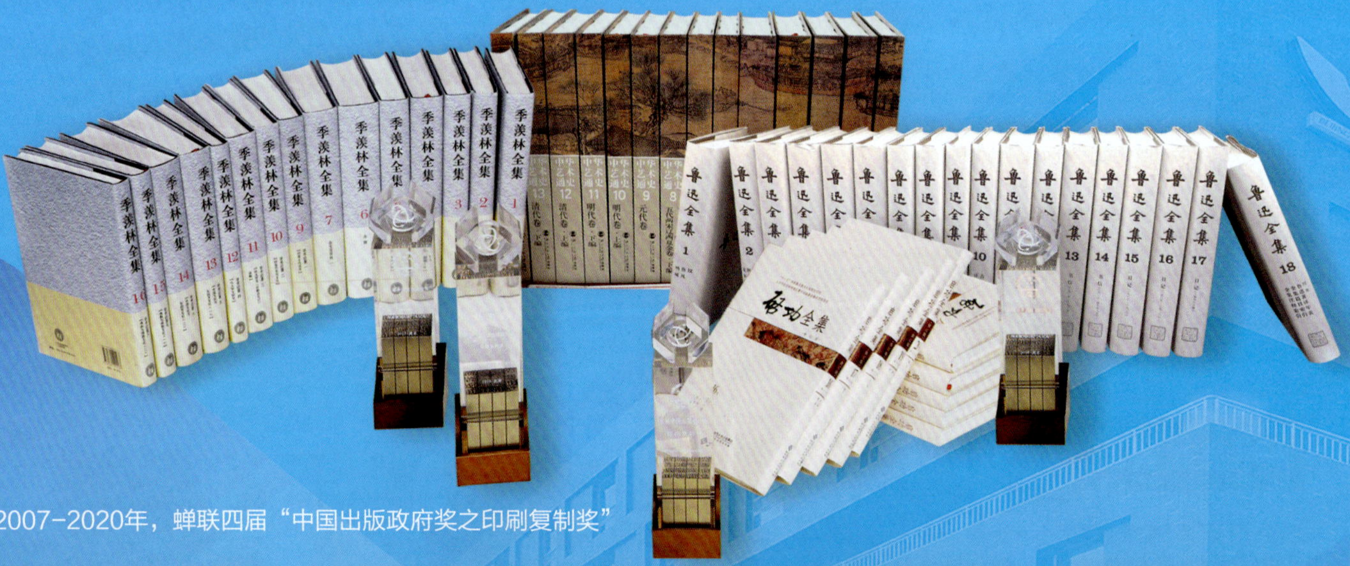

2007-2020年，蝉联四届“中国出版政府奖之印刷复制奖”

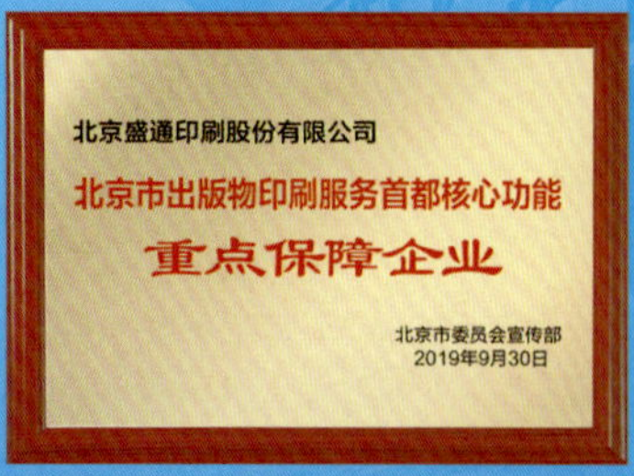

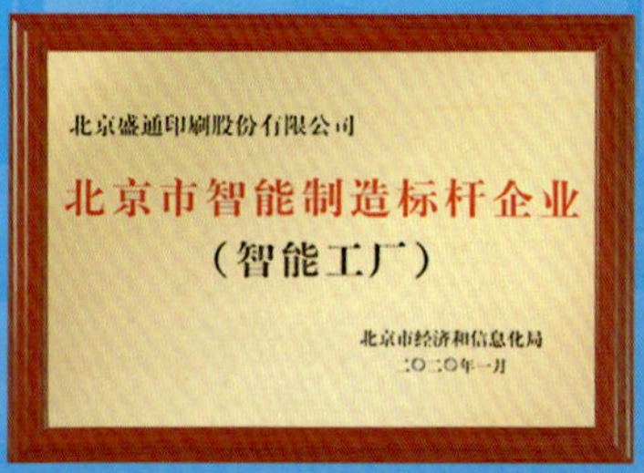

产业布局

2000年
北京盛通彩色印刷有限公司
（2011年改造为北京盛通包装印刷有限公司）

2010年
北京经济技术开发区第二工厂
正式启用（总部）

2012年
上海盛通时代印刷有限公司

2015年
盛通（廊坊）出版物印刷有限公司

2017年
天津盛通兴泓盛印刷有限公司

2017年
天津鸿承印刷有限公司

2019年
天津盛通文化出版综合服务基地

2019年
天津新华印务有限公司

出版服务云平台

山西新华印业有限公司
SHANXI XINHUA PRINTING CO., LTD.

企业简介
COMPANY PROFILE

山西新华印业有限公司，隶属于山西出版传媒集团有限责任公司，是山西省省属国有大型综合印刷企业、政府定点采购企业、国家秘密载体印制资质单位（甲级）、人民教育出版社印刷示范企业、安全生产标准化（二级）企业资质。2011 年 11 月成为全国首批、山西首家绿色印刷认证企业。

山西出版传媒集团在山西转型综合改革示范区晋中开发区汇通产业园建设了山西出版传媒产业园·新华印业园区。建筑面积 50397.82 平方米，其中综合车间 41481.85 平方米，保密车间 3288.44 平方米，保密服务楼 5627.53 平方米，拥有书刊印刷、密件印刷、商业印刷 3 条专业化生产线，是全省大型的数字化印装基地和全省先进的保密印刷基地。2020 年按照山西出版传媒集团“12344”发展战略，山西新华印业有限公司与山西省美术印务有限责任公司顺利完成合并搬迁入园。

山西新华印业有限公司始终坚持以“诚实守信、客户至上”为原则，用真诚的服务打动客户；以“品质为本、精益求精”为实践标准，推动企业稳中求进高质量发展。

荣誉榜

2021 年庆祝中国共产党成立 100 周年，在党史学习教育主题出版物《习近平新时代中国特色社会主义思想学习问答》印制中，我公司干部职工履职尽责，坚持把社会效益放在首位，高质量完成党史学习教育用书印装任务，为党的百年华诞献礼。

在 2021 年第 41 次全国人教版中小学教材印装质量检测工作中，我公司以 23 种优质品，7 种良好品的优异成绩，荣获山西全国人教版教材印装质量检测第二名。

在第八届中华印制大奖评选中，获两项铜奖。

文化特色

人和 亲和

公司把关心、关爱困难职工，作为重要工作来抓。传统节日，坚持开展走访困难职工，开展党员送温暖活动；重大节日，八一建军节和春节，慰问老党员、复转军人、“两参”人员。

每年“两教”旺季生产，开展劳动竞赛，明确奖项和标准，激励广大职工创生产新高、破生产纪录；开展消费扶贫，落实决战攻坚脱贫工作；组织开展职工运动会，丰富职工业余生活；组织开展主题党日，不断增强党员干部政治自觉、思想自觉。

山西新华印业有限公司公众号

创新管理

锐意进取　敢于争先

公司紧密围绕建立现代企业制度工作为重心，以工作岗位职责为纽带，以绩效考核为抓手，塑造全新的企业形象，着力推行 7s 标准化管理，降低成本、确保安全生产，创造适宜的工作环境，逐步实现工作质量再提高、工作效率再进步。

公司一把手带队，组织企业中层管理人员从“7s”管理的七方面（整理、整顿、清扫、清洁、安全、节约、素养）着手，对车间、办公区域进行“7s”管理实践学习，从实践中引导干部树立“7s”管理理念，抓好职工队伍建设；组织干部职工参加“7s”管理培训，以点带面，促进管理干部熟悉掌握企业“7s”管理模式使用意义、管理办法。

助力公益

汇聚正能量　以行动奉献爱心

公司充分发挥工会、共青团等群团组织作用，扛起国企责任，积极组织干部职工参与攻坚脱贫、抗击疫情、送温暖献爱心等活动。疫情防控期间，公司全体干部职工捐款 26985 元，2020 年向社会捐款 39954 元。向定点扶贫村捐赠过冬衣物 660 件、书籍 200 本，用实际行动弘扬了中华民族团结互助、扶贫济困、助人为乐的传统美德和人道主义精神，真正践行国企的责任和担当。

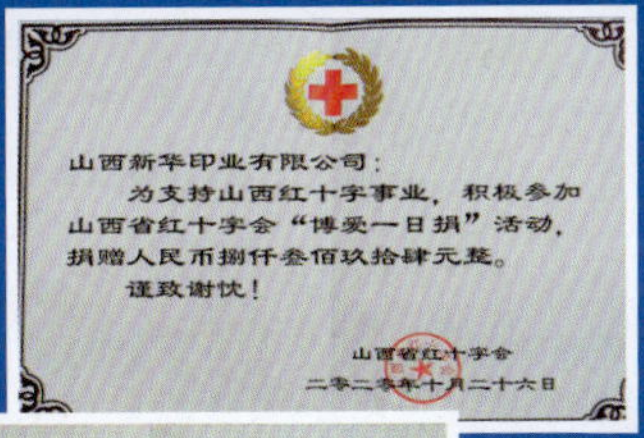
山西新华印业有限公司：
为支持山西红十字事业，积极参加山西省红十字会“博爱一日捐”活动，捐赠人民币捌仟叁佰玖拾肆元整。
谨致谢忱！
山西省红十字会
二零二零年十月二十六日

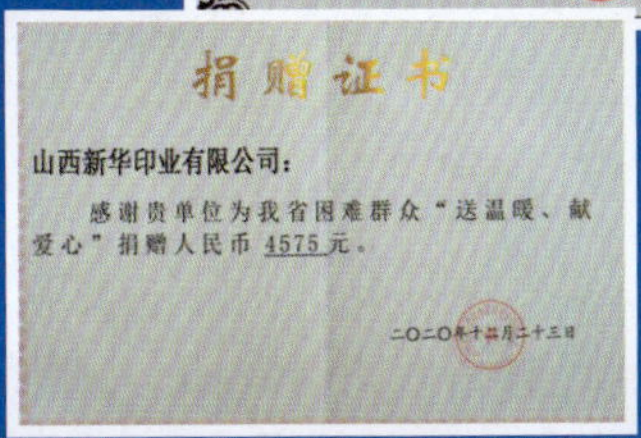
捐赠证书
山西新华印业有限公司：
感谢贵单位为我省困难群众“送温暖、献爱心”捐赠人民币 4575 元。
二〇二〇年十二月二十三日

展望未来

乘风破浪　扬帆远行

新蓝图已经绘就，新征程全面开启！我们将牢固树立创新、协调、绿色、开放、共享的发展理念，以稳固生产经营、稳定职工队伍、提升发展动能、提高职工收入四大目标为牵引，不忘初心、牢记使命，乘势而上、接续奋斗，在转型发展蹚新路上，奋力谱写新时代、新篇章，以优异成绩庆祝中国共产党成立 100 周年！

联系电话：0351-4040125　0351-7041288　0354-8518946
联系人：李先生　QQ：278476032
地　址：山西省太原市迎泽区双塔西街 32 号
晋中分公司：山西省晋中市山西示范区晋中开发区汇通产业园区 108 国道北六堡段

辽宁新华印务有限公司
LIAONING XINHUA PRINTING COMPANY,LTD.

01 企业简介

辽宁新华印务有限公司是辽宁出版集团在整合原沈阳新华印刷厂、辽宁美术印刷厂优良资产基础上，于2014年10月成立的综合性国有印刷企业。公司已于2016年12月13日成功注入辽宁出版集团控股的上市公司——辽宁北方联合出版传媒（集团）股份有限公司。

公司位于沈阳经济技术开发区六号路14甲3号的辽宁出版印刷物资配送产业园内，建筑面积4.1万平方米。资产总额超过2亿元人民币。

02 核心业务

公司拥有海德堡M600、三菱、小森等世界知名品牌商业轮转及八色高速书刊轮转印刷机，多台海德堡、曼罗兰、小森对开四色平张纸印刷机，拥有柯尔布斯高速胶订联动线和柯尔布斯精装联动线、精密达高速联动线、马天尼及国产中速胶订联动线及数条骑钉线、全自动覆膜机和海德堡高速折页机等先进的装订设备，能够提供书刊、画册、期刊、包装物等印刷品制版、印刷、装订的一站式服务。辽宁新华在每年承担春秋两季在辽宁省内发行的教材、教辅的生产任务之外，主要承接社会图书、期刊产品、高端画册等印制业务。每年的书刊加工总量近一亿册，年营业收入超过2.2亿元，是东北地区规模较大的现代化书刊印刷企业。

联系电话：024-23280600、13940296877（梁先生）

公司地址：辽宁省沈阳市经济技术开发区中央大街六号路14甲3号

03 企业荣耀

公司成立以来，已取得了《中国环境标志产品认证证书》、《安全生产标准化二级企业证书》、中国印刷技术协会颁发的《AA企业信用等级证书》、辽宁省《信用等级AAA证书》等资质。公司于2016年成功贯标了质量管理体系、环境管理体系、职业健康安全三项管理体系。

2017年，公司被人民教育出版社授予“印刷示范企业”；在全国人教版教材质量评比中，获得全国综合排名并列第二、优级品率全国排名第一的殊荣；《景德镇窑（下）》荣获第六届中华印制大奖精装类图书优秀奖；《中华文脉一中国窑口系列丛书》在第二十六届优秀美术图书“金牛杯”评奖中被评为金奖；《中国机器人》获得第十四届精神文明建设“五个一工程”奖；《冰花碎语》、《新新皮影图谱》（上）、（下）分别荣获第八届中华印制大奖银奖、铜奖；2016-2019年连续四年获得“精密达杯”印后装订明星企业称号；2019年成为中国印刷技术协会“致敬新中国70周年印刷业时代先锋”百强企业和首批中国印刷业高技能人才教育培养基地。

2020年，公司在第四十次全国人教版中小学教材印装质量检测中，荣获全国第三名的好成绩，同时获得北京师范大学出版社2019秋、2020春北师大版中小学教科书印制质量评比全国第四名，2020年被沈阳市有关部门认定为“沈阳市青年就业见习基地”。

04 展望未来

2018年至今，在辽宁出版集团的资金支持下，新华印务先后投资共计6000万元进行技术改造，辽宁出版集团批准北方文化新谷创业产业基地8000平方米厂房支持辽宁新华精品印制中心的建设，公司迎来了历史上最大的发展机遇。在辽宁出版集团转型发展的大潮中，公司通过技术改造与升级，全力打造精品印制中心，使辽宁新华最终实现提升高端印刷品市场份额、扩大企业知名度、树立品牌效应。

未来，我们将进一步发展和壮大印刷产业，稳中求进、科学谋划、精准发力，传承“新华精神”，积极推动改革深化，不断探索企业发展新模式，履行社会责任，彰显国企担当，实现社会效益、经济效益稳步提升。

公司网址：www.lnxhyw.com
邮　　编：110041

印刷标准水源供水系统

TD9900-I-HX

恒定润版液配比，均匀润版添加，稳定润版液水质，提高印刷品质量，同时可作为车间加湿器雾化供水水源。

润版液循环过滤系统

TD9900—IV

采用在线多级循环过滤处理工艺，净化润版液杂质的同时，确保润版液成分不丢失，减少润版液更换，稳定印品质量。

印刷擦机布循环再生系统

TD9900-II-QS

擦机布脱油去溶、水洗干燥，循环使用，减少90%擦机布用量及危废转移。

印刷品快速干燥去异味系统

TD9900-M30

采用密闭、恒温、负压、氧化处理等技术，能有效快速去除食品包装、药品包装、烟草包装、精装、胶装等产品上的油墨、胶水、热熔胶、纸板等原辅材料异味；印刷品快速干燥处理，同时对食品包装产品进行有效杀菌消毒等作用。

废液固化处理系统

TD9900-II-FX

废液固化处理，自动收集、抽取，在线固化处理，无需额外添加药剂，残余固废量低。

显影水0排放系统

TD9900-I-FQ

在线循环过滤和电化学处理工艺，对显影冲版水进行物化处理，长期循环使用，实现冲版水0排放。

RCO催化燃烧设备

RTO蓄热燃烧设备

UV光催化氧化+活性炭组合处理设备

含油污水处理

喷淋生物净化组合处理

含氮污水处理

手 机：13812199958　15261530563

地 址：无锡市锡山经济开发区蓉兴三路31号

红色基因 绿色纸品

岳阳林纸与“红色经典”结缘，是主题刊物、国家统编三科教材用纸、以纸代塑包装用纸、高端办公用纸等生产企业，获中国环境标志（II型）产品认证。

天岳®

- 全木浆纯质纸
- 天岳书纸
- 天岳彩画纸

山岳®

- 全木浆胶版纸
- 山岳书纸
- 山岳彩画纸
- 精品牛皮纸
- 食品包装纸

湖岳®

- 全木浆胶版纸
- 湖岳书纸

岳阳楼®

- 胶印书刊纸
- 胶版印刷纸
- 亮白高松胶版纸
- 办公用纸

泰格风 TAIGE FENG®

- 离型原纸
- 办公用纸

泰格雅 TAIGE YA®

- 复印原纸
- 轻型胶版纸
- 簿本纸

泰格颂 TAIGE SONG®

- 涂布纯质纸
- 精制轻量涂布纸
- 食品包装纸

岳阳林纸绿色纸品家族

岳阳林纸生态名片

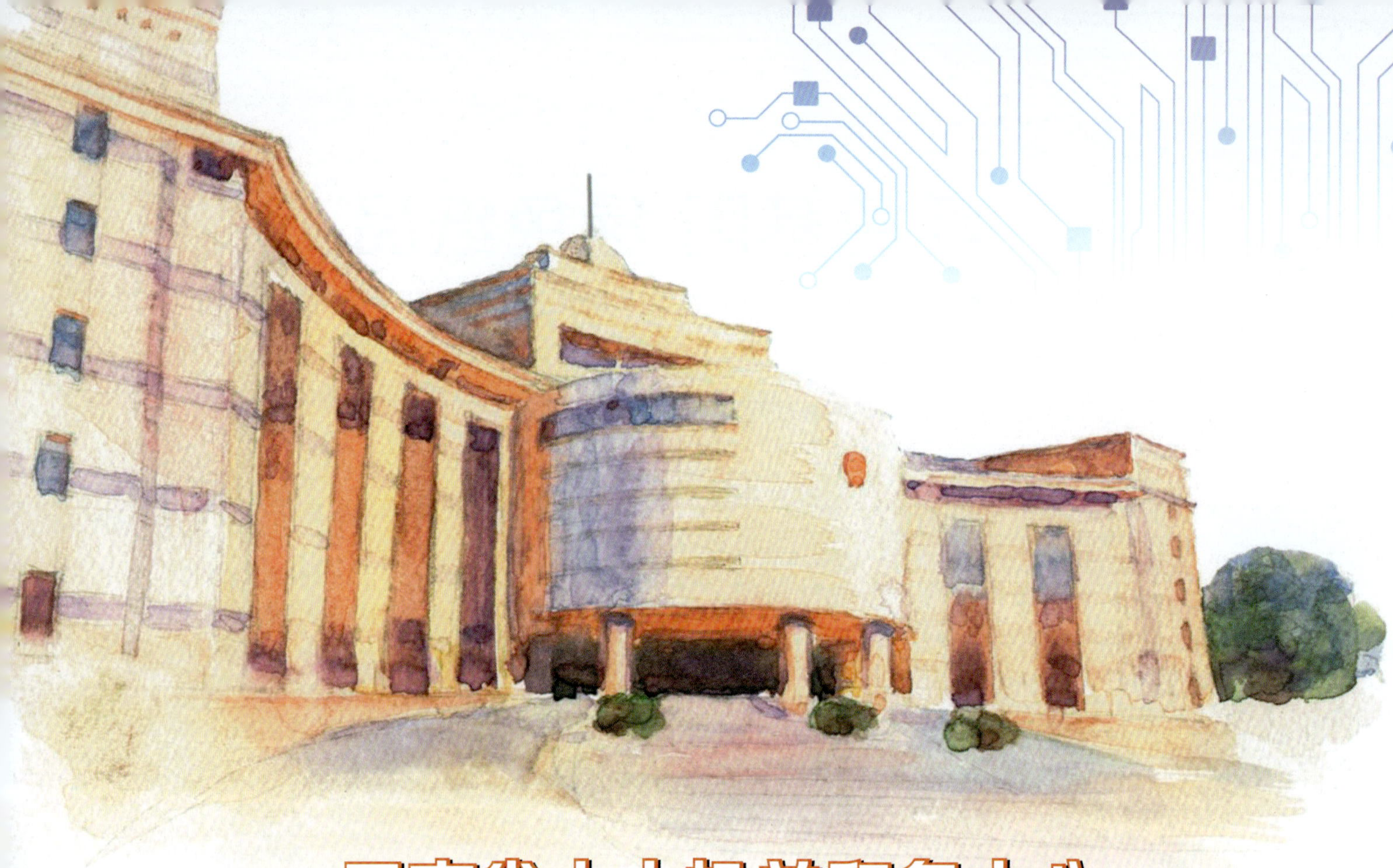

云南省人大机关印务中心

云南省人大机关印务中心成立于1992年8月，是拥有较强机关保密文印支持保障能力的单位。

取得成绩

- 云南省书刊印刷质量管理金奖单位
- 连续12年云南省书刊印刷质量管理先进单位
- 云南省高新技术企业
- 连续3年云南省书刊印刷质量免检单位
- 连续3年云南省印刷行业人才培养先进单位

业务能力

- 长年承担着云南省人大机关“三会”和日常各类文印任务
- 每年承担着云南省、昆明市及所属几个区“两会”文印任务

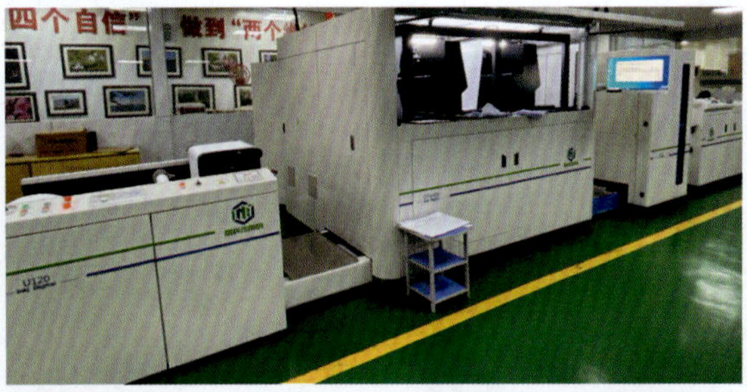

人才队伍

成立29年来，本单位培育了一批非常优秀的人才，包括1名印刷工程专业高级工程师、8名印刷工程专业工程师、15名印刷工程专业助理工程师、3名高级技工、1名高级人力资源管理师、2名助理会计师等。除此之外，本单位还拥有首届云南省印刷行业优秀企业家、优秀技术工人等多项荣誉。

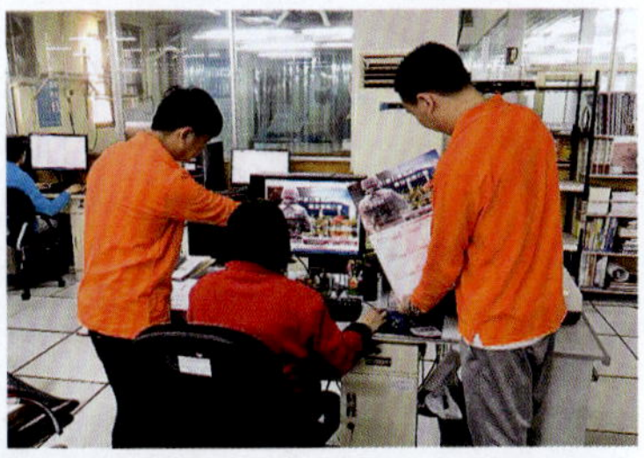

地址：云南省昆明市西山区滇池路166号云南省人大机关办公大楼负一楼（0871-64143293）

目录 CONTENTS

目录 CONTENTS

《中国印刷年鉴》创刊于1981年，由中国印刷技术协会主办、中国印刷杂志社组织编辑出版，是我国印刷业出版最早、内容最全、最具权威性的大型资料性工具书。2021年恰逢《中国印刷年鉴》出版40周年。40年来，在业界人士的支持和鼓励下，《中国印刷年鉴》的编辑出版为印刷业的改革、开放和发展，为印刷业的文化建设作出了重要贡献。

出版40周年是《中国印刷年鉴》编辑出版史上的里程碑，更是继往开来、再铸辉煌的新起点。在这一值得纪念的时刻，我们特邀行业领导、专家、企业家代表挥笔题词，为《中国印刷年鉴》出版工作锦上添花！

2020年是极不平凡的一年，印刷战线在党中央的领导下，提升站位、攻坚克难、甘于奉献、开拓创新，交上了一份合格的答卷。面对新冠肺炎疫情带来的严重冲击，全行业抓住机遇、化危为机，赢得产业发展主动权。面临“十三五”收官之年艰巨任务，全行业认真总结经验、科学研判形势，积极谋划应对举措，提升了实力，做强了产业。

这一年，行业发生了很多事情值得我们去梳理和思考。本卷年鉴以图文并茂的形式忠实记录2020年行业所做的重点工作以及发生的重要事件，描绘行业一年来的发展面貌。

中南出版传媒集团 CHINA SOUTH PUBLISHING & MEDIA GROUP | 天闻印务 TIANWEN DIGITAL PRINTING

天闻印务

TIANWEN DIGITAL PRINTING

生态智慧印制综合服务提供商

湖南天闻新华印务有限公司是国家首批印刷示范企业，隶属中南出版传媒集团股份有限公司（证券代码：601098），是一家集书刊、商业、报纸、防伪标识、数码快印等印刷和信息化防伪技术研发于一体的大型国有企业。现有在职员工近1700人，各类专业管理技术人员500多人，拥有国内外先进生产设备近300台套，可实现最高日产成书量350万册，是一个拥有超10亿元固定资产的生态型绿色印刷产业发展基地。

公司享有商品和技术进出口权资质，已取得质量、环境、职业健康安全、“FSC”森林、绿色印刷、社会责任等多项国际标准体系认证，在信息化防伪技术上以“一书一码”系统为依托，建立数字资源库大数据平台，全面满足公司战略客户新商业、新营销模式的技术需求。

公司秉承敢于担当、勇于创新、善于作为的改革精神，立足实业，聚焦主业，从制造到智造，从产品链到产业链，从内陆到海外，在供给侧结构性改革的大潮中，闯出一条传统书刊印刷企业高质量发展的新路子。十三五期间，天闻印务保持年销售收入超10亿元，年利润实现近30倍的跨越式增长；完成20余亿册出版物印制生产，多色印刷年产量位列全国前列，海外业务市场开拓至10余个国家，遍布六大洲，在海外高端精品图书市场的影响力和美誉度不断提升。

公司连续16年荣登中国包装印刷企业100强排行榜，荣获首届、第三届中国出版政府奖先进出版单位奖，印制的《中医名言通解》获第五届中国出版政府奖印刷复制奖，在第39、40、41次全国人教版中小学教材质评中荣膺全国第一，在统编三科教材质评中连续三季荣获全国第一名，印制的有关主题出版物获学习出版社重大选题突出贡献企业奖和外文出版社重大项目先进单位奖，印制的《中国国家地理》多次荣获中华印制大奖金奖。

天闻印务始终坚持守正创新，开拓进取，不忘初心，砥砺奋进，以建立一流的管理、一流的团队、一流的质量、一流的设施、一流的环境智能化印厂为目标，以标准化、智能化、规模化、综合化为路径，全力打造公司高质量发展新高地，着力构建“十四五”高质量发展新格局。

印制的《中医名言通解》
荣获第五届中国出版政府奖印刷复制奖

目 录 CONTENTS

目录 CONTENTS

目录 CONTENTS

领驭新未来
OJI
木尽其用
森生不息
王子（OJI）集团
百年精彩，尽在王子

目录 CONTENTS

TOPPAN

北京利丰雅高长城印刷有限公司

北京利丰雅高长城印刷有限公司（简称北京利丰）自 1993 年注册至今已从事出版物印刷长达 28 年，总投资 10 亿元人民币，总建筑面积 4.3 万平方米，现有员工 600 余人，集印前分色制版、八色轮转印刷、四色、五色、八色平版印刷、自动化装订流水线于一体，以印制主题类出版物、中高档彩色期刊、杂志、图书、儿童读物、北京市中小学教材教辅、商业订单为主的综合性印刷企业。

北京利丰坚持诚信、和谐、专业、高雅的服务理念，坚持以客户为中心，秉承“一站式”服务理念，凭借着独特的个性化服务，优良的产品质量和及时的交货时间，近年来先后被评为“国家印刷示范企业”，“北京市出版物印刷企业减排绩效分级 A 级企业”，作为“北京出版物印刷服务首都核心功能重点保障企业”，于 2021 年考评结果优秀，是首批“北京市诚信创建印刷企业”和“北京市绿色印刷工程标兵示范单位”。

北京利丰经过全体员工的努力拼搏，不断追求科技创新，引领行业的技术发展，为众多客户提供优质的服务及高质量产品，赢得了广大客户的一致好评。

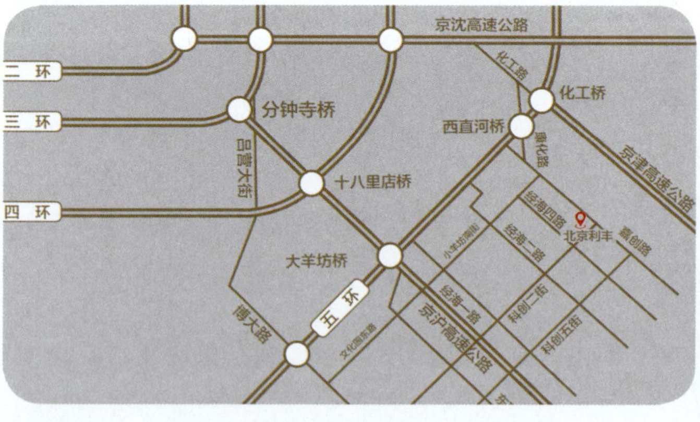

公司地址：北京市通州区科创东二街 3 号院

联系电话：5901 1287

目录 CONTENTS

目录 CONTENTS

包装与印刷工程学院

天津职业大学
TIANJIN VOCATIONAL INSTITUTE

包装与印刷工程学院（原印刷工程系）于2003年8月正式成立。现设有包装工程技术、包装策划与设计、印刷媒体技术和印刷数字图文技术4个高职专业，天津职业大学与天津科技大学联合培养 “包装工程”本科专业，是学校的主要教学单位之一，现有在校生1000余人。

2006年包装技术与设计专业被确定为首批“国家示范性高等职业院校专业重点建设项目”；2014年印刷数字图文技术专业被确定为“十二五”天津市高等职业院校提升办学水平建设项目，2016年包装策划与设计专业被确定为“十三五”天津市高等职业院校提升办学能力建设项目。目前包装工程技术专业群是国家“双高”建设中高水平专业群建设项目。在各项目建设中,包装与印刷工程学院集体先后获得天津市教委工人先锋号集体和中国包装先进教育单位、全国第四、五、六届印刷行业职业技能大赛突出贡献单位等荣誉称号。获得职业教育国家教学成果奖2项；主持包装技术与设计专业国家教学资源库建设。3名教师获得“天津市五一劳动奖章”荣誉称号，1名教师获得天津市优秀共产党员优秀称号，1名教师获得全国毕昇印刷优秀新人奖；连续三届获得全国印刷行业职业技能大赛印品整饰工赛项学生组第一名，2018年学院赵艳东老师获得全国印刷大赛平版制版工赛项职工组第一名，并被评为“全国技术能手”。学生在近五年省部级以上技能大赛中获奖百余项。

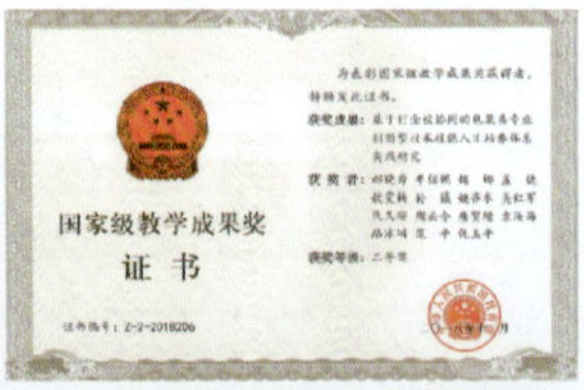

2019年包装与印刷工程学院四个专业组建包装工程技术专业群，成功入选中国特色高水平专业群（A档）建设单位，瞄准新的定位，以“引领改革，支撑发展，中国特色，世界水平”为目标，落实立德树人根本任务，打造高水平专业群。

通过多年的努力，包装与印刷工程学院各专业在全国有了较大影响力。现为全国包装行指委副主任委员单位、全国新闻出版行指委委员单位、中国印刷技术协会理事单位、天津印刷协会副理事长单位等。经过20余年建设和发展，学院已在印刷包装及数字图文领域中形成特色。全学院教师积极进行科研教研、国家教学资源库、精品共享课程、教材建设等工作，成绩显著；学院积极推进产教融合，已与天津长荣科技集团、天津海顺印业包装有限公司、中荣印刷科技有限公司、山东鲁信天一印务有限公司等知名企业建立长期深度校企合作关系。牵头建设印刷包装职业教育集团，并成立印刷包装行业学院，创新人才培养。

学院具有朝气蓬勃、吃苦耐劳、奋发有为的一支高素质的师资团队。目前，专任教师中具有高级职称的教师占专任教师总数的52%。具有博士学位、硕士学位的比例占专任教师总数的94%。我学院注重教师实践能力的培养，100%专业教师具备双师素质。

学院建有先进的包装印刷实训中心、包装结构设计实训室、包装结构成型实训室、绿色包装材料检测实训室、数字印刷实训室、爱色丽彩通国际认证色彩实验室、印后加工实训室等，学院深度产教融合，与行业企业共建30多个校内外实训基地，共建生产型实训基地，为学生提供系统的实习、实训。学院学生连续10年就业率达96%以上，毕业生受到用人单位的好评，为天津职业大学包装与印刷工程学院赢得了良好的社会声誉。

地址：天津市北辰区洛河道2号
联系方式：022-5938 7632
网址：http://byxy.tjtc.edu.cn/

目录 CONTENTS

中闻印务投资集团有限公司

中闻印务投资集团有限公司是人民日报社出资成立的国有独资企业法人，在接收7家军队保障性企业基础上于2001年12月成立，集团注册资本38064.42万元，主要开展与纸媒、出版行业相关联的印刷业、文化产业以及有关项目的投资业务，目前在南京、济南、西安、武汉、福州、青岛等6个城市拥有8家全资子公司。近年来集团，主营业务以年均10%左右的速度增长，2020年全集团实现营业收入超5亿元，在全国印刷企业综合实力位列100名以内，在报纸印刷企业中位列前茅。

中闻集团先后被评为“2011年中国印刷企业100强”和“2020年中国印刷包装企业100强”，2020年集团荣获“首都文明单位”称号。

企业成立以来，在人民日报社编委会的领导下，广大干部职工秉承“拼搏、奉献、和谐、发展”的理念，通过转变经营观念、强化企业管理、加快技术改造，推进新厂建设等有力举措不断扩大生产能力。近几年，所属企业自筹资金3.2亿元，购置大型设备60多台套，完成了第一轮较大规模的技术改造，提高了生产能力和印刷质量，增强了市场竞争力；各企业积极盘活存量资产，先后完成青岛、山东、南京、西安等企业的新厂建设任务，建筑面积达到65300平方米。特别是集团改制后，通过建立规范的现代企业制度和法人治理结构，使市场竞争力显著增强，有力地提高了企业盈利水平及综合实力，促进了企业更好更快发展。

2021年，是中国共产党建党百年华诞，同时也是中闻集团成立20周年，我们将加快完成福州、武汉印务公司的新厂建设，进一步壮大人民日报印务联合体，积极向纸张销售和出版、发行等上下游关联产业拓展，形成具有一定规模和实力的文化产业集团，争取早日在证券市场上市，努力把中闻集团打造成国家报刊印刷产业的龙头企业。

中闻集团
及所属公司
分布图 >>>

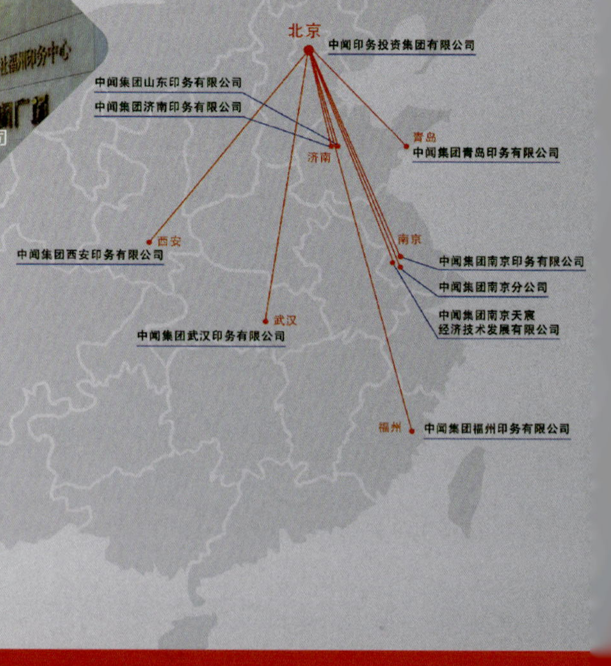

通讯地址：北京市朝阳区东四环中路39号
华业国际中心B座15层
联系电话：010 - 85711036
传真电话：010 - 85711037

目录 CONTENTS

目录 CONTENTS

目录 CONTENTS

目 录 CONTENTS

广告索引

泰山新闻出版小镇
MOUNT TAI PRESS AND PUBLISHING TOWN

泰山新闻出版小镇鸟瞰图

文脉汇聚，泰山新闻出版小镇应运而生;扬帆起航，做中国现代出版产业崭新标杆。

泰山新闻出版小镇坐落于泰安高新区、天颐湖畔，总占地面积9798亩，总建筑面积800万平方米以上，分为南北两区。小镇以“编辑、出版、印刷、发行、仓储、物流”为主导产业，计划总投资约400亿元以上。

项目建设期限为3-5年，项目建成之后，预计可实现年销售收入上千亿元、利税数十亿元，常驻人口达到7万人，吸纳就业岗位4万余人。

2017首届国际新闻出版合作大会

2018第二届国际新闻出版合作大会

2019第三届国际新闻出版合作大会

2019第七届全国出版物馆配馆建交易会

2020第四届国际新闻出版合作大会

2021首届文化出版领域文创产品博览会

自2017年首届新闻出版合作大会举办以来，已有近4年时间，泰山新闻出版小镇举办了多个行业盛会，吸引了来自全国300多家出版企业、出版社参加，越来越多知名龙头企业入驻小镇，注入新鲜血液。

小镇在2019年承办了第七届全国出版物馆配馆建交易会，吸引了全国700多家出版单位的25万多个品种的图书参会供给采购，1000多家采购商到会现采。

2021年小镇举办了首届文化出版领域文创产品博览会，共有20余家文创企业、出版社参加，文创产品达300余件。

泰山新闻出版小镇的建设契合了国家文化发展战略，新闻出版机构和文化创意企业做强做大具备了广阔的发展空间。泰山新闻出版小镇是服务于新闻出版行业的特色小镇，小镇将在政府和有关企业支持下，建设成为全球规模较大的新闻出版特色小镇和行业旗舰。

招商电话：0538-8727999
186 0548 8266
项目地址：山东·泰安·高新区

服务号 订阅号

目 录 CONTENTS

广告索引

传承古漆涂料技艺
突破创新技术·演绎·不一样情怀

Inherited traditional lacquer technic,breakthrough & innovate technology, we make the difference.

涂料,一个工业社会的名词,数千年来,大漆是中国人生产、生活的重要组成部分,在中国文化中打下深深的烙印。For thousands of years,being an important part of the production and life living for Chinese. lacquer has been impressed deeply on the Chinese culture, with its evolution process of The word"paint".

涂料油漆是当今工业时代广泛使用的一种产品和工艺,无论是大型设备,日用家具,包装产品表面,汽车轮船,还是建筑表面光亮涂料几乎无处不在,可是近代以前,真正拥有成熟稳定高超油漆涂料技术和工艺的其实只有古代中国起源公元前商周时期,中国古人从漆树植物和矿物中提取天然颜料,中国特产桐油,把这些天然树脂成分通过创新技艺制成有粘度的涂层,采用绘画工艺或者涂饰技法在物品和建筑表面作为装饰的技术。在古老文明中华大地,追溯400年前中华帝国:明朝富盛名大漆-工匠:"油漆工"—黄成用一生精力编辑一本全世界制漆工艺技术及各种施工技法《髹饰录》,极为典型反映中国古代漆涂料及工艺技术的手工造物"天人合一"哲学观,敬业,敏求的工匠创新精神。历史巨轮来到21世纪,HAMPSON秉承传承古漆技艺工匠创新精神,在光固化涂料技术领域。2014年作为进入逆向纳米UV新技术的研究及商业化的企业,HAMPSON人坚持"安全健康生活,可持续创新"理念。2018年成功研发低能耗节能光固化UV涂料技术,同年继续加大研发投入,投资成立广州汉勤科技公司技术平台,立项攻关世界技术难题;在高速胶印印刷设备进行LED灯源光固化涂层技术,经历3年艰辛研发。2021年3月成功研发攻克胶印高速印刷设备LED光固化的UVLED光油技术并实现工业化生产,成为中国在全球LED固化技术-实现工业化里程碑,为世界的《关于汞的水俣公约》做出技术领域贡献。

公元前1600-771年

公元前771年-221年

公元618年-1368年

公元1368年-1991年

1915

1946

1968

1970

1999

2003

2014

2015

2018

2021

环保可持续创新技术系列 Environmental protection Sustainable innovation Technology series | UV省电节能系列,节能·安全 Power saving and energy-saving series Energy saving and safety | 探索未来 To explore the future

特载

服务大局勇担当 化危为机开新局

——2020年印刷复制管理工作综述

中宣部印刷发行局

2020年，全国印刷复制战线认真贯彻落实习近平总书记重要指示批示精神和党中央决策部署，坚持正确政治方向，落实意识形态工作责任制，统筹疫情防控与行业发展改革监管，团结一心、顽强奋战、开拓进取，在危机中育先机、于变局中开新局，各项工作展现新作为、焕发新气象、取得新成果。

承职责使命 助疫情防控

切实承担起传播社会主义先进文化职责使命。全战线讲政治、讲大局、讲责任，全力做好习近平总书记重要著作、重大主题出版物等重点出版物的印刷保障工作。国家新闻出版署年初印发《关于做好2020年印刷复制发行管理工作的通知》，对完善重点出版物印刷保障机制进行了部署。北京在制定出版物印刷服务首都核心功能重点保障印刷企业名单基础上，进一步探索编制重点保障出版物目录；河北建立印刷保障企业环保证明清单制度；四川、宁夏成立重大印制任务专项监印工作组。全国全年保质保量印制各类重大主题出版物近4亿册，及时高效印制中小学教材近40亿册，夜以继日印刷报纸200多亿份，系统保障重点出版物印刷任务的工作机制逐步建立完善。

积极应对突如其来的新冠肺炎疫情的冲击。根据习近平总书记和党中央关于统筹疫情防控和经济社会发展的重大部署，国家新闻出版署指导各地有序推动印刷企业复工复产，协调引导印刷企业积极投身抗击疫情工作的保障服务，仅3月份全国印刷企业总复工率就达近80%，个别地区达100%。在抗疫最吃劲儿的关键时期，全战线及时印制大量抗疫宣传品、标贴标识、包装制品、防疫物资装备等，为抗疫工作大局作出重要贡献。同时，国家新闻出版署指导各地结合疫情防控实际，方便企业办理各项业务，将印刷企业设立变更审批、年度报告、许可证换发、委托书备案等服务项目采取“网上办、寄件办、延期办”等方式办理；指导中国印刷技术协会出台《印刷企业复工疫情防控参考指南》，为印刷企业安全复工复产提供参考。北京、四川、山东、福建、湖南、重庆、青海等地出台扶持政策，给予印刷业资金支持。全战线化危为机开新局，取得明显的发展成绩。“互联网 + 印刷”生态圈不断扩大，一大批数字化智能化改造较为成功的企业在疫情中脱颖而出，线上运营成效显著，带领同类企业走出困境。截至 2020 年 12 月，3 家印刷企业成功上市，2 家企业成功“过会”，多家企业获得股权融资。国产印刷装备制造企业抢抓机遇，百余款国产新装备在第八届中国国际全印展首发，令全球同行瞩目。

持续深化行业“放管服”改革。2020 年 11 月 29 日，国务院发布决定对《印刷业管理条例》进行了进一步修订，规定企业申请从事出版物印刷经营活动实行“先照后证”。各地落实加强事中事后监管有关要求，配合开展印刷复制领域“证照分离”改革全覆盖。同时，深化印刷企业年度报告、互联网平台公示试点和国家印刷复制示范企业考核工作，加强对印刷复制企业的社会效益考核，不断强化正确出版导向。各地推出一系列改革和监管举措。上海进一步推行印刷发行审批“一网通办”，青海审批实现“四级四同”，辽宁将内部资料性出版物管理纳入地市党建考核指标，江苏出台印刷企业年度报告公示办法，福建开发内部资料性出版物监管平台，广东强化境外出版物三级审读审核，进一步夯实了阵地管理的制度和基础。

搭工作平台 领创新发展

启动编制印刷业“十四五”时期发展规划。按中宣部统一工作部署，国家新闻出版署组织开展印刷业“十三五”时期发展规划实施情况评估，总结成绩、分析形势，查找短板、明确方向。启动编制印刷业“十四五”时期发展规划，召开专题座谈会，邀请行业专家对“十四五”规划的编制思路、引领方向、工作目标、重点任务进行研讨，集思广益、汇聚众智、广泛调研，为编制好印刷业“十四五”规划，更好地谋划推动我国印刷业高质量发展打下良好基础。

成功举办 2020 中国印刷业创新大会。10 月 12 日至 16 日，国家新闻出版署以“聚焦融合化”为主题在上海举办 2020 中国印刷业创新大会，并组织会议代表参观大会同期活动和第八届中国国际全印展。各地主管部门、行业协会、科研机构、高等院校、传媒平台、骨干企业代表等 400 余人参加大会。大会总结宣传了“十三五”以来我国印刷业发展成就，谋划展望了“十四五”时期发展思路，通过宣介政策、分享案例、集中展示，推动印刷业融合化发展，提升供给体系对国内需求的适配性。大会连续举办三年来，在服务宣传思想工作全局、强化行业阵地建设、引领高质量发展等方面发挥了重要作用，成为统摄产业发展的政治阵地和推动协同创新的服务平台。

推动印刷业区域协调发展。中宣部印刷发行局联合广东省委宣传部、北京印刷学院等编制《珠三角印刷业发展升级指南》，并在 2020 中国印刷业创新大会上发布，提出推动珠三角印刷业建设 1 个服务系统、2 个交流中心、3 个产业集群、9 个协同发展城区的高水平对外开放连接平台。同时，继续推动协调有关地区落实《北京市出版物印刷服务首都核心功能建设升级指南》《长三角区域印刷业一体化发展升级指南》有关要求。三个指南为推动形成印刷业新发展格局打下了坚实基础。各地也出台有关政策推动区域产业发展。比如，四川印发《关于推进印刷业绿色化发展的实施意见》，优化区域出版印刷发行供应链协同体系。福建印发《福建省印刷示范企业管理办法》，大力培育省内骨干印刷企业。

夯行业基础 植发展优势

做好行业法规修订和标准化工作。推动修订《复制管理办法》《印刷业经营者资格条件暂行规定》《外商投资印刷企业暂行规定》等部门规章，进一步降低行业准入门槛和扩大对外开放，不断完善印刷复制管理法规体系，更好满足行业管理和产业发展需要。充分发挥标准化工作在推动产业高质量发展中的作用，强化印刷标准制修订工作。2020 年指导全国印标委完成 2 项国家标准和 10 项行业标准的申请立项工作，完成 7 项国家标准和 25 项行业标准的报批工作，完成印刷标准评估工作。截至 2020 年底，共制修订印刷领域国家标准和行业标准 196 项，现行有效标准 146 项。

强化印刷复制质量管理。2020 年 3 月 15 日，国家新闻出版署印发《关于开展 2020 年“3•15”质检活动和中小学重点教材检查工作的通知》，部署全年质量管理工作。重点对党的创新理论研究阐释读物，决胜全面小康、决战脱贫攻坚等主题出版产品以及新冠肺炎疫情防控读物进行抽查检测。强化了各地管理部门质量管理职责，指导相关管理执法部门对 2019 年涉及批质量不合格图书的 8 家出版单位和印刷企业进行了行政处罚并向全国通报。组织中宣部出版产品质量监督检测中心重点对 2020—2021 学年秋季中小学国家统编教材印制环保质量进行了检查，督促推动各地工作，确保了全国集中优质产能按时、保质完成印制教材任务，实现“课前到书、人手一册”。质检管理工作为人民群众获得优质的印刷复制产品供给提供了坚实保障。

指导推动行业交流平台建设。发挥引导推动作用，加强行业交流，提升凝聚力，2020 年中宣部印刷发行局指导支持有关直属单位、管理部门、行业协会、科研院所、骨干企业等举办各类展览展示、会议论坛等活动共计 10 余场次。主要包括第八届中国国际全印展、中国印协九届二次常务理事会、印刷及传播融合创新高峰论坛、全国印刷经理人年会、中国印刷业互联网创新节、印刷出版文化国际学术研讨会、按需出版与数字印刷研讨会、中国（哈尔滨）印刷发行产业融合发展推介会、中国报业物资供应年会等。推动全行业大事共商、信息共享、技术共通、资源共用，形成合力推进我国印刷业迈向高质量发展。■

编者按：2020 年 12 月 21 日，中国印刷技术协会九届二次理事会会议在京召开，中宣部印刷发行局局长、中国印刷技术协会理事长刘晓凯出席会议并发表题为《科学把握新发展阶段 开创印刷业新发展格局》的总结讲话。

科学把握新发展阶段
开创印刷业新发展格局

—— 在中国印协九届二次理事会会议上的总结讲话

刘晓凯

各位理事，同志们：

在全党全国兴起学习贯彻党的十九届五中全会精神热潮之际，中国印刷技术协会九届二次理事会会议隆重召开。这次会议，对全行业学习十九届五中全会精神，贯彻中央经济工作会议部署，深刻把握新发展阶段新形势新任务，更好地凝聚力量，推进高质量发展，构建新发展格局，具有重要意义。在此，我代表中宣部印刷发行局和中国印刷技术协会，向各位理事致以崇高的敬意和诚挚的问候！

刚才，大家对本次会议的各项重要议题进行了审议。会后，请秘书处认真整理大家提出的意见建议，做好沟通办理、整改落实和材料备案工作。如果大家还有其他意见，我们随时以不同方式联系交流。下面，我讲三点意见。

一、应对风险挑战印刷战线交出了一份合格的答卷

即将过去的 2020 年，是极不平凡的一年。一年来，印刷战线在以习近平同志为核心的党中央坚强领导下，在黄坤明同志和中宣部部务会的悉心指导下，提升站位、攻坚克难，甘于奉献、开拓创新，交上了一份合格政治答卷。

一是围绕中心、服务大局，切实履行职责使命。我们保质保量印制各类重大主题出版物近4亿册，及时高效印制中小学教材近40亿册，夜以继日印刷报纸200多亿份。这份沉甸甸的答卷，凝结着中国印刷人的矢志初心和使命担当。面对突如其来的新冠肺炎疫情，我们按下“快键”逆行军，调整产能助抗疫，统筹推进复工达产，特别是在抗疫最吃劲儿的关键时期，及时印制大量抗疫宣传品、标贴标识、包装制品、防疫物资装备等，彰显出中国印刷人的勇敢忠诚和责任担当。围绕脱贫攻坚决战，我们发挥行业优势，贡献智慧力量，推动产业扶贫，积极进行捐赠，体现出高度的政治自觉和行动自觉，赢得了社会赞许，更荣幸地得到了习近平总书记的点赞。

二是步步为营、稳中有进，产业实力跃上新台阶。“十三五”以来，我们积极应对经济下行压力，贯彻新发展理念，坚定“四化”方向，夯基垒石、积厚成势。首先是产业规模稳步提高。截至2019年12月31日，印刷业总产值为13017亿元，同比增长2.4%，在世界主要印刷大国强国中名列前茅。其次是质量效益快速提升。全行业人均产值首次超过50万元，同比增长7.2%，行业劳动生产率保持快速增长。再次是产业结构持续优化。年产值5000万元以上的规上重点印企数量和规模水平均创新高，4176家重点企业总产值达到8047亿元，占到全行业的61.8%；利润总额524亿元，占到全行业的75.2%，集约化水平显著提高。最后是市场活力不断激发。2019年，全国共注销吊销印企6100家，同时新设印企5053家，均为近年新高。这反映出，产业优胜劣汰效应初显，创业创新活力得以释放，市场动态迭代频率加速。今年，尽管受到疫情严重冲击，但自三季度以来，大部分骨干企业基本恢复到去年同期生产水平，许多还逆势增长。应该讲，国家国民经济发展的底气和产业积累的实力，给了我们克服困难、化危为机的信心和力量。

三是攻坚克难、开拓创新，育新机开新局成效显著。应对新冠肺炎疫情冲击，全行业抓住机遇、化危为机，赢得产业发展主动权。今年，年度中国印刷业创新大会成功举办，新发展理念深入人心，有关部门对印刷业更加了解、更加支持；今年，《珠三角印刷业发展升级指南》发布，北京、四川、山东、福建、重庆、青海等省（市）专项出台针对印刷业的优惠政策，给予“真金白银”般支持；今年，行业又将增添一家产值过百亿的企业，并有3家企业成功上市，2家企业成功“过会”，多家企业获得股权融资；今年，一大批数字化智能化改造较为成功的企业在疫情中脱颖而出，线上运营成效突出，带领同类企业走出困境；今年，国产装备制造业抢抓机遇、逆势崛起，百余款国产新装备在第八届中国国际全印展上首发，令全球同行瞩目。经过这次疫情大考，印刷业的韧性特质、黏性活力再次得到彰显。

四是集思广益、开门问策，认真谋划新征程新规划。面临“十三五”收官之年艰巨任务，全行业总结经验、研判形势，探索战略任务、谋划项目举措，取得了近年来难得一见的丰硕思想和调研成果。半年多来，按照习近平总书记7次座谈会重要讲话和十九届五中全会精神，对标对表党中央关于我国中长期经济社会发展的战略判断和决策部署，我们集思广益、汇聚众智，组织业内外专家，深入企业园区、生产一线，专题调研、找寻思路、探索方向，针对突出问题和薄弱环节，进行了顶层设计和科学规划，形成了印刷业“十四五”规划初稿。经进一步修改后，将在更大范围征求意见，届时请各位理事多提建议。

一年来，中国印协积极倡议、搭建平台，组织活动、交流信息，畅通渠道、提升服务，为广大会员单位和同志们做了些具体工作，得到了大家的积极响应和充分肯定。在此，我对大家对新一届理事会工作的支持表示衷心的感谢！

二、准确把握新发展阶段行业面临的新挑战新机遇

深刻认识新发展阶段、全面贯彻新发展理念、着力构建新发展格局——这三个“新”，构成了贯穿十九届五中全会规划建议全篇的逻辑主线。这个新发展阶段，就是我国进入了全面建设社会主义现代化国家、向第二个百年奋斗目标进军的阶段。综合判断，我国印刷业仍处于重要战略机遇期，但机遇和挑战都有新的变化。主要体现在以下四个方面。

一是国际环境日趋复杂推动印刷国际分工合作调整。在近几十年全球化过程中，我国印刷业广泛吸引国际资本、技术、人才，为全球客户提供印刷加工服务。在这个深度交流的国际分工合作链中，中国印刷业结构调整、智能化自动化改造和技术创新三项任务得以极大推动。但目前，国际保护主义、单边主义当道，世界经济低迷，全球进入动荡变革期，外部环境使我国印刷业国际产业链供应链面临着巨大挑战和潜在安全问题。从10月份举办的中国国际全印展上获得的信息看，美欧国家相关印刷头部企业受经济和政治因素影响，均不愿与我们深度探讨技术交流问题，关键核心技术“卡脖子”问题从未像现在这样严重。这警示我们，须进一步增强风险、安全意识和转危为机的能力，扭住一切机会，畅通一切渠道，加强国际合作，积极参与国际行业治理，助力当前国际分工协作稳定性确定性的提升。同时，应进一步推动印刷业参与共建“一带一路”、开拓东盟等新的合作市场，构建合作共赢新局面。

二是文化强国建设目标蕴含巨大发展空间。党的十九届五中全会提出到2035年建成文化强国的远景目标。关于文化强国建设，《建议》提出了多项重大举措，包括：深入开展习近平新时代中国特色社会主义思想学习教育，推进马克思主义理论研究和建设工作，实施文艺作品质量提升工程，推进城乡公共文化服务体系一体建设，加强重大文化项目建设，传承弘扬中华优秀传统文化，等等。这些工作领域，蕴含着巨大的市场机会和文化需求创新，为印刷业丰富产品、拓展市场，提升服务、融合发展指明了方向。在推动文化产业发展上，党的十九届五中全会提出，要实施文化产业数字化战略，要加快发展新型文化企业、文化业态、文化消费模式，要规范发展文化产业园区，推动区域文化产业带建设，等等。这些，也为印刷业转型升级、集约化发展营造了良好的政策环境。希望我们全战线紧紧把握文化强国建设历史机遇，助力中国印刷再创辉煌。

三是构建新发展格局加快释放融合发展潜力。习近平总书记多次指出，要推动形成以国内大循环为主体、国内国际双循环相互促进的新发展格局。这是党中央针对人均收入水平、社会需求结构发生重大变化新形势而作出的主动选择，也是应对全球贸易保护主义和供应链冲击的战略举措，还是满足人民群众美好生活需要的内在要求。构建新发展格局，要从供给侧和需求侧两方面发力。在供给侧改革方面，关键是突破核心技术，提升产业链供应链现代化水平，这就要求印刷业必须加快破解部分关键元器件、零部件、原材料等“卡脖子”难题。在需求侧方面，重点是顺应消费升级趋势，提升传统消费，培育新型消费，这就要求印刷业既要捕捉新需求、发展新技术，也要研发新产品、创造新模式。这其中，无论哪一“侧”改革，都将给予印刷业纵深发展的无限空间。目前看，虽然

新冠肺炎疫情使印刷业供给侧需求侧的调整具有不确定性，但只要我们看得准、判得明，啃下这些硬骨头、打赢这些硬仗，印刷业一定会成为“十四五”时期最具潜力的领域和最大的产业赢家。

四是新一轮科技革命和产业变革催生新发展动能。科技创新始终是印刷业开启未来的金钥匙。当前，行业处于滚石上山、爬坡过坎、产能升级极其关键的时期，必须特别地增强科技创新的自觉性坚定性主动性，把创新摆在产业发展的核心位置，打好核心技术攻坚战。这是中国印刷业未来5年乃至到2035年能否立于国际产业之巅的关键性标志。悠悠万事，唯此为大。要切实推动印刷业与大数据、人工智能、区块链、工业互联网等技术的深度融合。比如，如何利用区块链技术保护印刷电子文件版权，取得按需出版关键技术突破的问题；比如，如何利用人工智能技术加强图像质量处理，革命性提升印刷质量的问题，等等。要大胆瞄准科技前沿问题，切实发挥好企业市场主体功能，咬定青山不放松，坚持它几年，必定会得到效益极大回报、人民充分肯定、市场深度占领。希望在座的各位企业家既当实干家，也当战略家，引领产业方向、擘画企业蓝图，立志做印刷业高质量发展的攻坚者、排头兵。

三、贯彻新发展理念，高质量做好协会工作

十九届五中全会为全国印协战线吹响了新阶段印刷强国建设的战斗号角。明年，是中国共产党成立100周年，是“十四五”开局之年，是两个百年目标交汇与转换之年。在开局起步之年，印刷发行局和中国印协将坚定不移地贯彻新发展理念，推动印刷强国建设。

第一，坚持正确方向，在党的坚强领导下奋勇前进。我们将加强系统谋划、做好顶层设计，在中宣部部务会坚强领导下，团结带领全行业提高政治自觉行动自觉，贯彻十九届五中全会精神，落实中央经济工作会议部署。重点工作包括：开展“百年红色印刷”主题报告会、主题展，延续红色初心、激发使命担当；编制好印刷业“十四五”发展规划，做好宣贯落实；办好2021中国印刷业创新大会，充分发挥其统摄发展的政治阵地和协同创新的服务平台作用；评好第五届中国出版政府奖印刷复制奖，深化第16届毕昇奖评选工作，抓导向、树典型、引发展。

第二，聚焦产业创新，在建机制搭平台上多做设计。我们将把推动创新置于工作核心位置，促进印刷业重点领域关键环节的机制改革和技术创新。主要工作有：一是落实五部委《关于推进印刷业绿色化发展的意见》，推动北京、长三角、珠三角印刷业升级指南政策落地落细落实。二是修订《国家印刷复制示范企业管理办法》，打造一批知名产品和企业品牌，促进各类创新要素向企业集聚。三是推进重大项目带动战略，推动建设扩容版印刷智能制造测试线，给予数字印刷企业、互联网印刷服务平台以实质性政策支持。四是贯彻好习近平总书记在给首届全国职业技能大赛成功举办贺信中的重要指示精神，完善机制，强化引导，提升印刷行业职业技能大赛质量水平。五是高质量搭建交流合作平台，加强学术引领和高科技融合，推动中国儿童读物印制创新产业联盟做实做强。

第三，推动产业链升级，不断强化协调联络功能。要发挥协会优势，加强全产业链供应链的沟通联络、服务对接。重点包括：一是推动印刷重要产品和关键核心技术攻关，促进科技研发链有效地对接和运转。二是推动印刷产业链绿色化发展，协调建立印刷业绿色产品合格评定制度，设立中国印协绿色印刷及原辅材料分会，实施绿色原辅材料替代工程，办好第30届全国书博会“绿色创

意印刷展”，完善《绿色原辅材料产品目录》。三是推动印刷业数字化发展，促进新一代信息技术与印刷业深度融合，大力支持按需出版印刷、个性化包装等新产品新业态新模式。四是推动产业融合，从出版、教育、文化、科技等业态创新方面寻找融合发展突破口。五是加强与有关行业协会的协调沟通，强化油墨、造纸等环节科技创新、提质增效。六是强化智库建设，改进协会学术委员会制度设计，指导搭建交流研讨平台，为行业提供优质咨询服务。

第四，营造良好环境，构建有效的行业治理体系。进一步强化协会的桥梁纽带作用，发挥好协会在行业治理中的独特功能。要完善标准管理体制机制，开展团体标准研制，加强标准制修订，充分发挥标准在印刷“走出去”中的重要作用。要积极开展国际交流合作，研究当下国际政治经济形势的影响，以“四两拨千斤”的巧力拓展国际产能合作新渠道。要引导印刷科研单位加强对印刷加工贸易、对外投资、国际并购等案例的研究与发布，帮助企业解决技术、管理、融资等问题。要深入探索举办“领机手”培训班、印刷外贸人才培训班等教培活动的可能性现实性，为行业人才队伍建设助上一臂之力。要指导举办具有国际影响力的学术交流活动，促进印刷工程专业学科的建设与发展。

第五，强化作风建设，提高秘书处工作效能。要加强协会秘书处自身建设，构建运转高效、联系广泛、扎根基层的体制机制。首先，落实理事会、常务理事会、监事会工作制度，完善秘书处治理机制，建立科学有效的决策、落实和监督机制。其次，不断增强专职工作人员“四力”，建立部门间高效协调联动机制，实现协同配合、资源共享，形成合力，通过秘书处工作人员选拔聘任、培养激励等制度的完善，建设高效率、专业化办事机构。再次，加强对分支机构的监督管理和绩效考核，明年，要适时召开协会分支机构建设工作会议，探索建立联系紧密、服务优质、合规有序的会员工作机制，加强与地方印协的联合联动，搭建好平台，开展好活动。最后，推进“智慧协会”建设，充分运用信息化、数字化手段，加强信息交流，建设网上会员之家。

同志们，新征程呼唤新作为，让我们更加紧密地团结在以习近平同志为核心的党中央周围，坚定信心、振奋精神，积极投身印刷强国建设伟大实践中，向党的百年华诞献礼！

新年将至，祝大家身体健康、家庭幸福、万事如意！■

业情综述

2020 年国内书刊印刷行业发展概况

中国印刷及设备器材工业协会书刊印刷专业委员会

2020 年是人类历史上极不平凡的一年，更是中国历史上极其特殊的一年，突如其来的新型冠状病毒感染的肺炎疫情“袭击”了我们的生活，全国上下都投入到防疫抗疫中，国民经济遭受了巨大损失，各行各业经济均出现了负增长。疫情也打乱了书刊印刷企业运转的步伐，经营活动经受了很多困难：人员不足、订单不足、销售下降、客户减少等。同样是这一年，在党中央的坚强领导下，全国人民攻坚克难，决胜全面建成小康社会取得决定性成就，实现了“十三五”规划目标任务，布局“十四五”，文化事业和文化产业繁荣发展。

一、我国书刊印刷产业的基本情况

为推动文化体制改革向纵深发展，中央各部门各单位出版社转企工作按照中央确定的“路线图”“时间表”扎实部署，稳妥推进，成效显著，不仅为经营性文化事业单位规范转制树立了典范，而且为文化体制改革工作确立了标杆，同时也为我国事业单位的改革提供了思路和经验。截至 2010 年底，中央各部门各单位出版社已全面完成转企任务。在约占我国出版社总数三分之一的 177 家中央各部门各单位经营性出版社中，除 1 家出版社停办退出，其余 176 家都已换了“企业身份证”。这轮发生在新闻出版领域的大变革对提升中国文化产业国际竞争力具有重大现实意义。随着中央各部门各单位出版社转企改制全面完成，一批导向正确、主业突出、实力雄厚、核心竞争力强的大型出版集团公司，以及一批专、精、特、新的出版企业强化内部经营管理，建立资产经营责任制，走上内涵式发展道路，为中国由“出版大国”迈进“出版强国”打下坚实基础。出版市场的变革速度也在深刻影响和带动着印刷行业的飞速发展。

根据《中国新闻出版统计资料汇编》提供的数据，截至 2019 年底，全国共有出版社 585 家（包括副牌社 24 家），其中中央级出版社 218 家（包括副牌社 13 家），地方出版社 367 家（包括副牌社 11 家）。出版图书 105.97 亿册（张），同比增长 5.87%；期刊 21.89 亿册，同比降低 4.48%；报纸 317.59 亿份，降低 5.83%；全国出版图书、期刊、报纸总印张为 1855.82 亿印张，同比下降 4.20%。具体数据变化详见表 1 和表 2。

表 1 2019 年全国各类图书出版数量及与上年相比增减百分比

	本版图书			与上年相比增减（%）			租型图书种数（种）	与上年相比增减（%）
	合计	新版	重印	合计	新版	重印		
图书种（种）	505979	224762	281217	–2.56	–9.04	3.33	11077	–1.05
总印数（万册/张）	1059756	249737	619647	5.87	–0.78	7.31	190372	10.80
总印张（千印/张）	93803742	25891351	54151777	6.29	–0.22	8.58	13760614	10.69
总定价（万元）	21789626	8412048	11917707	8.79	1.70	14.18	1459871	10.59

表 2 2019 年全国各类出版物印刷企业财务数据

类别	单位数（家）	年末平均人数（人）	资产年末合计（万元）	主营业务收入（万元）	负债年末合计（万元）	所有者权益年末合计（万元）	营业利润（万元）	利润总额（万元）
财务数据	9014	408615	25730906.19	16424207.02	12775096.14	12845690.51	909843.00	1030429.05
与上年相比增减（%）	1	–5.2	90.1	0.5	2.1	–0.9	–9.1	–6.9

表 3 2019 年全国各类出版物印刷企业生产数据

类别	印刷产量		装订产量（万令）	用纸量（万令）
	黑白（万令）	彩色		
生产数据	24906.68	119583.77	34738.73	51814.38
与上年相比增减（%）	–11.5	2.7	4.0	–8.0

二、2020 年我国书刊印刷行业存在的主要问题和产生原因

疫情期间生产，物料、资金、人员困难；原材料短缺及涨价问题；新冠肺炎疫情导致经济阶段性衰退；5G 技术迅猛发展与实体经济加速融合，印刷行业产品同质化，市场竞争日益加剧，印刷企业的发展面临更加艰巨的挑战，企业本身的创新创造能力亟待提高。

（一）“课前到书、人手一册”遇到突发疫情，加工业务更难完成

中小学教材印制工作是重要的政治任务，中小学教材有强大的政治基因，邓小平同志讲“教材，这是个关键要紧的事情”。1978 年，教育部、国家出版局《关于全国教材出版发行工作会议的报告》，提出恢复教材编审体制和出版发行办法，第一次明确提出了教材要实现“课前到书，人手一册”。

习近平总书记指出，“教材是国家意志的体现，教材建设是国家事权”，建设什么样的教材体系，核心教材传授什么内容、倡导什么价值，体现国家意志，是国家事权。《关于加强和改进新形势下大中小学教材建设的意见》是新时代教材工作的定音之锤。2016 年 10 月，中央下发《关于加强和改进新形势下大中小学教材建设的意见》，明确提出教材建设“三个事关”的问题，即“事关党对教育工作的领导，事关中国特色社会主义事业兴旺发达、后继有人，事关党和国家的长治久安。”这个提法，措辞之重，前所未有。因此，“课前到书，人手一册”成为各地印刷发行部门首要大事之一，也是一项政治任务。为了让全国中小学生及时在课前收到教材，印刷企业每年都有可歌可泣的奋战事迹。

2020 年初，疫情的暴发严重影响了三科教材的加工周期，春秋季教材加工季节工人 24 小时两班倒，不停机生产；秋季教材加工适逢三伏天，温度湿度相对较大，体力和脑力相较以往都需要付出更多，为此，有的企业给一线工人送去绿豆汤、西瓜等解暑热；有的适当提高中餐标准，避免因

体力消耗过大损伤身体。

（二） 疫情期间“用工荒”更加严重

员工长期 12 小时两班运转，生产旺季期间工人无法保证正常生活，相较其他行业工资普遍较低等部分职业特性成为阻碍年轻人入职印刷企业意愿的重要因素，导致年轻技术骨干严重缺乏。为此，行业企业从各方面入手，如利用 ERP 软件升级，提高公司信息化建设水平，不断精简人员；生产旺季，采用聘用短期暑期工、寒假工等方式解决手工人员短缺问题；外包物流运输等部分非核心工作，降低员工工作强度，提升员工在岗、在企的获得感、归属感。

北京中科印刷有限公司面对突如其来的新型冠状病毒导致的肺炎疫情，提前谋划，积极应对，2020 年 1 月底就成立了疫情防控工作组，同时设立三个专项工作组：综合协调组、疫情监控组、督查督办组，全面履职尽责。先后制定了《关于做好新型冠状病毒感染的肺炎疫情防控工作的通知》和《关于全力做好复工后疫情防控排查工作的通知》，一方面做好人员摸底调查工作，对公司内 742 名已离京员工假期期间的活动轨迹逐一进行摸排统计；另一方面，提前与相关部门沟通协调，储备口罩、体温计、84 消毒液等防疫物资，为复工复产打下坚实的基础。另外，对 13 名春节假期暂住地为湖北以及与湖北籍人员有密切接触的职工做好安抚工作。

（三） 环保问题依然困扰企业经营

绿色印刷是我国绿色化发展的重要组成部分，也是本行业必须承担的社会责任，挥发性有机物（VOCs）达标排放是国家的强制性要求，环保治理和检查压力日趋加大，出版物印刷企业没有切实可行的免检政策。目前，达标治理的主要方式是进行过程控制和末端治理，未来的重点方向则是通过源头削减实现达标排放，如广泛应用喷墨工艺，环保型润版液、洗车水等绿色原辅材料，来解决出版物印刷的 VOCs 达标排放问题。

（四） 劳动生产效率亟待提升

疫情瞬息万变，企业应随机应变，按照各地区疫情防控要求，结合实际情况，制定详尽、周密的疫情防控、复工复产、员工安抚、安全生产等多方面的具体对策。

疫情催生了“机械化换人、自动化减人、智能化无人”的管理思路，依靠技术创新、设备升级，提高劳动生产效率，降低用工需求。促进企业的数字化、智能化水平提高，在一定程度上将增强企业自身抵抗风险的能力。当疫情结束、市场恢复之后，印刷业迎来一小波需求高峰，需要企业做出正确决策和规划部署。加强公司应急管理能力，首先，要提高思想认识，增强责任感与使命感，管理者要有冷静、理性的应对态度和快速、清晰的应对思路；员工则要积极响应并正确配合行动。其次，要建立健全应急管理规章制度，做到有法可依，做好总结反思，进一步杜绝管理制度中的疏漏，完善突发事件应急处置制度和体系，推行多渠道远程线上交流办公。疫情期间，众多企业尝试推行线上工作安排，知识经验讨论、分享，意见建议征集以及学习培训等事务的广泛开展，为后续恢复生产打好必要基础；同时，通过各种即时通讯工具和办公协作软件营造工作场景，模拟出真实的办公状态，避免浪费停工停产的时间。

面对如何有效降低成本、解决资金短缺的问题，企业应最大程度利用好国家及地方政府的各项税收优惠政策。如“稳岗补贴”政策、税务筹划减少税收开支、中小企业社保免缴政策、延迟支付各项款项等，对于急需升级换代的生产设备则可采用融资租赁等方式代替购买。

（五）原材料市场涨价及短缺

无论是原材料市场涨价，还是原材料短缺，都直接关系到企业日常生产进度和交货进程，进而影响企业品牌形象。对此，企业应根据自身实际情况形成一套详细且有效的应急处理方案，以备不时之需。如积极与材料供应商协商，加快材料供应速度；利用多渠道，挖掘新供应链可能。

此外，纸张、油墨、热熔胶等大宗物料根据日常生产计划应保持合理的库存，在生产淡季和原材料价格低谷期应适当备货。行业协会、物资公司、厂家源头采购支持实现联合采购，降低成本。印刷企业通过原材料考核奖惩等机制，鼓励员工降低原辅材料消耗等也是行之有效的方案。

（六）区域发展不平衡

从全国来看，印刷发展相对落后地区，有本地业务向外省流出的现象；从同一地区来看，技改投入力度大，加工能力强，设备先进的企业可以抢占市场先机，争取到更多的市场业务份额；针对出版物印刷领域能力较弱省份的印刷企业而言，除了中小学教材加工业务订单固定外，本版图书订单业务量相对较少，同时，还存在被外省印刷企业"抢单"的风险。

2020年，湖南天闻新华印务有限公司工业总产值10亿元，全部从业人员1726人，工业增加值3.6亿元，劳动生产率仅为20.9万元/人，仍相对较低，属劳动密集型企业。为此，企业根据产品加工需求，对购进设备进行技术改造，不仅降低工人劳动强度，增加了劳动效率，同时也加强了生产管理，提高了产品质量，并留住了人才。长沙鸿发印务实业有限公司旗下除了主题出版物印制业务外，还有外省的订单业务，业务相对饱满，属民营企业中经营情况较好的。长沙雅高彩印有限公司从事合版印刷业务，规模在同类企业中位居前列。企业现有小森胶印机20余台，柯达CTP制版机8台，仅需1人负责装版，具体操作通过手机远程遥控即可完成。现有员工200余人，接单与客户对接程序交由网络公司，年销售收入约3亿元，可实现24小时不停机生产。

三、2020年我国书刊印刷行业发展的特点和取得的成就

2019年，全国共出版图书105.97亿册（张），人教版中小学教材2020年完成38.87亿册印制任务；中小学教材的质量关系到千家万户，可以说，人教社的技术变革是印刷企业发展的"风向标"。所以，谈印刷行业发展首先要谈人教社的变化和发展。

十九届五中全会高度评价了决胜全面建成小康社会取得的决定性成就。其中提到了"文化事业和文化产业繁荣发展"。2020年11月29日，习近平总书记在给人民教育出版社部分离退休老同志的回信中对教材编研出版工作提出殷切期望。这是新中国教材建设史上的大事，社党委和领导班子深刻认识到，教育出版工作作为社会主义意识形态领域的重要阵地，做好"导向"把关工作的重要性，必须积极采取多种措施落实意识形态责任制，维护意识形态安全。

面对2020年春秋季教材周期短、任务重、要求高的局面，人教社和承印企业共同努力，通过加强过程管理，保质量、抢时间，最终圆满完成了中小学38.87亿册教材"课前到书，人手一册"的政治任务。在第40次全国人教版中小学教材印装质量检测中，优良品率显著提高。

2020年2月2日，北京中科印刷有限公司逐步复工复产，为了应对疫情，公司相继出台了如《疫

情期间工作细则》《疫情期间温馨提示》《疫情期间考勤及未出勤期间待遇补充规定》《关于对员工宿舍室内定时消毒的通知》《关于疫情期间出入证使用规定》《疫情期间来访登记暂行规定》《疫情期间封闭式管理规定》《住宿人员日常必需品统一采购通知》《关于进一步明确疫情防控期间返京人员有关要求的通告》《关于暂停返岗的通知》等制度，完善防控措施。在全体员工的充分理解、全力支持、通力配合和努力下，公司度过了疫情的艰难期，逐步恢复正常生产，取得了显著成效。

湖北新华印务有限公司在疫情形势极其严峻的春节期间，克服人手短缺、交通不畅、原材料短缺等重重困难，完成《新冠肺炎防疫手册》20 余万册的印制任务；圆满完成 2020 年春季教材生产任务，领先于其他省份实现“课前到书，人手一册”。企业于当年 3 月 20 日率先实现复工复产，员工复工到岗率达 100%，产能 100% 恢复；复工复产后，公司始终将疫情防控常态化工作放在首位，全力保障职工人身健康安全。积极开拓省内外市场：承接了《党员生活》《政策》《金融》等订单业务，最大限度地克服了疫情影响，稳定了本年度销售、利润，再创企业经营历史新高。

安徽新华印刷有限公司 2020 年共完成印制任务 92.85 万令。其中，教材 49.04 万令，教辅 22.22 万令，图书 15.57 万令，期刊等其他业务 6.02 万令。教材业务获得新的提升，秋季教材纸令数 26.84 万令，相比 2019 年秋季增长 1.5 万令，增幅达 5.9%；教材和社会产品交货及时率分别达到 100% 和 96%。在受新冠肺炎疫情影响最严重的 2~3 月份，印刷和装订均超过 2019 年同期产量，体现出公司始终坚守将教材印制生产作为政治性生产任务的高点站位，始终对教材产品印制质量坚守高标准、严要求，始终坚守“课前到书，人手一册”的政治责任担当。积极响应人教社“共同行动计划”，完善《质量管理规定》及 5 个管理办法，强化全员质量意识，公司产品批质量合格率达 99.9%，教材买样批质量合格率 100%，教材中心 2020 春季、秋季教材买样评比中获得 6 个良好品，消除不合格品；第 40 次全国人教版中小学教材印装质量检测评比（2019 年秋季、2020 年春季）获得 26 优 10 良，优质品种数较上次提高一倍，优良品数量创历史新高。与此同时，社会业务喜获新拓展，营销部共计完成 42.8 万令纸，加工费 6441 万元，分别为目标数的 85.6% 和 104%。为更好地服务内部出版社，调配和充实了业务力量，教育社、少儿社、科技社和美术社均实现了较大幅度的增长。

重庆新华印刷有限公司积极做好新冠肺炎疫情的防控工作，在未复工复产期间，积极做好防疫物资的储备，建立公司《疫情防控期间复工复产方案》《新型冠状病毒感染的肺炎工作手册》《新冠疫情期间食堂管理及用餐制度》《新冠疫情期间报告制度》和《口罩使用规定》等 5 项制度，编制 10 个疫情防控记录，组织专门培训 4 次，员工参训率 100%，对员工疫情期间的行为规范作了严格要求。同时做好复工复产资料的报送工作，并成功于 2020 年 2 月 24 日开始复工复产，至 2020 年 4 月分 6 个批次全面复产。通过携手努力，公司疫情可控，未出现任何问题，有效控制了新冠肺炎疫情对生产经营带来的影响。

四、2021 年我国书刊印刷行业的发展重点和方向

2021 年是“十四五”开局之年，也是中国共产党一百周年华诞，党史教育全面铺开，主题出

版物印刷也成为今年主要印刷任务，约 3 亿多册的资料需要印制，出版社和印刷企业纷纷布局智能印刷。融合印刷，供应商也推出网络销售、远程维修保养和智能售后组合拳。

1. 人教社全面完成各学科教材配套电子音像产品的编辑出版工作，重点做好统编三科产品研发以及义教产品修订准备工作。巩固和发展电子音像“盘 + 网”产品模式。积极研发手机 APP、PC 端、微信小程序和 AR、VR 类教育产品。推进“人教易视听”网络销售平台建设。启动实施中华经典资源库第七期项目资源平台建设以及课程化资源整合工作。积极推动义教新课标数字教材与纸质教材的同步策划与开发，探索信息科技、体育与健康、音乐、美术等学科的新形态数字教材开发；按照“四统一”要求，进一步优化完善数字产品体系。优化人教网、教师网络培训和服务等平台建设，完善立体化培训服务体系；推动第三代人教版数字教材优化升级，探索开发与学科深度融合的教学系统；持续推进优质数字资源建设，完善资源管理制度；持续推动构建以数字教材为核心的新业态建设，实现在更多省份的应用；实现人教点读 APP 等移动学习产品功能优化；推动“纸数”深度融合的产品开发。

2. 推进人才兴业战略。新形势下，印刷业向“绿色化、数字化、智能化、融合化”推进发展，急需培养造就能力强、业务精的高技能人才。陕西思维印务有限公司致力于人才培训，品牌打造，积极营造培育“工匠精神”的良好环境。坚持每年开展“思维杯”印刷技能竞赛，打造一支印刷技能齐全、工种结构合理、员工技能突出、能干活、善创新的高素质从业员工队伍。

3. 坚持技术创新，着力提升公司产能和质量。疫情使印刷工作遇到了前所未有的挑战。在以习近平同志为核心的党中央坚强领导下，取得抗击疫情的重大战略成果。印刷企业应抓住难得时机，把失去的时间抢回来，推动行业高质量发展。

4. 书刊印刷企业深入学习贯彻落实习近平新时代中国特色社会主义思想和党的十九大精神，落实战略规划和目标，坚持用改革创新的精神来破解书刊印刷企业新形势下遇到的各种发展难题。在思想观念、增长方式、运营管理的体制机制等方面加大改革力度，进一步开拓重点业务，提升和释放产能，增强企业竞争力，做到绿色高质量可持续发展，迈出“十四五”规划坚实的第一步。■

经历疫情考验，报纸印刷新常态已显

—— 报纸印刷 2020 年述评

中国报业协会印刷工作委员会　马开悟 李保强

2021 年 4 月初，中国报业协会印刷工作委员会发布的 2020 年度全国报纸印刷量调查统计结果显示，2020 年报纸印刷总量同比下降 12.92%。当前，在技术发展向纵深突进的时代背景下，全球社会经济发展进入新时期，多数行业的放量增长都已不再是发展的主基调，这也是国家强调经济增长转向高质量发展的根本原因。

可以说，经历了 2020 年的疫情考验后，报纸出版印刷进一步增强了发展定力，行业发展新常态已经显现。

一、2020 年报纸印刷相关数据分析

本次中国报协印刷工作委员会的印刷量统计调查方法与往年一样，为保证数据的连贯性，并为便于对比、发现问题，及时修正不准确和不一致的内部数据，同时上报了 2020 年和 2019 年数据。

今年的调查共收到 152 家单位的报表，报纸印刷总量是 397.66 亿对开印张。结合这次调查的样本单位报纸总印刷量的情况进行折算，2020 年度全国报纸印刷总量为 600 亿对开印张，较 2019 年折算的 689 亿对开印张减少 89 亿对开印张，下降幅度为 12.92%。2020 年耗用新闻纸 135 万吨，较 2019 年的 155 万吨降低 12.90%。

2019 年报协的统计报告曾指出：报纸印刷量下降比较多的是广东、黑龙江、山东、陕西、吉林、重庆、云南、青海、贵州和海南。其中，中南地区下降幅度较大，华北地区下降幅度较小；西藏下降较少，只有山西省增加 10.61%。2020 年的情况则是：下降比较多的是广东、湖北、黑龙江、上海、北京、新疆、福建、重庆、辽宁和湖南。其中，中南地区和东北地区下降幅度较大。下降比较少的是山西、宁夏、吉林、云南、甘肃和内蒙古，只有西藏自治区增加了 5.46%。数据显示，2020 年下滑超过 20% 的省区有湖北和广东，湖北为 –21.07%，广东为 –22.13%。广东下降幅度较大的原因在于其原有报业印刷市场规模基数过大，虽多年来一直降幅较为明显，但目前仍有高达 37 亿余对开张的印量，且最高峰时仅广州日报一家印刷厂就曾有高达近 70 亿对开张的印量。

从近几年的报告可以看到，任何地区都是只有下滑的相对大小，因此就报纸印刷市场来讲，下滑已是常态。各地区、城市分类数据分析已无多大意义，业界关心的是报业印刷的下滑还将持续多久，还有多大的下滑空间。

表　1993—2020 年全国报纸印刷量统计数据

年 度	总印张（亿对开张）			新闻纸用量（万吨）		
	印刷量	增减量	± %	用纸量	增减量	± %
1993 年	287.15	—	—	66.77	—	—
1994 年	310.75	23.60	8.22	72.26	5.49	8.22
1995 年	359.62	48.87	15.70	82.62	10.36	14.41
1996 年	392.41	32.79	9.12	91.30	8.68	10.44
1997 年	459.81	67.40	17.17	105.70	14.40	15.77
1998 年	540.00	80.19	17.44	124.54	18.84	17.82
1999 年	636.68	96.68	17.90	146.36	21.82	17.52
2000 年	799.83	163.15	25.62	183.86	37.50	25.62
2001 年	938.96	139.13	17.40	213.40	29.54	16.07
2002 年	1067.38	128.42	13.68	242.59	29.19	13.68
2003 年	1235.59	168.21	15.76	280.82	38.23	15.76
2004 年	1415	179.41	14.48	322	41.18	14.66
2005 年	1460	45	3.18	332	10	3.11
2006 年	1524	64	4.39	342	10	3.01
2007 年	1634	110	7.21	367	25	7.31
2008 年	1594	–40	–2.54	358	–9	–2.45
2009 年	1486	–108	–6.78	334	–24	–6.70
2010 年	1613	127	8.55	363	29	8.68
2011 年	1678	65	4.03	377	14	3.86
2012 年	1630	–48	–2.86	366	–11	–2.92
2013 年	1505	–125	–7.67	338	–28	–7.65
2014 年	1360	–145	–9.63	305	–33	–9.76
2015 年	1145	–215	–15.81	257	–48	–15.74
2016 年	958	–187	–16.33	215	–42	–16.34
2017 年	855	–103	–10.75	192	–23	–10.70
2018 年	781	–74	–8.64	176	–16	–8.33
2019 年	689	–92	–11.75	155	–21	–11.93
2020 年	600	–89	–12.92	135	–20	–12.90

注：根据中国报协印刷工作委员会统计数据，2003 年以前印刷量和用纸量保留小数点后 2 位，2004 年后保留到个位数。

中国报协印刷工作委员会自 1993 年起进行全国性的报纸印刷量统计工作，统计调查和总量测算方法始终未变，积累了较为全面的全国报纸印刷总量变化数据，对于观察近三十年来的变化规律具有很好的参考价值。

从表中可以发现，自 2012 年起总印刷量已经连续九年下降，在 2015 年、2016 年达到最大下滑幅度后，2017 年和 2018 年连续明显出现双收窄的现象，似乎预示着报纸印刷下滑得到初步抑制，但 2019 年、2020 年报纸印刷总量再次加速放量下滑，下滑幅度还在加快，引起业界担忧。

二、分析 2019 年、2020 年报纸印量加速下滑的特殊性

2019 年和 2020 年对于报纸印刷业来讲，都有相对的特殊性，其下滑加速有该年度的特殊原因。中国报协印刷工作委员会发布的统计报告中指出：2019 年初新闻纸价格高企，对全年报纸总印刷量有一定的影响；2020 年的情况相对比较特殊，年初突如其来的新冠疫情，给国民经济和社会生活都带来不小的影响，报纸出版发行也受到较大冲击，特别是对都市类报纸的影响更为明显，所以 2020 年与其他年份在报纸印刷总量变化上的可比性相对较低。

自报业开始有统计数据以来的近 30 年中，2019 年和 2020 年存在的特殊情况对报纸出版印刷的影响都是前所未有的。近 30 年来，新闻纸价格一直保持在每吨 4000 元左右的水平，最高时也很少超过 5000 元，而 2017—2018 年间，持续一年多的时间，新闻纸每吨价格高达 6000 元左右，对本已式微的报纸出版业来说，无疑是雪上加霜。这轮纸价上涨自 2017 年年中启动，至 2018 年底达到峰值，市场预期十分悲观，直接导致很多报社决定在 2019 年减版出版。而 2020 年初开始的新冠疫情，完全不同于 2003 年的非典，持续时间长，防疫措施力度大，对社会生活的影响更为直接，几乎上半年全社会都是将战疫作为工作主线，线上交易和新媒体在人们生活中的地位得到极大提升并巩固，对报纸这种以线下运行为基本特征的传统媒体造成巨大冲击，很多报社印刷厂的印刷总量出现 20% ~ 30% 甚至更高的降幅。

因此，我们要充分认识到 2019 年和 2020 年的特殊性：2019 年下滑加速是 2018 年新闻纸价格高企推动报社在 2019 年决心主动缩减出版量的体现；2020 年的下滑加速是上半年严重的新冠疫情对报业影响的体现。

三、报纸印刷业未来展望

报纸印刷业曾经于本世纪初经历了十余年的快速发展，这波高度繁荣起始于 20 世纪 90 年代末，大发展于本世纪初，自本世纪 10 年代初达到顶点后开始下滑。现在回头来看，这个快速发展期主要还是源于技术进步的推动，包括激光照排和彩色印刷技术，极大地扩展了报纸的表现空间和表现能力，并非报纸产业自身的发展规律。在报业历经百余年的发展过程中，从未如此快速发展，过快的增长速度也决定了其可持续性较差。

报纸作为主要的大众传播媒介，曾经与广播、电视、期刊共同构成新闻传播的主体。而随着新媒体时代的到来，传播媒介的多元化对传统媒体形成巨大冲击，特别是智能手机在 21 世纪 10 年代中期步入成熟，成为大众的随身信息工具后，传统媒体的地位受到极大影响，而互动性最差的报纸更是首当其冲，特别是以都市生活服务为定位目标的都市报很快被移动媒体所替代。

自 2015 年后，报纸印刷量进入快速下滑通道，其中的主要影响是形成报业繁荣的都市报的迅速衰落，以“今日头条”为代表的移动新媒介方式以电子化手段自动定位读者的地理位置和阅读方向，都市报这一以城市为选择依据，以读者服务为目标的媒体的作用被明显替代。而各级党报或称

为机关报，其新闻发布的定位来源于其主办机构的行政意志，是新媒体无法替代的，在新媒体繁荣发展期间更需要其进行舆论方向的引导，这也是近年来各级党报发行量稳步增长的内在原因。

从 2019 年和 2020 年的统计数据来看，报纸印刷量下滑加速度比想象得要低得多。2019 年和 2020 年统计下来分别只有 10% 出头，不足百亿对开张的下降量，确实有点出人意料。从中可以看出，经过前几年的快速下滑，报纸印刷总量下滑已经接近底部，承托力量越来越大，下滑空间已经越来越小。都市报经过几年下滑已不再是报纸印刷的主要品种，各级党报的发行量稳中有升。

更为重要的是，经历了 2019 年高纸价和 2020 年的新冠疫情影响后，报纸印刷业下滑的影响因素加快出清。2019 年以高纸价推动的减版和都市报减量为特点，2020 年新冠疫情下的社会交往减少则加快了都市报和其他生活服务类报纸印刷量的进一步见底，加快了报纸减量的完成，这个时候剩下的报纸出版量具有更强的可保持性，报纸印刷业对于纸价高企和新媒介冲击免疫力将大幅提高。

2019 年末至 2021 年初，开始了新一轮新闻纸价格上涨，短短几个月很快便将纸价推高到了 5800 元 / 吨，由于 2021 年我国已全面停止外废进口，对于新闻纸这种以外废为主要原料的纸类品种来讲，已难以预期再回到低价区间。但是，在经历了 2019 年和 2020 年特殊年景的报纸印刷业会有较好的承受力，虽然总量预计还会下滑，但其对 2021 年和 2022 年印刷总量的影响将会比 2019 年要小得多。■

千淘万漉虽辛苦，吹尽黄沙始见金
——2020年包装印刷行业发展概况

中国印刷及设备器材工业协会包装印刷分会

2020年是“十三五”规划收官之年，也是新中国成立以来极不平凡的一年——一是百年不遇的新冠肺炎疫情突然暴发；二是世界经济陷入第二次世界大战结束以来最严重的衰退；三是一些国家遏制打压全面升级，外部环境挑战巨大。面对严峻复杂的国际形势、艰巨繁重的国内改革发展稳定任务，特别是新冠肺炎疫情的严重冲击，以习近平同志为核心的党中央保持战略定力，准确判断形势，精心谋划部署，果断采取行动，付出艰苦努力，交出了一份人民满意、世界瞩目、可以载入史册的答卷。

2020年，我国成为全球唯一实现经济正增长的主要经济体。第一季度国内生产总值（GDP）较上年同期萎缩6.8%，二季度GDP同比上涨3.2%，三季度回升至4.9%，四季度增长6.5%，中国经济运行逐季改善、逐步恢复常态，全年经济总量突破100万亿元，“十三五”规划圆满收官。

2020年，中国科技创新取得重大进展，关键核心技术攻关步伐加快，新动能新业态不断涌现。中国经济显示出强大的抗风险能力、顽强的韧性。

一、增速放缓、发展平稳

改革开放以来，基于不断完善的产业链优势，我国已成为全球第一制造大国，这为包装印刷行业的发展提供了坚实的基础。特别是制造业及消费品制造业的高速发展，使得包装印刷行业在食品、日化、电子、烟酒、医药等领域取得了较好成绩。2019年，我国共有包装装潢印刷品印刷企业50318家，实现印刷产值10075.26亿元，首次突破万亿元大关，利润基本与往年持平。在包装装潢印刷品大类里，纸包装印刷总产值为4518.24亿元，占整个包装印刷产值的44.84%，对包装印刷的整体走势起到了决定性作用（2020年数据未出）。

自新冠肺炎疫情暴发以来，受全国经济形势影响，包装印刷行业也受到了严重打击，不仅要应对原材料成本疯狂上涨、“用工荒”等长期存在的不利因素的影响，还要想办法应对防疫成本上涨、物流不畅、业务骤减、现金流压力等突发困难，企业越来越难。

据国家统计局2021年1月公布的数据显示，2020年印刷和记录媒介复制业规模以上企业（即年主营业务收入2000万元及以上的工业法人单位）实现营业收入6472.3亿元，同比增长–5.2%；营业成本5395.4亿元，同比增长–5.1%；实现利润总额416.2亿元，同比增长–5.7%。印刷和记录媒介复制业规模以上企业营业收入自2016年来首次出现负增长。可以看出，疫情对印刷企业的经营产生了重大的影响。2020年初，疫情最严重的1–2月，规模以上印企利润总额大跌60.2%，到2020年中，已经收窄至–14.8%，经过第三、四季度的追赶，最终将此数据稳定在–5.7%，已是不易。透过2021年6月在北京召开的第十届北京国际印刷技术展览会不难看出，疫情影响基本已成常态化，整个包装印刷行业也基本处于回暖状态，今年有望恢复正轨。

从企业数量上看，包装印刷企业数量持续下滑，印刷工业总产值不断上升。2019年，以约占行业51%的企业数量，贡献了超过77%的产值，继续保持印刷业第一大门类的位置，且这一趋势将一直持续。

从区域上看，珠三角地区以广东雄厚的经济实力为依托，长三角地区受益于庞大的经济总量和强大的制造业实力，仍是包装印刷行业贡献产值最大的两个重要区域。加之头部企业聚集、扶持政策愈加优化完善、营商环境领先，都为两个区域内的包装印刷企业持续发展提供了良好的基础。

从细分市场上看，瓦楞纸包装的总产值仍有上升空间，但利润率可能受纸价、人工、环保等因素的影响而持续下降；未来精品包装（纸盒，包括折叠纸盒、固定纸盒）的主要盈利方向将集中在两个截然不同的类别：一是超长单，二是个性化、定制化的高附加值产品；未来软包装领域的主要压力仍将来自环保。

二、2020年我国包装印刷行业的热点

（一）原材料涨价影响过大、利润增长空间一降再降

2020年下半年开始，新一轮的纸价上涨已成为行业热点，白卡纸在春节之后甚至达到万元每吨，纸价暴涨对企业正常生产经营产生了前所未有的冲击，特别是对包装印刷企业，影响巨大。

据了解，本轮纸价上涨，主要原因来自以下几方面：

1. 自2021年1月1日起，我国已全面禁止进口固体废物，其中就包括“回收纸或纸板”。2020年，国内废纸浆需求缺口为380吨，要解决这一缺口还需要一定的时间由市场来消化。

2. 由于“新版限塑令”的实施以及疫情对电商的刺激等各方因素，造成纸张需求上涨；特别是食品包装和包装袋方面需求量明显增多。

3. 纸张原材料纸浆的价格上涨幅度较大。相关数据显示：纸浆期货自2020年11月开始，在不到4个月的时间里每吨上涨2600多元，涨幅高达56.9%。目前，中国是全球最大的纸浆进口国，造纸原料对进口纸浆的依赖性高。

4. 国内几大造纸巨头抱团涨价，带动中小企业一同上涨，其中涉及文化用纸、生活用纸、白卡纸、铜版卡、食品卡纸、箱板纸等各领域。

然而，暴涨的纸价只不过是所有原材料价格上涨中最突出的一面。实际上，与印刷生产息息相关的印版、油墨，以及各种化学用品，其价格也在持续提升，进而带动印刷生产成本不断攀升，一

步步吞噬利润空间。在此期间，受原材料价格上升打击最严重的其实还是规模较小的企业。

（二）疫情是把“双刃剑”：侧面反映出包装印刷行业依赖性过高

2020 年疫情的冲击，给包装印刷行业带来了两种截然不同的声音。疫情的发生，给外贸为主营业务的包装印刷企业以致命一击，导致许多企业订单丢失，交货延迟，回款困难；但医药、大健康产业的发展又给为其服务的包装印刷企业带来了新一轮的热潮。特别是年初，在疫情最严重的时候，以药包为主营业务的西安环球印务股份有限公司年初五就已复工，订单主要涉及疫情防控应急产品包装，主要包括抗生素类、提高免疫类、中药抗病毒类以及消毒器械类等大类。另一家以药包为主营业务的鲁信天一，则是在过年前紧急调整了放假计划，迅速启动生产应急预案，在大批员工返乡之前，调动所有物资，对接全部物流，整合出 6 条生产线全部投入加急订单的生产，开足马力生产，全力满足医药企业的抗“疫”需求。除医药包装外，服务保健食品、大众健康产品等领域的包装订单量也持续上涨。

包装印刷属于服务型行业，产业依赖性过高，在 41 个工业大类行业中，几乎任意一个行业都能看到包装印刷的“身影”，甚至可以说离不开包装印刷。但反观之，又仅仅只是服务型行业，没有太大话语权，“荣辱兴衰”由服务的上游行业来决定。这一特点，长期以来客观存在于行业内，无法避免。也有很多企业在成长过程中探索改进之道，但收效甚微，此次疫情就是这一特点的全面映射。

（三）包装绿色化开始进入加速阶段

2019 年 9 月，国家新闻出版署、国家发改委等五部委联合出台了《关于推进印刷业绿色化发展的意见》。这一意见的出台，对全行业推进环保项目改造升级、绿色原辅材料的应用落地、污废处理规范化等起到了积极作用。

2020 年，国家主席习近平在第七十五届联合国大会上提出“碳中和”和“碳达峰”概念，进一步明确了中国环保政策的发展目标和方向。国家发改委和生态环境部也于 2020 年 1 月发布《关于进一步加强塑料污染治理的意见》，明确了未来五年“禁塑”目标。即 2020 年，率先在部分地区、部分领域禁止、限制部分塑料制品的生产、销售和使用；2022 年，一次性塑料制品消费量明显减少，“以纸代塑”得以推广；2025 年，基本形成多元共治体系。环保包装需求将在未来 5 年达到高速增长，这是包装印刷行业的历史性机遇。

在挥发性有机物（VOCs）治理方面，自 2013 年国务院发布《大气污染防治行动计划》至今，包装印刷行业 VOCs 治理取得了较明显的成果。2020 年 1 月，由生态环境部发布的《印刷工业污染防治可行技术指南》（HJ 1089—2020）开始实施；3 月，国家标准化管理委员会公布 7 项 VOCs 国家强制标准；6 月，生态环境部印发了《2020 年挥发性有机物治理攻坚方案》；同年 7 月 1 日，由生态环境部和国家市场监督管理总局联合印发的《挥发性有机物无组织排放控制标准》（GB 37822—2019）全面实施。一系列政策的相继发布及实施，加速推进包装印刷企业在 2020 年里将 VOCs 治理工作进一步细化。经过近十年的挣扎、彷徨、选择、放弃、再选择之后，虽然包装印刷行业已意识到 VOCs 治理的重要性，并形成了从源头削减、过程控制，到末端治理的多重解决方案，但不可否认的是，当前 VOCs 治理仍然存在源头控制效果不佳、小微企业治理成本高、对政策理解不到位等诸多亟待解决的问题。

另外，随着电商、快递等新业态的飞速发展，物流业不仅给人民生活提供了便利，也为包装印刷行业的发展提供了产业基础，但同时也产生了大量的包装废弃物，给资源和环境带来了较大压力。

2020 年 2 月，国家统计局发布《中华人民共和国 2020 年国民经济和社会发展统计公报》指出，全年完成邮政行业业务总量 21053 亿元，比上年增长 29.7%。其中，快递业务量 833.6 亿件，快递业务收入 8795 亿元（表 1）。与 2016 年相比，快递业务量增长了 166%，快递业务收入增长了 121%。

表 1　2016—2020 年快递业务量及快递业务收入（数据来源：国家统计局）

年份	快递业务量（亿件）	快递业务收入（亿元）
2016	312.8	3974
2017	400.6	4957
2018	507.1	6038
2019	635.2	7498
2020	833.6	8795

2020 年 10 月，为推动快递包装行业绿色发展，国家市场监督管理总局联合国家邮政局对外公布了《关于〈快递包装绿色产品认证目录（第一批）〉〈快递包装绿色产品认证规则〉的公告》。《公告》中对封套、包装箱、包装袋等绿色快递包装材料的认定给出了明确定义，并对认证办法、认证程序及细则等相关细则作出了详细解释。同年 11 月，国家发改委、国家邮政局、工业和信息化部等八部门联合发布《关于加快推进快递包装绿色转型的意见》，明确了进一步加强快递包装治理、推进快递包装绿色转型的指导思想、基本原则、主要目标和重大举措，各地针对《意见》也提出了具体的实施方案。这一系列举措势必将加速快递包装绿色化的进程，使为快递业服务的包装印刷企业在生产过程、原辅材料使用、物流等方面加速完成自我升级。

（四）市场需求加政策引导催生白酒包装热

2020 年最“热闹”的包装印刷细分领域除了医药领域外，非酒包莫属。回顾过去的一年，国内各行各业或多或少都受到一定程度的“打击”，在疫情面前，许多曾经“辉煌”的行业表现出了“脆弱的一面”，原本知名度高、美誉度高、认可度高的品牌屡屡被爆出业绩下滑。但即便如此，白酒领域的“火热”程度却不减反增，各线上平台关于白酒的讨论层出不穷，该领域股票股价也纷纷走高。白酒行业规模以上企业数量逐年减少，行业集中趋势明显，产销量基本呈现逐年下降趋势，体现了市场供需关系和消费需求变化——这也是白酒价格一路走高的重要原因之一。

据相关数据显示，2020 年 1—11 月，全国白酒产量为 618.4 万千升，累计同比下降 10.3%；2020 年 1—11 月，全国规模以上白酒企业累计完成销售收入 5059.85 亿元，同比增长 3.53%；累计实现利润总额 1312.07 亿元，同比增长 8.96%（注：数据出自中商产业研究数据库）。从数据可以看出，白酒的产量在减少，但销售收入却增加了，这证明白酒的单价在上涨，持续上涨的白酒单价也为白酒包装提供了新的增长点。

贵州、四川等地是我国白酒的主要产区，通过当地政策扶持，有力地促进了产业转型升级，带动了产业集群协同发展，使酒业成为支撑地方经济和社会发展的新引擎。以贵州省为例，2020

年 1— 8 月，全省规模以上白酒企业增加值同比增长 4.6%。2019 年，全省规模以上白酒企业完成增加值 1089.2 亿元，同比增长 15.8%，占全省工业增加值的 27.3%（注：数据出自贵州省工业和信息化厅）。

2018 年 12 月，贵州省人民政府印发的《贵州省十大千亿级工业产业振兴行动方案》提出，将优质烟酒产业作为十大千亿级产业之一。随后，《贵州省优质烟酒产业振兴行动实施方案》和《贵州省促进包装产业转型升级发展的实施意见》相继出台，提出鼓励支持包装产业与省内白酒、茶叶、药品等产业强化配套衔接。2019 年，贵州省工信厅开展专题调研并形成《全省白酒产业包装配套情况调研报告》。《报告》中提出，要加快白酒配套产业发展，支持白酒产业省内配套。2019 年以前，贵州省白酒行业省内包装配套率为 29%。十二届贵州省委常委会第 99 次会议中提出，“到 2020 年贵州省内白酒企业本地配套达到 50%，2022 年达到 80% 的目标”，这也说明贵州省包装产业在与白酒产业配套方面有着较大的提升空间。据了解，截至 2020 年底，遵义市白酒包装配套率从 2019 年的约 30% 提升到 52.8%；全市引进包装企业 128 家，其中既有裕同、美盈森这样的百强企业，也有名不见经传的小微企业。包装印刷企业扎堆进入贵州省内的酒包市场，可谓一石激起千层浪，这对当地政府服务能力、市场消化能力以及企业间的配合能力都是一次挑战。未来，这一区域性的产业集群效应将更加显现，如何通过政府引导和行业自律将此打造成可持续、可复制的经营模式还有待进一步研究。

（五）智能化进入新阶段，平台期显现

企业的智能化建设已经成为全行业关注的焦点。一方面，政府等相关部门与行业协会从政策层面进行保障、支持和鼓励；另一方面，企业结合自身需求从不同重点着手智能化建设。在数字化工厂的基础上，应用物联网技术，实现完整的信息管理，生产流程管控及排产，以期减少人为带来的损耗，提高效率。

目前就包装印刷行业而言，百强企业（即年营业收入在 4 亿元人民币左右的企业）基本都已开展智能化建设，该智能化建设不仅仅局限于软件系统应用（如 ERP、MES 等系），而是向设备的自动化、柔性化、连续性以及智能物流相结合的多个智能化环节联通的方向探索。

在智能化建设这一课题上，各企业的侧重不同，总体来说，积极探索是主旋律，但我国包装印刷企业中、小规模体量占比较大，标准化基础建设不够，自主研发能力较弱，加之印刷活件的复杂性等都成为制约智能化建设水平进一步提升的因素。未来，包装印刷行业对智能化建设的探讨将会持续不断。随着人力成本不断提升，智能制造将成为企业提高生产效率、降低生产成本、实现可持续发展的必经之路。

（六）数字印刷的包装未来

数字印刷在中国的应用率与欧美等发达国家存在着较大的差距，这与中国民众的消费习惯及长期依赖人口红利的市场特点有关，但随着喷墨技术的发展以及设备的国产化，相信不久的将来，数字印刷会在包装领域另有一番作为。

近年来，国内涌现了以数字印刷为主营业务方式的包装印刷企业，他们看中的是数字印刷应对短版活件的灵活性和快速的反应，以及数字印后增效提供给客户多样化、个性化的选择，并由此带

来的高附加值。如南京苏布、上海瑞时两家便是其中的代表性企业。

2019 年，国内数字印刷机装机量同比大幅度增长，实现了爆发；2020 年，喷墨数字印刷机在国内市场也取得了优异的成绩。在外部市场需求不断增长，产业内部要素、生态逐渐完善的推动下，数字化将会是未来产业发展的动力之一。

三、“十四五”展望

我们认为，伴随着中国进入全面小康的新时代，作为利税大户的中国包装印刷行业 2021 年将继续践行“产业规模化、数字化转型、生产流程智能化、生产工艺绿色化”之路，为“十四五”发展奠定坚实的基础。历经疫情考验，包装印刷行业强韧性并未减弱，竞争的大格局更不会改变，有的只是龙头企业将更具市场竞争力。

“十四五”时期，包装印刷企业将逐步完善服务能力，以市场需求为导向，挖掘特殊细分市场，加强工艺创新、技术攻关和科技成果转化应用，通过不断提升企业品牌价值、盈利能力，应对行业和市场变化，实现产能稳固、产品提质、市场扩展、营收增长、效益提升。

包装印刷企业也将从单一的加工服务型向“生产型、设计服务型、采购服务型与物流服务型”转变，从降低成本、提高效率、增加价值三方面，为下游产业提供一站式解决方案。

（一）个性化、定制化的漫漫长路

基于互联网技术、数字化技术的不断升级，国民经济飞速发展，人们的消费习惯已经发生了天翻地覆的变化。“00 后”作为当前消费的中坚力量，未来也必将引领消费市场。他们更加钟情于商品的个性化、标榜自身，追求潮流，时尚度。这也直接导致各个领域业务个性化、定制化的蓬勃发展。

目前，印刷领域中更多的个性化定制都还集中在书刊和商业印刷领域，相对而言，包装印刷领域在个性化、定制化方面占比还较低。虽然裕同、虎彩、劲嘉等国内的龙头包装印刷企业都纷纷开始进军该领域，但由于包装印刷个性化、定制化起步较晚，一方面对设备投入、生产线的完整度要求较高，势必会大大提升成本；另一方面包装印刷品的从属性过强、缺少一定的收藏价值，也使得个性化、定制化在包装印刷领域的市场成熟度不高。

包装印刷领域的个性化、定制化主要有两个方向，一是大批量的定制化活件；二是小批量的个性化活件。个性化包装具有其独特性，产品与众不同；小众性，有特定的受众或人群，这就使得它的市场占有率不可能与传统包装相提并论。但个性化包装利润较高，市场待开发，所以还是吸引了众多企业的目光。

数字印刷技术经过多年的发展，虽然与胶印效果还有一定差距，但已基本达到市场生产的要求，由于其单张起印的独特特点，也使得个性化得以实现。近年来，数字模切、烫金、UV 等设备的相继出现，丰富了个性化包装的印后工艺，加速了个性化包装的发展进程。目前，数字印刷、印后及其相关的设备、耗材价格仍然是痛点之一，但技术相对较为成熟，这也为个性化包装的扩展之路奠定了一定的基础。

未来，个性化包装市场还要从平台投入、升级，加大设计创新研发能力，积极融入下游产业，共同培育市场等几方面入手，加速提升市场占有率。

（二）消费升级带来新机会

随着时代的进步，非传统行业如电子信息、生物制药、大健康等行业快速发展，消费升级也会为包装印刷行业带来新的需求和机会。这就要求包装印刷企业在稳定发展的基础上，必须时刻关注各细分市场的变化和发展机会，具备快速、灵活的应对能力，顺应市场结构变化趋势，把握机会、提升实力，才能在瞬息万变的市场环境中求存、求进。

（三）竞争格局愈加复杂

近年来，包装印刷行业中一部分龙头企业都在进行产品多元化和产业链一体化布局，行业竞争格局必将更加复杂。“多元化布局”的模式使得各企业纷纷开始进入其他细分市场或新兴行业，龙头企业的主营业务不再单一，并且开始在不同行业试水，这就使得企业之间的竞争由一个领域扩展到多个领域，甚至多个行业，跨界竞争更加频繁。未来，成本控制或将成为包装印刷企业赢得竞争的重要因素，供应链平台、产业互联网和柔性生产线等将为企业获得长期稳定的订单加分。

（四）坚持创新，探索新型商业模式

包装印刷企业应该注重在新设计、新材料、新技术、新工艺以及新型商业模式等方面的投入。未来，在智能包装、功能性包装、防伪包装、3D 打印技术等领域的投放将会持续增加，特别是环保包装材料的研发及产业化，以及新型商业模式的探索、供应链平台的打造、产业互联网的搭建等方面将面临新的发展机遇。

综上，当前我国已进入到疫情常态化防控阶段。未来，包装印刷行业将面临更大的机遇与挑战。引用唐代诗人刘禹锡的一句古诗与行业同仁共勉——“千淘万漉虽辛苦，吹尽黄沙始见金”。■

2020年票据印刷行业分析

中国印刷技术协会商业票据印刷分会　管政明

2020年是极其不平凡的一年。突如其来的新冠肺炎疫情给国民经济带来难以预料的重大影响。对于深陷无纸化冲击泥淖中的国内票据印刷行业而言，疫情带来的巨大冲击更是雪上加霜。疫情发生之初，社会生产服务体系基本处于停滞状态。由于疫情造成的开工延迟、原材料供应短缺、物流保障不足以及上下游复工复产不同步等问题，导致企业无法及时交付订单，总体销售收入受到一定程度的影响。

根据国家统计局2021年4月公布的第一季度经济数据显示，在41个工业大类行业中，印刷和记录媒介复制业规模以上（年主营业务收入2000万元及以上）工业企业营业收入同比下降21.8%。在此环境下，票据印刷行业不可能独善其身，通过对会员单位的调查了解来看，2020年大多数票据印刷企业的营业收入都有着不同程度的下降，大家对票据行业未来的发展充满了焦虑。

一、2020年票据印刷行业面临的挑战

（一）企业外部环境

1. 原材料涨价

自2020年下半年以来，纸张价格又开启了一轮令人瞠目结舌的普涨，白卡纸价从底部的5400元/吨，快速拉升至8000元/吨，更在2021年初冲破万元大关，涨幅直逼100%。在白卡纸价格的带动下，铜版纸、双胶纸、特种纸等其他纸种也纷纷跟涨。实际上，快速攀升的不只是纸价，其他原辅材料也在持续提升。

纸张成本通常占到产品生产成本的50%以上，这无形中增加了票据印刷企业的运营成本。特别是票据印刷企业使用量最大的无碳复写纸和胶版纸，涨幅累计达到50%以上。对通过政府采购实行定价招标而中标的企业来说，缺乏调价机制或者调价启动严重滞后，纸价的快速飙升无疑是雪上加霜，生产越多，亏损越多。出现了票据企业停机亏得少，开机反而亏得多的极度反常现象。

2. 市场对纸质票据需求继续大幅萎缩

一方面，疫情加速了票据行业电子化、信息化、网络化进程，纸质媒介被数字化所逐步替代，僧多粥少，使得行业竞争更加激烈。

另一方面，电子发票的全面推广加快。为适应经济社会发展和税收现代化建设需要，税务总局自 2015 年起分步推行了增值税电子普通发票。因开具便捷、保管便利、查验及时、节约成本等优点，受到越来越多纳税人的欢迎，目前电子普票已经全面普及。

为贯彻落实国务院关于加快电子增值税专用发票推广应用的部署，税务总局本着积极稳妥的原则，决定采用在部分地区新办纳税人中率先实行专票电子化，此后逐步扩大地区和纳税人范围的工作策略。一是先在新办纳税人中实行专票电子化，在完善系统、积累经验的基础上，再考虑在其他纳税人中实行专票电子化。二是对于新办纳税人，从 2020 年 9 月 1 日起，逐步在宁波、石家庄和杭州开展专票电子化试点，在此基础上再分两步在全国实行：第一步，自 2020 年 12 月 21 日起，在江苏等 11 个地区的新办纳税人中实行专票电子化，受票方范围同步扩至全国；第二步，自 2021 年 1 月 21 日起，在北京等 25 个地区的新办纳税人中实行专票电子化，受票方范围为全国。这预示着纸质增值税专用发票退出历史舞台已经进入了倒计时。

3. 政府采购公开招标带来新情况

政府采购产品采用公开招标等重大政策调整后，由于行业内投标企业的各项资质条件相对接近，价格分成为中标与否的重大影响因素。为了让机器转起来、员工留下来，中标企业纷纷给出了“跳楼价”，这种不具备合理利润的报价给行业的稳定发展带来极大的不利影响。

4. 行业投资意愿降低

市场需求萎缩，原材料价格、劳动力成本一路上涨，销售价格一跌再跌，票据企业不仅不能保持合理的利润，连维持企业持续发展的现金流都出现了困难，这一系列情况最终导致票据印刷整个行业的投资意愿持续降低，有前景的项目也由于囊中羞涩不得不放弃或者推迟。目前，市场中的票据印刷新设备投资几乎被“冰封”，二手设备转让价格也非常低，这预示着票据行业未来几年的调整力度空前。

（二）企业内部环境

1. 员工梯度结构偏老化

票据印刷企业大部分成立于 20 世纪 90 年代，行业过去二十多年的持续稳定发展，既保证了员工队伍的稳定，也培养了一批高技能人才。但随着时间的推移，企业老员工年龄偏大，原有的知识储备已经不适应新业务的开拓和发展。而大批年轻优秀的人才大都流向新兴高科技行业，票据企业的人员补充难度较大。因此，很多票据企业的员工队伍处于青黄不接的尴尬境地，年轻员工无法担负企业发展的重任，老员工只能退而不休。

2. 生产设备及生产技术迭代缓慢

很多票据企业现有的生产设备和工艺技术逐步老化和过时，印制效率和产品质量保障能力下降。而新设备的更新和投入因没有充足的资金，一再搁浅；新技术的研究开发工作也受制于资金不足无法顺利推进，继而造成企业市场竞争力不足。

3. 企业内部管理有待提高

大部分票据印刷企业在二十多年前，甚至几年前都是国家税务、银行、邮政等机构的定点印刷企业，业务需求稳定，利润可观，高枕无忧。而面临骤然而至的残酷市场竞争，企业从发展战略、组织结构、管理体系等多方面都还没有做好准备。未来，票据企业需要科学管理和精细化管理来不断降低生产成本，提高生产效率。

二、票据印刷行业转型和发展方向

几十年前，信息技术的发展催生了中国票据印刷行业。如今，同样是信息技术的发展却在冲击着这个行业。中国票据印刷行业面临着产品同质化竞争、绿色印刷、材料成本上涨等多方面压力，到了没有转型就没有出路的节骨眼上，技术升级、管理升级、产业升级成为印刷企业的必经之路。

（一）疫情的转机

2020 年疫情之下，中国票据印刷行业识大体、顾大局，复工复产助抗疫，彰显出行业较强的政治动员能力、危机应对能力、产能修复能力和组织调整能力。除此之外，受疫情冲击的影响，票据印刷行业两极分化变得尤为明显。行业呈现出“强者恒强，弱者恒弱”的马太效应，大企业加速布局多元化业务，小企业加速被淘汰，市场分化和整合加速。在此背景下，票据印刷企业必然要根据市场需求以及技术革新的进展进行深度改造，寻找可持续发展的新技术和新业务，从而应对新一轮挑战。这也让一些票据企业取得了不俗的成绩。如 2020 年，安徽金辉印务有限公司销售收入 14.2 亿元，利润 1.89 亿元。东港股份有限公司销售收入 11.8 亿元，利润 1.8 亿元。

（二）数字化发展全面升级

多年来，印刷业从未停止过数字化的步伐。从 20 世纪 90 年代以彩色桌面出版为代表的数字化技术开始，到如今的围绕移动互联网而不断迭代的各类技术应用，印刷业完成了一次又一次技术变革与飞跃。

数字打样在印前领域已实现普及。近年来，CTP 也实现了全面应用，并朝着免处理绿色化的方向发展；色彩管理、数字化工作流程也成为了追求高品质印刷企业的必选配置。

工业化与信息化的深度融合也在不断增强，作为企业最基本的数字化管理系统——ERP 延续了前两年的发展趋势，市场正在从普及阶段转入升级阶段。一方面，之前众多从未尝试信息化、数字化的企业，尤其是部分中小企业开始着手进行信息化、数字化建设，ERP 逐渐普及，MES、CRM、PLM 等系统开始在行业内得到更多的应用；另一方面，已经有一定基础的印刷企业则开始进行信息化、数字化的深入推进，进一步探索智能工厂的建设。尤其是一些民营企业，对应用 ERP 表现出了比以往更高的热情，聚焦于系统的升级和优化，以更好地利用数字化管理系统。

（三）票据印刷行业融合化发展

针对当前中国票据印刷行业的现状，行业转型升级、融合化发展迫在眉睫，众多票据企业以期突破行业发展的“瓶颈”。中国印刷技术协会商业票据印刷分会在 2021 年 5 月开展了“2020 年创新发展先进企业”的评选活动，其中有不少优秀企业脱颖而出，也说明行业转型升级有了一定成效。

目前，票据印刷业融合化发展主要有三个途径：产业链融合、新技术融合、跨界融合。笔者在这里对一些行业内较典型的案例进行描述，让大家有一个更加直观的了解。

1. 产业链融合

这是印刷业最原始的融合化发展模式，即印刷业与上下游相关产业，如造纸、出版、发行、文化、艺术、设计等领域融合发展，从而打破原有产业链定位对于印刷业发展的束缚，为企业开拓更多的增长空间。如上海铁路印刷有限公司开发了几个新项目：（1）“四纸两袋”项目。即卷筒纸、擦手纸、面巾纸、马桶垫纸、清洁袋、垃圾袋。公司注册了生活纸制品“馨路达”商标，形成“馨路达”系列产品，以此加大公司的品牌影响力。2020 年实现销售额 5700 万元。（2）上马“数码快印项目”。公司拓展了标牌、笔记本、电梯标贴设计安装、装修图纸设计等新业务。2020 年，销售收入超过 500 万元。（3）多功能办公用纸及其他新项目。公司成功注册了“铁异”品牌商标，自 2020 年 7 月份上市以来已实现销售收入近 200 万元。（4）开辟线上销售市场。依托京东商城、苏宁易购、国铁商城、“馨路达”微信小程序等线上平台，向社会销售公司产品。2019 年、2020 年连续两年零售营业额突破 500 万元。

宁波卓洋印务有限公司已向证书、航空公司 RFID 行李条标签和数字快印等印刷相关行业的实体产业项目转型运营，并取得了显著成效。为满足如不动产权证书、农村土地承包经营权证书、农村集体经济组织股权证书等各种证书的生产需求，公司先后引进了全套缝线、裱糊、折本、模切等工序设备。

上海安全印务有限公司通过加强技术创新实现产品的推陈出新，先后获得国内外印刷奖项 100 余项。其中，公司生产的“IRAVO 银色拉丝标签”荣获 2020 年度亚洲标签大奖电子产品类金奖、“第二届中国国际进口博览会艺术品鉴赏手册礼册”荣获 2020 年度美国金墨奖金奖。目前公司在努力朝着互联网服务制造型模式方向发展。

安徽华新印务有限公司为安徽省税务、财政系统印制发票票据 24 年。产品覆盖范围由原来单一的票据印刷，发展到集发票票据、金融硬票、教辅本册、宣传彩页、数码移印等多系列产品。通过产业细分领域拓展，实现了业务的稳定发展。

江西江印票证印务股份有限公司是一家有着 60 多年票据印刷经验的老牌国企，历经国企改制后，企业于 2020 年 9 月，正式开工投产礼盒包装生产线。目前，以生产高档精品烟盒皮壳外包装业务为主。

2. 新技术融合

近年来，以互联网、云计算、大数据、人工智能等为代表的新一代信息技术发展迅速，与印刷业快速融合，不断塑造出新产业、新业态、新模式，培育出发展新动能。

如东港股份自上世纪 80 年代起，由中国最早的商业表格印刷供应商，逐步发展成为多品类，多服务的企业。公司业务拓展至票据证照、彩色印刷、标签印刷、智能卡制作、数据外包和处理、RFID 开发等多领域。随着电子化和无纸化对传统业务的冲击，公司大力发展电子票证、数字化档案存储、彩票自助终端设备等业务。特别是信息化和数字经济的发展，使公司加大了在区块链等技术方面的投入与研发，在行业内也取得了不俗的成绩。

辽宁票据印务有限公司积极拓展标签印刷新领域，目标客户锁定在食品、饮品、药品等行业，并且精准发力，与众多行业知名一线企业建立长期合作意向，建立了稳定的供货周期。2020 年也是公司档案数字化业务取得丰硕成果的一年。

深圳市东鹏科技发展有限公司作为票据印刷企业，逐步向“生产＋互联网”型企业转型。公司与深圳市中文科技有限公司联合推出“东鹏印客”电子商务平台，合作开发东鹏印刷电子商务平台项目。公司与深圳市税务局合作的项目：创建互联网办理私房租赁（微信平台）代征业务；创建第三方电子发票服务平台业务；承接双代发票配送业务、网购发票配送业务。

3. 跨界融合

除了坚守印刷主业，在产业链上下游和与新技术结合领域寻求融合空间，一些票据企业也积极主动打破原有行业边界，在更广阔的市场中探寻增长之道。如浙江茉织华印刷股份有限公司，在疫情的影响下，利用工厂现有的厂房车间，开辟了口罩生产线，在短时间内打通了口罩生产销售链，为战胜疫情贡献力量的同时，也走出了一条发展新路，当年实现防疫物资销售 7600 万元。

在国内经济新常态的背景之下，票据印刷业进入深度调整期，增长的新旧动能正在加快转换，面临着多重问题和挑战，这是企业蜕变发展的必经过程。但要坚信，票据印刷行业自身的独特性决定了未来仍将在支持宏观经济发展中扮演重要角色。未来的票据印刷企业将是传统与数字相结合、单一印刷和综合服务相结合、多元化印刷业务相结合的综合性生态系统。所以，票据印刷企业要修炼内功、依靠所长，勇于做行业的探索者和先行者，打造新的增长路径，推动行业向前发展。■

标签印刷行业发展分析

中国印刷技术协会标签与特种印刷分会　胡德军

标签作为印刷产业的一个细分行业，存在市场规模不大，行业离散度高，成规模的企业少，管理相对薄弱等问题，随着制造产业的发展及消费模式的改变，标签印刷行业的发展存在如下趋势。

一、市场规模及区域变化

过去 20 年，中国标签市场主要集中在制造业发达的华东、华南及渤海湾地区，近年来因沿海地区用工及土地资源成本上升，同时受到复杂国际形势影响，造成制造业存在向东南亚及国内西南、华中地区高速转移的现象。如：日系的京瓷、松下，韩国三星电子等迁往越南，大量的国内服装与制鞋业也迁往东南亚，国内企业如富士康、BYD、OPPO、vivo 等企业也往西南、华中地区扩充产能。所以，标签印刷行业在这些新的制造业基地得到了快速发展。另一方面，互联网产业带动了消费的快速变化，各个地区都在依据自身的资源优势，大力发展互联网经济，加上乡村振兴的要求，农副业产品得到了极大的发展，对包装、标识产品的需求大幅增加，这也为各地的标签从业人员带来了极大的机会。如果排除疫情的影响，东南亚、印度将是标签印刷行业高速发展的区域，国内西南、华中地区也将大幅度成长。当前，国内的标签企业也在积极地往东南亚、印度布局，国内跨区域的投资也在不断增加，一些集团化运作的公司逐渐成形。随着持续发展，中国将有一批管理规范化、国际化的公司出现，这必将带动标签印刷行业的高质量发展。

二、多元化发展加剧

当前，标签印刷市场多元化发展加剧，从事单一标签印刷业务的企业正在逐渐减少。一方面表现为，原有包装印刷领域的大中型企业，为满足客户一体化需求，成立了标签生产事业部，同时，有实力的标签印刷企业也开始进行组合投资，涉足包装、彩盒印刷等领域；另一个突出的表现就是，传统标签印刷企业凭借自身在客户、市场以及工艺等方面的优势，向新型产品市场拓展。如电子领域的标签印刷企业涉足模切、绝缘等细分领域；快销市场的标签印刷企业与快印企业联合发展，通过数字印刷设备满足商业印刷和标签印刷的需求。

三、区域竞争加剧，利润空间进一步降低

标签印刷行业经过多年的高速发展，在材料、工艺方面的成本趋于透明，高增长、高利润、高回报的时代已经一去不返。客户招投标模式的导入以及跨区域竞争的加剧，造成产品利润空间的直线下滑，企业如何强化自身管理，打造精益的生产体系，或将成为企业发展的一道重要的分水岭。推进精益管理的企业将凭借低成本、高效能、高利润，使企业得以持续健康发展；反之，企业终将因高成本、低利润走向没落。

在标签印刷企业中，因不重视精益而产生的浪费几乎无处不在。有显性的浪费：如调机速度慢、设备产能低；品质标准不明确，检验、测试、控制方面没有彻底实施，而导致的产品不良率高，客户投诉多；没有实施平衡生产，造成生产现场堆积大量的半成品；采购与计划不协调造成的材料的高库存；计划与业务不信任，以即时出货为目标的适时计划控制难以实现，造成成品的高库存，在客户需求变化迅速的今天极易形成呆滞，等等。有些隐形的浪费在企业管理过程中也经常出现：如人员的浪费，优秀的机长安排做长单，造成人才使用的浪费；组织责权利模糊，造成责任没有担当的浪费；授权不适当，造成事务流程繁琐缓慢的浪费；信息系统使用不当，造成资源的浪费，等等。

目前，标签印刷企业还处在粗放式的管理现状，企业内部还存在很大的改善空间，而现有部门疲于自身流程层面的工作，跨部门、跨流程的改善难以推动，此时需要一个类似工业工程部的单位，专职于精益管理，运用 IE（工业工程）的专业分析手法，拨开迷雾，实施改善，找到问题的真因。这样理念原则与实际的组织功能相结合，企业的精益生产之路就可以很好地落地，开花结果了。

四、标签印刷企业品牌体系建设

品牌客户越来越重视其所承担的社会责任，对供应商的管理逐渐由产品管理，到对供应商的经营行为、社会责任进行管理，这样就要求企业建立相应的品质控制体系、环境管理控制体系、职业健康安全管理体系、GRS 以及安规认证等。标签印刷行业一直以来存在体系管理薄弱问题，一方面管理者重视不够，认为进行复杂的体系建设要投入不必要的成本，同时额外附加价值不明显；另一方面，缺乏相应的专业人员。其实，体系建设对一个公司有很多好处：首先，体系可以帮助一个公司对经营过程进行管理，让企业经营的品质风险、安全风险降低到最小，起到一个稳定的作用。其次，体系可以让企业走上自我改善、自我蜕变的道路，形成良好的革新循环，帮助企业去满足市场不断变化的需求。再次，体系可以让投资者全面评价公司，了解公司的不足点，并进行提升、完善，让公司走向平衡发展之路。

在行业未来的发展中，标签印刷企业首先要进行的就是自身平台的搭建，既包含管理体系化、信息化、精细化的建设，同时也要进一步强化安全管理、环保管理、社会责任管理体系的建立健全，以及遵守当地的法律法规等相关要求；其次，标签印刷企业应当积极关注客户的产能转移情况、新需求带来的新市场，做好投资规划与开拓多元的商业合作模式，避免订单或客户资源遗失。此外，标签印刷企业还应当积极创新，运用数字化设备、新型材料、开发创新型应用，为客户带来更多价值。没有最好，只有更好！只有在变化中，才能找到更好的发展之路。■

疫情冲击下逆势增长的中国柔印
——2020年我国柔印行业发展概况

中国印刷技术协会柔性版印刷分会

2020年是不平凡的一年，新冠肺炎疫情的冲击和国内外政治经济环境的急剧变化，给柔印行业及其供应链企业造成了极大的困难，经历了阶段性的严重冲击。下半年随着国内疫情逐步得到有效控制，市场需求逐渐恢复，柔印企业开始走出困境，保持了基本稳定。从近300份问卷调查的情况来看，到2020年底，柔印企业已逐步摆脱了疫情的影响，整个柔印行业的营业收入和利润总额仍然优于其他传统印刷方式，2020年被调查企业的柔印业务比上年增长13.5%，平均利润增长9.0%。

2020年是我国"十三五"规划的收官之年。5年间，随着经济社会发展，人民群众对健康安全的要求日益提高，中国柔印行业也因此迎来了飞速发展的新时期。在政府主管部门的引导以及行业协会的推动下，国产高精度柔性版印刷机、制版机、网纹辊以及油墨、版材等相关重要配套设备器材产业逐步实现国产化，并在市场中占据主导地位，产业链上下游企业在技术、工艺、材料、设备上的协作更加紧密，国内外柔印新技术交流途径也更为通畅。中国柔性版印刷机制造企业紧跟国际新技术的步伐，零速或高速自动换料卷、无轴传动与伺服控制、远程诊断与控制、封闭式墨腔装置、套筒式版辊和网纹辊、冷烫印、LED紫外光固化、全检式在线质量检测等技术被大量采用，机组式柔性版印刷机柔印单元的滚枕结构排列和分切、模切、覆膜、烫金等连线加工技术被越来越多国内客户所接受，各种高分辨率网点再现技术推陈出新。在"十三五"时期末，以赶超国际先进水平的速度，率先应用CCD高速视觉智能分析系统来完成自动套准。与此同时，自动压力调整技术也创造性地应用在国产设备上，再次印证了柔性版印刷机制造企业的大胆创新，在不断提高印刷效率和印刷质量的同时，正在向数字化、智能化方向发展。柔印产品印刷质量得到大幅提升，已步入高品质印刷行列。

一、国产设备器材的技术进步，加速柔印行业的崛起

（一）柔印设备

"2020'柔性版印刷在中国'装机量调查报告"相关数据显示，2019年7月1日至2020年6

月 30 日，新增 223 台全新的机组式柔性版印刷机在中国内地投入使用。截至 2020 年 6 月 30 日，中国内地共安装机组式柔性版印刷机 2989 台，年增长率为 8.1%。

在 2989 台总装机量中，国产设备为 2361 台，占比为 79.0%，增量为 206 台，占比为 92.4%；进口设备为 628 台，占比为 21.0%，增量为 17 台，占比为 7.6%。

相关数据显示，2020 年全年，中国内地共实现销售卫星式柔性版印刷机 100 台。截至 2020 年 12 月 31 日，中国内地共安装卫星式柔性版印刷机 359 台，年增长率为 38.61%。在 359 台总装机量中，国产设备 338 台，占比为 94.2%，增量为 96 台，占比为 96.0%；进口设备 21 台，占比为 5.8%，增量为 4 台，占比为 4.0%。

另据来自中国印刷及设备器材工业协会的《2020 年国内印刷产业相关商品进出口贸易研究报告》的数据显示，当年进口各类柔印机 55 台，同比减少 11 台，金额为 4077 万美元，同比增加 1325 万美元，增长 48.0%。出口 4113 台，同比增加 2736 台，金额为 6395 万美元，同比减少 923 万美元，下降 14.4%。

从以上柔印机的国内市场及进出口情况可以看出，除了欧美国家受疫情影响时间较长，多数国家柔印机制造厂商长期处于停工状态外，我国柔印机械制造业的发展势头继续保持稳步增长，由于国产设备供应商狠抓科技创新，智能化程度有所提高，国产柔印机的市场占有率稳步提升。

（二）柔性版材

《2020 年国内印刷产业相关商品进出口贸易研究报告》相关数据显示，2020 年柔性印刷版材的进口数量 57.36 万平方米，进口金额为 3193 万美元，与上年基本持平；出口数量 49.32 万平方米，出口创汇 2072 万美元，同比减少 1.2%。

（三）柔版油墨

《2020 年度油墨协会统计委员会分析报告》的数据统计信息显示，2020 年我国油墨行业 33 家重点企业的总产量为 43.87 万吨。其中，17 家生产平版油墨企业产量 12.67 万吨，同比下降 6.33%，占比 28.88%；20 家生产凹版油墨企业产量 16.62 万吨，同比增长 0.05%，占比 37.88%；11 家生产柔版油墨企业产量 4.46 万吨，同比增长 9.18%，占比 10.18%；15 家生产 UV 油墨企业产量 1.13 万吨，同比增长 2.18%，占比 2.57%（其中，UV 胶印油墨下降了 1.29%）。

在凹版油墨的分类统计数据中，可以看到凹版表印塑料油墨同比下降 5.07%，凹版复合塑料油墨同比下降 7.70%，凹版纸张油墨同比下降 7.22%，只有凹版水性油墨增长 9.69%。在柔版油墨的分类统计数据中，可看出水性柔版油墨 2020 年实现销售数量 3.27 万吨，同比增长 35.61%；溶剂型柔版油墨同比下降 19.59%。这说明国家环境保护标准《环境标志产品技术要求凹印油墨与柔印油墨》（HJ371—2018）的正式发布实施，使得少（无）VOCs 排放的水性凹版、柔版油墨增长势头明显。

另据企查查行业大数据分析，我国目前有关键词为“油墨”的现存企业 3.72 万家，其中广东共有 1.18 万家，占总数的 32%。近十年来，油墨企业注册量逐年增长，2021 年上半年注册 5569 家，同比增长 127%。尽管以上数据没有把众多的中小油墨生产企业产量涵盖在其中，但我国油墨产业的集中度高，年销售量万吨级以上的 17 家企业都在统计企业名单中，因此基本可以反映出不同印刷工艺在中国印刷业总产值的占比。

二、做好疫情防控和企业复工复产工作

2020年新春伊始，在党中央的正确领导下，一场应对新冠肺炎疫情的防控阻击战全面打响。“柔印人”肩负使命，攻坚克难，全力做好疫情防控印刷保障任务，为抗击疫情作出了贡献。

1月21日，上海界龙艺术印刷有限公司在人员紧缺、任务繁重的情况下，不计成本、克服困难，在24小时内保质保量完成了上海浦东新区疾控中心急需的一批“预防和应对新型冠状病毒”宣传资料的紧急印刷任务。

1月24日，湖南雅嘉彩色印刷有限公司接到客户急需新冠肺炎核酸检测试剂包装盒和说明书的求援电话后，在面临原材料短缺、设备已拆卸保养、员工紧缺等多重困难的情况下，果断承接这项艰巨的任务，并圆满完成首批26万个核酸检测试剂包装盒和28万份药品说明书的印刷任务。

1月25—26日，嘉善康弘激光制版有限公司接到客户订单要求紧急赶制口罩外包装箱印刷用的柔性版，公司立即组织人员加班赶制。

1月底，山东德创精化科技有限公司为保障客户驰援疫区的防疫物资包装生产，第一时间完成复工审批。面对物流不通、无法交货的被动局面，公司启用专车专人配送，将重点防疫物资生产企业所需要的油墨及时送达。

1月31日—2月1日，经政府部门批准，上海紫丹印务有限公司在确保员工人身健康安全的前提下，为罗氏制药生产的达菲、罗氏芬两款药品加班加点赶制包装。

2月9日起，乐凯华光印刷科技有限公司在做好疫情防控措施的基础上积极做好复工复产准备工作，通过了当地复工审核。四天后公司承担生产的疫情防控相关医疗打印胶片片基产品正式交付用户。

2月10日，潍坊东航印刷科技股份有限公司在切实做好疫情防控工作的前提下正式复工，技术及生产人员第一时间投入到紧张的生产工作。

自2月10日起，嘉升制版（上海）有限公司及其各分公司陆续复工，在全面复工后尽可能减少上班人员，最大程度上减少人员聚集，采取了核心岗位人员轮岗，其余人员居家线上办公的模式。

上海出版印刷高等专科学校为保证第46届世界技能大赛印刷媒体技术项目上海集训的正常开展，将线下集训转为线上教学，做到“停课不停训，抗疫促集训”。为此，学校提前开通了为基地开发的“技能教学录播系统网络教学端”，使各地集训选手在家通过网络就可观看教学视频，全面开展线上教学。

西安航天华阳机电装备有限公司在得知江苏省泰州市靖江市客户急需使用预先订购的设备和生产防疫物资所需的原材料时，在有限的条件下组织部分人员复工。公司统一调度，选用部分一线生产人员组成保障设备特别装配组，进行设备安装，并利用远程控制系统完成设备的整体调试。

美迪科（上海）包装材料有限公司临危受命，迎难而上，在上海市政府相关部门的大力支持下，在短短6天时间里，转型为日产2000套以上医疗防护服的战略物资生产基地。随着战略物资生产设备逐步到位，工人陆续返岗，该公司的医用防护服产能逐渐攀升，由2000件/天提升至4000件/天，后又达到6000件/天。

杭州科雷机电工业有限公司服务团队率先提出“隔离病毒，不隔离服务”的企业承诺，开启24小时远程在线服务响应，采取网上办、自助办、电话办、预约办、急事特办等方便客户的服务方式，对用户待办的紧急事项做到“零延时”服务，解决印刷、制版等技术难题，确保科雷设备能够正常运行使用。

凌云光技术集团为确保客户企业印刷任务的顺利完成，启动了在线远程办公并提供7×24小时响应，全心全意为客户提供服务支持，协助生产企业稳定生产，保障生产线的高效运转。

疫情期间，龙利得智能科技股份有限公司在得知医疗用品生产企业面临包装短缺消息后，第一时间向当地政府申报并获得复工批准，采取封闭式管理和部分人员复工方式进行生产，竭尽全力高效生产、充分保障防疫物品运送到全国各地。

利乐包装（呼和浩特）有限公司在春节期间，开足马力为伊利、蒙牛等乳制品企业提供配套包装，加班加点，把营养品送到抗疫前线。在全力以赴生产的同时，按照所在开发区的要求进行自查，制定防控工作流程，明确相关责任人，做好公司的疫情防控和安全生产工作。

浙江中特机械科技有限公司在接到温州市政府下达的生产口罩机任务后，当即停止线上正在生产的印刷机械，进而转产口罩机，及时供应市场的需求。

东莞市源铁印刷机械有限公司为配合印刷包装企业及时印制防疫物资，于2月9日组织小规模复工，2月10日正式全面复工。

由于在抗疫情保增长工作中的出色成绩，柔印行业的部分集体和个人获得表彰，上海正伟印刷有限公司副总工程师王本洪，上海紫丹食品包装印刷有限公司生产副总监巩洪亮，上海外贸界龙彩印有限公司副总工程师蔡志荣等被授予上海市劳动模范称号；美迪科（上海）包装材料有限公司医疗防护服生产车间等被授予上海市模范集体称号。2021年4月，上海紫丹食品包装印刷有限公司生产副总监巩洪亮被授予全国五一劳动奖章。

2020年12月21日，在中国印刷技术协会成立40周年系列纪念活动现场，柔印分会副理事长单位、理事单位及相关负责同志分别获得集体和个人荣誉。上海出版印刷高等专科学校校长陈斌、乐凯华光印刷科技有限公司经理高建、上海新闻出版职业技术学校校长黄彬、柔印分会秘书长施建屏等个人被评为“先进工作者”；上海出版印刷高等专科学校、上海印刷集团有限公司、厦门合兴印刷包装股份有限公司，高斯图文印刷系统（中国）有限公司、富士胶片（中国）投资有限公司等被评为“特别贡献集体”。柔印分会被评为“先进集体”。北京印刷学院、乐凯华光印刷科技有限公司、上海界龙集团有限公司、中国印刷科学技术研究院、杭州科雷机电工业有限公司、湖北华艺包装印刷科技有限公司等被评为中国印协“优秀会员单位”。

三、与专业院校合作，做好蓝皮书、教学案例集的编撰工作

1. 2020年3月，虽然受到新冠肺炎疫情的严重影响，但是上海出版印刷高等专科学校克服困难再次启动《2020中国柔性版印刷发展报告》的编撰工作，由学校牵头，国家新闻出版署“柔版印刷绿色制版与标准化”重点实验室实施指导和支持，柔印分会继续承担编撰柔印设备装机量的分报告和对蓝皮书相关报告的问卷调查及蓝皮书文章审核等工作。在各方的努力下，通过线上线下的

交流，历经半年的辛勤工作，《2020 中国柔性版印刷发展报告》蓝皮书终于出版，并于 2020 年中国印刷业创新大会期间发布。蓝皮书的出版对行业具有重大的价值和意义，为推动行业的转型升级、绿色发展作出了贡献。

2. 由国家新闻出版署“柔版印刷绿色制版与标准化”重点实验室承担的研发项目——“柔性版水墨印刷废水膜处理中水回用及废渣再生利用资源化”被列入“2019 印刷业绿色化重点项目名单”，科研平台取得实效。

2020 年 6 月 5 日，“柔版印刷绿色制版与标准化”重点实验室举办的“水性柔印废水污泥解决方案分享及研讨会”在线上、线下同时进行。柔印分会秘书长施建屏针对当前国家发布的一系列有关环保领域的相关标准和政策作出解读，顾问蔡成基分析介绍了柔印企业将要面对的环保压力。

3. 受上海新闻出版职业技术学校委托，柔印分会承担编撰“柔性版印刷工艺教学案例集”。该项目于 2019 年 10 月底启动，到 2020 年 3 月底完成。柔印分会从专家库遴选 5 位专家分别进行了 5 种典型柔印产品工艺案例的编撰，并给予指导和协调。这本教学案例集有助于将行业需求、发展和最新技术融合与职业教育进行有效衔接，融汇到日常教学中去，具有较强的实用性和一定的参考价值，既是适合师生学习的参考资料，也可作为柔印行业在职在岗人员的培训教材。

四、与展商合作，举办柔印主题论坛

2020 年初的疫情，给线下举办论坛造成了较大的影响。为此，主办方与合作方在严格做好疫情防控措施的前提下，携手成功举办了两次柔印论坛。

1. 7 月 23 日，在东莞厚街广东现代国际展览中心举行的“2020 华南国际瓦楞展”期间，柔印分会和上海励欣展览有限公司一起举办了以“提升柔印 质量先行”为主题的 2020 柔印发展论坛，线上视频直播同步进行，线上线下共有近 700 多人观看。

2. 8 月 7 日，在上海揽境展览服务有限公司组织的“2020 中国标签软包装产业创新大会”上，柔印分会举办了“2020 软包装与柔印技术论坛”，线上视频直播同步进行，线上线下共有近 5000 人参与。

五、一批与柔印技术相关的国家推荐标准、新闻出版行业标准相继发布实施

1. 中国印协柔印分会协同厦门合兴包装印刷股份有限公司、上海印刷技术研究所、杭华油墨股份有限公司等单位联合起草制定的国家推荐标准《印刷技术 四色印刷油墨颜色和透明度 第 5 部分：柔性版印刷》（GB/T 30329.5—2019），在全国印刷标准化技术委员会领导和审查专家指导以及起草单位的共同努力下，经过反复推敲、试验、检测、论证、修改，终于完成了标准的制定工作。国家市场监督管理总局、中国国家标准化管理委员会于 2020 年 1 月 17 日发布“关于公开 2019 年第 19 号中国国家标准全文的通知”，该国家标准已于 2019 年 12 月 31 日发布，自 2020 年 7 月 1 日起正式实施。

2. 中国印协柔印分会组织上海出版印刷高等专科学校、深圳市英杰激光数字制版有限公司、上

海中浩激光制版有限公司等单位共同完成了《柔性版制版过程控制要求及检测方法》（CY/T 222—2020）标准。深圳市布瑞特水墨涂料有限公司、深圳市通产丽星股份有限公司、北京印刷学院等单位共同完成了《柔性版印刷紫外光固化油墨使用要求及检验方法》（CY/T 227—2020）标准。

2020 年 11 月 16 日，国家新闻出版署发布的“关于批准发布《文献片段标识符》等 47 项行业标准的通知”文件中，明确以上两项行业标准于 2020 年 11 月 16 日正式颁布，并于 2021 年 2 月 1 日起施行。

六、与国外的柔印协会建立联系和开展交流

中国印协柔印分会分别与美国柔印协会、波兰柔印协会、欧洲柔印协会及德国柔印协会等同行组织建立了联系，交流行业发展情况。

在取得美国柔印协会（FTA）授权后，行业相关期刊平台在 2020 年陆续刊登了译自《FLEXO》的文章《打破广色域技术推广的障碍》《品牌保护和包装印前设计》《如何保证印前色彩的一致性》《先锋精神：美国 Hub 标签公司的成功故事》等内容。通过这些技术文章的引入，使中国“柔印人”快速便捷地学习到国外先进理念，并将其应用于实践中去。

2020 年 6 月，柔印分会与德国柔印技术协会（DFTA）举行首次视频会议，并进行了诚挚、热切地交流，表达了合作的意愿。DFTA 看好中国柔印市场未来的发展及巨大市场潜力，愿意提供技术交流、技术培训以及欧洲柔印市场情况等信息，供行业内学习、交流。

2020 年 1 月，柔印分会受邀组织在 2018 年柔印产品质量评选活动中获精品奖的单位参加由欧洲柔印协会（FTA-EU）主办的“2020 钻石奖”海外作品评选活动，于当年 3 月初将送评产品寄达布鲁塞尔，柔印分会副理事长单位——深圳市英杰激光数字制版有限公司选送的“佳能中国红打印机外箱”产品入围决赛。

2021 年 3 月，法国驻上海总领事馆商务投资处高级商务官员杨杨等一行专程到访柔印分会，就中国柔印市场的发展近况，法方企业及其代表处工作人员加入分会等相关行业情况进行了详细了解。

2021 年是我国“十四五”规划的开局之年。当前，制约柔印行业发展的主要因素是专业技术人才短缺、生产成本高、生产效率低、生产过程标准化和智能化进程以及产品质量的进一步提升等。这些制约因素也从一个侧面为柔性版印刷供应链企业未来的技术创新和发展指明了方向。

培养更多合格的专业人才是保证柔性版印刷行业持续、快速发展的关键所在，应加大相关专业人才的培养力度和资金投入。

智能化印刷设备是目前印刷行业发展的趋势，也是设备制造商提升技术水平的关键。同时，还是设备制造商迫在眉睫的任务。实施智能化是一项非常艰巨的任务，印刷过程的标准化、数字化、自动化以及精益管理等是前提条件和必要基础，需要予以高度重视，加大研发投入，积极引导企业智能化建设，培育一批数字化、网络化、智能化发展标杆企业，推进柔性版印刷走上智能化发展道路。

预计在“十四五”期间，柔性版印刷水性油墨在非吸收性基材上的应用将得到推广。当前，柔性版印刷技术进军软包装和纸包装领域已成为行业有识之士的努力方向，我国柔性版印刷市场必将继续保持良性的稳步增长态势，为我国从印刷大国迈向印刷强国作出应有的贡献。■

抢抓新发展机遇 网版印刷未来可期

—— 网版印刷 2020 年度业情浅析

中国印刷技术协会网印及制像分会 沈春燕

2020 年，面对新冠肺炎疫情带来的各种考验和错综复杂的国际国内环境，全国人民在以习近平同志为核心的党中央坚强领导下，团结一心，攻坚克难，夺取了抗击疫情的战略性胜利，率先打赢新冠肺炎疫情阻击战和经济保卫战。各地区各部门巩固拓展疫情防控和经济社会发展成果，科学精准实施宏观政策，推动我国经济恢复取得明显成效，经济运行稳中加固、稳中向好，在国内形成完备的疫情防控体系，灵活有效的经济调控措施，在抗击疫情和经济复苏两条战线上均成为"全球最亮的星"，中国是 2020 年全球唯一实现经济正增长的主要经济体，经济社会发展取得了举世瞩目的成就。

在加快形成以国内大循环为主体、国内国际双循环相互促进的新发展格局的战略引领下，凭借全产业链优势，我国经济不仅保持了生产供给率先增长的基本格局，而且呈现出市场需求跟进恢复的良好态势，支持经济发展的供需两侧因素都发挥了积极作用，经济循环逐步畅通，有力地促进了经济恢复，经济宏观指标总体向好。网版印刷是广泛应用于电子产品、玻璃陶瓷、仪表表盘、包装礼品、医药卫生器材、服装服饰等工业品生产制造的加工装饰工艺，随着新业态新产业的出现，在新材料新技术的推动下，网版印刷工艺不断完善提高，应用市场不断拓展扩大。据对协会会员及行业现状的调研显示，2020 年网版印刷新材料，智能化和数字化制版设备、印刷设备的市场需求大，企业的创新能力不断增强，生产产值呈逆势增长态势。

一、网版印刷在电子产品生产制造领域扮演重要角色，贡献产值占比高

电子产品制造是网版印刷一个主要的应用领域，以国内的印制线路板产业 (PCB) 为例，目前产值已经超越了日本，成为印制线路板产业第一大国。2020 年，我国印制线路板产值突破了 350 亿美元。相关数据显示，在 PCB 产业当中，网版印刷工艺和设备投资在产业之中占比为 22%；在生产过程之中，大约有 40% 的工序和网版印刷工艺直接相关。如果按照这个比例来统计，在中国 PCB 行业，网版印刷的产值约为 800 亿元。但在行业数据的统计当中，被归入到电子工业的

产值中。

新能源制造产业也是网版印刷工艺大显身手的领域。根据《中国贸易报》有关统计数据，2017年我国光伏产业产值超过5000亿元，占据了全球70%以上的份额，规模全球第一，遥遥领先于美欧日韩，光伏产业成为“国家名片”。到2020年，我国光伏产业产值已经超过6500亿元。

作为分布式能源系统的光伏产业，和国计民生绿色发展的国家大战略紧密相连，过去10年当中，中国光伏产品装机成本下降了90%以上，发电成本已经可以和火电竞争。光伏电池生产工艺主要包括制绒清洗、扩散制结、刻蚀、制备减反射膜、印刷电极、烧结及自动分选等7道工序，整个工艺流程已经高度自动化，在光伏生产线当中，全自动高速网印和机器人集成系统的网版印刷成套设备提高了生产效能。目前，硅光电池工厂主要使用网版印刷工艺来制备前后电极，网版印刷的质量直接关系到电池的品质，网版印刷电池组占据整厂设备投资的26%。粗略估计，网版印刷在此行业的产值约为600亿元。另外，在新能源产业之中，钙钛矿薄膜太阳能电池组的能源效率已经从3.8%提升到25.2%，该数据目前还在提升当中。据有关资本市场关于光伏电池产业的研究报告，钙钛矿电池完全采用网版印刷工艺进行大规模生产，由于钙钛矿电池产品的原材料充足，能耗更低，工艺更加简单，这将是网版印刷行业第一次成为支柱性产业的主要应用技术。这对于网版印刷行业的整体发展，无疑会提供更大的空间。

此外，网版印刷技术在移动电源技术中也发挥了积极作用。在全球秒充电源技术领域，超级电容被认为是一项极有应用前景的技术应用。超级电容器使用的主要电极材料为碳、石墨、活性炭、石墨烯、气溶胶碳等，通过存储大量的电荷，实现电能的快充和可控释放，目前在市场中已经获得了广泛的应用，大量超级电容已经用在了电动大客车上。超级电容的生产技术工艺中，主导型的技术工艺还是网版印刷技术，虽说一部分实验室和实验工厂采用了数字喷墨印刷技术，但从工艺成本来说，网版印刷工艺仍具备更加强大的竞争能力。

二、网印与数字化技术融合，提升印花工艺水平，增加印花产品的附加值

纺织服装印花、纺织品印染是网版印刷应用的又一重要领域。在环保、时尚、绿色、科技和个性化需求不断提升的驱动下，纺织纤维新材料不断更新迭代，具有功能性的印花材料不断推陈出新，感温感光变色材料、夜光荧光材料、香味材料、厚膜印刷材料既满足了功能性的要求，又达到了视觉冲击效果，特别是满足了现代年轻人彰显个性的需求，而这一切的实现离不开网印与数字化技术的融合。

据相关数据统计，数字印花技术正处于大规模工业化发展阶段，2020年数码印花产值约为120亿美元，纺织印花结构和设备升级速度加快，传统规模印花企业目前正面临着结构调整。由于数码印花占地小，凭借其效率高、打样成本低、印制效果好、污染少等优势，满足了批量小、个性化、交货周期短等市场多样化的需求。目前，我国网版+数码喷墨复合印花工艺技术处于国际领先地位，椭圆形自动平网印花机+数码喷墨印花机、跑台手工网印+数码喷墨印花机满足了市场个性化、快速反应需求，也使数码喷墨印花实现了工业化生产，提高了印花产品的附加值。

随着2022年北京冬奥会的临近，以及人们对健身运动认知的改变，对休闲舒适的运动服饰有

了更高的要求，李宁、安踏、特步等运动品牌服饰在改变面料功能性、更新设计思路的同时，运动休闲系列服装上的印花图案色彩也更加丰富，并且增加了印绣、植绒、硅胶、涂层、透气等多种印花效果，大大增加了服装的附加值，这对印花设备提出新的更高的要求，印花机要配备更多的印机头。据了解，目前最多 32 色印头的椭圆印花机已由如皋市天元服饰印业有限公司研制完成。该设备一经推出，便震惊市场，并销售火爆，占地 200 多平方米的超大型印花机，在精密零配件的规格、运行速度和降噪等方面性能更高，满足了服装印花企业的高工艺需求。

《2020—2025 年中国纺织服装行业供需分析及发展前景研究报告》显示，2020 年我国纺织业规模占比已超全球 50%，其中数码印花和丝网印花规模以上企业能够体现在统计数据之内，但众多小型丝网印花企业数据难以统计。

在长三角和珠三角地区，一些大型的手工印花企业已经迁移到越南、印尼和其他东南亚国家，作为国家“一带一路”倡议的重要支撑点，在产业配套方面，东南亚地区的网版印刷企业正在和中国市场形成紧密的产业链协作，中国印刷技术协会网印及制像分会积极联系亚太网印协会各成员国，同越南、印尼、孟加拉和印度等国的网印协会合作，举办展会、交流会，使我国网版印刷产业进行横向连接，为中国企业走出国门，寻找当地合作伙伴搭建桥梁，为建立“一带一路”产业链创造条件。

三、环保型和功能性新材料的研发助力网版印刷不断拓展新市场

网版印刷在热转印生产中的应用随着新材料的开发逐渐满足了市场绿色环保的需求。高清热转印膜是一种用食品级印刷墨粉研制的转印材料，不仅具有环保优势，在成本上与品质上都优于传统的热转印材料。高清热转印膜的生产采用全数字排版的方式，无需制作印刷版辊，大大减轻了厂家的成本负担，同时也大幅缩短了整个生产周期（最快可实现 24 小时交货）。在商业竞争中，生产周期的缩短意味着成本的降低。高清热转印膜采用墨粉电子照相技术等稳定、可靠的印刷工艺，实现了真正的 1200dpi 分辨率的输出和 1200dpi×3600dpi 的四位变点密度，加网线数多达 240lpi，能印刷出自然逼真的纯色和混色，准确还原清晰、明锐的细节，图案清晰、套印精准。且由于高清热转印膜的墨层主要构成成分是印刷墨粉，墨层厚度最厚可达 30μm 左右，成型后的图案色彩饱满、墨层厚实、立体感强、具有较高的遮盖力，能满足各类有色承印物对遮盖力的要求。在个性化与差异化需求盛行的当下，传统的热转印膜的图文内容受制于制版工艺，图文在印版雕刻成型后便无法更改，尤其是条码、序列号等更是千篇一律。而高清热转印膜通过计算机智能排版，可实现可变数据定制印刷，尤其是条码号、序列号等将实现可变印刷，使产品拥有唯一的识别号，大大增加产品的辨识度和附加值。

在功能性印刷技术方面，利用包括网版印刷在内的混合印刷电子部件，如天线，传感器和电池等正在成为行业关注点。这个体系容量极大，涉及开关、开关电路、电池、显示器和光伏元件等。目前，功能性印刷电子产品在医疗保健、物流、零售、汽车行业、消费电子、便携式技术和楼宇管理自动化等方面已经有很大的市场需求，因此越来越多的实验室科学家们一起开发新材料、创新工艺过程，与合作伙伴一起将功能性电子产品带入成熟的工业化市场。

四、现代网版印刷在文创领域的深耕细作前景可观

故宫博物院的文创产品热销之后，使曾经遥不可及的殿堂文化悄然走进普通民众的生活，人们对传统文化的热衷以及对文化创意的探究之路越走越广。党的十八大以来，习近平总书记对文化自信作过多次阐述，文化自信是更基础、更广泛、更深厚的自信。在5000多年文明发展中孕育的中华优秀传统文化，在党和人民伟大斗争中孕育的革命文化和社会主义先进文化，积淀着中华民族最深层的精神追求，代表着中华民族独特的精神标识。坚定文化自信的重要抓手，就是要推动中华优秀传统文化实现创造性转化与创新性发展，使中华民族最基本的文化基因与当代文化相适应、与现代社会相协调，以人们喜闻乐见、具有广泛参与性的方式推广开来。

以博物馆馆藏文物为元素开发的家居陈设赋予了传统文物新的生命力。专注于古画复制的北京市印刷技术研究所有限公司自主研发生产的“冬画”，将传统的书画制作工艺与远红外线加热技术结合，开发成一款既有艺术观赏性，又安全健康、环保经济的新型取暖产品，美化了居家办公休闲环境，同时带给人们健康温暖的享受。杭州玻美文化艺术有限公司，运用UV创新科技与玻璃画艺术相融合而研发的高透光彩色光伏玻璃，让艺术作品不分白天黑夜长时间清晰、靓丽地展现在地铁站、文化广场、街心公园、社区活动区，高雅的艺术作品通过发光的玻璃画进入到百姓生活中，并触动人们的心灵。

手绘艺术展现了人们对于美好生活的向往，由手绘艺术衍生出的创意作品不断受到青睐，特别是当下追求时尚的年轻人，更加注重个性化的穿搭，具有时代感的手绘鞋与网版印刷进行巧妙结合不仅完善了手绘鞋的工艺艺术，还为网印市场拓宽了业务范围。网版印刷达到的厚版、网纹过渡效果、金葱浆印刷、水性油墨印刷、仿烫金烫银印刷、热转印印刷、高频压花、发泡工艺、变色印刷等特性都能完美运用在手绘艺术品制作中。

五、行业标准化工作成果显著，成为现代网版印刷可持续发展的重要基石

随着印刷业实现绿色化、数字化、智能化、融合化发展的进程不断加快，网版印刷行业标准化工作也在不断推进，并取得了可喜成绩。到目前为止，网版印刷标准化分技术委员会共制订完成行业标准10项，团体标准2项。这些标准是整个网版印刷行业发展的基础，对于行业的技术创新、工艺质量的提高、行业节能降耗、绿色环保和低碳经济具有极其重要的指导意义。

2018年正式生效的新《标准化法》明确了标准包括国家标准、行业标准、地方标准和团体标准、企业标准，首次赋予团体标准以法律地位，并提出要构建国家标准和行业标准保基础、团体标准和企业标准保创新、政府标准和市场标准互为补充且协调一致的新型标准体系。为落实新《标准化法》的有关要求和政府主管部门的工作部署，网版印刷分技术委员会将在今后的工作中围绕着绿色化、数字化、智能化、融合化目标，多行并举地开展网版印刷领域国家标准、行业标准、团体标准项目的制定工作。将术语、采标等作为网版印刷国家标准的制定方向；将网版印刷通用性基础标准作为行业标准的制定方向；将绿色工艺、材料适性、检测方法等新工艺、新技术、新材料标准作为团体标准的制定方向，使标准化工作全方位地服务于网版印刷行业。

六、投身数字经济发展洪流，网版印刷未来可期

信息技术革命日新月异，数字经济发展浪潮奔涌。党的十八大以来，以习近平同志为核心的党中央放眼未来、顺应大势，作出建设数字中国的战略决策。随着数字中国建设的深入实践，数字技术正引领和推动着经济发展、社会治理、百姓生活等方方面面的变革。数字中国建设的生动场景，触手可及。刷脸即可完成在线支付，点击手机屏幕轻松办理个税，政务服务掌上“一键办理”等。

如今，小到居家出行、大到政务工作，以大数据、云计算、人工智能为代表的数字技术正日益渗透其中，数字经济将人们梦寐以求的智能新生活逐渐变为现实。从工业时代向数字时代切换，行业转型升级进入实质发展阶段，行业高质量发展正在成为发展主流趋势，在这种背景下，智能化、高效高速化、绿色化等“高端制造”的必备要素成为了网版印刷企业新项目投资最关注的要点，而现代网版印刷生命力超强的一个突出表现就是，总是和最新的技术相伴而生。

历经疫情“大考”的中国经济正在复苏路上逐季转好、稳健前行，显示出强大韧性和旺盛活力。规模以上高技术制造业、装备制造业板块加速扩大，新能源汽车、工业机器人等主要新兴产品产量翻倍增长，微型计算机设备、集成电路等重要电子产品产量增速比例不断提高。在科技创新成为主要驱动力的新发展格局下，相信网版印刷只要顺应发展大势，在科技创新力量的推动下，抢抓机遇，一定能再次释放发展活力，开拓数字经济时代网版印刷新局面，在迈向第二个百年奋斗目标的新征程中创造更加辉煌的业绩。■

2020 年国内数字印刷市场回顾与展望

中国印刷及设备器材工业协会　张建民

国内数字印刷应用始于图文快印领域。20 世纪 90 年代末，国内开展大规模的基础设施建设，建筑图文打印需求大幅增加，北京、上海、杭州、南京、广州、西安等中心城市相继涌现出专业的建筑图文打印店。之后，频繁的国际交流活动和大量外资公司进驻而产生的商务打印需求，吸引着国外商务快印连锁品牌企业陆续进驻国内中心城市。其示范效应也带动了图文打印领域的领先企业迅速步入商业快印市场。同期，机关文印中心利用数字印刷方便快捷且工作流程自动化程度高的优势快速淘汰了传统小胶印机，实现了文件生产体系的升级换代。

印前输出中心开始引进数字印刷设备从事数字打样和短版印刷，为当时的数字印刷应用注入了新的活力。传统印刷企业规模引进数字印刷设备发生在 2008 年之后。一些行业领先企业巨资投入电子商务及互联网，引进工业级别的数字印刷生产设备，探索图书按需印刷、个人照片书、短版彩盒等定制服务业务，把国内数字印刷应用提升到了一个新高度。

如今，国内数字印刷在书刊印刷、包装印刷、商业印刷、图文快印、标签印刷等领域的应用已经取得了可喜的业绩。随着数字印刷技术在质量、速度、成本、幅面、介质、稳定性等方面的不断提升，特别是 2019 年以来国产卷筒高速喷墨印刷设备规模入市，大幅度降低了设备运营成本，数字印刷在国内又掀起一轮高潮。

一、2020 年国内数字印刷市场概况

国内数字印刷市场的规模有多大？口径不一，说法各异，成为长期困扰业界同仁的问题。由于国内数字印刷设备的用户分散在图文快印、书刊印刷、标签印刷、商业印刷、机关文印等领域，且绝大多数用户属于小微企业，在现有行业统计数据里难以完整体现。

根据印刷业务的性质，国内数字印刷市场的企业群体可以大致分为三类，如表 1 所示。

传统印刷企业 主营业务为大批量长版印刷（涵盖书刊、包装、标签、票据、安全印务等）。这些企业虽然拥有生产型数字印刷设备，但其主力生产工具仍是传统印刷设备，数字印刷仅作为生产过程的辅助手段。国内传统印刷企业数量约 9.13 万家，年销售收入约 1.27 万亿元。而拥有生产型数字印刷设备的企业不足 1500 家。

表 1　2019 年国内印刷市场的规模与结构★

用户群体	市场划分	业务领域	企业数量（家）	年销售收入（亿元）
传统印刷企业	出版物印刷	书刊印刷	5729	1037
		报纸印刷	563	129
	包装印刷	纸包装印刷	24110	4518
		塑料软包装印刷	6637	1428
		标签印刷	2009	218
		金属、玻璃、陶瓷包装印刷	657	500
		其他包装装潢印刷	22213	3542
	商业印刷	票据印刷、安全印务	5550	246
		社会零件印刷	23834	1141
数字印刷企业		商务快印 / 影像输出	6000	700
		合版印刷 / 数字印刷工厂	150	100
		终端客户 / 文印中心	600	2
图文快印企业		图文快印	180000	1000
市场规模			278052	14561

★根据 2019 年国家新闻出版署印刷企业年度核验数据（摘自《中国印刷年鉴（2016—2020）》和长期行业观察数据整理）

数字印刷企业 主营业务属小批量短版印刷，拥有生产型彩色数字印刷设备或同时拥有生产型数字印刷设备和合版生产的胶印设备，一些企业持有数字印刷许可证。国内数字印刷企业数量约 6700 家，年销售收入约 800 亿元。

图文快印企业 拥有生产型数字印刷设备或办公型数字打印设备，没有数字印刷许可证的图文快印企业。国内图文快印企业数量约 18 万家，年销售收入约 1000 亿元。

2020 年新冠肺炎疫情严重冲击了国内印刷市场，特别是图文快印领域，加速了数字印刷市场的存量整合步伐。

1. 新冠肺炎疫情的影响

行业调查发现，2020 年的新冠肺炎疫情对数字印刷市场的不同群体的影响是不同的：

- 传统印刷企业的数字印刷业务受影响相对较小。因为这类企业的主营业务以大批量生产为主，数字印刷仅作为补充。疫情对其主营业务的影响只是间接地涉及到数字印刷生产；
- 数字印刷企业中，从事合版印刷的企业生产业务基本稳定，而那些主要服务于会展、培训、广告等领域的商业快印企业的生产业务下降了 20% 左右；
- 图文快印企业受疫情的影响最大，绝大多数企业的业务下降都在 50% 以上。许多企业关门歇业。

2. 生产型静电数字印刷设备装机总量下降

按照成像原理划分，数字印刷设备可以分为静电成像的色粉数字印刷设备和墨滴成像的喷墨印刷设备。截至目前，数字印刷的绝大多数主力设备还是静电数字印刷设备，而且全部来自国外设备供应商，如惠普 Indigo、柯尼卡美能达、富士施乐、柯达、理光等。

根据 IDC 中国的调查数据，2020 年国内生产型静电数字印刷设备的销售总量为 3635 台，与 2019 年相比下降了 6.7%。北京科印传媒文化股份有限公司发布的生产型彩色数字印刷设备装机量的调查数据显示，2019 年 7 月—2020 年 7 月国内单张生产型彩色静电数字印刷设备的装机量为 1532 台（同比增长 51%）；单张高端彩色静电数字印刷设备的装机量为 132 台（同比下降 41%）。

上述数据反映出 2020 年数字印刷市场出现的两个特别现象：

- 喷墨印刷设备对黑白静电数字印刷设备的替代。生产型数字印刷设备销售总量的下降主要是因为生产型静电黑白数字印刷机销售量的下降所致，这与国产卷筒黑白喷墨印刷机的替代和疫情期间订单减少有关；
- 数字印刷企业对市场预期信心不足。单张生产型彩色静电数字印刷设备装机量的增长与数字印刷企业对未来市场需求的不确定性有关。企业采取了相对保守的投资方案用于维持现有生产能力。因此，也导致国内单张高端彩色静电数字印刷设备装机量的下降。

3. 国产喷墨印刷机大规模入市

2020 年，以方正印捷、盈科杰、圣德科技为代表的本土企业推出的自主品牌的卷筒喷墨印刷机批量入市，成为国内数字印刷市场的亮点。国产卷筒喷墨印刷设备的爆发式增长是本土企业多年坚持不懈技术攻关不断积累的结果，也是以喷头技术进步带来的技术门槛和使用成本的降低为支撑的。

根据相关调查，2020 年国内喷墨印刷设备的装机总量达到 298 台。尽管受到新冠肺炎疫情的影响，数字印刷市场对喷墨印刷设备（特别是卷筒喷墨印刷机）表现出极大的兴趣。2020 年国内高速喷墨印刷设备的装机量是 2019 年装机量的三倍，甚至超过前 5 年（2015—2019 年）的装机总量。

在上述装机总量里，国产喷墨印刷机装机总量达到 279 台，占当年国内高速喷墨印刷设备装机总量的 94%。可以说，2020 年国内数字印刷市场掀起的喷墨印刷高潮是由国产设备的大规模入市引起的。进一步分析发现，国产卷筒喷墨印刷机的用户群体 80% 为数字印刷企业，20% 为图书印刷企业（传统印刷企业）。

数字印刷企业中的商业快印企业成为国产卷筒喷墨印刷设备的用户主体，在一定程度上有些出乎大家的意料。在过去的一段时间，本土相关企业多把图书印刷作为目标市场，推广“按需印刷”的经营模式。而当设备真正进入市场，商业快印企业成为敢于尝鲜的群体。商业快印企业多是民营企业，对市场敏感度高，投资决策快。2020 年新冠疫情导致许多图文快印企业生存困难，而现成的市场需求和卷筒喷墨印刷机有吸引力的性价比（与静电数字印刷机相比）成就了那些商业快印企业放手一搏，进而也推动了国内数字印刷市场在严酷市场环境中的一场存量整合。

二、国内数字印刷市场发展态势

如何判断国内数字印刷应用的未来发展态势？

为了分析方便，我们把数字印刷市场细分为出版物印刷、包装标签印刷和商业印刷三个领域。出版物印刷和包装标签印刷的主体属大批量生产，以大众基本生活必需品（食品、饮料、烟草、药品、教材、图书、本册等）为支撑。工业化大规模生产体系是满足这些量大面广的市场需求的产业基础。传统印刷技术是完成这些需求的技术手段。在这样的工业化大规模生产体系中，数字印刷应用空间非常有限。

商业印刷通常是指“社会零件”印刷业务，即企业、社团组织、大专院校、政府机构运营过程中需要的印刷品（如文件、资料、图纸、表单、证卡、名片、信封、本册、广告、账单、说明书、宣传册等）。由于其用户非常分散，需求品种多、批量小、周期短，故成为数字印刷主要的应用领域。

1. 数字印刷在西欧印刷市场的参照

西欧是全球发达经济体的代表，其人均 GDP 超过 4 万美元，服务业占 GDP 的比重超过 70%。根据英国史密瑟匹勒（Smithers Pira）的研究报告提供的数据，2016 年西欧共有 8.6 万家印刷企业（10 人以下的企业占企业总数的 88%），年市场销售额 1520 亿美元。其中，出版物印刷、包装标签印刷、商业印刷三个细分市场占西欧整个印刷市场销售总额比重分别为 14%、 50%、36%。不同印刷方式对西欧印刷市场销售总额的贡献率分别为，胶印 40%、凹印 8%、柔印 24%、数字印刷 16%、其他印刷 12%。在出版物印刷、包装标签印刷、商业印刷三个细分市场，不同印刷技术对其销售额的贡献率如下：

- 出版物印刷 胶印 78%、凹印 9%、柔印 1%、数字印刷 12%、其他印刷 0%。在出版物涉及的图书、期刊、报纸三个领域中，数字印刷对图书印刷领域销售额贡献率最高，达 29%。
- 包装标签印刷 胶印 23%、凹印 11%、柔印 44%、数字印刷 3%、其他印刷 18%。其中，数字印刷对标签印刷领域销售额贡献率最高，达 32%。
- 商业印刷 胶印 48%、凹印 2%、柔印 4%、数字印刷 10%、其他印刷 36%。在商业印刷涉及的广告、宣传册、直邮账单、票证、说明书、其他六个领域中，数字印刷贡献率最高的领域是直邮账单，达 87%。

数字印刷在西欧印刷市场应用呈现如下特点：

- 商业印刷领域是数字印刷应用的主要市场。2016 年数字印刷对整个市场销售总额贡献率在 16% 以上，而其中的绝大部分（80%）来自商业印刷市场。短版印刷、宽幅喷绘、可变数据是数字印刷在商业印刷市场主要应用方式。
- 图书印刷、标签印刷是数字印刷在出版物和包装标签印刷领域应用的主要形式。在出版物印刷领域，数字印刷对市场销售额贡献率最高的是图书印刷，达 29%。在包装标签印刷市场，数字印刷对市场销售额贡献率最高的是标签印刷，达 32%。
- 传统印刷技术仍然是主流生产方式。传统印刷技术对相应市场销售贡献率分别为，出版物印刷 88%、包装标签印刷 97%、商业印刷 90%。传统印刷技术仍然是主流生产方式，数字印刷处于补充地位。

尽管在经济体系、市场环境、印刷需求等诸多方面存在差异，上述数据为我们判断未来数字印刷在传统印刷领域的增长空间提供了有价值的参考。

2. 国内数字印刷市场展望

目前国内数字印刷市场的规模总量为 1.45 亿元，出版物印刷、包装标签印刷和商业印刷占国内数字印刷市场规模总量的比重分别为 8%、80%、12%。未来几年，国内数字印刷市场规模总量将保持基本稳定，但其内部构成会发生如下变化：一是出版物印刷占整个数字印刷市场的份额将保持基本稳定，二是包装和标签印刷占整个数字印刷市场的份额趋于下降，三是商业印刷占整个数字印刷市场的份额会有所提升。

存量调整将是未来国内数字印刷市场变化的主要特征。存量整合的重点领域应该是，其他包装装潢印刷、社会零件印刷和图文快印。三个领域涉及企业22.6万家、产出总量接近5700亿元。存量整合的技术基础是日益成熟的本土喷墨印刷设备，更加智能化的高速胶印机和功能强大的行业互联网平台。

中国经济发展已经进入一个新阶段。伴随家庭经济收入的提高，大众消费内容已经开始从基本生存需求向精神体验需求转变。非生活必需品的需求特点是追求差异化，其在家庭消费支出中的比重在大幅度提升，对国内印刷市场需求结构产生深远影响。

与此同时，数字化和网络化对大众生活行为方式和对工业生产方式的改变，也在加速印刷需求结构的改变。首先，纸质载体类市场需求快速萎缩（如图书、报纸、纸质税票、直邮账单等），使纸质载体由原来的唯一选择到选择之一，导致印刷订单批量的减少甚至消失；其次，互联网呈现的信息对称化和透明化使得印刷需求方下达订单的方式由单批次大批量生产向多批次小批量生产或按需生产方式的转变造成的订单批量减少；再次，由于网络传输的便利，印刷生产组织方式由同一地点大规模集中生产向异地协同生产的转变造成的订单批量减少；最后，因社会生活节奏加快以及市场竞争日益激烈而导致的企业交货周期不断缩短，也是造成印刷订单批量减少的一个重要因素。

3. 印刷新业态的雏形

在经济发展水平不断提升、互联网高速便捷的市场环境中，印刷需求的上述变化究竟需要什么样的印刷生产体系与之相适应？

按照批量和时间这两个指标分类，通过批量大小（大批量订单即适合传统印刷的订单，小批量订单即适合数字印刷生产的订单）和时间是否敏感（不敏感即以天或周为交货周期，敏感即以小时为交货周期），印刷订单可以划分为四类：大批量时间不敏感订单、大批量时间敏感订单、小批量时间不敏感订单、小批量时间敏感订单。

目前，国内印刷存量市场的主体是属于大批量时间不敏感订单（第一类订单），对应的是工业化大规模的生产体系和根据比较成本优势建立的生产基地布局。而未来，印刷市场的增量的主体是小批量订单（第三、第四类订单）。如果未来5—10年这些市场增量占到国内印刷市场总量的15%、20%甚至更高比例，如何能够灵活、高效、低成本地满足第二、第三、第四类订单的生产，是现有工业化大规模印刷生产体系面临的挑战。

工业化生产体系是依据规模经济的原则，按照既定的产品产量、生产周期、选定的技术加工手段建立的从设计研发、加工制造、物流配送、市场营销到售后服务的系统。这套体系对印刷市场需求有批量和时间门槛，而且价值链中各个环节的利益分配格局已经固化。这些年，批量减少，周期缩短，质量要保证，价格还要降，是传统印刷企业经常遇到的难题。而投入巨资建立的数字印刷中心却普遍入不敷出。

行业实践表明，小批量印刷订单市场空间的拓展涉及相关产品生命价值链（从设计研发、加工制造、物流配送、市场营销到售后服务）的各个环节，建立新的利益分配机制是保障产品价值链各个环节的协同配合良性互动的关键。互联网平台是关联价值链各个环节、建立新的利益共享机制、服务小批量订单生产的绝佳载体。通过这样的平台可以促进图文快印企业、数字印刷企业、供应链企业信息体系的无缝连接，形成适应国内小批量市场需求的新型生产经营体系——按需定制生产经营体系。而数字印刷将成为按需定制生产经营体系中的主力生产设备。

三、国内经济增长趋缓和新冠肺炎疫情冲击将加速按需定制生产运营体系的形成

从 2018 年开始，国内宏观经济一直处于缓慢下降的运行态势。期间，中美贸易摩擦、调结构去杠杆的管控措施、严厉的环保治理政策，进一步加大经济的下行压力。2018 年第 1—4 季度国内 GDP 增速分别为 6.8%、6.7%、6.5% 和 6.4%；2019 年国内经济运行延续了上年的下行走势，第 1—4 季度国内 GDP 增速分别为 6.4%、6.2%、6.0%、6.0%。进入 2020 年，受新冠疫情影响，在经历第一季度急速下降后（–6.8%），从第二季度止跌回升（+3.2%），开始逐渐恢复。第 3 季度、第 4 季度国内 GDP 增速分别达到 4.9% 和 6.5%。与此同时，国内消费市场结构性变化已经显现：

● 服务消费快速增长。根据国家统计局发布的数据，2020 年人均国内生产总值 72447 元。全年全国居民人均消费支出 32189 元。其中，食品烟酒消费支出占 30.2%、居住消费支出占 24.6%、交通通讯消费支出占 13.0%、教育文化娱乐消费支出占 9.6%、医疗保健消费支出占 8.7%、衣着消费支出占 5.8%、生活用品及服务支出占 5.9%、其他用品及服务支出占 2.2%。而人均服务性消费支出 9036 元，占居民人均消费支出的比重为 42.6%。

● 消费行为正在分化。麦肯锡最新发布的《2020 年中国消费者调查报告》指出，中国消费者行为正在分化，由过去那种各消费群“普涨”的态势转变为不同消费群体“个性化”和“差异化”的消费行为。其中，特别值得关注的是：①电商平台（京东、天猫、拼多多等）帮助品牌商把销售渠道延伸到三、四线城市，推动了这些城市年轻人的消费，使其成为国内消费增长的新引擎；②多数消费者出现消费分级，在升级的同时有的更关注品质、有的更关注性价比等；③旅游消费更重注体验，消费者旅行支出的年复合增长率为 14%，超过 GDP 增长率（7%）。“千人一面”的大型旅行团正被抛弃，“小而美”的团队游和自助游受偏爱；④中国消费者对国产品牌认可度提高，在生活必需品（包括面巾纸、家庭清洁用品、乳制品和生鲜食品等）以及与身份和生活方式息息相关的产品（如手机、平板电脑、啤酒以及冰箱等家用电器）中，消费者更偏爱本土品牌。

● 网络消费已成规模。中国互联网信息中心最新发布的《第 47 次中国互联网络发展状况统计报告》披露，截至 2020 年 12 月，国内网民规模达 9.89 亿，互联网普及率达 70.4%。自 2013 年起，我国已连续八年成为全球最大的网络零售市场 。2020 年，国内网上零售额达 11.76 万亿元，较 2019 年增长 10.9%。其中，实物商品网上零售额 9.76 万亿元，占社会消费品零售总额的 24.9%。截至 2020 年 12 月，我国网络购物用户规模达 7.82 亿，较 2020 年 3 月增长 7215 万，占网民整体的 79.1%。

作为服务国内市场的印刷业，对宏观经济下行压力和国内消费市场结构变化的体验极为敏感。从 2018 年开始，国内规模以上印刷企业运行就处于波动起伏的缓慢下降态势。2018 年第 1—4 季度国内规模以上印刷企业增加值同比增速分别为 6.9%、6.1%、6.3%、6.6%；2019 年第 1—4 季度国

内规模以上印刷企业增加值同比增速分别为 8.0%、4.5%、3.2%、2.5%；受新冠疫情的影响，2020 年第 1—4 季度国内规模以上印刷企业增加值同比增速分别为 –17.3%、–6.4%、–3.7% 和 –2.0%。在宏观经济增速趋缓和新冠肺炎疫情冲击的背景下，在网络化、数字化的社会环境里，大众消费呈现出的网络化、差异化、碎片化的特点，已经对国内印刷市场需求产生影响。

国内数字印刷市场也已经步入总量稳定、增速趋缓的发展时期。小批量订单将成为市场增量的主体，其占市场总量的比重将逐渐提高。高度发达的国内互联网聚集了海量的终端消费者和众多的中小企业。通过构建按需定制生产运营平台，把消费者和这些中小企业的印刷需求聚合起来，将成为国内印刷业未来发展的热点。■

2020 年我国印刷机械行业发展情况

北京印刷学院　齐元胜
中国印刷及设备器材工业协会印刷机械分会　谷玉兰 管秀清

一、2020 年印刷设备总体概况

国家统计局发布的数据显示，2020 年国内生产总值达 101.6 万亿元，较上年增长 2.3%，经济总量再上新台阶，突破百万亿元大关。由于受到新冠肺炎疫情的影响，各行各业的发展遇到了较大挑战。据统计，全国规模以上工业增加值比上年增长 2.8%。分季度看，一季度下降 8.4%，二、三、四季度分别增长 4.4%、5.8%、7.1%，工业生产呈现逐季稳步回升态势。

2020 年 1—12 月国内印刷装备进口 17.74 亿美元，与 2019 年同期相比下降 10.0%。其中，印前设备进口 0.51 亿美元（同比下降 16.2%），印刷设备进口 15.36 亿美元（同比下降 11.8%），印后设备进口 1.87 亿美元（同比增长 10.8%）。2020 年 1—12 月国内印刷装备出口 22.14 亿美元，与 2019 年同期相比下降 10.0%。其中印前设备出口 1.36 亿美元（同比下降 11.4%），印刷设备出口 12.46 亿美元（同比下降 14.7%），印后设备出口 8.33 亿美元（同比下降 1.6%）。

1. 主要印刷设备企业的总产值

目前我国自主生产的印刷设备技术水平和质量逐步提升，行业内一线品牌的设备由于其优良的性价比以及接近或达到国际同类产品的技术水平，越来越受到国内外市场的认可，市场规模逐步加大，“十三五”期间，印刷设备总产值增长 74%。受到新冠疫情的影响，2020 年的总产值相较于 2019 年有所下降，如图 1 所示。

图 1　“十三五”期间印刷设备总产值

2. 印机行业创新产品的产值

印机行业始终坚持创新驱动发展的理念，许多企业在技术上不断突破自我，取得了显著的创新成果。例如：陕西北人的凹版印刷机及卫星式电子束固化胶印机、上海高斯的高速智能化卷筒纸胶印机、西安华阳的柔性版印刷机、浙江炜冈的自动化标签印刷机、杭州科雷的智能云控供墨系统、深圳精密达的智能胶装联动线、天津长荣的激光模切机等成果，对于补齐印刷高端装备短板、替代进口、扩大出口具有重要意义。

根据对印机行业 60 家具有代表性的各类型企业所调查到的数据显示，创新发展理念对行业增长贡献率占比逐步加大，有创新产品产值的企业有 40 家，占比达 66.67%，无创新产品产值的企业所占比重为 33.33%。

上述有创新产品产值的 40 家企业中，其创新产品产值占工业总产值 50% 以上的企业有 26 家。其中，产品销售率达到 100% 的企业有玉田炬兴、上海华太、天津长荣。如图 2 所示。

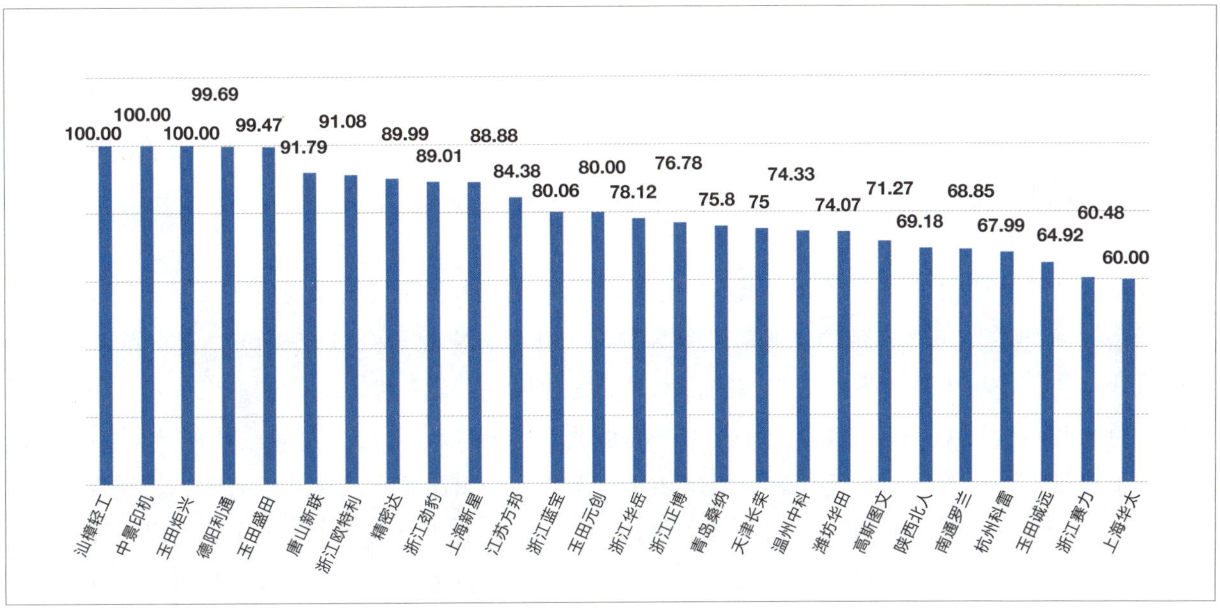

图 2　企业创新产品产值占工业总产值比例（%）

3. 60 家印刷机械企业的地域分布情况

60 家印刷机械企业地域分布可划分为四大地区：环渤海地区、长三角地区、珠三角地区以及内陆地区（图 3）。其中，分布在长三角地区的企业数最多，该地区数字印刷装备的研发与制造水平也处于领先地位。

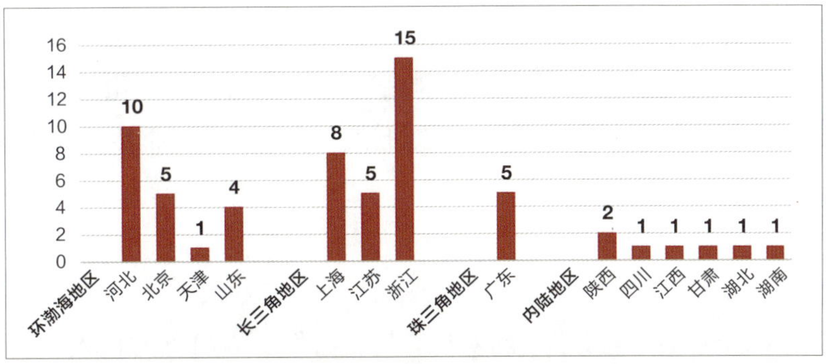

图 3　60 家印机制造企业地域分布图

二、印机制造企业设备的技术特点

2020 年是非同寻常的一年，是我国全面建成小康社会和“十三五”规划收官之年，是“十四五”规划谋篇布局之年，是构建“国内大循环为主体、国内国际双循环相互促进”新发展格局的战略定位之年。印机制造业坚持创新驱动发展，自主创新能力显著提升，自主创新成果显著，技术水平有了新的突破。

1. 主要印刷设备

（1）柔印机

随着印刷市场要求的不断提升，柔版印刷技术已经向“智能、高效、高清和稳定”的方向发展。其中，西安航天华阳机电装备有限公司研发的 CINOVA 新一代高速卫星式柔印机技术水平在国内处于领军地位，该设备生产速度突破了 400m/min 大关，成为国产柔版印刷机第一速度，并且航天华阳公司正在攻克生产速度实现 500m/min 的相关技术。

（2）数字印刷机

伴随着数字化进程的快速推进，国产卷筒纸喷墨印刷技术普遍提高，卷筒纸喷墨彩色设备替代黑白设备。例如盈科杰的彩色喷墨轮转数字印刷机 INKJ DT4400C 搭载 600dpi × 1200dpi 工业级按需压电式喷头，使用自主研发的喷墨控制技术，极大地提高了设备性能，印刷图像清晰，色彩丰富艳丽，可与胶印效果相媲美。其自主研发生产的水性颜料墨水，不仅支持传统适用的印刷介质，还能支持铜版纸、相纸等特殊材质，满足用户多元化需求；沧州铭洋自动化技术有限公司研发生产的 Single Pass 瓦楞纸板数字喷墨印刷机，采用 CMYK 水性墨水，以其优良的结构设计、无须制版、印版，按需喷墨，一张起印，可不限长度印刷，大大减少客户印刷成本，并且可实现远程下单，智能排单对接，ERP 生产管理系统，使企业领先一步实现数字化生产。

（3）胶印机

胶印机是平版印刷机的一种，印刷时图文从印版先转印到橡皮滚筒上，然后再由橡皮滚筒转印到纸张上。河北万杰机械科技股份有限公司首创将单张纸胶印技术用于间歇轮转印刷机，它的 PS 版间歇轮转印刷机能够顺应高质量标签实现自动贴标的需求，采用无轴传动系统，通过工业计算机进行控制，只需一个万能版滚筒即可实现任何尺寸无缝印刷。

（4）丝网印刷机

智能伺服丝网印刷机可以将传统网印机需要手动操作的按键全部集中在控制台上，对印刷纸张及印刷幅面等皆可一键设定，实现了丝网印刷机迈向自动化、数字化的一大步。如浙江劲豹机械有限公司成功研发出智能伺服丝网印刷机，该机滚筒的转动、网框组件的往复平动、飞达给纸及给纸台运行均由独立伺服电机驱动，每小时印刷速度可达 5000 张，是当今世界范围内最快的丝网印刷机。

2. 印后设备

国产印后设备技术逐渐成熟，技术不断实现智能化升级，以机器替代人工，实现无人车间。只有不断地促进人工智能与工业互联网的结合，才会提高印刷设备的数字化智能水平。

（1）包装印后设备

包装印后设备种类繁多，设备的自动化程度大幅提升，以为用户提供整体解决方案为宗旨的自动化生产线，替代了以往单一功能的设备。设备以高速、高效、高质量，工艺简单化、模块化为特点。唐山继国印刷机械有限公司生产的产品自动化程度高，采用多部位计算机智能操作控制系统，具有自动给纸、自动齐纸、自动清废等功能和耗材低、效率高、模切精度高、产品质量好等特点，整体技术居同类产品国内领先水平。浙江欣炜机械有限公司通过设备连线、数据采集，最后在物联网上实时传递设备生产状况，快速应对各种问题并能迅速解决，实现礼盒智能化自动化生产，整个生产过程通过模块化组合联机来实现。每台机器均能独立运行，让各个工艺流程自动衔接，提高生产效率，节约人力成本，为客户打造精品礼盒智能生产整体解决方案。

（2）书刊印后设备

印后的自动化联线会为印机企业带来长期的高性能和稳定性，包括稳定的生产效率、灵活性和胶订质量。从配页到胶订再到裁切，每个环节都是为了实现更稳定且更高效的装订生产而设计。深圳精密达智能机器有限公司的 Cambridge（剑桥）—12000e 全伺服高速胶订全流程联动线，是一款面向未来的全自动化、智能化、全流程生产线。它的最高速度可达 12000 本 / 时，采用全伺服控制，最快可在 30 秒内完成调整。书本胶订完成后直接联线书本打捆、打包、码垛系统，实现从书芯到书本，最后到物流的全自动全流程生产。深圳高登高速胶订联动线的配页机有别于传统配页机采用的滚筒叼页的技术路线，高登配页机的下页方式采用负压吸附直线型配页，书帖的运动方向不会改变，最大程度提升了配页速度和效率。高登 PE 结束带书刊自动打捆机抓取固定书刊的夹具模仿双手握书的方式，保证在通道中书刊不会倾倒堵塞通道，可实现“十字型”“工字型”“井字型”三种打捆方式。

3. 智能包装联动生产线

只有实施创新驱动战略，才能加速实现印刷设备产业数字化、智能化发展。

例如，山东信川机械责任有限公司的智能包装联动生产线智能化程度高，生产效率高、大量节约人工、生产全程可监控，可通过总控台控制各单体设备的动作，对产品数据实时传输。联动生产线可根据客户要求定制，满足客户打造智能化、数字化工厂的要求。该产品涵盖包装行业的六大工艺，整合 6 种关键设备，可很好地替代国外同类产品，降低成本，促进我国印机行业的技术升级换代。

三、印刷设备发展趋势

中国制造业大国的地位，决定了包装印刷在印刷产业结构中占据了主要份额。随着我国消费水平的不断提升，客户对于印刷装备提出了更高的要求，客户的需求会更趋向于更高端的质量、功效，更加的绿色、环保。2020 年是充满挑战的一年，各国的经济活动都受到疫情的影响，但是对于印刷行业而言，也迎来了新的发展机遇，加速了其数字化和网络化的发展趋势。北人智能公司积极应对新挑战，坚持以市场需求为导向，坚持技术创新驱动发展，坚持战略引领，聚焦包装印刷装备、出版印刷装备和印刷环保装备三大业务板块，贯彻新发展理念，推动公司的高质量发展。努力实现传统制造向智能制造转变。在新一轮技术革命背景下多品种、数字化、智能化、绿色印刷、印后加工设备及数字化服务整体解决方案成为市场发展的主流趋势。

同时，印刷企业面对国家“十四五”发展战略，将迎来产业变革带来的新的发展机遇，也将面临产业转型的挑战。新冠疫情爆发，印刷装备制造企业纷纷迅速改变内部产业结构，进行生产模式转型。印刷装备制造企业面临急迫迈向全球价值链中高端的局面。注重研发人员的培养，企业管理实现 ERP、MMES 等综合管理。5G 技术的成熟与普及，传统印刷装备制造的高端智能化生产转型也是企业未来的必由之路。在提高单一印刷装备智能化的基础上，注重智能印刷工厂的建设。印刷企业需要把握新阶段、贯彻新理念、构建新格局。要以创新开拓行业发展新格局，加速关键技术的自主研发，强化产业基础能力，提升产业链水平。推动传统印刷产业朝着高端化、智能化、绿色化的方向发展。

未来印刷装备制造企业将打造以“绿色化、数字化、智能化、高端化”为导向，以“融合化”为最终目的的“五化一体”的发展模式。

2020 年印刷器材行业市场解析

中国印刷及设备器材工业协会印刷器材分会　高建

2021 年是中国共产党建党一百周年，是“十四五”开局之年，是第二个百年目标新征程的开启之年。在中国共产党的领导下，中华民族迎来了从站起来、富起来到强起来的伟大飞跃，综合国力和国际影响力实现历史性跨越，人民生活发生翻天覆地的巨大变化，创造了举世罕见的经济社会发展奇迹。我国经济实现了从生产力相对落后的状况到经济总量跃居世界第二的历史性突破，实现了人民生活从温饱不足到全面小康的历史性跨越。然而，伟大复兴的道路上总是充满着艰辛与挑战。2020 年，面对新冠肺炎疫情和世界经济下行风险加剧的严峻形势，中国印刷器材行业秉承“石以砥焉、化钝为利”的精神，在充满艰辛、收获不易的 2020 年，依然坚定信心，勇担责任，为确保行业的持续健康发展而努力奋斗。

一、“十三五”期间我国印刷器材行业取得的成绩

“十三五”期间，我国印刷行业实现了科技创新的重大突破。随着行业技术装备水平和产品技术标准的逐步提高，我国已经迈入全球印刷大国之列。同时，我国印刷器材制造业也迎来新的发展机遇，实现了行业全球化发展的愿景目标。其中，以胶印版材为代表的我国印刷器材制造业，已经成为我国印刷制造业出口的重要支柱产业；以 CTP 绿色环保数码智能高端版材为代表的主流产品的研发使用，成为我国胶版印刷技术水平走向国际领先的重要标志；借助 UV、水性环保型油墨的开拓发展，我国油墨行业销售收入实现了连续增长；无溶剂橡皮布的成功研发，推动了国内印刷橡皮布的绿色化发展；我国印刷器材制造业丰富的产品不但满足了我国印刷技术进步的需要，同时也成为全球印刷业供应链的重要一环。

1. 胶印版材行业市场

目前我国印刷业总量约占全球总量的 18%。从各种印刷方式分析，胶印在全球印刷业依然占据主流地位，约占 47% 以上，凹印、柔印、网印、数字印刷所占份额分别约为 21%、18%、9%、5%（图 1）。“十三五”期间，随着绿色印刷概念与技术的推广普及，柔印呈现较快增长势头，数字印刷的普及发展速度加快，而胶印所占份额出现缓慢下降，总量在 2012 年以来基本稳定。

汇总中国印刷及设备器材工业协会印刷器材分会“十三五”期间年度行业产销量统计数据分析

可以看到，全球印刷市场胶印版材整体呈稳中下滑趋势，由期初的 6.7 亿平方米消耗量降至期末的 6.2 亿平方米左右（图 2）。由于社会印刷品订单进一步分化，短单快印、个性化定制趋势明显，同时，数字化印刷技术成本继续走低，这为数字化印刷技术的普及发展提供了较好的市场发展机遇。

目前，海外市场胶印版材需求总量约 4.2 亿平方米，其中 CTP 版约 3.8 亿平方米，PS 版约 0.4 亿平方米。由于全球发展不平衡，CTP 版材需求主要集中在西欧、北美和日本；PS 版仅在亚洲、拉美、东欧及非洲地区有一定的市场需求（图 3）。

“十三五”期间，全球胶印版材主要生产厂商为富士、爱克发、华光、柯达、强邦等，以中高端 CTP 版材为主，占全球大部分市场份额，CTP 版材（含 UV-CTP 版）占比约为 90%。

我国胶印版材制造业产销量连续多年位居世界第一，2019 年更是创下历年新高，2020 年由于受疫情影响，产销量同比小幅下滑。中国印刷及设备器材工业协会印刷器材分会统计数据显示，2020 年产量超过 1000 万平方米或接近 1000 万平方米的胶印版材生产企业有 16 家，年产量占全国胶印版材年产总量的 80% 以上。其中，乐凯华光以突破 1 亿平方米的产销量名列行业榜首，进入行业企业全球前列。由此可见，我国胶印版材制造业生产规模更为集中，行业企业集中度、规模化进一步提高。

中国印刷及设备器材工业协会印刷器材分会统计汇编的行业 20 家版材制造企业 2020 年度经营数据显示，相比 2019

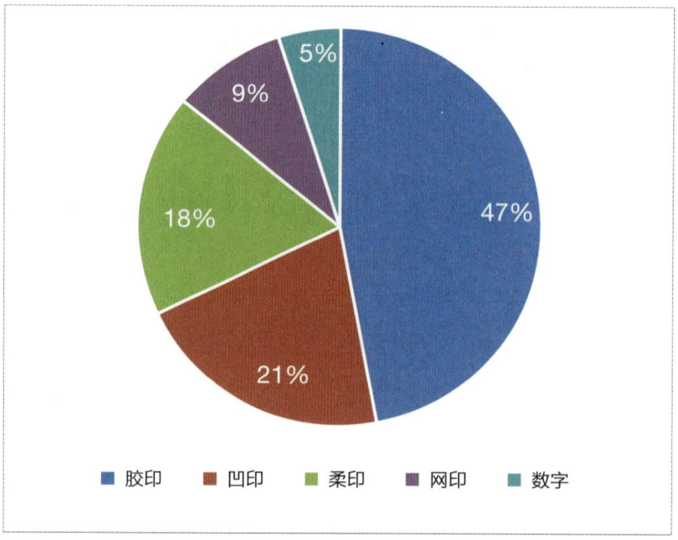

图 1　“十三五”末期全球印刷技术所占有比例

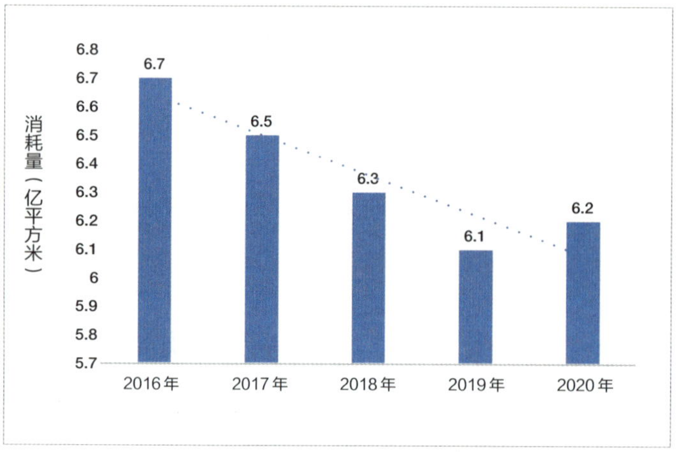

图 2　“十三五”期间全球胶印版材市场消耗量变化

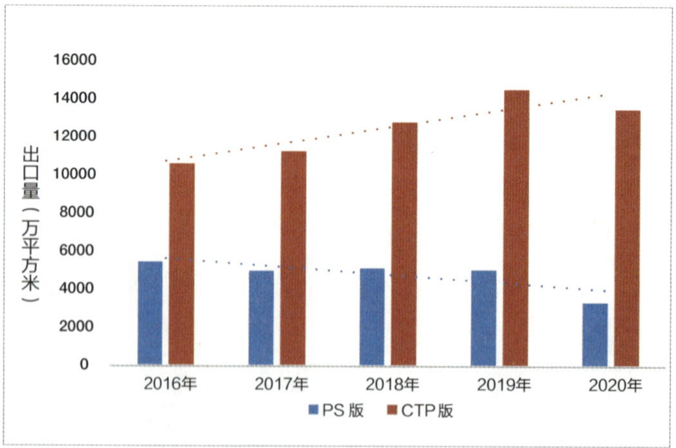

图 3　“十三五”期间 PS 版、CTP 版出口量结构比例变化

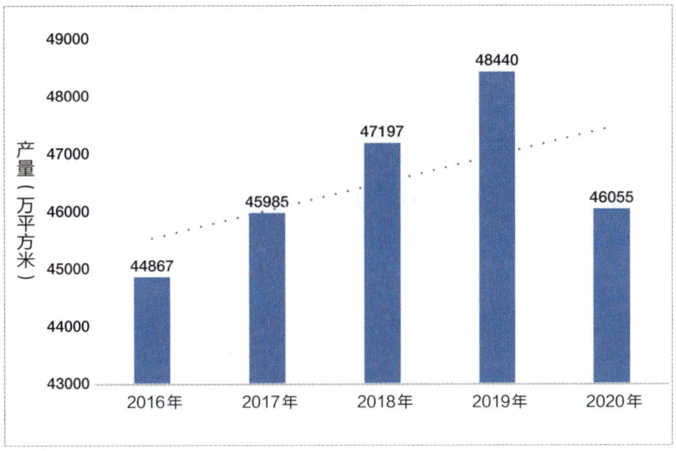

图 4　“十三五”期间国内胶印版材产量变化

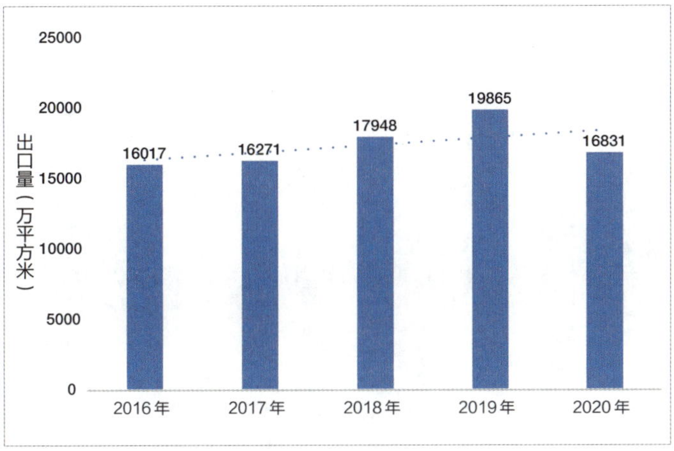

图 5　“十三五”期间国内胶印版材出口量变化

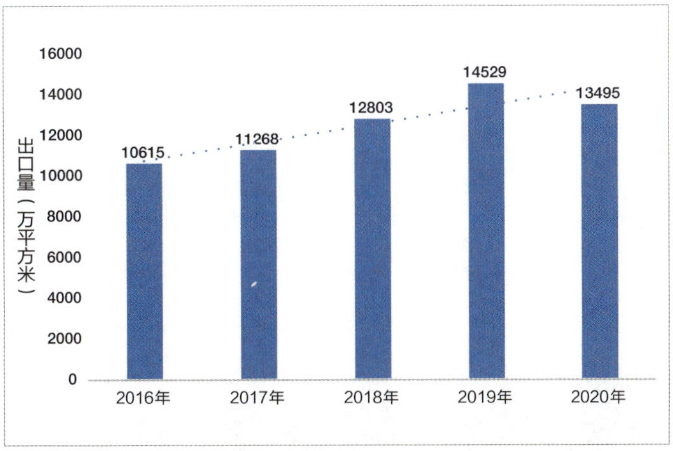

图 6　“十三五”期间国内 CTP 版出口量变化

年，减少了一家企业。2020 年度我国胶印版材制造业总产量 4.61 亿平方米，同比下降 3.5%；总销量 4.84 亿平方米，同比下降 3.03%（图 4）。从胶印版材产品类型区分，2020 年，PS 版产销量大幅下滑，同比下降 11.76%，预示着行业单纯的 PS 版制造业已逐渐步入夕阳产业；热敏 CTP 版产量同比下降 0.25%，光敏 CTP 版产量同比增长 0.72%，UV-CTP 版产量同比下降 11.42%。尽管上述变化与全球印刷技术发展趋势基本吻合，但新冠疫情对我国 2020 年度胶印版材总产销量造成的直接影响不可忽视。

分析 2020 年度行业企业经营统计数据，从行业实际情况看，缺失两家有规模的企业，全年产销量约 1100 万平方米，还有几家较小规模企业的产销量没有进入统计数据。2020 年度我国再生单张版生产企业大约四家，全年产销约 250 万平方米，相比上年，下降幅度达到 50% 以上。

海关统计数据显示，“十三五”期间，我国胶印版材出口量整体呈增长趋势（图 5），但是在 2020 年，由于全球性新冠疫情的原因，我国胶印版材出口总量为 1.68 亿平方米，同比下降 9.5%，总出口金额为 6.57 亿美元。其中，PS 版出口销量为 425 万平方米，仅占我国胶印版材出口总量的 2%；热敏 CTP 版出口销量为 1.07 亿平方米，占版材出口市场 65% 的份额；光敏 CTP 版出口销量为 1485 万平方米，UV-CTP 版出口销量为 3649 万平方米，相比上一年均波动不大（图 6）。光敏 CTP 版和 UV-CTP 版相对于热敏 CTP 版而言，所占市场份额较少，两者之和仅有热敏 CTP 版销量的一半。2020 年度我国胶印版材出口值占据印刷器材出口总值的 69%，连续多年是我国印刷器材出口的主力商品。

2020 年，CTP 版出口量为 1.35 亿平方米，同比下降 7.1%，但整体依然呈上升趋势，相比 2016 年增长 27.1%。这一情况表明 CTP 版正快速替代 PS 版，成为胶印版材主流产品，这也意味着全球印刷业 CTP 制版技术已经普及。

2. 其他印刷器材行业市场

（1）橡皮布

“十三五”期间，橡皮布的生产由原先利用橡胶 + 甲苯混合制浆、涂布、干燥、排放转向无溶剂橡皮布生产技术。此技术不用甲苯制浆，直接用混炼胶压延成形，创建了绿色环保橡皮布制造技术，达到了“国际先进”水平。

无溶剂橡皮布生产技术研发创新包括两个方面：

① 实现“0+0”无溶剂橡皮布制造。第一个“0”是指橡皮布生产过程中甲苯溶剂废气“0”排放，第二个“0”是指橡皮布内甲苯溶剂残余“0”含量和“邻苯六项”增塑剂“0”含量。

② 高精度和实用性。高精度表现在满足 1.5 万印 / 小时要求，实用性表现在易清洗，满足多批量、少印量的印刷生产特点，减薄量小，耐用性好，赶超国际品牌质量。

（2）油墨

“十三五”期间，在国家经济稳步发展的背景下，中国油墨工业生产经营情况总体平稳，在环保投入增加，原材料价格普遍上涨，下游需求乏力等情况

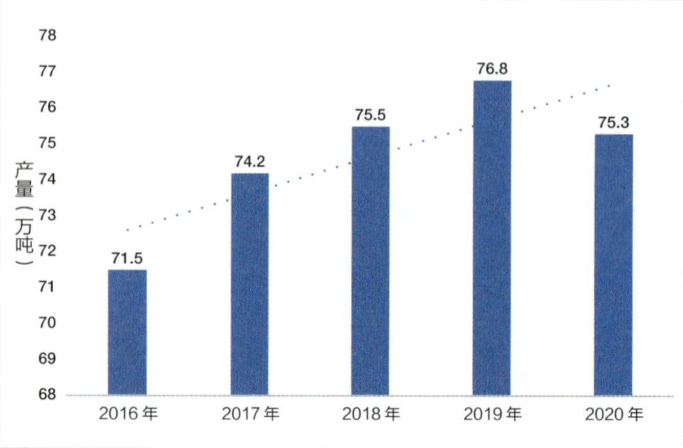

图 7 “十三五”期间油墨产量变化

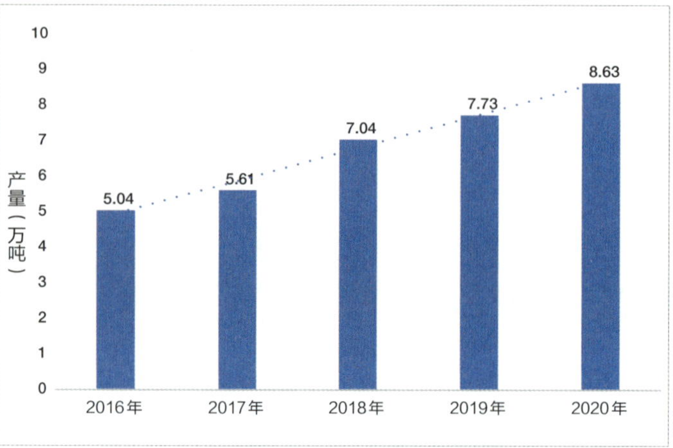

图 8 “十三五”期间 UV 油墨产量变化

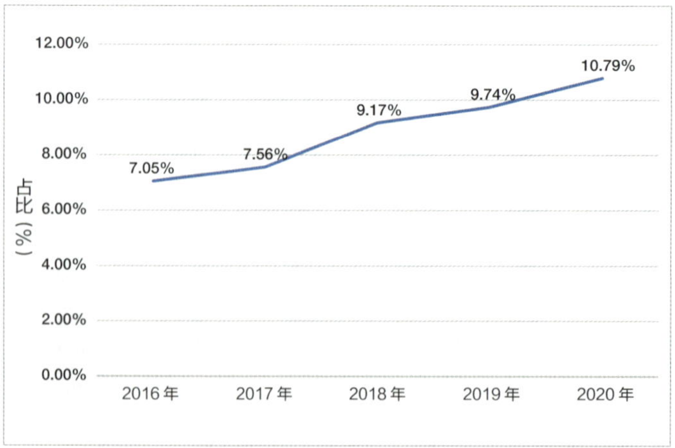

图 9 “十三五”期间 UV 油墨所占比例变化

下，油墨工业始终以满足下游市场的需求为宗旨稳步发展。

“十三五”期间，我国油墨产量整体呈上升趋势，增长5.3%，2019年达到峰值，2020年由于疫情等原因，产量有所下降（图7）。我国油墨行业规模以上企业销售收入逐年增长，截至2020年达到436亿元，增长9.3%。

得益于优异的印刷性能、环保性能等优势，“十三五”期间，我国UV油墨需求量不断上升，截至2020年达到6.5万吨，同比增长8.9%；同时，由于我国UV油墨研发技术不断成熟，UV油墨产量也保持快速增长，截至2020年已达8.63万吨，同比增长11.6%（图8）。

“十三五”期间，我国UV油墨产量在油墨产量中的占比也呈逐年上升态势，2020年约为10.79%，相较于2016年提升3.74个百分点（图9）。

二、我国印刷器材行业发展现状

“十三五”期间，国内印刷业积极应对经济下行压力，贯彻新发展理念，坚定“四化”发展方向，夯基垒石、积厚成势，产业规模稳步提高。

2020年的新冠疫情，使我国印刷器材行业遭遇严重冲击，国内外订单减少、原材料运输受阻、用工紧张、安全生产受制、收入下降等。

在这场持久战中，很多印刷企业考虑最多的是生存问题。除有些企业因为主营业务类型原因，不仅受冲击不大，而且趁势追击，将主业继续做大做强。许多从事药品包装生产加工业务的企业经营状况与往年相比，不降反增。而大部分企业为了缓解订单量下降、营业额减少等问题，纷纷发挥“十八般武艺”，调整发展策略，开辟新型业务，修炼内功，创新升级。

同时，企业加快了探索印刷产业与互联网深度融合的步伐，越来越多的企业利用互联网和数字化技术，提升生产效率，优化供应链，加快数字化转型。

除了印刷企业本身外，行业众多供应商也在不断借助数字化手段为企业提供服务。早早布局数字化的海德堡以及多家设备供应商利用网络提供设备检测等远程服务；印刷设备供应商利用直播这种没有物理限制的在线活动，通过更灵活、个性化的展现方式，向客户展示自己的产品和解决方案。

一场疫情，让印刷企业重新思考：如何建立健康的现金流，如何看待产业集约化的发展趋势，如何增强企业抗风险能力、尽快抢占市场先机等等。

在“六稳”“六保”政策的持续推动下，广大印刷企业一手抓疫情防控，一手抓生产建设，经营数据缓慢回升，前景可期。

三、印刷市场未来发展趋势

1. 胶印版材行业市场

“十四五”期间，全球PS版消费量将呈现继续下降趋势，最终保持在一个相对很小的区域市场，甚至被CTP版取代；而CTP系列版材将会在“十四五”前期保持小幅增长，成为胶版印刷的基本版材；全球胶印版材市场总量将会稳中下降，乐观估计到2025年末达到5.5亿平方米左右。

全球胶印版材主要区域需求增减互现：北美、西欧、日本产业转移，受新媒体和数字印刷的冲击，版材总体需求下降；东南亚、拉丁美洲、东欧新兴区域的经济发展以及全球印刷产业转移，会加快印刷设备升级换代，CTP 版材需求增加较快，同时常规 PS 版版材需求下降。绿色智能、低碳环保是全球印刷业发展的主流方向。

2. 其他印刷器材行业市场

橡皮布行业未来可用“绿色、创新”来概括。绿色是主题，创新是推力。

油墨行业未来仍将继续满足印刷业的需求，保持稳步的发展态势。主要将以五方面为发展方向：一是环保化，在食品、药品包装上逐步由醇溶性油墨、水性油墨代替含苯类的油墨。加快改造油墨生产环境向环保方向发展的速度是必然趋势；二是高端化，走可持续发展道路；三是发展高附加值的油墨产品，如工业喷墨产品、导电油墨、防伪安全油墨等；四是产品多样化，为满足印刷市场需要，需不断开发新产品；五是以喷绘及打印技术为代表的非接触印刷方式应用领域将逐渐扩大。

长风破浪会有时，直挂云帆济沧海。面对新冠肺炎疫情及复杂多变的国际局势，行业未来的发展道路注定布满荆棘，充满艰辛。但困难面前，团结与信心永远是支撑我们走下去的动力。习近平总书记说：“中国共产党立志于中华民族千秋伟业，百年恰是风华正茂！回首过去，展望未来，有中国共产党的坚强领导，有全国各族人民的紧密团结，全面建成社会主义现代化强国的目标一定能够实现，中华民族伟大复兴的中国梦一定能够实现！”■

2020 年国内印刷装备器材进出口报告

中国印刷及设备器材工业协会　张建民

2020 年是极不平凡的一年。面对严峻复杂的国内外形势和新冠肺炎疫情的严重冲击，中国印刷装备器材相关商品进出口贸易在经历前两个季度大幅下滑之后，从第三、四季度开始持续回升。在与 2019 年同期进出口的差距不断收窄的同时，呈现出相关商品进口贸易好于出口贸易的运行态势。

据国家海关总署统计，2020 年国内印刷装备器材进出口总值达 50.97 亿美元（参见表 1）。其中，印刷装备进出口 39.89 亿美元，印刷器材进出口 11.08 亿美元。两者占国内印刷装备器材进出口总值的比重分别为 78% 和 22%。2020 年国内印刷装备器材进出口贸易顺差 6.52 亿美元。

表 1　2020 年国内印刷产业相关商品进出口统计汇总　（单位：亿美元）

商品分类	2020 年			同比增长速度		
	进口金额	出口金额	进出口总值	进口增长（%）	出口增长（%）	进出口增长（%）
印刷装备	17.74	22.14	39.89	–10.0	–10.0	–10.0
印前设备	0.51	1.35	1.87	–16.2	–11.4	–12.8
印刷设备	15.36	12.46	27.82	–11.8	–14.7	–13.1
印后设备	1.87	8.33	10.20	10.8	–1.6	0.5
印刷器材	4.48	6.60	11.08	0.2	–15.5	–9.8
印刷油墨	2.95	0.91	3.86	2.5	–14.1	–2.0
喷墨墨水	1.07	1.32	2.39	–11.7	13.8	0.8
胶印版材	0.14	4.16	4.30	121.1	–22.7	–21
柔印版材	0.32	0.21	0.53	0	–1.2	–0.5
合计	22.22	28.74	50.97	–8.1	–11.3	–9.9
进出口差额	6.52			–20.7		

与 2019 年相比，2020 年国内印刷装备器材进出口总值下降 9.9%。其中，印刷装备进出口同比下降 10.0%，印刷器材进出口同比下降 9.8%。相关商品进出口贸易差额同比下降 20.7%。

2020 年国内印刷装备器材进出口贸易全球各大洲市场情况为，亚洲 27.32 亿美元、欧洲 15.18 亿美元、北美洲 4.52 亿美元、拉丁美洲 1.95 亿美元、非洲 1.61 亿美元、大洋洲 0.40 亿美元。国内印刷装备器材进出口在各大洲的份额分别为，亚洲 54%、欧洲 30%、北美洲 9%、拉丁美洲 4%、非洲 3%、大洋洲 1%。与上年相比，国内印刷装备器材进出口在各大洲市场的变化情况为，亚洲下降 13%、欧洲下降 1%、北美洲下降 22%、拉丁美洲下降 11%、非洲下降 1%、大洋洲增长 6%。

一、2020 年国内印刷装备器材进口商品的规模和结构

2020 年国内印刷装备进口 17.74 亿美元，印刷器材进口 4.48 亿美元，占国内印刷装备器材进口总值的比重分别为 80%、20%。

（一）印刷装备进口

2020 年国内印刷装备进口 17.74 亿美元。其中，印前设备进口 0.51 亿美元、印刷设备进口 15.36 亿美元、印后设备进口 1.87 亿美元。三者占印刷装备进口总值的比重分别为 3%、87% 和 10%。

2020 年国内印刷装备进口来源国 / 地分布情况为，亚洲 7.66 亿美元，占比 43%；欧洲 8.81 亿美元，占比 50%；北美洲 1.26 亿美元，占比 7%；其他区域 144 万美元，占比不到 1%。与 2019 年相比，来自三大洲的印刷装备进口金额变动情况为，亚洲下降了 23%、欧洲增长 4%、北美洲下降 6%。

1. 印前设备进口

2020 年国内印前设备进口 5131.42 万美元（参见表 2）。其中，铸字机进口 134.17 万美元（12 台），计算机直接制版机进口 1318.56 万美元（226 台），其他制版机器、器具及设备进口 342.62 万美元（39 台），制版辅助设备进口 546.28 万美元（17 台），制版设备、辅助设备及器具的零件进口 333.31 万美元，制成印版、滚筒及其他印刷部件进口 2456.48 万美元。计算机直接制版机和制成印版、滚筒及其他印刷部件是印前设备里进口值最大的两项，占印前设备进口总值的 74%。

表 2　2020 年国内印前设备进口统计数据

商品分类	税号	商品名称	单位	进口数量	进口金额（万美元）
印前设备	84423010	铸字机	台	12	134.17
	84423021	计算机直接制版设备	台	226	1318.56
	84423029	其他制版机器、器具及设备	台	39	342.62
	84423090	税号 8442 使用的辅助设备及器具	台	17	546.28
	84424000	制版设备、辅助设备及器具的零件	千克	68156	333.31
	84425000	制成的印版、印刷滚筒等	千克	1224280	2456.48
合计					**5131.42**

与 2019 年相比，2020 年国内印前设备进口总值下降 16.2%。其相关商品进口变化如下：

- **铸字机** 进口金额增长 4%，进口数量下降 40%，平均进口单价增长 73%（由上年的 6.47 万美元上涨到 11.18 万美元）。
- **计算机直接制版机** 进口金额下降 31%，进口数量下降 19%，平均进口单价下降了 15%（由上年的 6.88 万美元下降到 5.83 万美元）。计算机直接制版机的主要进口来源国 / 地为德国、日本、加拿大和比利时。
- **其他制版机** 进口金额下降 12%，进口数量下降 47%，平均进口单价上涨了 64%（由上年的 5.34

万美元提高到 8.79 万美元）。

● **制版辅助设备** 进口金额增长 47%，进口数量下降 37%，平均进口单价提高了 133%（由上年的 13.80 万美元上涨到 32.13 万美元）。

● **制版设备及辅助设备零件** 进口金额下降 15%，进口数量下降 26%，平均进口单价提高了 15%（由上年的 42 美元上涨到 49 美元）。

● **制成印版、滚筒及其他印刷部件** 进口金额下降 16%，进口数量下降 10%，平均进口单价下降了 7%（由上年的 22 美元下降到 20 美元）。

2. 印刷设备进口

2020 年国内印刷设备进口 15.36 亿美元。其中，胶印机进口 6.14 亿美元、凹印机进口 0.24 亿美元、柔印机进口 0.41 亿美元、丝印机进口 0.58 亿美元、数字印刷机进口 2.14 亿美元、辅机 / 零件进口 5.73 亿美元。各类印刷机占印刷设备进口总值的比重分别为，胶印机 40%、凹印机 2%、柔印机 3%、丝印机 4%、数字印刷机 14% 和辅机 / 零件 37%。

（1）胶印机进口

2020 年国内胶印机进口 61410.70 万美元，数量达 1253 台（参见表 3）。其中，卷筒胶印机进口 1750.54 万美元（124 台），平张纸单色胶印机进口 81.06 万美元（78 台），平张纸双色胶印机进口 765.69 万美元（74 台），平张四色胶印机 11170.73 万美元（267 台），其他平张（四色以上）胶印机进口 45489.55 万美元（671 台）。平张四色胶印机和其他平张（四色以上）胶印机仍然是进口胶印机的主要类别，其进口占胶印机进口总值的 92%。

表 3 2020 年国内胶印机进口统计数据

商品分类	税号	商品名称	单位	进口数量	进口金额（万美元）
胶印机	84431100	卷筒进料式胶印机	台	124	1750.54
	84431200	办公用片取进料式胶印机（片≤ 22cm × 36cm）	台	6	2.92
	84431311	平张纸进料式单色胶印机	台	78	81.06
	84431312	平张纸进料式双色胶印机	台	74	765.69
	84431313	平张纸进料式四色胶印机	台	267	11170.73
	84431319	其他平张纸进料式胶印机	台	671	45489.55
	84431390	未列名胶印机	台	33	2150.21
合计			台	**1253**	**61410.70**

与 2019 年相比，2020 年国内胶印机进口变化如下：

● **卷筒胶印机** 进口金额下降 35%，进口数量增长了 51%，平均进口单价则下降了 57%（由上年的 32.86 万美元下降到 14.12 万美元）。

● **平张单色胶印机** 进口金额下降了 26%，进口数量下降了 39%，平均进口单价上涨了 22%（由上年的 0.85 万美元提高到 1.04 万美元）。

● **平张双色胶印机** 进口金额增长了 16%，进口数量下降了 6%，平均进口单价上涨了 24%（由上年的 8.32 万美元提高到 10.35 万美元）。

● **平张四色胶印机** 进口金额下降了 39%，进口数量下降了 38%，平均进口单价下降了 3%（由上年的 43.13 万美元下降到 41.84 万美元）。

● **其他平张（四色以上）胶印机** 进口金额下降了 10%，进口数量下降了 11%，平均进口单价提高了 2%（由上年的 66.73 万美元增加到 67.79 万美元）。

从进口来源国 / 地和相关行业信息判断，导致卷筒胶印机进口剧烈变化的一个重要因素是大量二手卷筒胶印机涌入国内市场。另外，国内进口的四色及四色以上平张胶印机的主要来源国 / 地仍然是德国和日本。

（2）其他传统印刷设备进口

2020 年国内其他传统印刷设备进口 13498.20 万美元，数量达 686 台（参见表 4）。其中，凸印机进口 475.24 万美元（42 台），柔印机进口 4077.06 万美元（55 台），凹印机进口 2439.96 万美元（43 台），圆网印刷机进口 1197.18 万美元（19 台），平网印刷机进口 3940.37 万美元（379 台）。

表 4　2020 年国内其他传统印刷设备进口统计数据

商品分类	税号	商品名称	单位	进口数量	进口金额（万美元）
凸版印刷机	84431400	卷筒进料凸版印刷机，不包括苯胺印刷机	台	20	329.92
	84431500	非卷筒进料的凸版印刷机，不包括苯胺印刷机	台	22	145.32
柔版印刷机	84431600	苯胺印刷机	台	55	4077.06
凹版印刷机	84431700	凹版印刷机	台	43	2439.96
丝网印刷机	84431921	圆网印刷机	台	19	1197.18
	84431922	平网印刷机	台	379	3940.37
	84431929	其他网式印刷机	台	38	618.23
其他印刷机	84431980	未列名印刷机	台	110	750.16
合计			台	**686**	**13498.20**

与 2019 年相比，2020 年国内其他传统印刷设备的进口变化如下：

● **柔版印刷机** 进口金额增加了 48%，进口数量下降了 17%，平均进口单价提高了 78%（由上年的 41.69 万美元提高到 71.13 万美元）。

● **凹版印刷机** 进口金额增长了 98%，进口数量下降了 9%，平均进口单价提高了 112%（由上年的 26.79 万美元增加到 56.74 万美元）。

● **圆网印刷机** 进口金额增长了 1%，进口数量下降了 17%，平均进口单价提高了 22%（由上年的 51.68 万美元增加到 63.01 万美元）。

● **平网印刷机** 进口金额增长了 6%，进口数量增加了 2%，平均进口单价提高了 4%（由上年的 10.00 万美元增加到 10.40 万美元）。

柔印机、凹印机、圆网印刷机的进口数量与平均进口单价反向变化的情况反映出相关进口印刷设备的配置趋于高端化。

按进口平均单价超过 100 万美元作为条件进行筛选，2020 年国内进口其他传统印刷设备里符合该条件的有柔版印刷机 14 台（进口来源国包括丹麦、德国、瑞士、捷克），凹印机 5 台（进口来源国为意大利和日本），圆网印刷机 5 台（进口来源国德国）。国内印刷市场对高端顶级传统印刷机的需求仍然依靠进口。

（3）数字印刷设备进口

业界通称的生产型数字印刷机、喷墨印刷机划归在 6 个税目。另外，这些税目还涵盖办公型数字打印机（多功能打印机除外）以及数字标签印刷机、宽幅喷墨印刷机、数字绘图机等专业数字印刷设备。在此，通称为数字印刷设备。

2020 年国内数字印刷设备进口 21378.16 万美元（参见表 5）。喷墨印刷设备、静电成像印刷设备和其他数字印刷设备进口金额占数字印刷设备进口总金额的比重分别为 72%、20% 和 8%。

表 5　2020 年国内数字印刷设备进口统计数据

商品分类	税号	商品名称	单位	进口数量	进口金额（万美元）
数字印刷机	84433221	数字式喷墨印刷机，可连接	台	139622	15251.39
	84433222	数字式静电照相印刷机，可连接	台	12498	4136.99
	84433229	其他数字式印刷设备，可连接	台	2717	1572.49
	84433931	数字式喷墨印刷机	台	215	164.67
	84433932	数字式静电照相印刷机	台	21	74.16
	84433939	其他数字式印刷设备	台	65938	178.46
合计			台	**221011**	**21378.16**

与 2019 年相比，2020 年国内数字印刷设备进口变化如下：

● **喷墨印刷机** 进口金额下降了 17%，进口数量与上年持平，平均进口单价下降了 16%（由上年的 1315 美元降低为 1102 美元）。

● **静电成像印刷机** 进口金额下降了 56%，进口数量下降 74%，平均进口单价增长 65%（由上年的 2038 美元提高到 3364 美元）。

● **其他数字印刷设备** 进口金额下降了 2%，进口数量增长 22%，平均进口单价下降了 20%（由上年的 317 美元降低为 255 美元）。

2020 年国内平均进口单价超过 5 万美元的进口数字印刷设备 376 台，其主要进口来源国 / 地为以色列、日本、意大利、瑞士、西班牙。

（4）印刷辅机 / 零件进口

2020 年国内进口印刷辅机 / 零件 57314.38 万美元（参见表 6）。其中，卷筒料给料机 94.82 万美元（11 台），印刷辅机 755.54 万美元（112 台），数字印刷辅机 1201.28 万美元（2462 台），数字印刷设备及辅机使用零件 47859.01 万美元（压电喷墨头归属于该税目）。

按照配套印刷设备类型划分，2020 年传统印刷使用的辅机 / 零件进口 8254.09 万美元，数字印刷使用的辅机 / 零件进口 49060.29 万美元。两者占辅机 / 零件进口值的比重分别为 14% 和 86%。

与 2019 年相比，2020 年国内进口印刷辅机 / 零件进口变化如下：

● **卷筒料给料机** 进口金额下降了 19%，进口数量减少了 31%，进口平均单价提高了 18%（由上年的 7.28 万美元上涨到 8.62 万美元）。

● **传统印刷辅助设备** 进口金额下降 6%，进口数量增加 124%，进口平均单价下降 58%（由上年的 16.05 万美元降低到 6.75 万美元）。

● **传统印刷设备及辅机用零件** 进口金额下降了 10%，进口数量减少了 19%，进口平均单价提高了 11%（由上年的 14 美元上涨到 16 美元）。

● **数字印刷辅助设备** 进口金额增长 59%，进口数量增加 5%，进口平均单价上涨 51%（由上年的 3222 美元提高到 4879 美元）。

● **数字印刷设备及辅机用零件** 进口金额增长了 8%，进口数量减少了 9%，进口平均单价提高了 19%（由上年的 169 美元提高到 200 美元）。

表 6　2020 年国内印刷辅机零件进口统计数据

商品分类	税号	商品名称	单位	进口数量	进口金额（万美元）
辅机零件	84439111	卷筒料给料机	台	11	94.83
	84439119	印刷辅助设备	台	112	755.54
	84439190	印刷及印刷辅助设备零件（使用税号 8442 所制印版、滚筒）	个	4691519	7403.72
	84439910	数字印刷辅助设备	台	2462	1201.28
	84439929	数字印刷设备及辅助设备零件	千克	2395130	47859.01
合计					57314.38

3. 印后设备进口

2020 年国内印后设备进口 18706.48 万美元（参见表 7）。其中，锁线装订机进口 669.57 万美元（114 台），胶订机进口 1667.43 万美元（119 台），其他书本装订设备进口 3729.72 万美元（3968 台），切纸机进口 5287.01 万美元（9130 台），制包 / 袋类设备进口 2588.03 万美元（19 台），其他制箱 / 盒类设备进口 2885.47 万美元（93 台）。

与上年相比，2020 年国内印后设备进口变化如下：

● **锁线装订机** 进口金额下降 24%，进口数量下降了 20%，平均进口单价下降了 4%（由上年的 6.12 万美元下降到 5.87 万美元）。

● **胶订机** 进口金额下降了 4%，进口数量下降 36%，平均进口单价提高了 49%（由上年的 9.37 万美元上涨到 14.01 万美元）。

● **其他书本装订设备** 进口金额下降了 15%，进口数量下降 26%，平均进口单价提高了 14%（由上年的 8214 美元上涨到 9400 美元）。

● **切纸机** 进口金额增长了 51%，进口数量减少了 43%，平均进口单价提高了 165%（由上年的 2184 美元提高到 5791 美元）。

● **制包 / 袋类设备** 进口金额增长了 63%，进口数量下降了 83%，平均进口单价提高了 886%（由上年的 13.82 万美元提高到 136.21 万美元）。

● **其他制箱 / 盒类设备** 进口金额增长了 2%，进口数量减少了 35%，平均进口单价提高了 56%（由上年的 19.92 万美元提高到 31.03 万美元）。

2020 年国内从德国和意大利进口锁线装订机 45 台（平均单价超过 10 万美元），从德国进口胶订机 5 台（平均单价超过 130 万美元），从瑞士进口胶订机 11 台（平均单价达 60 万美元），从德国进口制包 / 袋类设备 13 台（平均单价达 190 万美元）。

按照设备用途划分，2020 年国内书刊装订设备及零件进口 6346.20 万美元，占印后设备进口总值的 34%；包装印后设备（制袋、制盒设备）进口 5473.50 万美元，占印后设备进口总值的 29%；其他印后设备（切纸机及零件）进口 6886.78 万美元，占印后设备进口的 37%。

表 7　2020 年国内印后设备进口统计数据

商品分类	税号	商品名称	单位	进口数量	进口金额（万美元）
书刊装订设备	84401010	锁线装订机	台	114	669.57
	84401020	胶订机	台	119	1667.43
	84401090	其他书本装订机器	台	3968	3729.72
	84409000	书本装订机器的零件	千克	24018	279.48
其他印后设备	84411000	切纸机	台	9130	5287.01
包装印后设备	84412000	制造包、袋或信封的机器	台	19	2588.03
	84413090	其他制造箱、盒、管、桶或类似容器的机器	台	93	2885.47
其他印后设备	84419010	切纸机零件	千克	484125	1599.77
合计					**18706.48**

（二）印刷器材进口

2020 年国内印刷器材进口 44788.29 万美元（参见表 8）。其中，黑色印刷油墨进口 6611.09 万美元（1916 吨），其他印刷油墨进口 22907.32 万美元（8714 吨），喷墨墨水进口 10675.45 万美元（5839 吨），胶印 PS 版进口 54.79 万美元（1.2 万平方米），胶印 CTP 版进口 1346.99 万美元（238 万平方米），柔印版材进口 3192.65 万美元（57.4 万平方米）。

与 2019 年相比，2020 年国内印刷器材进口变化如下：

● **黑色印刷油墨** 进口金额增长 16%，进口数量减少 8%，平均进口单价由上年的 27 美元 / 千克提高到 34 美元 / 千克（提高 26%）。

● **其他印刷油墨** 进口金额减少 1%，进口数量下降 22%，平均进口单价由上年的 21 美元 / 千克上涨到 26 美元 / 千克（增长 27%）。

● **喷墨墨水** 进口金额下降 12%，进口数量下降 5%，平均进口单价由上年的 20 美元 / 千克下降到 18 美元 / 千克（减少 7%）。

● **胶印 PS 版** 进口金额下降 18%，进口数量下降 82%，平均进口单价由上年的 10 美元 / 平方米上涨到 46 美元 / 平方米（提高 359%）。

● **胶印 CTP 版** 进口金额提高 137%，进口数量增长 514%，平均进口单价由上年的 15 美元 / 平方米下降到 6 美元 / 平方米（降幅 61%）。

表 8　2020 年国内印刷器材进口统计数据

商品分类	税号	商品名称	单位	进口数量	进口金额（万美元）
印刷油墨	32151100	黑色印刷油墨	千克	1916380	6611.09
	32151900	其他印刷油墨	千克	8713630	22907.32
印刷墨水	32159020	水性喷墨墨水	千克	5839414	10675.45
胶印版材	37013022	PS 版，任一边＞ 276 毫米	平方米	11974	54.79
	37013024	未曝光 CTP 版，任一边＞ 255 毫米	平方米	2380270	1346.99
柔印版材	37013025	柔性印刷版，任何一边超过 255 毫米	平方米	573592	3192.65
合计					**44788.29**

● **柔印版材** 进口金额与上年持平，进口数量提高 8%，平均进口单价由上年的 60 美元 / 平方米下降到 56 美元 / 平方米（减少 8%）。

按功能 / 用途划分，印刷油墨、墨水类商品进口 40193.86 万美元，占同期印刷器材进口总值的 90%；印刷版材类商品进口 4594.42 万美元，占同期印刷器材进口总值的 10%。印刷器材进口商品中，其他印刷油墨（即彩色及特种油墨）名列印刷器材进口值第一位，其进口值占印刷器材进口总值的 51%。

2020 年国内印刷器材进口来源国 / 地分布情况为，亚洲 3.40 亿美元（占比 76%），欧洲 8106 万美元（占比 18%），北美洲 2546 万美元（占比 6%），其他区域 167 万美元（占比不到 1%）。与上年相比，来自三大洲的印刷器材进口金额变动情况为，亚洲增长了 7%，欧洲下降 42%，北美洲下降 33%。

二、2020 年国内印刷装备器材出口商品的规模与结构

2020 年国内印刷装备出口 22.14 亿美元，印刷器材出口 6.60 亿美元。两者出口占国内印刷装备器材出口总值的比重分别为 77%、23%。

（一）印刷装备出口

2020 年国内印刷装备出口总值达 22.14 亿美元。其中，印前设备出口 1.36 亿美元（占比 6%），印刷设备出口 12.46 亿美元（占比 56%），印后设备出口 8.33 亿美元（占比 38%）。

2020 年国内印刷装备出口目的地全球分布情况为，亚洲 12.14 亿美元，欧洲 4.15 亿美元，北美洲 2.91 亿美元，拉丁美洲 1.42 亿美元，非洲 1.24 亿美元，大洋洲 2816 万美元。国内印刷装备出口总值中，各大洲所占比重依次为 55%、19%、13%、6%、5%、2%。与 2019 年相比，国内输出到世界各大洲的印刷装备（金额）变动情况为，亚洲下降 8%，欧洲下降 7%，北美洲下降 27%，拉丁美洲下降 7%，非洲下降 0%，大洋洲增长 47%。

1. 印前设备出口

2020 年国内印前设备出口 13574.12 万美元（参见表 9）。其中，铸字机出口 88.21 万美元（1319 台），计算机直接制版机出口 3777.64 万美元（933 台），其他制版机出口 976.18 万美元（4907 台），制版辅助设备 200.83 万美元（4242 台），制版设备及辅助设备零件出口 481.44 万美元，制成印版、滚筒及其他印刷部件出口 8049.82 万美元。计算机制版机和制成印版、滚筒及其他印刷部件出口占国内印前设备出口总值的 87%。

表 9　2020 年国内印前设备出口统计数据

商品分类	税号	商品名称	单位	出口数量	出口金额（万美元）
印前设备	84423010	铸字机	台	1319	88.21
	84423021	计算机直接制版机	台	933	3777.64
	84423029	其他制版设备及器具	台	4907	976.18
	84423090	税号 8442 使用的辅助设备及器具	台	4242	200.83
	84424000	制版设备、辅助设备及器具的零件	千克	191539	481.44
	84425000	制成的印版、印刷滚筒等	千克	5480624	8049.82
合计					**13574.12**

与 2019 年相比，2020 年国内印前设备出口总值下降 16.2%。其相关商品出口变化如下：

● **铸字机** 出口金额增长 6%，出口数量增长 1%，平均出口单价增长 5%（由上年的 637.55 美元上涨到 688.78 美元）。

● **计算机直接制版机** 出口金额下降 33%，出口数量下降了 34%，平均出口单价上涨了 3%（由上年的 3.92 万美元提高到 4.05 万美元）。国内计算机直接制版机出口前五位国家是，德国、日本、加拿大、瑞士、比利时。

● **其他制版机** 出口金额下降 6%，出口数量下降 22%，平均出口单价增长 21%（由上年的 1640 美元上涨到 1989 美元）。

● **制版辅助设备** 出口金额增长 3%，出口数量增长 120%，平均出口单价下降 53%（由上年的 1009 美元减少到 473 美元）。

● **制版设备及辅助设备零件** 出口金额下降 10%，出口数量增长 32%，平均出口单价下降 32%（由上年的 37 美元下降到 25 美元）。

● **制成印版、滚筒及其他印刷部件** 出口金额增长 2%，出口数量下降 15%，平均出口单价增长 21%（由上年的 12 美元上涨到 15 美元）。

2. 印刷设备出口

2020 年国内印刷设备出口总值达 12.46 亿美元。其中，胶印机出口 9323.94 万美元（占比 7%），凹印机出口 4657.53 万美元（占比 4%），柔印机出口 6394.64 万美元（占比 5%），丝印机出口 6938.45 万美元（占比 6%），数字印刷机出口 67311.24 万美元（占比 54%），辅机零件出口 17693.44 万美元（占比 14%）。

（1）胶印机出口

2020 年国内胶印机出口 9323.94 万美元，数量达 1972 台（参见表 10）。其中，卷筒胶印机出口 1035.47 万美元（153 台），平张单色胶印机出口 131.57 万美元（746 台），平张双色胶印机出口 466.45 万美元（186 台），平张四色胶印机出口 1420.83 万美元（109 台），其他平张胶印机出口 5409.01 万美元（172 台）。卷筒胶印机、平张四色胶印机、其他平张胶印机出口金额名列前茅，比重分别为 11%、15% 和 54%。2020 年国内胶印机出口的主要目的地有越南、日本、美国、德国、土耳其、印度。

表 10 2020 年国内胶印机出口统计数据★

商品分类	税号	商品名称	单位	出口数量	出口金额（万美元）
胶印机	84431100	卷筒进料式胶印机	台	153	1035.47
	84431200	办公用片取进料式胶印机（片≤ 22cm × 36cm）	台	15	1.99
	84431311	平张纸进料式单色胶印机	台	746	131.57
	84431312	平张纸进料式双色胶印机	台	186	466.45
	84431313	平张纸进料式四色胶印机	台	109	1420.83
	84431319	其他平张纸进料式胶印机	台	172	5409.01
	84431390	未列名胶印机	台	591	858.62
合计			台	**1972**	**9323.94**

★对 84431100、84431319 两项中的原始数据进行了调整

与 2019 年相比，2020 年国内胶印机出口变化如下：

● **办公小胶印机** 出口金额增长了 18%，出口数量增长了 42%，平均出口单价提高了 105%（由上年的 649 美元上涨到 1331 美元）。

● **平张单色胶印机** 出口金额增长了 1%，出口数量增长 119%，平均出口单价下降了 54%（由上年的 3825 美元下降到 1764 美元）。

● **平张双色胶印机** 出口金额下降了 32%，出口数量下降了 64%，平均出口单价增长了 88%（由上年的 1.33 万美元提高到 2.51 万美元）。

● **平张四色胶印机** 出口金额下降了 18%，出口数量下降了 4%，平均出口单价下降了 15%（由上年的 15.33 万美元减少到 13.04 万美元）。

（2）其他传统印刷设备出口

2020 年国内其他传统印刷设备出口总值达 30237.19 万美元（参见表 11），数量达 17.89 万台。其中，凸印机出口 4025.89 万美元（2884 台），柔印机出口 6394.64 万美元（4113 台），凹印机出口 4657.53 万美元（1342 台），圆网印刷机出口 1421.73 万美元（3778 台），平网印刷机出口 3977.07 万美元（27797 台）。

表 11　2020 年国内其他传统印刷设备出口统计数据

商品分类	税号	商品名称	单位	出口数量	出口金额（万美元）
凸版印刷机	84431400	卷筒进料凸版印刷机，不包括苯胺印刷机	台	2528	2315.59
	84431500	非卷筒进料的凸版印刷机，不包苯胺印刷机	台	356	1710.30
柔版印刷机	84431600	苯胺印刷机	台	4113	6394.64
凹版印刷机	84431700	凹版印刷机	台	1342	4657.53
丝网印刷机	84431921	圆网印刷机	台	3778	1421.73
	84431922	平网印刷机	台	27797	3977.07
	84431929	其他网式印刷机	台	19097	1539.65
其他印刷机	84431980	未列名印刷机	台	119905	8220.68
合计			台	**178916**	**30237.19**

与 2019 年相比，2020 年国内其他传统印刷设备的出口变化如下：

● **柔版印刷机** 出口金额下降了 10%，出口数量增长了 199%，平均出口单价下降了 70%（由上年的 5.18 万美元降低到 1.55 万美元）。

● **凹版印刷机** 出口金额下降了 14%，出口数量下降了 63%，平均出口单价提高了 130%（由上年的 1.51 万美元上涨到 3.47 万美元）。

● **圆网印刷机** 出口增长金额 23%，出口数量增长了 272%，平均出口单价下降了 67%（由上年的 1.14 万美元降低到 0.38 万美元）。

● **平网印刷机** 出口金额下降了 31%，出口数量增加了 25%，平均出口单价下降了 45%（由上年的 2580 美元降低到 1431 美元）。

2020 年国内出口的其他传统印刷设备里，平均单价超过 100 万美元的印刷机 0 台，平均出口单价超过 10 万美元的印刷机 286 台。其中，凹印机 119 台，柔版印刷机 101 台，圆网印刷机 66 台。

（3）数字印刷设备出口

2020 年国内数字印刷设备出口 67311.24 万美元（参见表 12）。其中，喷墨印刷机出口 62045.59 万美元，静电成像印刷机出口 2350.47 万美元，其他数字印刷机出口 2915.19 万美元，三者占国内数字印刷设备出口总值的比重分别为 92%、3.5% 和 4.5%。

表 12　2020 年国内数字印刷设备出口统计数据

商品分类	税号	商品名称	单位	出口数量	出口金额（万美元）
数字印刷机	84433221	数字式喷墨印刷机，可连接	台	287370	60765.93
	84433222	数字式静电照相印刷机，可连接	台	50681	2328.25
	84433229	其他数字式印刷设备，可连接	台	62951	2660.33
	84433931	数字式喷墨印刷机	台	17662	1279.66
	84433932	数字式静电照相印刷机	台	1055	22.21
	84433939	其他数字式印刷设备	台	12754	254.86
合计			台	432473	67311.24

与 2019 年相比，2020 年国内数字印刷设备出口变化如下：

- **喷墨印刷机** 出口金额下降了 13%，出口数量下降 26%，平均出口单价增长了 17%（由上年的 1733 美元提高到 2034 美元）。
- **静电成像印刷机** 出口金额下降了 62%，出口数量下降 66%，平均出口单价增长 12%（由上年的 405 美元提高到 454 美元）。
- **其他数字印刷设备** 出口金额增长了 24%，出口数量下降了 2%，平均出口单价上涨了 27%（由上年的 304 美元提高到 385 美元）。

2020 年国内平均出口单价超过 5 万美元的数字印刷设备 577 台（出口金额 5170 万美元，占数字印刷设备出口总金额的 8%）。

（4）印刷辅机 / 零件出口

2020 年国内出口印刷辅机 / 零件 1.77 亿美元（参见表 13）。其中，卷筒料给料机出口 152.81 万美元（266 台），印刷辅机出口 2596.15 万美元（296057 台），数字印刷辅机出口 844.38 万美元（86474 台），数字印刷设备及辅机使用零件出口 10978.68 万美元。

与 2019 年相比，2020 年国内印刷辅机 / 零件出口变化如下：

- **卷筒料给料机** 出口金额下降了 36%，出口数量增长了 81%，平均出口单价下降了 64%（由上年的 1.62 万美元降低到 5745 美元）。
- **传统印刷辅助设备** 出口金额下降 28%，出口数量增加 510%，平均出口单价下降 88%（由上年的 738 美元降低到 88 美元）。
- **传统印刷设备及辅机用零件** 出口金额下降了 11%，出口数量增长了 3%，平均出口单价下降了 9%（由上年的 11 美元降低到 10 美元）。
- **数字印刷辅助设备** 出口金额增长 15%，出口数量下降了 12%，平均出口单价上涨 30%（由上年的 75 美元提高到 98 美元）。

● **数字印刷设备及辅机用零件** 出口金额下降了 8%，出口数量减少了 24%，平均出口单价提高了 20%（由上年的 23 美元上涨到 28 美元）。

表 13　2020 年国内印刷辅机 / 零件出口统计数据

商品分类	税号	商品名称	单位	出口数量	出口金额（万美元）
辅机零件	84439111	卷筒料给料机	台	266	152.81
	84439119	印刷辅助设备	台	296057	2596.15
	84439190	印刷及印刷辅助设备零件（使用税号 8442 所制印版、滚筒）	个	3265894	3121.42
	84439910	数字印刷辅助设备	台	86474	844.38
	84439929	数字印刷设备及辅助设备零件	千克	3884773	10978.68
合计					**17693.44**

按照配套印刷设备类型划分，2020 年传统印刷使用的辅机 / 零件出口 5870.39 万美元，数字印刷使用的辅机 / 零件出口 11823.06 万美元。两者占辅机 / 零件出口总金额的比重分别为 33% 和 67%。

3. 印后设备出口

2020 年国内印后设备出口 83286.98 万美元（参见表 14）。其中，锁线装订机出口 236.92 万美元（39457 台），胶订机出口 455.07 万美元（13504 台），其他书本装订设备出口 1952.49 万美元（168872 台），切纸机出口 33309.89 万美元（4440141 台），制包 / 袋类设备出口 10095.83 万美元（4422 台），其他制箱 / 盒类设备出口 28001.99 万美元（26262 台）。

表 14　2020 年国内印后设备出口统计数据

商品分类	税号	商品名称	单位	出口数量	出口金额（万美元）
书刊装订设备	84401010	锁线装订机	台	39457	236.92
	84401020	胶订机	台	13504	455.07
	84401090	其他书本装订机器	台	168872	1952.49
	84409000	书本装订机器的零件	千克	173511	322.81
其他印后设备	84411000	切纸机	台	4440141	33309.89
包装印后设备	84412000	制造包、袋或信封的机器	台	4422	10095.83
	84413090	其他制造箱、盒、管、桶或类似容器的机器	台	26262	28001.99
其他印后设备	84419010	切纸机零件	千克	5796645	8911.98
合计					**83286.98**

与上年相比，2020 年国内印后设备出口变化如下：

● **锁线装订机** 出口金额增长 36%，出口数量增长了 135%，平均出口单价下降了 42%（由上年的 104 美元下降到 60 美元）。

● **胶订机** 出口金额下降 39%，出口数量下降 7%，平均出口单价下降了 34%（由上年的 509 美元减少到 337 美元）。

● **其他书本装订设备** 出口金额下降了 21%，出口数量下降 2%，平均出口单价下降了 19%（由上年的 143 美元降低为 116 美元）。

●**切纸机** 出口金额下降了 19%，出口数量减少了 1%，平均出口单价下降了 18%（由上年的 92 美元下降到 75 美元）。

●**制盒 / 袋类设备** 出口金额增长了 2%，出口数量增长了 30%，平均出口单价下降了 21%（由上年的 2.89 万美元下降到 2.28 万美元）。

●**其他制箱 / 盒类设备** 出口金额增长了 8%，出口数量增长了 2%，平均出口单价增长了 7%（由上年的 1.00 万美元提高到 1.07 万美元）。

按印后设备用途划分，2020 年国内书刊装订设备及零件出口 2967.29 万美元，包装印后设备（制包、制盒设备）出口 38097.82 万美元，其他印后设备（切纸机及零件）出口 42221.88 万美元，三类设备出口占印后设备出口总值的比重分别为 4%、46% 和 50%。

（二）印刷器材出口

2020 年国内印刷器材出口总值 66005.66 万美元（参见表 15）。按功能 / 用途划分，印刷油墨、墨水类商品出口 22305.80 万美元，占同期国内印刷器材出口总值的 34%；印刷版材类商品出口 43699.87 万美元，占同期印刷器材出口总值的 66%。国内印刷器材出口商品中，CTP 胶印版材名列印刷器材出口金额第一位，占国内印刷器材出口总值的 51%。

与 2019 年相比，2020 年国内印刷器材出口变化如下：

●**黑色印刷油墨** 出口金额下降 15%（由上年的 1064.50 万美元降低到 907.44 万美元），出口数量下降 20%（由上年的 2750 吨降低到 2199 吨），平均出口单价增长 7%（由上年的 3.87 美元 / 千克上涨到 4.13 美元 / 千克）。

●**其他印刷油墨** 出口金额下降 14%（由上年的 9583.57 万美元降低到 8242.32 万美元），出口数量下降 19%（由上年 2.39 万吨下降到 1.94 万吨），平均出口单价上涨 6%（由上年的 4.01 美元 / 千克提高到 4.26 美元 / 千克）。

●**喷墨墨水** 出口金额增长 14%（由上年的 1.16 亿美元提高到 1.32 亿美元），出口数量增长 27%（由上年的 1.49 万吨提高为 1.90 万吨），平均出口单价下降 11%（由上年的 7.74 美元 / 千克下降到 6.92 美元 / 千克）。

●**胶印 PS 版** 出口金额下降 31%（由上年的 1.19 亿美元降低到 0.82 亿美元），出口数量下降 29%（由上年的 5042 万平方米减少到 3609 万平方米），平均出口单价下降 4%（由 2.35 美元 / 平方米下降到 2.27 美元 / 平方米）。

●**胶印 CTP 版** 出口金额下降 20%（由上年的 4.19 亿美元减少到 3.34 亿美元），出口数量下降 16%（由上年的 1.51 亿平方米降低到 1.27 亿平方米），平均出口单价下降 5%（由上年的 2.78 美元 / 平方米下降到 2.63 美元 / 平方米）。

●**柔印版材** 出口金额下降 1%（由上年的 2096.54 万美元降低到 2071.69 万美元），出口数量下降 1%（由上年的 50 万平方米减少为 49 万平方米），平均出口单价下降 1%（由上年的 42.24 美元 / 平方米下降到 42.00 美元 / 平方米）。

2020 年国内印刷器材出口目的地全球分布情况为，亚洲 4.12 亿美元（占比 63%），欧洲 1.41 亿美元（占比 21%），拉丁美洲 5024 万美元（占比 8%），非洲 3594 万美元（占比 5%），大洋洲 1159 万美元（占比 2%），北美洲 899 万美元（占比 1%）。与 2019 年相比，出口各大洲印刷器材（金额）变动情况为，亚洲下降 17%，欧洲下降 7%，拉丁美洲下降 19%，非洲下降 11%，大洋洲下降 29%，北美洲下降 21%。

表 15　2020 年国内印刷器材出口统计数据

商品分类	税号	商品名称	单位	进口数量	进口金额（万美元）
印刷油墨	32151100	黑色印刷油墨	千克	2198755	907.44
	32151900	其他印刷油墨	千克	19366672	8242.32
印刷墨水	32159020	水性喷墨墨水	千克	19004265	13156.04
胶印版材	37013022	PS 版，任一边＞ 276 毫米	平方米	36088024	8185.48
	37013024	未曝光 CTP 版，任一边＞ 255 毫米	平方米	127397587	33442.70
柔印版材	37013025	柔性印刷版，任何一边超过 255 毫米	平方米	493230	2071.68
合计					66005.66

三、2020 年国内印刷装备器材进出口的特点（相关数据见本书“数据统计”栏目）

近几年，国内印刷装备器材相关商品进出口波动起伏，2020 年又遭受新冠肺炎疫情重创。尽管从 2020 年第三季度开始，国内印刷装备、器材的进出口逐渐恢复增长。但是，在各国经济尚未摆脱疫情影响的大环境中，全年国内相关商品进出口总规模还是难以避免萎缩。从国家海关进出口统计数据看，2020 年国内印刷装备器材相关商品进出口同比下降了 9.9%。其中，进口总值同比下降 8.1%，出口总值同比下降 11.3%。出口比进口下降的幅度更大些。

在总规模萎缩的情况下，2020 年国内印刷装备器材相关商品进出口结构虽有微调，但基本格局稳定：

- 国内印刷装备、器材相关商品的出口规模大于同类商品的进口规模。

2020 年国内印刷装备出口 22.14 亿美元，进口 17.47 亿美元；同期，国内印刷器材出口 6.60 亿美元，进口 4.48 亿美元。

- 印刷装备在国内相关商品的进口和出口中占据重要地位。

2020 年印刷装备进口和出口占国内印刷装备器材相关商品进口总值和出口总值的比重分别为 80% 和 77%。

- 印刷装备、器材相关商品进口结构与出口结构差异明显。

印刷装备进口以印刷设备为主（87%），出口则是印刷设备（56%）和印后设备（38%）双主角。数字印刷设备使用零件、四色及四色以上平张胶印机是国内印刷装备进口最大的商品类别。国内印刷装备出口最多的商品类别是数字喷墨印刷机、切纸机和包装印后设备。

印刷器材进口以其他印刷油墨（51%）和喷墨墨水（24%）为主；而出口主力商品则是胶印 CTP 版材（51%）和喷墨墨水（20%）。

- 国内印刷装备器材同类商品进出口单价比悬殊。

中低端商品出口金额占国内印刷装备器材出口总值的 79%。这在一定程度上反映出国内印刷装备器材出口商品以中低端商品为主，以出口数量取胜的现实。

● **亚洲是国内印刷装备和印刷器材相关商品进出口最主要的市场。**

2020 年国内印刷装备 43.2% 的进口商品来自亚洲，54.8% 的出口商品销往亚洲；同期，国内印刷器材 75.8% 进口商品来自亚洲，62.5% 的出口商品销往亚洲。

● **中国印刷装备和印刷器材制造业已经成为全球印刷及装备器材制造业的重要组成部分。**

2020 年国内印刷装备和印刷器材的国际贸易已经涵盖 200 多个国家 / 地区。

新冠肺炎疫情、大国竞争以及数字和网络技术的叠加影响已经重塑国内外印刷市场。其对印刷相关产业链的影响正在逐渐显现。尽管国内印刷装备器材相关商品进出口出现恢复性增长，个别商品的进出口规模甚至已经超过疫前水平。但是，对国内印刷装备和印刷器材进出口而言，后疫情时代其相关商品的规模和结构的变化才刚刚开始。2020 年国内印刷装备、器材相关商品进出口就是观察这些变化的起点。■

中国造纸工业 2020 年度报告

中国造纸协会

据统计，制浆造纸及纸制品全行业 2020 年完成纸浆、纸及纸板和纸制品合计 25498 万吨，同比增长 1.22%。其中：纸及纸板产量 11260 万吨，较上年增长 4.60%；纸浆产量 7378 万吨，较上年增长 2.37%；纸制品产量 6860 万吨，较上年增长 –4.97%。全行业营业收入完成 1.30 万亿元，同比增长 –2.24%；实现利润总额 827 亿元，同比增长 21.24%。

一、纸及纸板生产和消费情况

（一）纸及纸板生产量和消费量

据中国造纸协会调查资料显示，2020 年全国纸及纸板生产企业约 2500 家，全国纸及纸板生产量 11260 万吨，较上年增长 4.60%。消费量 11827 万吨，较上年增长 10.49%，人均年消费量为 84 千克（14.00 亿人）。2011—2020 年，纸及纸板生产量年均增长率 1.41%，消费量年均增长率 2.17%（见表 1、图 1、图 2-1、图 2-2）。

表 1　2020 年纸及纸板生产和消费情况　（单位：万吨）

品种	生产量			消费量		
	2019 年	2020 年	同比（%）	2019 年	2020 年	同比（%）
总量	10765	11260	4.60	10704	11827	10.49
新闻纸	150	110	–26.67	195	175	–10.26
未涂布印刷书写纸	1780	1730	–2.81	1749	1783	1.94
涂布印刷纸	680	640	–5.88	542	571	5.35
其中：铜版纸	630	600	–4.76	535	556	3.93
生活用纸	1005	1080	7.46	930	996	7.10
包装用纸	695	705	1.44	699	718	2.72
白纸板	1410	1490	5.67	1277	1373	7.52
其中：涂布白纸板	1350	1410	4.44	1216	1292	6.25
箱纸板	2190	2440	11.42	2403	2837	18.06
瓦楞原纸	2220	2390	7.66	2374	2776	16.93
特种纸及纸板	380	405	6.58	309	330	6.80
其他纸及纸板	255	270	5.88	226	268	18.58

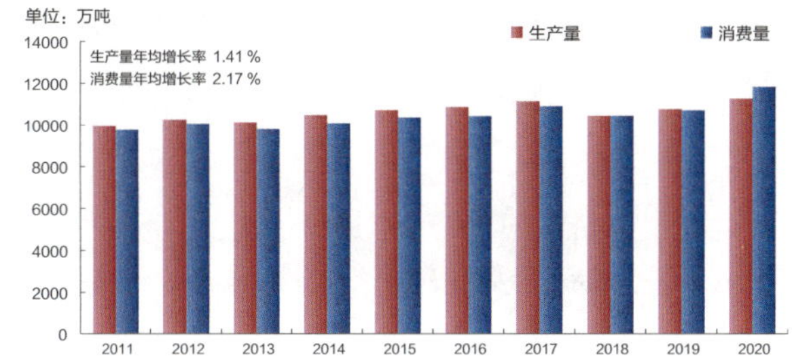

图 1 2011—2020 年纸及纸板生产和消费情况

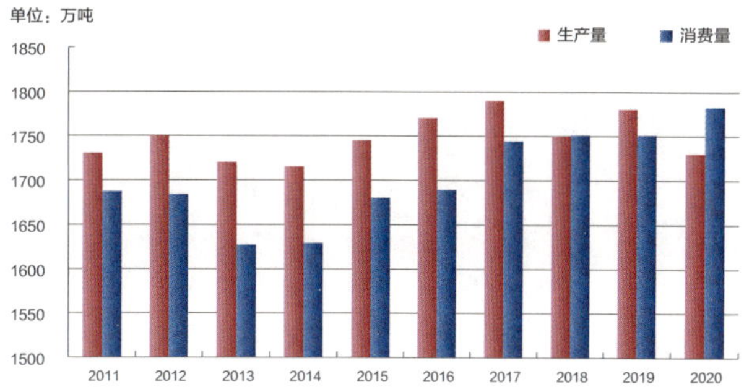

图 4 未涂布印刷书写纸 2011—2020 年生产量和消费量变化

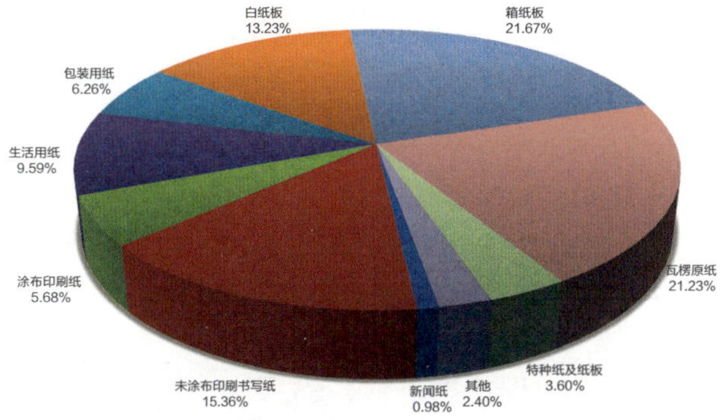

图 2-1 2020 年纸及纸板各品种生产量占总产量的比例

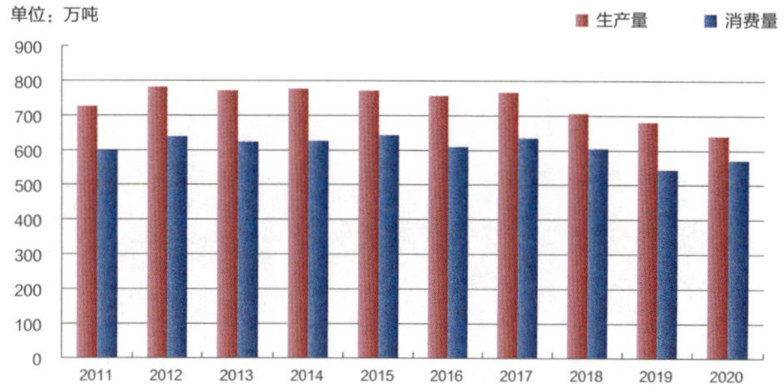

图 5 涂布印刷纸 2011—2020 年生产量和消费量变化

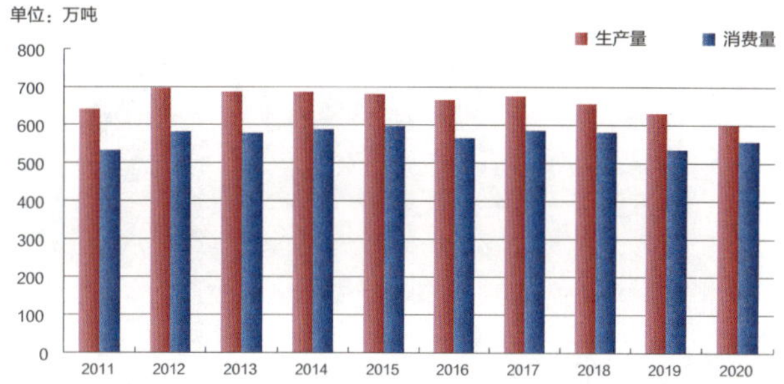

图 6 铜版纸 2011—2020 年生产量和消费量变化

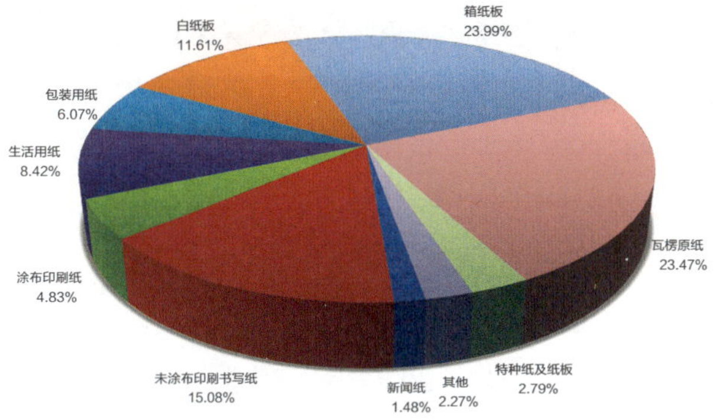

图 2-2 2020 年纸及纸板各品种消费量占总消费量的比例

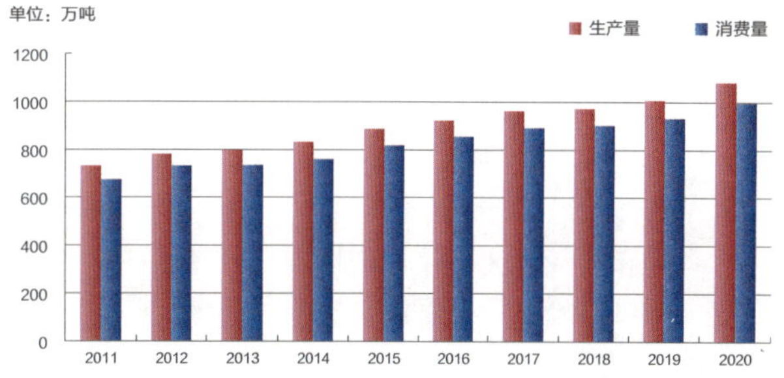

图 7 生活用纸 2011—2020 年生产量和消费量变化

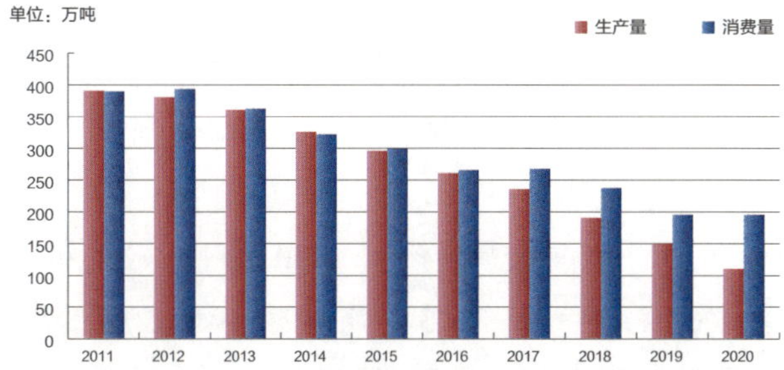

图 3 新闻纸 2011—2020 年生产量和消费量变化

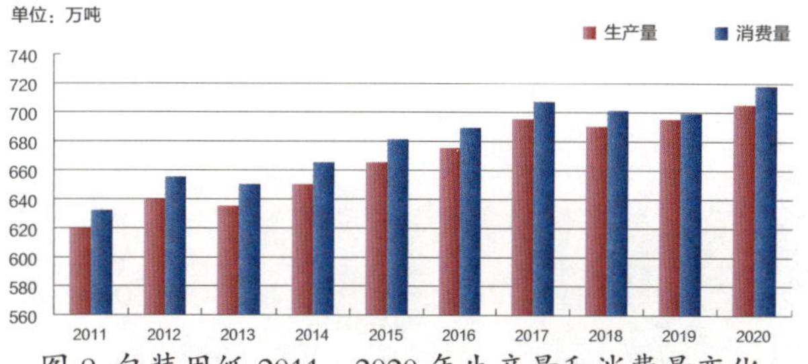

图 8 包装用纸 2011—2020 年生产量和消费量变化

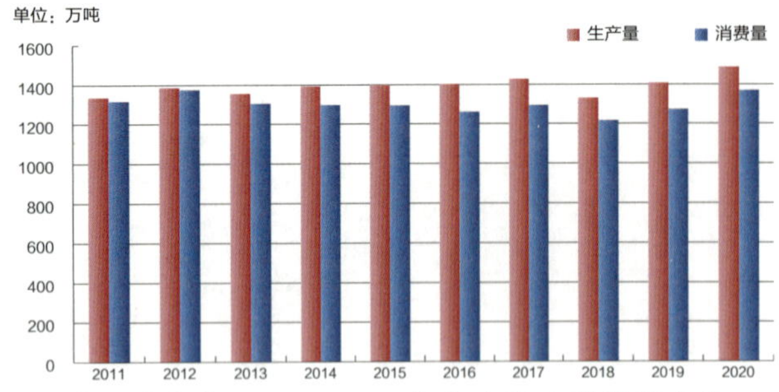

图 9　白纸板 2011—2020 年生产量和消费量变化

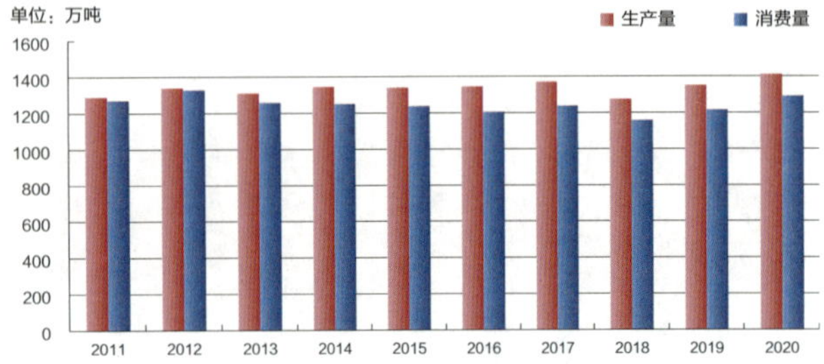

图 10　涂布白纸板 2011—2020 年生产量和消费量变化

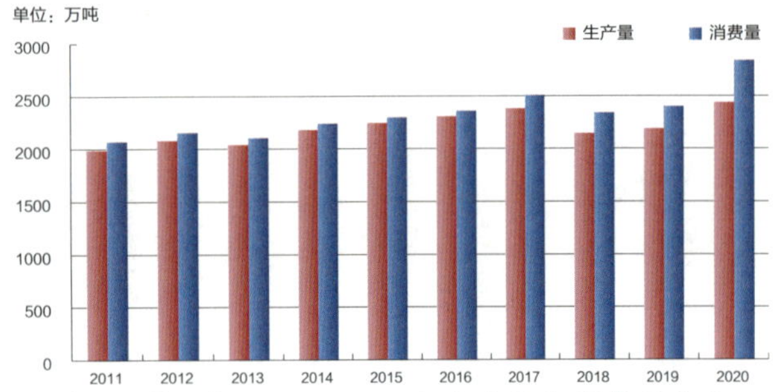

图 11　箱纸板 2011—2020 年生产量和消费量变化

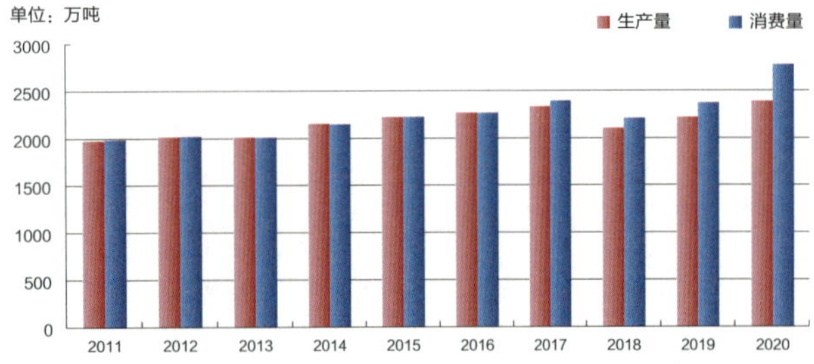

图 12　瓦楞原纸 2011—2020 年生产量和消费量变化

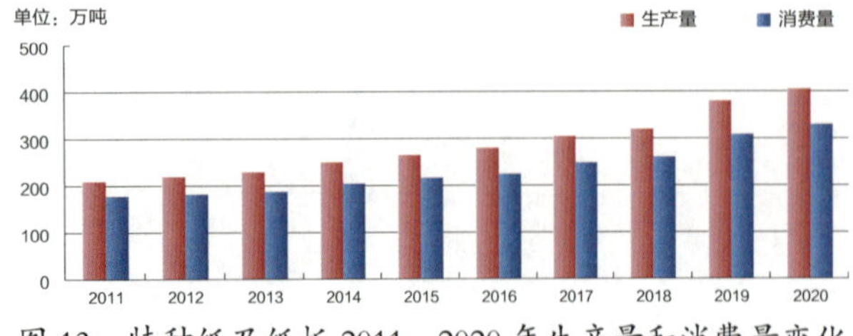

图 13　特种纸及纸板 2011—2020 年生产量和消费量变化

（二）纸及纸板主要产品生产和消费情况

1. 新闻纸

2020 年新闻纸生产量 110 万吨，较上年减少 26.67%；消费量 175 万吨，较上年减少 10.26%。2011—2020 年生产量年均增长率为 –13.12%，消费量年均增长率为 –8.49%（见图 3）。

2. 未涂布印刷书写纸

2020 年未涂布印刷书写纸生产量 1730 万吨，较上年减少 2.81%；消费量 1783 万吨，较上年增长 1.94%。2011—2020 年生产量年均增长率为零，消费量年均增长率为 0.62%（见图 4）。

3. 涂布印刷纸

2020 年涂布印刷纸生产量 640 万吨，较上年减少 5.88%；消费量 571 万吨，较上年增长 5.35%。2011—2020 年生产量年均增长率为 –1.38%，消费量年均增长率为 –0.53%（见图 5）。

其中，铜版纸 2020 年生产量 600 万吨，较上年减少 4.76%；消费量 556 万吨，较上年增长 3.93%。2011—2020 年生产量年均增长率为 –0.71%，消费量年均增长率为 0.49%（见图 6）。

4. 生活用纸

2020 年生活用纸生产量 1080 万吨，较上年增长 7.46%；消费量 996 万吨，较上年增长 7.10%。2011—2020 年生产量年均增长率为 4.45%，消费量年均增长率为 4.43%（见图 7）。

5. 包装用纸

2020 年包装用纸生产量 705 万吨，较上年增长 1.44%；消费量 718 万吨，较上年增长 2.72%。2011—2020 年生产量年均增长率为 1.44%，消费量年均增长率为 1.43%（见图 8）。

6. 白纸板

2020 年白纸板生产量 1490 万吨，较上年增长 5.67%；消费量 1373 万吨，较上年增长 7.52%。2011—2020 年生产量年均增长率为 1.19%，消

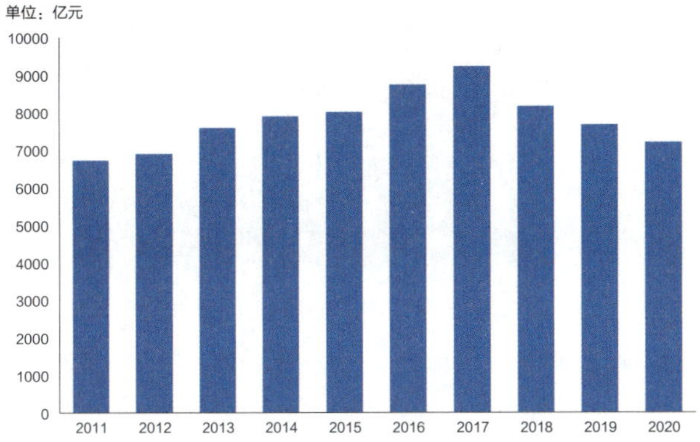

图 14　2011—2020 年营业收入总额变化

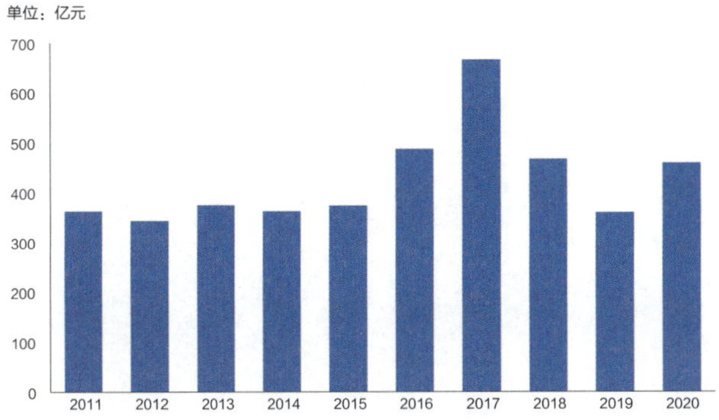

图 15　2011—2020 年利润总额变化

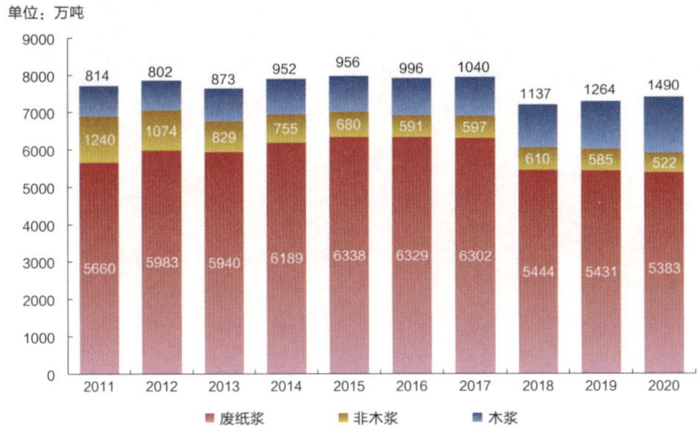

图 16　2011—2020 年国产纸浆消耗情况

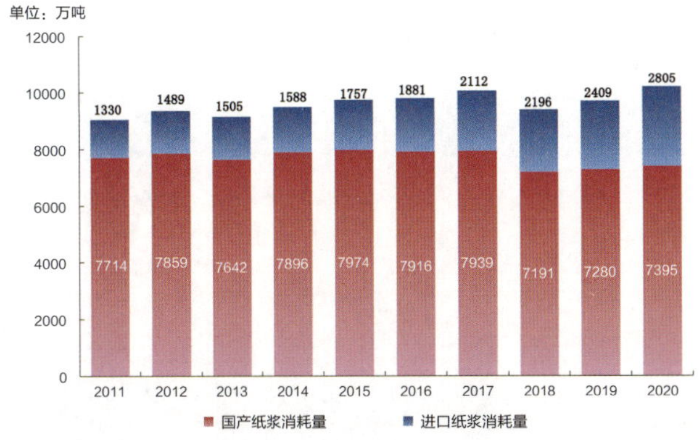

图 17　2011—2020 年纸浆总消耗情况

费量年均增长率为 0.42%（见图 9）。

其中，涂布白纸板 2020 年生产量 1410 万吨，较上年增长 4.44%；消费量 1292 万吨，较上年增长 6.25%。2011—2020 年生产量年均增长率为 0.99%，消费量年均增长率为 0.17%（见图 10）。

7. 箱纸板

2020 年箱纸板生产量 2440 万吨，较上年增长 11.42%；消费量 2837 万吨，较上年增长 18.06%。2011—2020 年生产量年均增长率为 2.29%，消费量年均增长率为 3.55%（见图 11）。

8. 瓦楞原纸

2020 年瓦楞原纸生产量 2390 万吨，较上年增长 7.66%；消费量 2776 万吨，较上年增长 16.93%。2011—2020 年生产量年均增长率为 2.11%，消费量年均增长率为 3.76%（见图 12）。

9. 特种纸及纸板

2020 年特种纸及纸板生产量 405 万吨，较上年增长 6.58%；消费量 330 万吨，较上年增长 6.80%。2011—2020 年生产量年均增长率为 7.57%，消费量年均增长率为 7.03%（见图 13）。

二、纸及纸板生产企业经济指标完成情况

据国家统计局统计的 2409 家造纸企业经济指标数据显示，2020 年 1—12 月营业收入总额 7186 亿元；工业增加值增速 3.20%；产成品存货 308 亿元，同比增长 2.85%；利润总额 458 亿元，同比增长 27.65%；资产总计 10289 亿元，同比增长 –0.73%；资产负债率 58.76%；负债总额 6046 亿元，同比增长 –0.74%。其中亏损企业有 527 家，占统计总数的 21.88%（见图 14、图 15）。

三、纸浆生产和消耗情况

（一）2020 年纸浆生产情况

据中国造纸协会调查数据显示，2020 年全

表 2　2011—2020 年纸浆生产情况　　（单位：万吨）

品种 \ 年度		2011	2012	2013	2014	2015	2016	2017	2018	2019	2020
纸浆合计		7723	7867	7651	7906	7984	7925	7949	7201	7207	7378
其中：1. 木 浆		823	810	882	962	966	1005	1050	1147	1268	1490
2. 废纸浆		5660	5983	5940	6189	6338	6329	6302	5444	5351	5363
3. 非木浆		1240	1074	829	755	680	591	597	610	588	525
	苇 浆	158	143	126	113	100	68	69	49	51	54
	蔗渣浆	121	90	97	111	96	90	86	90	70	97
	竹 浆	192	175	137	154	143	157	165	191	209	219
	稻麦草浆	660	592	401	336	303	244	246	250	222	117
	其他浆	109	74	68	41	38	32	31	30	36	38

表 3-1　2020 年纸浆消耗情况　　（单位：万吨）

品 种	2019 年	占比例（%）	2020 年	占比例（%）	同比（%）
总量	9689	100	10200	100	5.27
木 浆	3581	37	4046	40	12.99
1. 进口木浆	2317*[1]	24	2556*[2]	25	10.32
2. 国产木浆	1264	13	1490	15	17.88
废纸浆	5523	57	5632	55	1.97
1. 进口废纸浆	92	1	249	2	170.65
2. 国产废纸浆	5431	56	5383	53	–0.88
其中：进口废纸制浆	930	10	620	6	–33.33
国内废纸制浆	4501	46	4763	47	5.82
非木浆	585	6	522	5	–10.77

*[1] 2019 年进口纸浆 2720 万吨，扣除非造纸用浆和非木浆，实际木浆消耗量 2317 万吨。
*[2] 2020 年进口纸浆 3063 万吨，扣除非造纸用浆和非木浆，实际木浆消耗量 2556 万吨。

表 3-2　2011—2020 年国内废纸利用情况

年份	国内废纸回收量（万吨）	废纸净进口量（万吨）	废纸浆消费量（万吨）	废纸回收率（%）	废纸利用率（%）
2011	4347	2728	5660	44.6	71.2
2012	4473	3007	5983	44.5	73.0
2013	4377	2924	5940	44.7	72.2
2014	4841	2752	6189	48.1	72.5
2015	4832	2928	6338	46.7	72.5
2016	4963	2850	6329	47.6	72.0
2017	5285	2572	6303	48.5	70.6
2018	4964	1703	5474	47.6	63.9
2019	5244	1036	5443	49.0	58.3
2020	5493	689	5632	46.5	54.9

国纸浆生产总量 7378 万吨，较上年增长 2.37%。其中：木浆 1490 万吨，较上年增长 17.51%；废纸浆 5363 万吨，较上年增长 0.22%；非木浆 525 万吨，较上年减少 10.71%（见表 2）。

（二）2020 年纸浆消耗情况

2020 年全国纸浆消耗总量 10200 万吨，较上年增长 5.27%。木浆 4046 万吨，占纸浆消耗总量 40%，其中进口木浆占 25%，国产木浆占 15%；废纸浆 5632 万吨，占纸浆消耗总量 55%，其中进口废纸浆占 2%，用进口废纸制浆占 6%，用国内废纸制浆占 47%；非木浆 522 万吨，占纸浆消耗总量 5%（见表 3–1、图 16、图 17）。

（三）2020 年废纸利用情况

2020 年国内回收废纸总量 5493 万吨，较上年增长 4.75%，废纸回收率为 46.5%，废纸利用率为 54.9%，2011—2020 年废纸回收总量年均增长率为 2.63%（见表 3–2、图 18）。

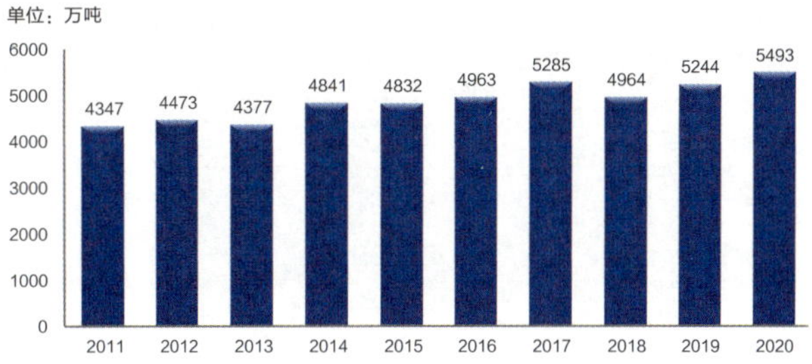

图 18　2011—2020 年国内回收废纸总量变化

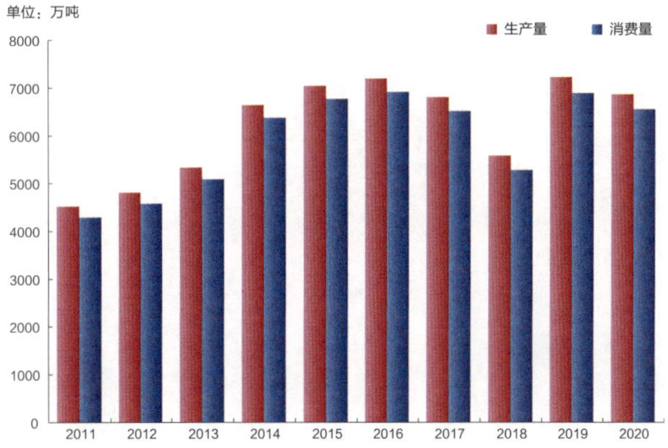

图 19　2011—2020 年纸制品生产和消费情况

数据来源：国家统计局（规模以上企业统计）

四、纸制品生产和消费情况

国家统计局数据显示，2020 年全国规模以上纸制品生产企业 4184 家，生产量 6860 万吨，较上年减少 4.97%；消费量 6552 万吨，较上年减少 4.85%；进口量 16 万吨，出口量 324 万吨。2011–2020 年，纸制品生产量年均增长率为 4.76%，消费量年均增长率为 4.82%（见图 19）。

五、纸及纸板、纸浆、废纸及纸制品进出口情况

（一）纸及纸板、纸浆、废纸及纸制品进口情况

2020 年纸及纸板进口 1154 万吨，较上年增长 84.64%；纸浆进口 3135 万吨，较上年增长 15.26%；废纸进口 689 万吨，较上年减少 33.49%；纸制品进口 16 万吨，较上年增长 33.33%。

2020 年进口纸及纸板、纸浆、废纸、纸制品合计 4994 万吨，较上年增长 13.68%，用汇 241.95 亿美元，较上年减少 0.55%。进口纸及纸板平均价格为 547.93 美元 / 吨，较上年平均价格减少 26.99%；进口纸浆平均价格为 512.58 美元 / 吨，较上年平均价格减少 18.57%；进口废纸平均价格为 175.26 美元 / 吨，较上年平均价格减少 6.53%（见表 4）。

（二）纸及纸板、纸浆、废纸及纸制品出口情况

2020 年纸及纸板出口 587 万吨，较上年减少 14.43%；纸浆出口 10.55 万吨，较上年减少 9.05%；废纸出口 0.12 万吨，较上年增长 50.00%；纸制品出口 324 万吨，较上年减少 6.09%。

表 4　2020 年中国纸浆、废纸、纸及纸板、纸制品进口情况　（单位：万吨）

品　种	2019 年进口量	2020 年进口量	同比（%）
纸浆	2720	3135*1	15.26
废纸	1036	689	–33.49
纸及纸板	625	1154	84.64
1. 新闻纸	46	65	41.30
2. 未涂布印刷书写纸	63	119	88.89
3. 涂布印刷纸	32	36	12.50
其中：铜版纸	22	25	13.64
4. 包装用纸	20	31	55.00
5. 箱纸板	220	404	83.64
6. 白纸板	52	53	1.92
其中：涂布白纸板	51	52	1.96
7. 生活用纸	3	3	0.00
8. 瓦楞原纸	156	389	149.36
9. 特种纸及纸板	24	22	–8.33
10. 其他纸及纸板	9	32*2	255.56
纸制品	12	16	33.33
总　计	4393	4994	13.68

数据来源：海关总署

*1 2020 年进口纸浆 3063 万吨，另有 72 万吨“进口废纸浆”计入“其他纸及纸板”相关税号，实际进口纸浆 3135 万吨。

*2 2020 年进口“其他纸及纸板”104 万吨，其中有 72 万吨为“进口废纸浆”，实际进口“其他纸及纸板”32 万吨。

表 5　2020 年中国纸浆、废纸、纸及纸板、纸制品出口情况　（单位：万吨）

品　种	2019 年出口量	2020 年出口量	同比（%）
纸浆	11.60	10.55	–9.05
废纸	0.08	0.12	50.00
纸及纸板	686	587	–14.43
1. 新闻纸	1	0	–100.00
2. 未涂布印刷书写纸	94	66	–29.79
3. 涂布印刷纸	170	105	–38.24
其中：铜版纸	117	69	–41.03
4. 包装用纸	16	18	12.50
5. 箱纸板	7	7	0.00
6. 白纸板	185	170	–8.11
其中：涂布白纸板	185	170	–8.11
7. 生活用纸	78	87	11.54
8. 瓦楞原纸	2	3	50.00
9. 特种纸及纸板	95	97	2.11
10. 其他纸及纸板	38	34	–10.53
纸制品	345	324	–6.09
总　计	1042.68	921.67	–11.61

数据来源：海关总署

2020 年出口纸及纸板、纸浆、废纸、纸制品合计 921.67 万吨，较上年减少 11.61%，创汇 211.88 亿美元，较上年减少 3.70%。出口纸及纸板平均价格为 1584.78 美元/吨，较上年平均价格增长 5.86%；出口纸浆平均价格为 1085.38 美元/吨，较上年平均价格减少 5.72%（见表 5）。

（三）纸及纸板各品种进出口量比重

（见图 20、图 21）

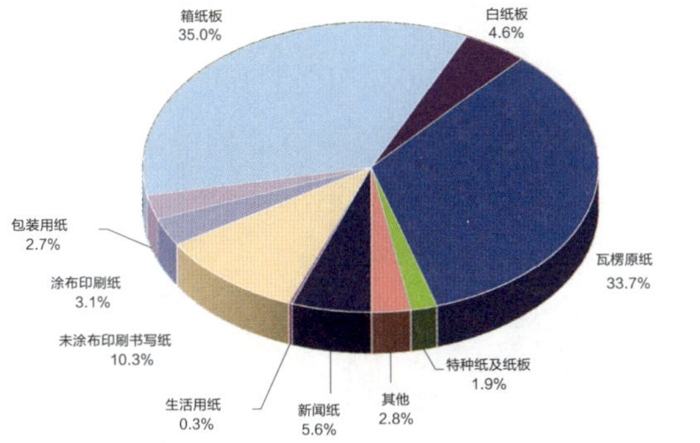

图 20　2020 年纸及纸板各品种进口量比重

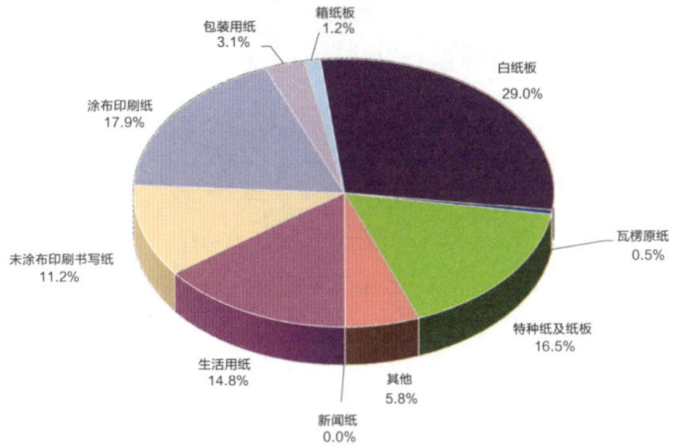

图 21　2020 年纸及纸板各品种出口量比重

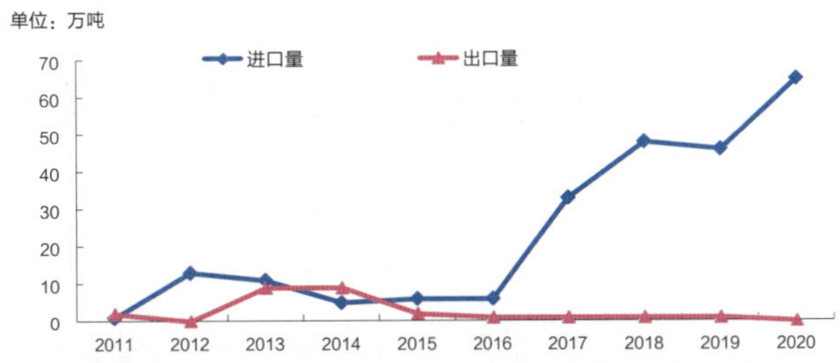

图 22　新闻纸 2011—2020 年进口量及出口量

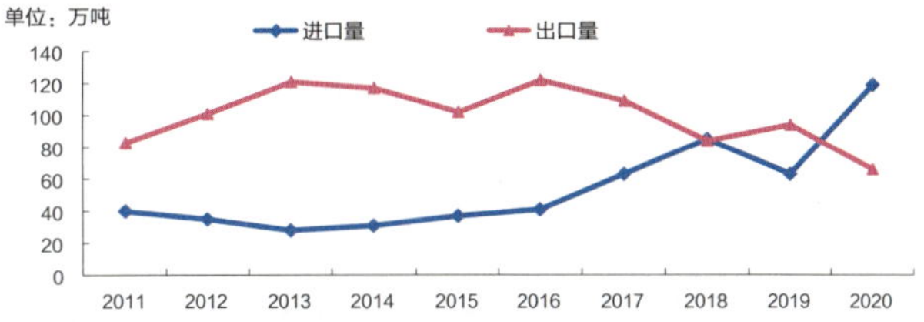

图 23　未涂布印刷书写纸 2011—2020 年进口量及出口量

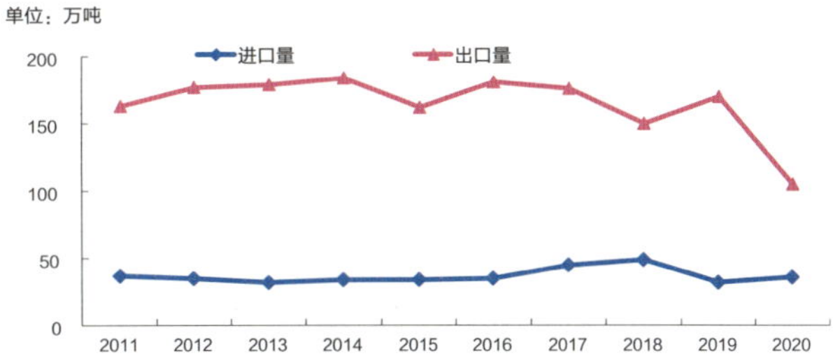

图 24　涂布印刷纸 2011—2020 年进口量及出口量

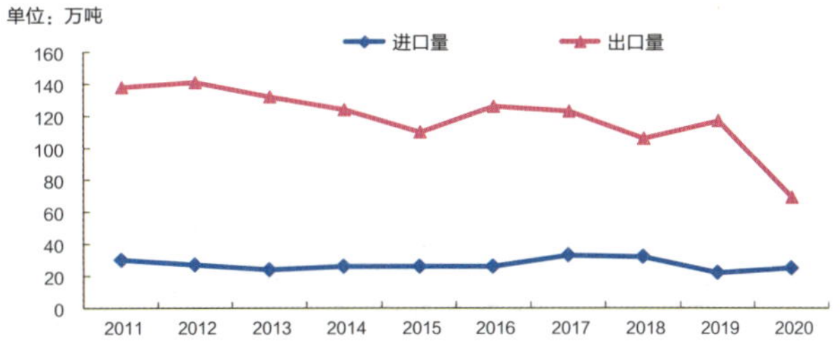

图 25　铜版纸 2011—2020 年进口量及出口量

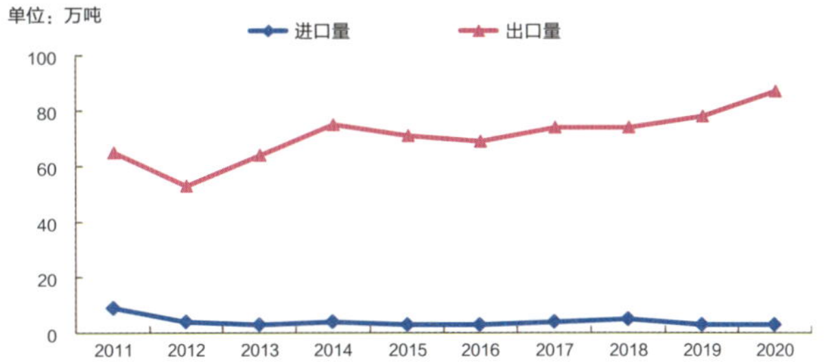

图 26　生活用纸 2011—2020 年进口量及出口量

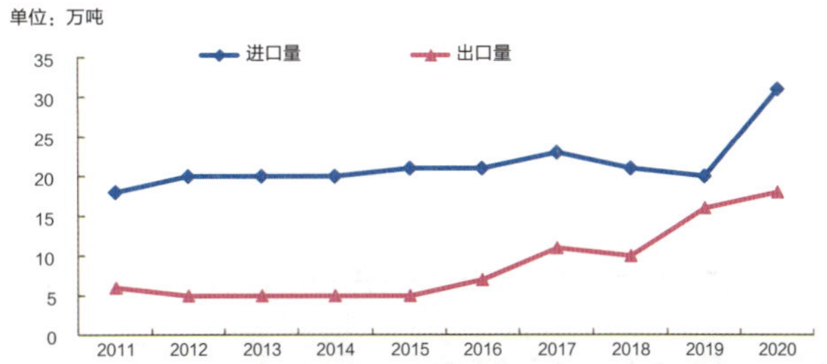

图 27　包装用纸 2011—2020 年进口量及出口量

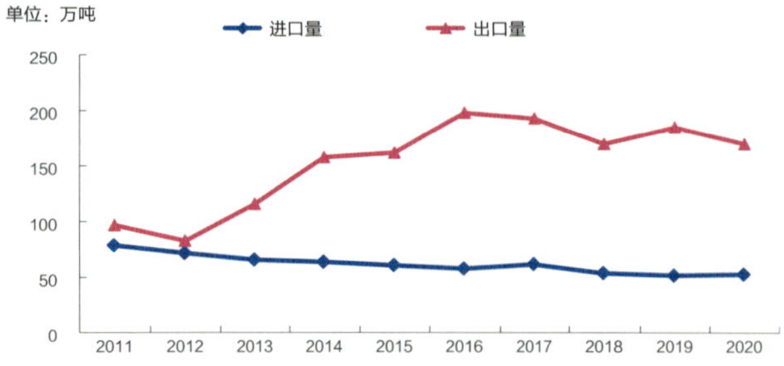

图 28　白纸板 2011—2020 年进口量及出口量

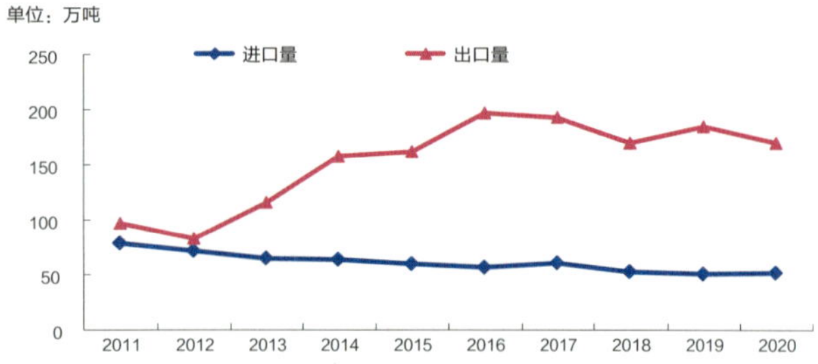

图 29　涂布白纸板 2011—2020 年进口量及出口量

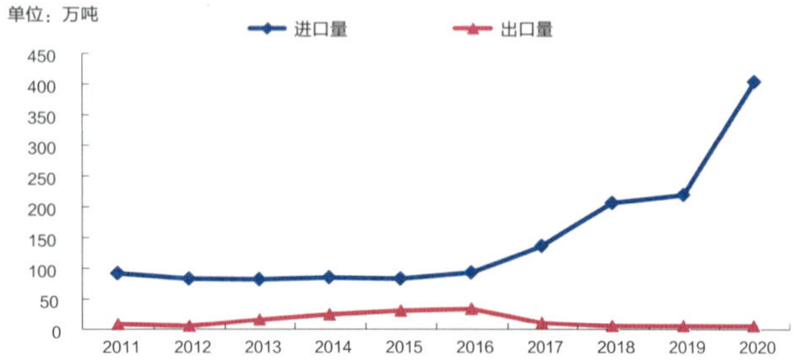

图 30　箱纸板 2011—2020 年进口量及出口量

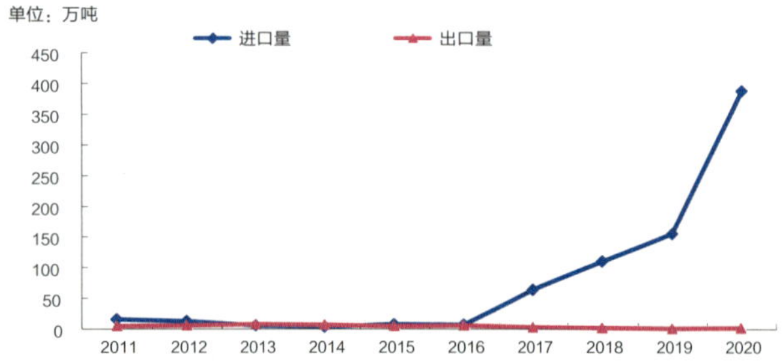

图 31　瓦楞原纸 2011—2020 年进口量及出口量

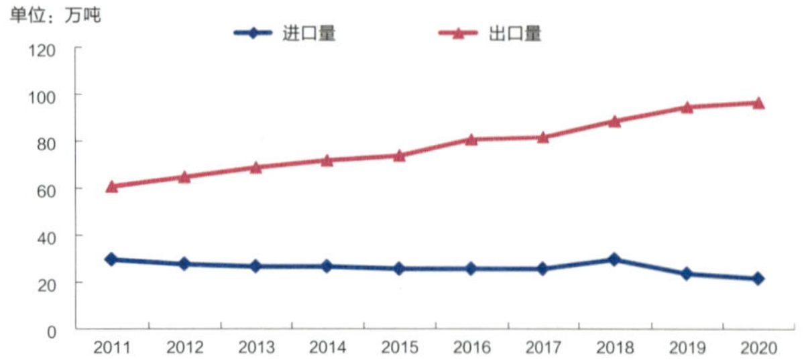

图 32　特种纸及纸板 2011—2020 年进口量及出口量

（四）纸及纸板主要产品 2011—2020 年进出口情况

1. 新闻纸：2020 年进口量大于出口量，净进口量 65 万吨（见图 22）。

2. 未涂布印刷书写纸：2020 年进口量大于出口量，净进口量 53 万吨（见图 23）。

3. 涂布印刷纸：2020 年进口量小于出口量，净出口量 69 万吨（见图 24）。

其中，铜版纸 2020 年进口量小于出口量，净出口量 44 万吨（见图 25）。

4. 生活用纸：2020 年进口量小于出口量，净出口量 84 万吨（见图 26）。

5. 包装用纸：2020 年进口量大于出口量，净进口量 13 万吨（见图 27）。

6. 白纸板：2020 年进口量小于出口量，净出口量 117 万吨（见图 28）。

其中，涂布白纸板：2020 年进口量小于出口量，净出口量 118 万吨（见图 29）。

7. 箱纸板：2020 年进口量大于出口量，净进口量 397 万吨（见图 30）。

8. 瓦楞原纸：2020 年进口量大于出口量，净进口量 386 万吨（见图 31）。

9. 特种纸及纸板：2020 年进口量小于出口量，净出口量 75 万吨（见图 32）。

（五）纸制品进出口情况

1.2020 年纸制品进口量 16 万吨，较上年增加 4 万吨，同比增长 33.33%（见图 33）。

2.2020 年纸制品出口量 324 万吨，较上年减少 21 万吨，同比减少 6.09%（见图 34）。

六、纸及纸板生产布局与集中度

根据中国造纸协会调查数据显示，2020 年我国东部地区 11 个省（区、市），纸及纸板生产量占全国纸及纸板总产量比例为 73.2%；中部地区 8 个省（区）比例占 16.8%；西部地区

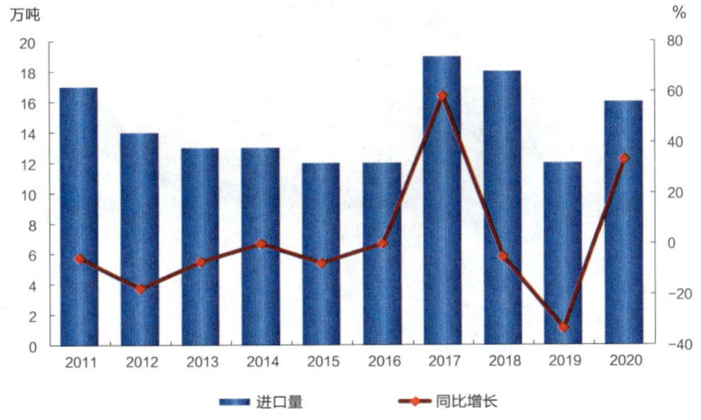

图 33　2011—2020 年纸制品进口情况

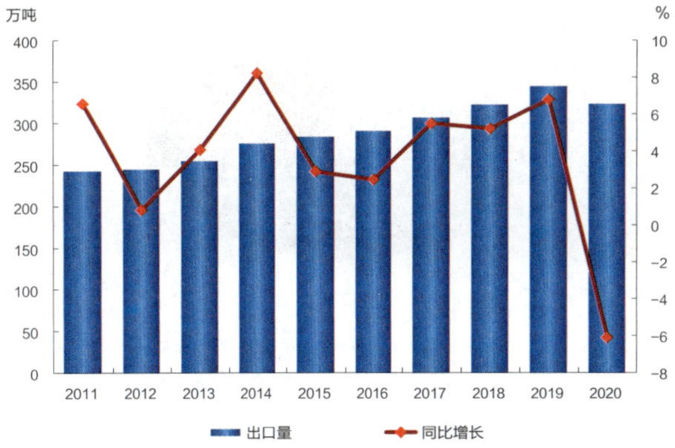

图 34　2011—2020 年纸制品出口情况

表 6　2020 年纸及纸板生产量区域布局变化

	2019 年		2020 年	
	产量（万吨）	比例（%）	产量（万吨）	比例（%）
纸及纸板产量	10765	100	11260	100
其中：东部地区	7997	74.3	8243	73.2
中部地区	1756	16.3	1889	16.8
西部地区	1012	9.4	1128	10.0

注：据中国造纸协会调查资料

表 7　2020 年纸及纸板产量 100 万吨以上的省（区、市）　（单位：万吨）

省（区、市）＼产量	2019 年	2020 年	较上年增长（%）
广东省	1864	2012	7.94
山东省	1830	1920	4.92
江苏省	1312	1402	6.86
浙江省	1429	1149	–19.59
福建省	784	777	–0.89
河南省	498	532	6.83
湖北省	355	427	20.28
重庆市	301	352	16.94
安徽省	325	321	–1.23
河北省	240	317	32.08
四川省	260	313	20.38
天津市	210	265	26.19
广西壮族自治区	245	255	4.08
江西省	235	250	6.38
湖南省	217	212	–2.30
辽宁省	132	184	39.39
海南省	175	171	–2.29
合计	10412	10859	4.29

数据来源：中国造纸协会

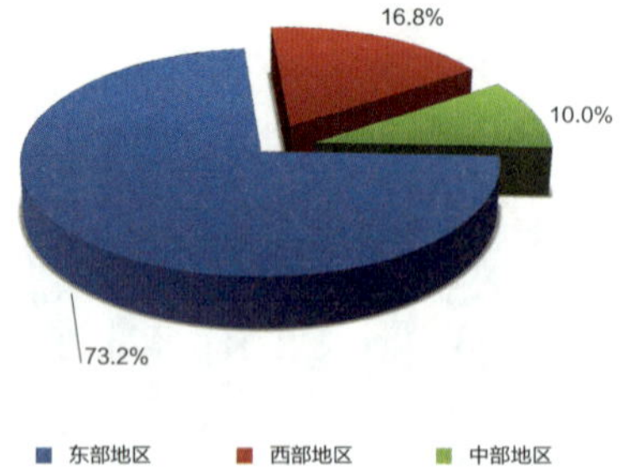

图 35　2020 年纸及纸板生产量区域布局图

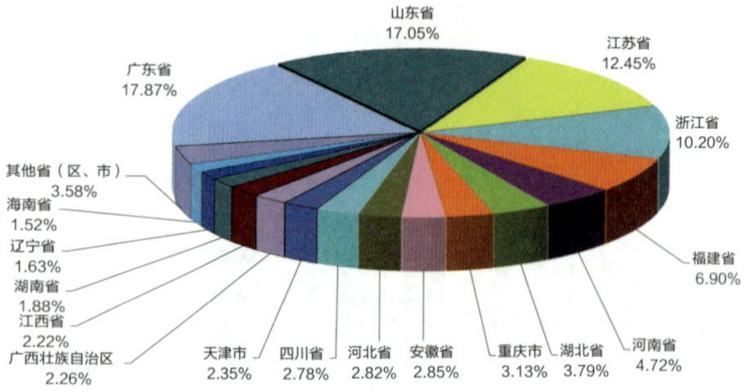

图 36　2020 年主要省（区、市）纸及纸板产量比例图

12 个省（区、市）比例占 10.0%（见表 6、图 35）。

2020 年广东省、山东省、江苏省、浙江省、福建省、河南省、湖北省、重庆市、安徽省、河北省、四川省、天津市、广西壮族自治区、江西省、湖南省、辽宁省和海南省 17 个省（区、市）纸及纸板产量超过 100 万吨，产量合计 10859 万吨，占全国纸及纸板总产量的 96.44%（见表 7、图 36）。

2020 年受新冠肺炎疫情影响，造纸行业年初出现了产量下降、效益下滑、生产和运行困难增多等局面，随着国家加大疫情防控措施及“六保六稳”政策落地，国内经济逐渐进入快速复苏通道，消费需求逐步回升，行业通过加大调整原料、产品等结构，产量得到快速恢复，使造纸行业保持了较好增长态势。

2020 年印刷标准化工作概述

全国印刷标准化技术委员会秘书处

一、2020 年我国印刷标准化建设的基本情况

近年来，在国家新闻出版署的领导下，印刷行业加大起草制定数字印刷标准、印刷智能制造标准和绿色印刷标准等新兴领域标准力度，努力以标准为手段，推动印刷业数字化、智能化、绿色化、融合化转型升级。截至 2020 年底，我国印刷技术领域现行国家标准和行业标准共计 170 项，包括 81 项国家标准和 89 项新闻出版行业标准，均为推荐性标准。

2020 年，印刷标准化建设各项工作稳步推进。一是积极开展印刷业标准化相关项目的研究，印刷标准化建设顶层设计不断加强；二是积极开展国家标准、行业标准和团体标准研制，标准供给不断提高；三是在承担好 ISO/TC 130 秘书处工作的同时，推进 ISO/TC 130 主席换届工作并继续由中国专家担任，国际话语权不断加强。

我国印刷领域对口的国际标准化组织 / 印刷技术委员会（ISO/TC 130）主要负责印刷技术领域的国际标准化工作，所负责的领域是从原稿到制成品的过程中有关印刷和图文技术方面的术语、测试方法和各种规范的标准化活动。

截至 2020 年底，ISO/TC 130 有 20 个积极成员，25 个观察成员；7 个常设工作组，1 个任务组，3 个联合工作组，以及 7 个由其他 TC 负责管理的联合工作组；已出版国际标准、技术规范和技术报告共 108 项，正在制定的标准项目有 23 个。2013 年起，我国成为 ISO/TC 130 秘书处承担国。

截至 2020 年 12 月，ISO/TC 130 现行有效的国际标准 108 项，截至目前，已转化 26 项（其中 15 项为等同采用，11 项为修改采用），已列入计划的标准数 11 项，待转化数 60 项，经过分析，有 11 项不适宜转化。其中待转化的 60 项国际标准或国际文件将在未来 1—5 年内，根据国内外印刷领域发展情况，陆续转化为我国国家标准。在已转化的 26 项标准中，有十余项国家标准采标的 ISO 标准已经修订，我国转化的国家标准已经过时，需及时进行修订。

二、2020 年我国印刷标准化建设取得的成绩

（一）标准化科研能力不断加强

2020 年，完成了中宣部印刷发行局委托的印刷业标准化战略研究课题。该课题在系统分析国

际国内标准化战略、印刷行业标准化现状与问题的基础上，结合我国印刷业发展面临的机遇和挑战，提出未来 5—8 年印刷业标准化工作的战略目标和对策建议，为上级主管部门决策提供参考，并为印刷标准化下一步工作提供思路。还完成了北京市委宣传部《服务首都核心功能出版物印制质量要求及检验方法》技术规范制定项目。该技术规范涵盖重点图书、中小学教科书、报纸等重点出版物，多项印制技术指标高于现有标准，将很好引领重点出版物印制质量的提升，促进出版物印制的高质量发展。

（二）标准制修订取得进一步突破

2020 年开展了 13 项国家标准、37 项行业标准、3 项团体标准的制修订工作。有 25 项行业标准、2 项团体标准批准发布，其中包括了绿色印刷、数字印刷等方面多项行业急需标准。截至 2020 年底，在研项目包括 13 项国家标准、22 项行业标准和 1 项团体标准。

通过对产业政策和行业发展趋势进行跟踪研究、广泛调研和制修订过程全程跟踪管理，使得标准项目质量进一步提高、标准制修订周期进一步缩短、多项“数字化、绿色化、智能化”相关标准及时出台，团体标准作用逐渐显现。

本年度批准发布的 25 项行业标准中，除《印刷标准体系表》外，其他标准均为首次制定，多项标准填补了相应技术领域空白。其中，CY/T 228《绿色印刷材料 胶印橡皮布》为印刷技术领域首个绿色印刷器材标准。CY/T 130.3《绿色印刷 通用技术要求与评价方法 第 3 部分：纸质柔性版印刷》、CY/T 130.4《绿色印刷 通用技术要求与评价方法 第 4 部分：塑料柔性版印刷》为继平版印刷、凹版印刷之后的两项柔性版绿色印刷标准。CY/T 217《数字印刷 卷筒纸喷墨书刊印刷规范》规范了数字印刷书刊开本尺寸。CY/T 229《阅读类印刷品中挥发性有机化合物的测定 气候舱法》、CY/T 230《阅读类印刷品中挥发性有机化合物检测用气候舱通用技术条件》的出台，将弥补顶空瓶法测量印刷产品 VOCs 含量的缺陷。CY/T 214《单张金属板材胶印产品质量要求及检验方法》、CY/T 215《单张金属板材胶印生产过程控制要求及检验方法》为首次制定印铁标准，另外还有多项柔性版印刷标准。

（三）标准化技术服务不断做深做细

2020 年，印刷标准化技术服务形式不断创新。按照国家标准委《关于利用标准云课平台做好国标宣贯工作的通知》，制定了涉及 46 项国标在“标准云课堂”宣贯计划，并组织行业专家和标准主要起草人录制了 12 个视频课件，上传至“标准云课堂”。另外，配合中宣部出版局完成了世界标准日系列宣传活动和专题研讨活动，包括在《科技与出版》《传媒》杂志分别发表了《印刷业创新发展与标准化对策》《融合出版场景下的标准化创新》专题论文、录制视频宣传资料、编制以“加强标准建设，助力出版业高质量发展”为主题的新闻出版业标准化宣传册、参加新闻出版世界标准日专题研讨会交流等。

2020 年，还重点对 2013 年颁布的 GB/T 30324《数字印刷的分类》、GB/T 33244《数字硬打样系统质量要求及检验方法》、GB/T 33259《数字印刷质量要求及检验方法》、GB/T 34688《数字印刷纸张印刷适性及检验方法》、GB/T 36062《数字印刷系统的使用及检验方法》、GB/T 36598《喷墨印刷图像质量属性的测试方法》、GB/T 33713《热固型轮转胶印过程控制要求及检测方法》和

GB/T 33258《热固型轮转胶印涂布纸印刷适性要求及检验方法》八项国家标准的内容进行宣贯。

（四）稳步推进参与国际标准化各项工作

顺利完成与国际标准化组织对口相关工作，包括完成国际标准投票 57 个，投票率 100%。组织中国专家和工作人员参加 ISO/TC 130 国际会议（网络形式），参与国际标准制定，并提出一项关于纸质模切的预工作项目。完成 ISO/TC 130 秘书处日常工作，组织安排春季和秋季国际会议，完成 ISO/TC 130 主席和委员会经理的变更程序和工作的衔接过渡。

1. 参与国际标准制定情况

截至 2020 年底，我国完成已到投票截止日期的各类投票 57 项，其中 7 项 CD 投票、14 项 DIS 投票、4 项 FDIS 投票、5 项 DTS 投票、12 项 CIB 投票和 15 项 SR 投票任务，投票率达到 100%。每项投票均附带专家的技术意见，积极参与相关国际标准制修订过程。2020 年 5 月，我国专家在国际会议上提出了《Flatbed die-cutting process control and test methods on paper and paperboard print》（《纸和纸板印刷品的平板模切过程控制及检测方法》）预工作项目（PWI）建议，并正式注册为国际标准预工作项目 ISO/PWI 6400，后续将开展该标准的制定工作。

2. 承担 ISO/TC 130 秘书处工作情况

完成项目管理和日常管理。2020 年度 ISO/TC 130 秘书处共开启 7 项 CD 投票、14 项 DIS 投票、4 项 FDIS 投票、5 项 DTS 投票、12 项 CIB 投票和 15 项 SR 投票任务；总结 CD 投票结果 7 个、总结 DTS 投票结果 6 个、总结 DIS 投票结果 12 个，总结 FDIS 投票结果 6 个，总结 SR 投票结果 7 个，总结 CIB 投票结果 23 个；在 ISO/TC 130livelink 上传文件 269 个，向 ISO/CS 提交 DIS 及 FDIS 文本及相关文件共 108 个。

承担 ISO/TC 130 主席工作相关情况。ISO/TC 130 主席蒲嘉陵教授任期于 2020 年底到期，中国印协提名中国印刷科学技术研究院有限公司院长（总经理）、党委书记赵鹏飞为 ISO/TC 130 新任主席人选，已获得 ISO 技术管理局批准，任期为 2021 年 1 月 1 日至 2023 年 12 月 31 日，有效保障了我国专家继续担任 ISO/TC 130 这一国际组织领导职务。

3. 主持或参加国际标准化会议情况

2020 年，ISO/TC 130 的两次工作组会议及全会均通过网络会议形式召开，中国专家共 12 人次参加了 5 月召开的春季工作组会议、9—11 月陆续召开的秋季工作组会议，以及 12 月 4 日召开的全会。

三、2020 年我国印刷行业标准化建设中存在的主要问题

2020 年我国印刷行业标准化建设中存在的主要问题有以下几方面：

1. 标准化建设全局性能力不足。协同配合、信息共享不够，业内外、全领域范围内技术推广对接还有差距。

2. 标准有效供给和监督欠缺，包括标准老化、标准制定周期长、更新慢等标准有效供给不足；标准实施主体意识淡薄。

3. 标准化服务机构和人才缺乏。

4. 标准实施和监督的科学有效方法欠缺。

5. 基础性调查研究能力薄弱。缺乏对整个印刷业，特别是龙头骨干企业现状与需求的调查分析研究和整体把控。

6. 团体标准需要加强协调推进，积极处理好激发市场主体制定团体标准的活力、提高标准的有效供给以满足产业和市场的急需、加强管理机制和工作队伍建设、标准研制与转化以及标准的质量和采信等问题。

四、2021 年我国印刷行业标准化建设的重点，以及“十四五”时期的规划及展望

（一）2021 年我国印刷行业标准化建设的重点

1. 聚焦行业发展主要问题，扎实做好基础和重点领域标准研制

（1）围绕全产业链条推进标准体系建设，鼓励行业龙头企业带动上下游配套中小型企业共同开展标准研制，推动形成统一协调的印刷标准体系；（2）积极参与新闻出版标准化的顶层设计工作，以开展印刷标准化关键问题研究为切入点，参与新闻出版标准化“十四五”时期发展规划制定，明确印刷标准化工作目标和方向；（3）加强重点领域标准体系的优化完善工作，修订《绿色印刷标准体系表》（2016 版），完成支撑绿色印刷合格评定制度的重点标准；（4）强化对行业转型、升级、融合标准的推进工作，发挥印刷标委会作为国家智能制造总体组成员的优势，做好印刷智能制造标准的调研、制定、宣贯等工作；（5）优化提升印刷标准体系供给结构和水平，对现行标准进行复审，根据实际情况及时对重点标准进行修订，对由于技术发展不再适用的标准进行整合或废止，解决标准老化滞后及与实际工作脱节等问题；（6）聚焦新技术、新产业、新业态和新模式，大力培育发展高质量的团体标准，加强团体标准宣贯、宣传，更好发挥团体标准的创新引领作用。

2. 持续深度参与国际标准化活动，提升国内外标准一致性水平

（1）组织行业专家参加 2021 年春季和秋季两次国际会议，充实 ISO/TC 130 工作组专家力量，推动我国专家提出的预工作项目标准草案的起草。（2）承担好 ISO/TC 130 秘书处和主席工作，为 ISO/TC 130 主席换届后各项工作平稳过渡提供支持保障，确保 ISO/TC 130 秘书处和主席工作按国际规则履行好职责义务。（3）继续转化适用的国际标准为国家标准，提高国际标准采标率；开展数字印刷标准外文版研究工作。

3. 加强印刷标委会及秘书处能力建设，提高管理效能

（1）加强印刷标委会和各分技术委员会管理，完善日常管理工作会议、年会、标准起草会议的工作机制，抓住筹备印刷标委会换届工作的契机，对委员进行增补、调整和培训，确保委员参与标准化工作的质量。（2）加强秘书处“四力”建设，提高秘书处整体工作水平；同时继续开展多种形式的标准宣贯工作，探讨标准实施的监督机制。（3）建立与相关标委会、科研机构、教育机构、企事业单位的协同工作机制，加强标准与科研成果、专利技术的联动关系；巩固推广印刷标准化基地成效；引导企业建立实施高水平的企业标准。

（二）“十四五”时期我国印刷行业标准化建设的规划及展望

按照新闻出版标准化战略实施要求，“十四五”时期我国印刷行业标准化建设将瞄定全面支撑

印刷业高质量发展、建设印刷强国的目标，通过加强前瞻性思考、战略性布局、全局性谋划、整体性推进，着力推动印刷标准体系更加健全，标准制修订工作水平显著提高，标准实施监督力度有效增强，标准与科技深度融合发展能力大幅提升，标准化主体活力充分迸发，准化国际影响力持续扩大，标准化效能进一步释放、效益进一步提高。主要任务有：

1. 加强印刷标准体系规划。一是健全完善印刷标准体系，建立政府指导制定的国家标准、行业标准与市场自主制定的团体标准、企业标准协同发展、协调配套的新型印刷标准体系。二是优化印刷标准结构，使其具有科学性、前瞻性和引领性。三是完善新兴领域标准，提升印刷产业链中各环节标准化水平，适应产业新技术发展要求。

2. 发挥市场主体作用与活力。一是以研制团体标准带动创新，满足市场竞争和创新发展的需求。二是提高企业标准研制水平，发挥市场主导作用，引导产品和服务质量全面提升。

3. 建立标准协同工作机制。一是加强上下游行业及相关产业协同配合，建立印刷标准化工作各相关方的协调工作机制。二是建立印刷业相关标准化机构交流途径，引导各类标准协同推进、有序发展。三是构建产学研用一体化标准协同创新机制，让技术成果及时转化为标准，引领带动行业的技术进步。

4. 完善标准实施推进机制。一是推动政策措施对标准的引用。二是充分发挥企业在标准实施中的作用。三是加强标准实施信息反馈。四是开展标准实施效果评价。

5. 构建印刷标准化激励体系。主要通过做好推动政策引导、开展绩效评价、打造示范企业、创新人才激励、规范和加强标准化基地建设几方面工作来实现。

6. 分区施策提高标准化水平。即按照印刷业的市场特点，根据不同区域印刷业发展的基础、特色和优势分类施策，以提高印刷标准的研制和应用水平。

7. 加强基础性与前瞻性研究。主要是开展印刷标准化发展战略、应用统计、国内国际理论动态追踪等基础性研究及标准的前期预研工作，加强重点领域标准的前瞻性研究工作。

8. 推动项目带动及成果转化。主要通过促进科技成果转化为标准、推进知识产权与标准的融合、积极对接中国印刷业创新大会等印刷创新活动来实现。

9. 提高标准化服务能力和水平。一是全面提升标准化服务能力，二是加快培育标准化服务机构，三是建立印刷标准化服务信息平台，四是加强标准的宣贯培训。

10. 拓展国际标准化广度和深度。重点放在充分发挥承担国际组织秘书处和主席工作的优势和整合参与国际标准化活动资源上。■

《中国印刷年鉴》出版 40 周年

（1981—2021）

《中国印刷年鉴》创刊于 1981 年，由中国印刷技术协会主办、中国印刷杂志社组织编辑出版，是我国印刷业出版最早、内容最全、最具权威性的大型资料性工具书。2021 年恰逢《中国印刷年鉴》出版 40 周年。40 年来，在业界人士的支持和鼓励下，《中国印刷年鉴》的编辑出版为印刷业的改革、开放和发展，为印刷业的文化建设作出了重要贡献。

出版 40 周年是《中国印刷年鉴》编辑出版史上的里程碑，更是继往开来、再铸辉煌的新起点。在这一值得纪念的时刻，我们特邀行业领导、专家、企业家代表挥笔题词，为《中国印刷年鉴》出版工作锦上添花！

贺《中国印刷年鉴》出版40周年

行业喉舌 任重道远

中宣部印刷发行局局长
中国印刷技术协会理事长 刘晓凯
二〇二一年十月十四日

汇集印刷界成就

激励印刷人奋进

贺《印刷年鉴》创刊四十周年

陈至立书

2021.5

印出東方

良木書

中国版权保护中心（中华版权代理中心）主任 孙宝林

《中国印刷年鉴》是中国印刷界的“百科书”。直笔著史四十载，鉴往知来新时代。40年来，年鉴记录行业足迹，服务行业发展，在提升我国印刷业质量效益方面发挥了重要作用。愿年鉴继往开来、创新提升，在我国印刷业高质量发展中再立新功，取得更大成绩！

中宣部出版产品质量监督检测中心主任 袁亚平

开印刷出版先河 出29卷之经典

贺引领行业发展 创年鉴出版辉煌

——恭祝《中国印刷年鉴》出版40周年！

中国印刷技术协会顾问
北京印刷联谊会名誉理事长

2021年，《中国印刷年鉴》已迈入不惑之年。40年砥砺前行，40年硕果累累，《中国印刷年鉴》为我国印刷业的发展和技术进步作出了重要贡献。愿《中国印刷年鉴》昂首新时代，跋涉新征程，为中国印刷业谱写更加华美的篇章。

中国印刷技术协会监事会监事长
中国包装联合会包装印刷委员会主任委员

记忆铅火光阴，
传承时代精神。
祝《中国印刷年鉴》
越办越好！

北京印刷协会理事长　张东

中國印刷年鑑創编四十周年纪念

文明傳承印刷有術
廣啓後人年鑑壹功

天津海順印業集團袁汝海恭賀
辛丑金秋於京[illegible]書

欣逢《中国印刷年鉴》创刊40周年，谨代表广东省印刷复制业协会及广东新华印刷有限公司致以最真诚的恭贺。40载春秋耕耘，笔耕不辍，为印刷行业输送大量有价值的信息，为企业了解和把握未来发展趋势提供了有益的参考。祝愿贵刊在今后的路上依托40年的积累，厚积薄发，继续打造印刷精品，为印刷业创新发展点亮“引航灯”。

广东省印刷复制业协会会长
广东新华印刷有限公司董事长

牢记出版（印刷）初心，
庆祝建党百年！
祝《中国印刷年鉴》
出版40周年。

浙江省印刷协会会长

欣闻《中国印刷年鉴》创刊40周年，我谨代表江苏省印刷行业协会致以热烈的祝贺。

40年耕耘，硕果累累。《中国印刷年鉴》作为我国印刷业最具权威性的大型资料性工具书，始终紧扣时代脉搏，及时反映了我国印刷业四十年来的繁荣发展与辉煌成就，给历史留下了行业珍贵的记忆。展望未来，由衷地期盼《中国印刷年鉴》不忘初心、砥砺奋进，为引领、推动行业高质量发展谱写新的篇章！

江苏省印刷行业协会会长

以专业视野铭记产业成长之年轮

用匠心精神谱写行业发展之华章

山东省印刷协会会长

40年不辍征程见证中国印刷业发展伟业，40年辛勤耕耘厚积创业辉煌，40年上下求索写满印刷媒体人行业情怀。愿贵刊秣马再出发，展翼勇翱翔，为中国印刷业的大发展、大繁荣作出更大贡献！

福建省印刷协会会长 高洋

欣闻《中国印刷年鉴》创刊40周年，陕西省印刷技术协会特致以热烈祝贺。

40年来，《中国印刷年鉴》致力于促进中国印刷业的发展，记录着中国印刷行业的辉煌，为中国印刷业的改革、发展作出了贡献，享誉业界，影响深远。

让我们和《中国印刷年鉴》一起，以今天的成就为契机，紧跟时代步伐，开拓创新，砥砺奋进，再铸辉煌。

陕西省印刷技术协会

祝贺《中国印刷年鉴》创刊40周年。

内蒙古印刷事业正在接受多媒体和转型升级的挑战，在绿色化、数字化、智能化的发展道路上砥砺前行！

内蒙古自治区印刷协会理事长 照日格图

《中國印刷年鑒》四十周年慶誌

四十年來用心奉獻

砥礪前行再譜讚歌

香港印刷業商會 永远荣誉会长

楊金溪 敬賀

乘风破浪匠心四十

继往开来传扬印刷

香港印艺学会主席 马楚力

培养高级专业人才，开展技术创新，着力破解制约我国印刷装备技术水平提升的瓶颈问题，助推印刷业高质量发展，为实现文化强国的宏伟目标贡献北印人的智慧和力量。

北京印刷学院党委常委、副校长

贺《中国印刷年鉴》出版40周年：引领印刷行业前进方向，促进印刷事业高速发展！

北京新华印刷有限公司党委书记

以现在为起点，从历史看未来。祝贺《中国印刷年鉴》出版40周年！

北京华联印刷有限公司董事总经理

40年务实笃行，传承创新，将中国市场经济发展和印刷媒体人文化责任完美结合，将国家的进步、印刷行业的进步写进字里行间，成就了中国最具公信力和影响力的行业风向标。愿贵刊一路豪情，一路壮歌，为中国印刷业的发展作出更大贡献！

劲嘉集团董事长

忆往昔四十载风雨同舟，看今朝精益发展谱华章。热烈祝贺《中国印刷年鉴》创刊40周年！

山东韵杰文化科技有限公司董事长

“艰难方显勇毅，磨砺始得玉成”。《中国印刷年鉴》40周年征程波澜壮阔，初心历久弥坚，衷心祝福中国印刷工业在协会的带领下继续砥砺前行，为中华民族的伟大复兴和中国梦的实现再创佳绩！

天津长荣科技集团股份有限公司董事长

《中国印刷年鉴》不仅承载了丰富的印刷行业知识与内容，更兼具着对印刷行业专业的分析和指导，助力印企发展。祝愿《中国印刷年鉴》越办越好！

雅昌文化集团副董事长

四十载栉风沐雨，初心弥坚、
不畏浮云遮望眼，堪称业界楷模
展未来宏图可期，踵事增华、
会当水击三千里，共谱发展新篇

乐凯华光印刷科技有限公司
党委书记兼董事长

服务行业促发展，守正创新谋新篇。热烈庆祝《中国印刷年鉴》创刊40周年。

河南新华印刷集团有限公司
党委书记、执行董事
张巍远

《中国印刷年鉴》创刊发行40载，不忘初心，砥砺前行，始终致力于推进中国印刷业的改革和发展，并为之作出了重要贡献，衷心祝愿《中国印刷年鉴》继往开来，开拓创新，再创辉煌！

北人智能装备科技有限公司董事长 陈邦设

孜孜耕耘四十载，
累累硕果谱新篇。
砥砺奋进新时代，
同心铸就新辉煌。
恭贺《中国印刷年鉴》创刊四十周年！

上海出版印刷高等专科学校校长 陈斌

继承中华百年文化
书写印刷行业历程

北京盛通印刷股份有限公司董事长

傳播華夏文明
實現民族復興

江苏能胜科技有限公司董事长

见证中国印刷发展，不负所望，值得信赖！祝贺《中国印刷年鉴》创刊40周年！

世纪开元智印互联科技集团股份有限公司
董事长

记录奋进历程
追踪产业变迁
开拓创新视野
谱写发展新篇

北京科印传媒文化股份有限公司总经理
《印刷技术》杂志社社长
常晓霞

《中国印刷年鉴》出版40年，呈现给中国印刷人无数创新理念与技术革新成果，是业内改革、开放和发展的基石。在年鉴的指引下，我们将继续朝着“绿色化、数字化、智能化、融合化”的高质量发展方向努力奋进，谱写中国印刷业的新篇章！

高斯图文印刷系统（中国）有限公司
执行董事总经理

《中国印刷年鉴》出版的40年间，见证了印刷行业告别铅与火，走过光与电，进入数与媒。如今，我们需要继续坚持“绿色化、数字化、智能化、融合化”发展理念，协同创新，引领印刷业进入智能化新时代，努力为国际印刷标准建设贡献中国力量。

中国印刷科学技术研究院院长 赵鹏飞

40年栉风沐雨，40载春华秋实。《中国印刷年鉴》的出版为我国印刷业改革开放和健康发展作出了重要贡献。我们热忱地希望借助《中国印刷年鉴》的影响力和推动力，继续携手并肩，勇挑时代重担，充分发挥各自特色和优势，互动促进，双赢发展，共同提高我国印刷工程学科高等教育和科技创新水平，继续在推动我国由“印刷大国”向“印刷强国”发展中作出更大贡献！

国家万人计划青年拔尖人才
武汉大学印刷与包装系主任、教授、博士生导师　吴伟

激荡40载，贵刊豪情满怀、激扬文字，铭记了国家的伟大变革与印刷行业的创新之路。在不断的传承和发扬中，贵刊以强劲的公信力、影响力，引领各企共担历史、共享未来，使全国印刷业的发展浪潮越发奔涌。愿贵刊扬帆万里、欣欣向荣，为全国印刷业的持续发展作出更大贡献。

江苏凤凰新华印务集团党委书记、总经理

“锐意进取四十载，笃行致远立潮头。”值此《中国印刷年鉴》发刊40周年之际，我谨代表安徽新华印刷股份有限公司、合肥市印刷协会向中国印刷协会致以最热烈的祝贺！

40年不懈追求，《中国印刷年鉴》伴随着中国印刷业从铅与火走向光与电，从传统手工业迈向智能化、数字化，从印刷古国走向印刷强国的发展历程。

期待下一个40年，《中国印刷年鉴》继续辉煌，助力行业高质量发展，奏出印刷时代的最强音。

安徽新华印刷股份有限公司党委书记、董事长
合肥市印刷协会名誉主席 沈春铭

热烈祝贺

《中国印刷年鉴》

创刊40年！

湖北新华印务有限公司

时光如水，岁月如歌，值此《中国印刷年鉴》出版40周年之际，我谨代表福建新华联合印务集团有限公司表示热烈的祝贺！

福建新华联合印务集团有限公司长期以来，得到中国印刷技术协会及行业同仁的大力支持与帮助，我们深表感谢。新的历史起点，新的发展远景，展望未来，我们信心百倍，怀揣一颗敬业与奉献之心，坚定"绿色化、数字化、智能化、融合化"发展方向，追求卓越奉献社会，为印刷事业的高质量发展贡献力量。

福建新华联合印务集团有限公司董事长 黄翔

40年薪火相传，40载春华秋实。《中国印刷年鉴》见证并记录着中国印刷业发展历程和辉煌成就，在业界产生深远的影响。在《中国印刷年鉴》即将迎来创刊40周年之际，衷心祝愿《中国印刷年鉴》百尺竿头、更上一层，成为引领印刷行业发展的风向标。

贵州新华印刷厂有限公司
党委书记、董事长 雾青云

贺：《中国印刷年鉴》成立四十周年

继往开来
共创辉煌

山西新华印业有限公司党委书记、总经理 杨志刚

《中国印刷年鉴》经过40年的风雨历程，不断开拓创新，成为广大业界人士的良师益友，为我国印刷业的发展作出了不可磨灭的贡献。衷心祝愿贵刊乘风破浪、再展宏图，为中国印刷业的文化建设再立新功！

辽宁新华印务有限公司党委书记、总经理

值此《中国印刷年鉴》发刊40周年之际，我谨代表山东临沂新华印刷物流集团有限责任公司表示热烈祝贺。

四十载光辉岁月，《中国印刷年鉴》凝结了出版工作者的智慧和心血，既是我国印刷业总结昨天的珍贵史料，又是指引我们行业企业把握今天、创造明天的优秀向导。

临沂新华将按照绿色化、数字化、智能化、融合化发展要求，加大技改投入，打造全国一流印刷物流基地，为全面建设社会主义印刷强国贡献新华力量。衷心祝愿《中国印刷年鉴》越办越好！

山东临沂新华印刷物流集团
党委书记、董事长 李林虎

《中国印刷年鉴》出版四十载，匠心编撰，文明纂载，鉴史明志，文化汇呈。于精耕细作中集录和注释中国印刷的奋斗史、奋发势和奋进路，见证、参与、指引中国印刷的发展进程。

湖南天闻新华印务有限公司
党委书记兼董事长 徐向荣

40年，《中国印刷年鉴》勇立潮头讲好中国印刷故事，全面展现中国印刷业发展历程。肥城新华将继续携手笃定重大主题出版图书印刷，传承红色基因，赓续红色血脉。

肥城新华印刷有限公司党支部书记、董事长

热烈祝贺《中国印刷年鉴》出版40周年，祝愿《中国印刷年鉴》在新时代里继往开来，再创辉煌！

浙江印刷集团有限公司党委书记、董事长

《中国印刷年鉴》自1981年创刊，经风历雨，锐意进取，在一个阅读习惯几经迁移的时代"逆势而动"，不断向印刷行业输送有核心价值的信息，对于促进行业资源的开发利用、促进行业人士深入交流，引领行业发展发挥了举足轻重的作用。四十年前的萌芽，一路成就参天大树，如行业明灯，展现着印刷业的可喜发展成果，指引着印刷同仁技术创新的方向，知识与实践在此碰撞，激起印刷业前行的浪花。四十载，砥砺前行；愿传承创新，继往开来！

中华商务联合印刷（香港）有限公司
董事总经理 梁兆贤

"工欲善其事，必先利其器"。40年来，《中国印刷年鉴》引领大家认识印刷、学习印刷、发展印刷，全景式再现中国印刷业年度发展风貌。

衷心祝愿《中国印刷年鉴》引领中国印刷行业再铸辉煌！

鹤山雅图仕印刷有限公司董事长

策舆倚衡
恭文坤行

力嘉国际集团董事长

一册年鉴在手，
纵览权威信息资源；
40载印迹存史，
助推行业行稳致远。

上海界龙集团有限公司总裁

热烈祝贺
《中国印刷年鉴》
创刊40周年！

北京利丰雅高长城印刷有限公司
董事总经理 郭健

四十年耕耘服务印企
新时代征程再创辉煌

北京尚唐印刷包装有限公司总裁 廖振利

值此《中国印刷年鉴》发刊40周年，我代表中闻集团及所属企业表示热烈祝贺！

中闻印务投资集团有限公司系人民日报社直属企业，20年来锐意进取、砥砺前行，进行了大规模的技术更新改造和升级，拓展创新新业务，报纸印刷总量跃居全国前列，书刊印刷业务稳步增长，多次进入“百强企业”。“十四五”期间，我们将牢固树立创新、协调、绿色、开放、共享的发展理念，稳固生产经营，稳定职工队伍，提升发展动能，提高职工收入，助力中国印刷行业可持续高质量发展。

中闻印务投资集团有限公司
党工委书记、董事长、总经理

建党百年学四史，文化自信吾辈强。

印刷年鉴四十载，起承转合再辉煌。

值此《中国印刷年鉴》出版40年之际，我谨代表北京凌奇印刷有限责任公司向贵刊表示热烈祝贺。

北京凌奇印刷有限责任公司总经理

跨越40年，再谱新诗篇，以史为鉴，传承文化，继承经典，祝愿《中国印刷年鉴》再创佳绩。

北京天宇星印刷厂总经理

值此《中国印刷年鉴》出版40周年之际，我谨代表北京建宏印刷有限公司，向贵刊表示最诚挚的祝贺！

《中国印刷年鉴》全面、系统、准确地记述了我国印刷业发展状况和重大事件，是了解我国印刷业发展历史最重要的工具书。北京建宏印刷有限公司既是年鉴的忠实读者又是年鉴的受益者，我们将继续秉持科技创新、绿色环保的发展理念，在按需印刷领域作出我们应有的贡献。祝《中国印刷年鉴》越办越好！

北京建宏印刷有限公司总经理 郭建宏

贺《中国印刷年鉴》创刊40周年

40年印刷路 开拓奋进
29卷创业史 辉煌华章

北京汇林印务有限公司
党支部书记、执行董事 郭龙堂

搭建平台，服务产业，
助力社会主义文化事业建设！
祝贺《中国印刷年鉴》创刊40周年！

鸿博股份有限公司总裁
鸿博昊天科技有限公司董事长 黎红雷

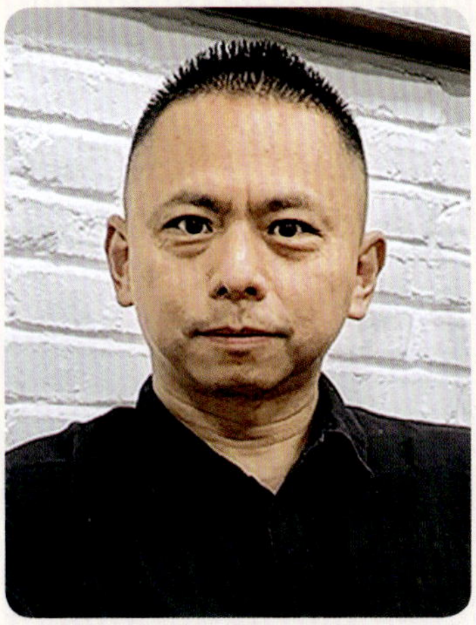

值此《中国印刷年鉴》创刊40周年，谨代表雅迪云印（天津）科技有限公司表示最热烈的祝贺和崇高的敬意！

40载，岁月如歌；40载，累累硕果。未来大家同心协力，共创印刷美丽的画卷。

雅迪云印（天津）科技有限公司总经理 杨鸣

欣逢《中国印刷年鉴》创刊40周年，谨代表同昆数码印刷有限公司诚挚祝贺。祝愿贵刊以笔墨写春秋，继续深耕印刷行业，推动行业技术，提升品牌影响，为行业发展作出更大的贡献！

上海同昆数码印刷有限公司总经理

值此《中国印刷年鉴》创刊40周年之际，西口也走过了近30年的峥嵘岁月。在这激动人心的时刻，特别感谢《中国印刷年鉴》40年来为中国印刷行业提供的无数全面又权威的资料，更祝福《中国印刷年鉴》未来越办越好，成为更多印刷企业之间相互学习与借鉴的重要平台。

西口文化发展（上海）股份有限公司董事长

值此《中国印刷年鉴》出版40周年之际，我谨代表杭报集团盛元印务有限公司表示衷心的祝贺！

40年的风雨兼程，《中国印刷年鉴》坚持正确的办刊方向，逐步成为助推印刷业高质量发展的智库，为印刷业各方同仁架起了一座互联互通的桥梁。

砥砺奋进四十载，不忘初心再出发。40年岁月如歌，衷心祝愿《中国印刷年鉴》再攀高峰，再铸辉煌！

杭州日报报业集团盛元印务有限公司
董事长、总经理　黄磊

40年自我超越和孜孜追求，用臻于完善的情怀和硕果，为印刷行业发展铸就丰碑！衷心祝愿贵刊乘建党百年伟业之东风，扬“十四五”开局之风帆，继续为中国印刷业未来铺路指航！

南京爱德印刷有限公司总经理 刘磊

数易春秋，四十载征程。在《中国印刷年鉴》成立40周年之际，我谨代表虎彩印艺股份有限公司向《中国印刷年鉴》表示祝贺，衷心祝愿贵刊发展日胜一日，年胜一年。虎彩愿与贵刊携手，未来不忘初心，共同为中国印刷业的发展作出更大贡献。

虎彩印艺股份有限公司董事长 陈成稳

传播印刷文明，记录印业成长。
贺《中国印刷年鉴》创刊40周年，砥砺奋进，铸就辉煌。
促进绿印发展，推动智慧印刷。
愿《中国印刷年鉴》未来40年，引领行业，续写华章。

广东兴艺数字印刷股份有限公司董事长

贺《中国印刷年鉴》创刊40周年

标注印刷产业印迹
述写华夏文明华章

山东金蔡伦集团总经理

传承印刷文明

续写行业新篇

重庆升光电力印务有限公司

愿《中国印刷年鉴》越办越好！

重庆升光电力印务有限公司总经理 潘霞

传承行业优秀传统，把握时代发展脉搏，山西省印刷物资有限责任公司愿与《中国印刷年鉴》一起成长！共同为繁荣新时代的出版印刷业贡献力量！

山西省印刷物资有限责任公司
党总支书记、总经理 杨明波

奋进四十载印证文明结硕果
启航新征程刷新生活谱新篇

山西人民印刷有限责任公司党委副书记

深耕细作四十载传承毕昇志
开局十四五撰写印刷新业态
石桥印务愿携手《中国印刷年鉴》共发展，谋新篇！

哈尔滨市石桥印务有限公司总经理 石文利

记载历史　总结经验
指明方向　引领发展
《中国印刷年鉴》是
山东润声印务的良师益友！

山东润声印务有限公司党委书记、董事长　徐勇

贺《中国印刷年鉴》40年！

融古发明以传承，兴科技创新，促行业发展；忠实服务于“五大发展战略”与“两个百年”奋斗目标，贡献印刷行业力量。

祝《中国印刷年鉴》锐意创新，成为行业发展的记录仪、信息港、智慧屋、助推器！

青岛国彩印刷股份有限公司董事长　丁文德

风雨四十载，传承千百年。《中国印刷年鉴》记录着中国印刷业的源远流长、吐故纳新、继往开来，为中国印刷业的沉淀和发展作出了重大的贡献，值得我们所有印刷人学习。

在此，印工社衷心祝贺《中国印刷年鉴》创刊40周年，并期冀未来与《中国印刷年鉴》一同为中国印刷业的进步发展而奋斗。

印工社（青岛）互联网科技有限公司总经理

40年来，诚德科技始终矢志不渝地为中国印刷事业的发展披荆斩棘，砥砺奋进。40年的征程益显《中国印刷》杂志社蓬勃常青、与时俱进之强大生命力，热烈祝贺《中国印刷年鉴》出版40周年。

诚德科技股份有限公司董事长兼总经理 王道德

《中国印刷年鉴》助力了中国印刷业的发展与创新40年，是助推中国印刷业持续高质量发展的优质资源。

河南省瑞光印务股份有限公司
党总支部书记、董事长 张融伟

新故相推，日生不滞。40年来，《中国印刷年鉴》倡导中国印刷行业坚守印刷人的责任和初心，指导中国印刷行业更好地学习印刷、发展印刷。衷心祝愿《中国印刷年鉴》越办越好，在实现印刷业"绿色化、数字化、智能化、融合化"发展道路上，引领广大印刷人不断开创科学发展新局面。

长沙鸿发印务实业有限公司总经理 曾斌

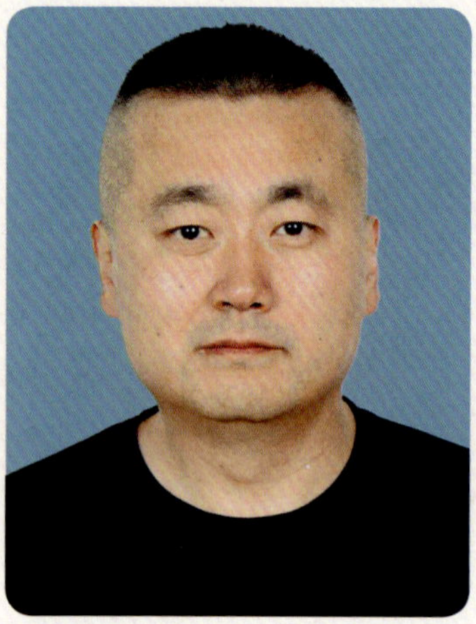

40载砥砺前行，见证印业发展。
29卷精彩华章，记录行业辉煌。
聚焦十四五，再写新篇章！
恭贺《中国印刷年鉴》创刊40周年！

云南省人大机关印务中心主任兼
党支部书记　马行宇

《中国印刷年鉴》出版至今40年，承载了一辈印刷人的记忆。当外界还在质疑纸质印刷品有没有未来时，我们仍在砥砺前行。作为印刷人想说，纸张是历史的载体，有现在必然有未来，尤其是纸质印刷品因其电子媒介不可替代的共时性、公信力，以及收藏价值、展示价值、工艺价值等，至今令其生命不衰。最后祝愿《中国印刷年鉴》越办越好，迈向更加辉煌！

海口永发印刷股份有限公司董事长

值此《中国印刷年鉴》创刊40周年之际，我谨代表方正电子向刊社全体同仁表示诚挚的祝贺！

岁月如歌，40年来，《中国印刷年鉴》与中国印刷业相伴同行，见证了中国印刷业日新月异、波澜壮阔的发展历程，成为印刷业内权威可信的百科知识全书。

今年是建党100周年，也是“十四五”开局之年，站在新的时代起点，衷心祝愿《中国印刷年鉴》越办越好，伴随中国印刷业共同迎来高质量发展的新局面。

北京北大方正电子有限公司董事长、总裁 邵行

四十年风雨征程，

四十年砥砺前行。

曼罗兰衷心祝愿

《中国印刷年鉴》

一如既往，

再鑄輝煌！

曼罗兰大中华区董事长 陳芳娘

值《中国印刷年鉴》喜迎创刊40周年之际，我谨代表网屏公司致以热烈祝贺，愿未来发展再攀高峰更创辉煌！

网屏精密设备（上海）有限公司董事长 半澤賢臣

文明的起点，就在历史的卷首；文明的进步，就是历史的更新。

《中国印刷年鉴》正是全面展现中国现代印刷工业历史成就的权威著作，是中国印刷人发愤图强、大展鸿图的创业史、发展史、奋斗史！

我完全相信，进入不惑之年的《中国印刷年鉴》将永远以开放、包容的胸怀，合作、共赢的努力，不断推陈出新、永葆活力！

天津东洋油墨有限公司将永远秉持开发对人类友好的高品质印刷油墨的初心，与千千万万中国印刷行业同仁携手共进，为中国印刷行业增光！为党和国家的伟大事业献礼！

天津东洋油墨有限公司总经理 王建军

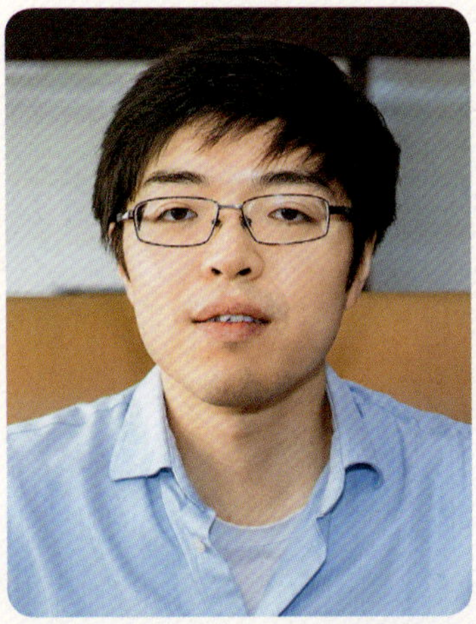

《中国印刷年鉴》创刊40周年之际，平湖英厚机械有限公司致以最热烈的祝贺。

40年的风雨历程，《中国印刷年鉴》见证了中国印刷业的生长，推动了中国印刷业绿色化、智能化的发展，为中国印刷业的改革作出了重大贡献。值此，英厚机械祝贵刊长帆高挂搏浪行，绚烂永续前途灿！

平湖英厚机械有限公司总经理

砥砺奋进40年，春华秋实著满篇。

《中国印刷年鉴》40年不忘初心、开拓进取，如今已是百花齐放，成为集资源收录、技术发展、政策法规、地方综述于一体的大型资料性工具书，深刻记载着中国印刷行业时代变迁下的经济发展与科学进步，是行业内极具参考价值的综合读物。

杭州科雷祝愿《中国印刷年鉴》继续扬帆远航、传承创新，与中国印刷业一起乘风破浪，蒸蒸日上！

杭州科雷机电工业有限公司董事长

砥砺前行，书写四十载精彩历程
勇攀高峰，引领行业发展新篇章

金恒丰科技集团有限公司董事长

《中国印刷年鉴》伴随中国印刷行业40年发展历程，40年砥砺奋进、40年风雨兼程。我谨代表北京华夏视科技术股份公司对《中国印刷年鉴》出版40周年表示热烈祝贺！

华夏视科聚焦印刷行业智能化检测12年，我们为有幸服务中国钞票印制、包装和书刊印刷而倍感自豪。服务于高品质的印刷让华夏视科体现了价值所在，技术不断提升使我们越走越远、越飞越高。

“过程检测、成就印刷大业”是华夏视科永远的追求，推动印刷行业智能化是全体华夏人不变的目标。我们为之共同努力、共同奋进、共同高歌！

北京华夏视科技术股份有限公司总经理

春华秋实四十载，点墨成金永传承。
献礼建党百年庆，历史交汇喜相逢。
丰功伟业谋福祉，十四五迎新征程。
圣德科技诚恭贺，数字变革新动能。
矢志不渝守初心，自主研发国产风。
创新发展催新生，数字喷墨引新风。
聚心合力笃行之，开创未来新昌盛。

深圳圣德京粤科技有限公司总经理 王刚

热烈祝贺《中国印刷年鉴》创刊40周年！40年的积累载入我们印刷人的中国印刷智慧。展望未来高质量发展，赢在自主产品创新，赢在智能AI应用，赢在中国印刷人的集体人工智能！

凌云光技术股份有限公司董事长兼总裁 姚毅

有幸与业内各界人士共同见证《中国印刷年鉴》出版40周年，我谨代表APP大纸事业部向中国印刷技术协会表示热烈的祝贺！

四十韶华，眨眼一瞬，百尺竿头，更进一步；

中国印刷，肩负重任，金光同行，勇攀高峰！

APP大纸事业部CEO **王乐祥**

2021年恰逢《中国印刷年鉴》创刊40周年，我谨代表芬欧汇川（中国）有限公司祝贺《中国印刷年鉴》走过40年不平凡的发展历程。

芬欧汇川与《中国印刷年鉴》有着很深的渊源，我们连续多年支持年鉴的出版，也借助《中国印刷年鉴》的平台展示了公司形象，增进了与出版和印刷行业组织和企业间的联系与互动。未来，我们将继续深耕中国市场，为出版和印刷行业提供更多创新的可持续纸张产品与方案。同时，我们也希望继续深化与《中国印刷年鉴》的合作，与行业同仁携手前进，共创印刷行业的绿色、可持续的美好未来！

祝《中国印刷年鉴》越办越好！

芬欧汇川（中国）有限公司中国区销售副总裁 **陈家强**

岳阳林纸热烈祝贺《中国印刷年鉴》出版40周年！

新时代的岳阳林纸，将坚定不移走可持续发展之路，积极融入“碳中和”国家战略，传承红色基因，打造百年岳纸；奉献绿色纸品，谱写千载文章。

岳阳林纸股份有限公司总经理

四十载传承毕昇志
惠泽印业洒墨书香
祝《中国印刷年鉴》
40载书香路再续华章！

杭华油墨股份有限公司董事长

18年的峥嵘岁月，40年的春华秋实，有科德教育砥砺前行，有《中国印刷年鉴》与时俱进。科斯伍德油墨以民族产业发展为己任，继续用更多的环保、科技研发创新、专业的产品回馈业界，同时期待贵刊越办越好，续写时代新篇章。

苏州科德教育科技股份有限公司
董事长兼总经理 吴贤良

《中国印刷年鉴》出版40周年，我代表深圳精密达智能机器有限公司对此致以诚挚的祝贺。

年鉴记录了历史，展示了中国印刷人自强不息、奋斗不止，追赶世界先进水平的40年。

未来她将记录中国一步一步从印刷大国迈向印刷强国的每一帧画面。祝年鉴越办越好！

深圳精密达智能机器有限公司总经理

“40年风雨兼程，40年砥砺前行”！40年风雨路，中国印刷技术协会凝聚行业力量，探索发展之路，弘扬工匠精神，厚植印刷文脉，着力推动印刷业绿色化、数字化、智能化、融合化发展。

衷心祝愿《中国印刷年鉴》再铸辉煌！

中山市中益油墨涂料有限公司董事长

记录印刷文明，倡导绿色印刷，共建和谐家园。江苏康普印刷科技有限公司愿与《中国印刷年鉴》一起发展，共同努力实现印刷"十四五"目标！

江苏康普印刷科技有限公司董事长
上海新星印刷器材有限公司董事长
徐毛清

欣闻《中国印刷年鉴》出版40周年，汉高谨向贵刊致以诚挚祝贺！初心弥坚40载，《中国印刷年鉴》秉持“服务于行业、服务于企业”的宗旨，以翔实的史料记载，为中国印刷业留存“高光时刻”，筑起座座丰碑。汉高作为辅材供应商，有幸在投身中国印刷业的过程中与之并肩共进，获益良多。愿《中国印刷年鉴》继往开来，再写辉煌！

汉高包装应用粘合大中华区销售总监 李金杰

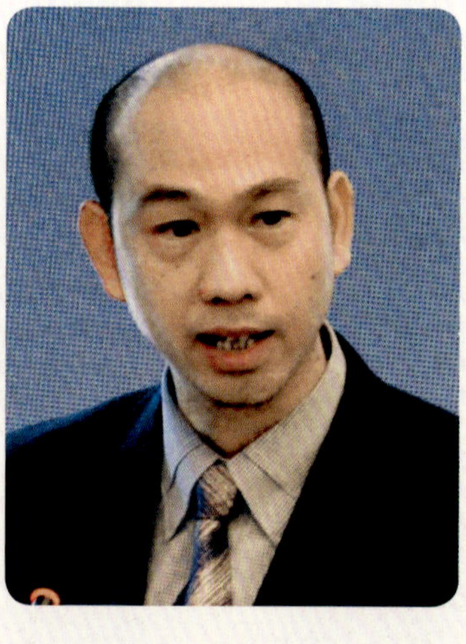

《中国印刷年鉴》出版40周年之际，我谨代表东莞市汉普森工业材料有限公司向贵刊及中国印协致以诚挚的祝贺。

《中国印刷年鉴》创刊40年来，站在印刷行业的最前沿，建言献策，引领行业规范，真正履行“印刷行业传播者，思考者和建设者”的责任，祝愿贵刊在今后站得更高，看得更远，更好地指引中国印刷业健康前进。

东莞市汉普森工业材料有限公司市场总经理 邝劲雄

《中国印刷年鉴》自1981年创刊，重点收录我国印刷及相关行业年度整体发展分析报告，对印刷市场的深入研究具有重要的参考作用。如今，中国印刷产业正从以往的高速发展转向今后的高质、高效发展。衷心祝愿《中国印刷年鉴》在40周年的新起点上创新飞跃，再创辉煌！

爱克发感光器材（深圳）有限公司
海外事业总监 / 产品与市场总监　葛玉军

热烈祝贺《中国印刷年鉴》出版40周年！

《中国印刷年鉴》记录了中国印刷的历史，展示了中国印刷的风采，见证了中国印刷史上一页页艳丽的篇章。相信《中国印刷年鉴》能再创新的辉煌！

无锡天德印艺技术有限公司总经理
无锡奥康环保科技有限公司总经理

四十年栉风沐雨，四十年春华秋实。《中国印刷年鉴》创刊以来，与业界风雨同行，与时代大潮同进。期待贵刊越办越好，续写繁荣发展的篇章。

云南卓印科技有限公司董事长 [illegible]

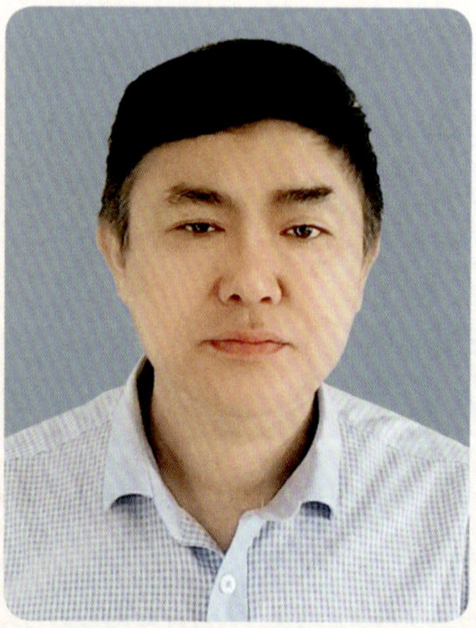

40年的辛勤耕耘和精心培育，《中国印刷年鉴》向人们全方面展现了中国现代印刷工业取得的历史成就，中国印刷人在不断完善现代印刷工艺的过程中，秉持着国家绿色发展的理念，进一步推动着绿色环保印刷的发展。

在40周年之际，更希望在印刷人的共同努力下，《中国印刷年鉴》能伴随着中国现代印刷技术的发展，长出自己的风采。

泰州市久泰科技有限公司董事长 施正祥

建党百年举国欢庆
同心向党立德树人
包罗万象印通天下
创新创意再创辉煌

天津职业大学包装与印刷工程学院
党总支书记 郝晓秀

贺《中国印刷年鉴》
创刊40周年
40年的沉淀，铸就今天的辉煌
不忘初心，推动印刷繁荣发展

泰山新闻出版小镇 曹步云

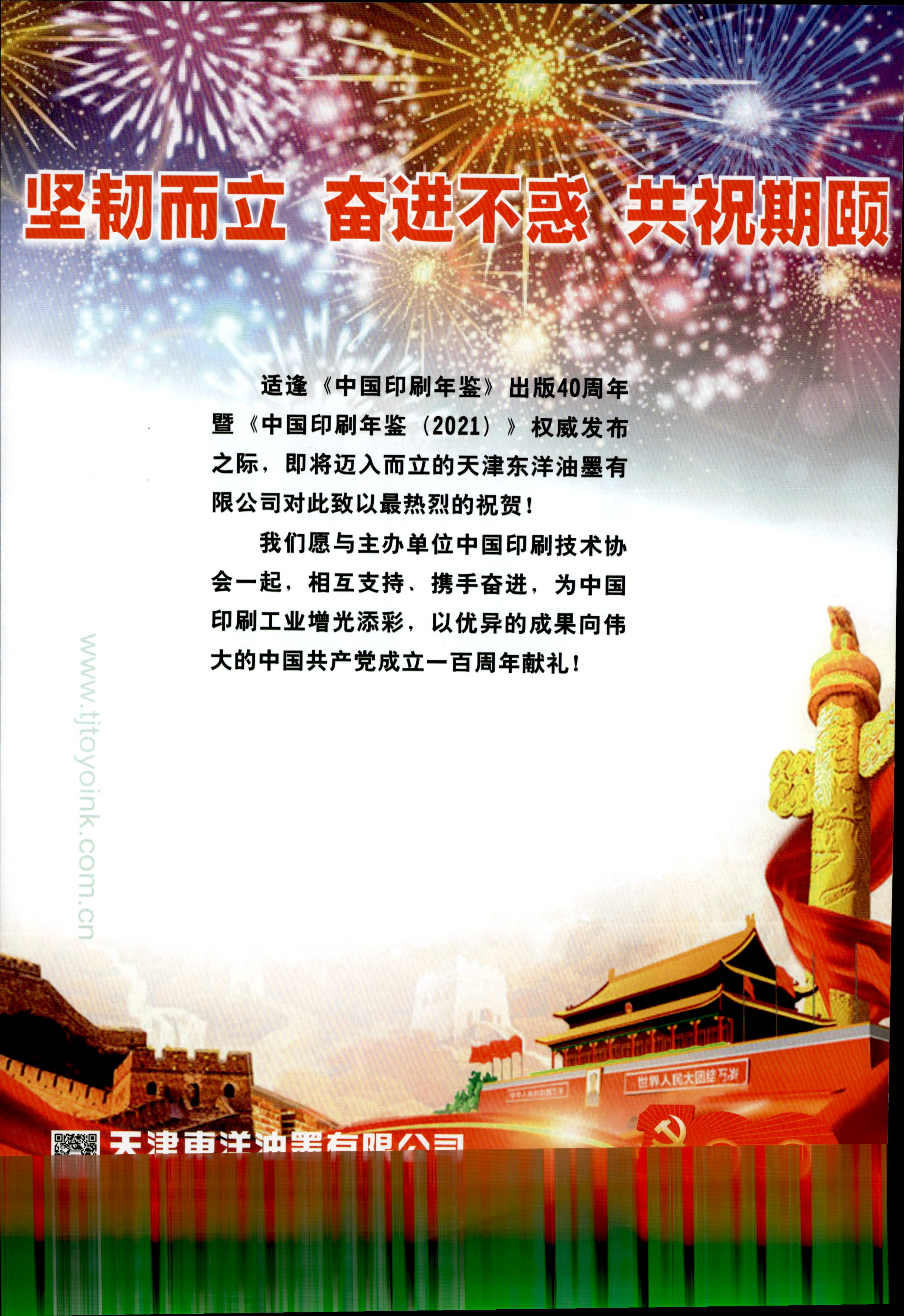
坚韧而立 奋进不惑 共祝期颐
适逢《中国印刷年鉴》出版40周年暨《中国印刷年鉴（2021）》权威发布之际，即将迈入而立的天津东洋油墨有限公司对此致以最热烈的祝贺！
我们愿与主办单位中国印刷技术协会一起，相互支持、携手奋进，为中国印刷工业增光添彩，以优异的成果向伟大的中国共产党成立一百周年献礼！
www.tjtoyoink.com.cn
世界人民大团结万岁

中国胶印油墨上市企业
股票代码：300192
专业 筑建 品质
科斯伍德专业油墨系列
THE SOLUTION FOR PROFITABILITY
苏州科德教育科技股份有限公司由海内外精英共同投资，并在国际化的过程中逐渐形成集全球采购、欧洲技术研发、中国生产、全球销售的专业油墨企业。我公司出品的科斯伍德专业油墨，提出全新的专业产品理念，分类服务细分印刷需求，是更加专业的国际胶印油墨品牌。产品拥有 欧洲、北美与中国等多种环保证书，满足世界各地市场的环保需求，提供食品包装级专业环保油墨。
产品特点：
专业性能 / 专业品质 / 专业服务 / 更环保 / 更关注客户细分市场需求 / 更符合中国印刷习惯
主要产品：
U-SPEEDY 超霸超高浓度环保系列
U-POWER 超能高效环保系列
GREENKING 绿霸低气味/低迁移环保系列
GREENO2 绿沁低气味环保系列
GREENMAX 绿能NON-VOC环保系列
GREENTEC 绿捷植物油基环保系列
VC-EVO 紫外线固化环保系列
ECOSOY 绿源大豆环保系列
SPEEDY 速霸环保系列
GLOBY 速通环保系列
VOIS 速腾环保系列
MARBLE 美博高耐磨环保系列
LF 耐晒环保系列
NF 低卤环保系列
kingswood INKS
科斯伍德专业油墨

2020 行业大事记

中国印刷
新智造
新边界
新动能
New Manufacturing
New Boundary
New Power
THE 8th ALL IN PRINT CHINA
第八届中国国际 全印展
中国国际印刷技术及设备器材展
2020.10.12-14
2020 "新时代乡村阅读季"
印刷业"携手奔小康"图书捐赠活动
2020 中国印刷

2020 年是极不平凡的一年，印刷战线在党中央的领导下，提升站位、攻坚克难、甘于奉献、开拓创新，交上了一份合格的答卷。面对新冠肺炎疫情带来的严重冲击，全行业抓住机遇、化危为机，赢得产业发展主动权。面临“十三五”收官之年艰巨任务，全行业认真总结经验、科学研判形势，积极谋划应对举措，提升了实力，做强了产业。

这一年，行业发生了很多事情值得我们去梳理和思考。本卷年鉴以图文并茂的形式忠实记录 2020 年行业所做的重点工作以及发生的重要事件，描绘行业一年来的发展面貌。

一月

1 月 9—11 日，第 33 届北京图书订货会在京举行，本届订货会主题为“全面推进出版业高质量发展，精品图书助力小康社会繁荣”，围绕新中国成立 70 周年、改革开放 40 周年、精准脱贫、全面建成小康社会等方面内容，集中展示中国出版界一年来取得的成果。

1 月 10 日，以“新业态、新技术、新出版”为主题的按需出版与数字印刷研讨会在京举办。全国各地的行业主管单位、出版集团、印刷企业代表共同探讨按需出版与数字印刷的发展现状、痛点难点、未来发展前景，积极推动按需出版与数字印刷的发展。

1 月 15 日，中国印刷技术协会 2020 年度工作会议在北京召开。会议对 2019 年工作进行总结，并就 2020 年工作进行系统部署。

1 月 28 日，中宣部印刷发行局向全国各省、自治区、直辖市和新疆生产建设兵团党委宣传部印刷管理部门紧急下发关于了解掌握疫情防控保障印刷企业生产情况的通知，要求各地区各有关部门及时掌握本地区承担疫情防控保障印刷企业生产情况，并将有关情况及时上报，对于企业生产中遇到的问题要及时发声指导，及时予以沟通协调，及时采取行动，做到守土有责、守土尽责，确保疫情防控印刷保障任务。

1 月 29 日，中国印刷技术协会发布《关于做好新型冠状病毒感染肺炎疫情防控工作倡议书》。倡议全行业一要坚决贯彻落实党中央、国务院重大部署；二要带头履行疫情防控社会责任，以身作则做好宣传引导；三要积极发挥党组织和党员在疫情防控中的作用；四要充分发挥各级印刷协会组织的行业动员力量；五要全力保障疫情防控印刷品的印制任务；六要加强防范意识，不信谣、不传谣。

二月

2 月 3 日，国家新闻出版署发布《关于做好 2020 年印刷复制发行管理工作的通知》，对完善重点出版物印刷发行保障机制、推动印刷复制发行业高质量发展、加强印刷复制发行行业监管、进一步加强内部资料规范管理做出部署。

2 月 10 日—3 月 9 日，中国印刷技术协会在官微开辟“战‘疫’”专栏，先后对 80 家行业企业进行为期一个月的报道，围绕“战疫情、保复工、印刷人在行动”这一主题，大力宣扬了印刷人在突如其来的疫情面前，能够主动担当，勇于奉献的精神，为坚决打赢疫情防控阻击战贡献行业力量。

2 月 18 日，中国印刷技术协会发布《关于推荐〈印刷企业复工疫情防控参考指南〉的通知》，为行业企业结合自身实际情况开展复工疫情防控工作提供参考。

三月

3 月 15 日，国家新闻出版署发布《关于开展 2020 年“3•15”质检活动和中小学重点教材检查工作的通知》，开展 2020 年“3•15”质检活动，并对中小学重点教材（国家统编道德与法治、语文、历史教材）印制发行工作进行检查。

3 月 20 日，《中国印刷》杂志第 2 期推出“战‘疫’，印刷人在行动”专题，记录印刷人如何在第一时间迅速响应，上下联动、行业一心，主动担当、逆行而上的优秀事迹。

四月

4 月 3 日，生态环境部印发《关于固定污染源排污限期整改有关事项的通知》。其中，明确了生态环境主管部门暂不予核发排污许可证的三种适用情形。除此之外，明确整改期限为三个月至一年。

4 月 23 日，第七届全国印刷行业职业技能大赛组织委员会秘书处发布平版制版员、数字印刷员、装订工在内的三个工种的竞赛规则和技术纲要。

4 月 27 日，国家统计局发布 2020 年 1—3 月全国规模以上工业企业利润情况。其中，造纸和纸制品业实现利润总额 115.5 亿元，同比下降 5.5%；印刷和记录媒介复制业实现利润总额 48.4 亿元，同比下降 38.7%。

五月

5 月 7 日，中国印刷技术协会发布《关于修订 < 绿色原辅材料产品目录 > 的通知》，启动《绿色原辅材料产品目录（2019）》修订工作。

5 月 9 日，中国印刷技术协会、《中国印刷》杂志社组织制作的“疫情影响和冲击下的中国印刷业”电子刊在中国印刷技术协会官微首发。

5 月 27 日，国家统计局发布 2020 年 1—4 月份全国规模以上工业企业利润情况。其中，造纸和纸制品业实现利润总额 173.7 亿元，同比增长 5.5%；印刷和记录媒介复制业实现利润总额 84.0 亿元，同比下降 21.2%。

六月

6 月 2 日，第七届全国印刷行业职业技能大赛数字印刷员理论知识题库上线。大赛组委会编制发布在线题库旨在针对性提升参赛选手理论知识水平，同时致力于帮助数字印刷从业人员系统掌握技师以下职业技能等级所需的专业理论知识。

6月7日，2020年印刷业创新发展及前沿技术论坛在长沙举行。论坛围绕“创新发展、前沿科技”主题，讨论行业发展趋势与前沿技术应用，聚焦行业热点、链接资源优势，分享成功模式。

6月10日，第十九届北京市印刷行业职业技能大赛动员部署会在京召开，本次会议采取线上线下相结合方式，同时在主会场（北京市委宣传部）以及由印刷企业组成的12个分会场同时进行。

6月16—22日，印刷行业国家级技能竞赛裁判员培训班在线举办，300余名印刷行业中级职称或技师以上专业技术人员及院校专业教师，参加了此次平版制版、数字印刷、装订三个竞赛工种国家级职业技能竞赛裁判员课程的培训和考核。

6月29日，中国印刷技术协会发出《关于疫情期间减免2020年度会费的通知》。通知明确，对湖北省内的协会会员，免收当年年度会员会费；对湖北省以外的协会会员，当年会费按原有标准的80%收取。

6月30日，中国印刷技术协会召开第九届常务理事会第二次会议。会议聚焦“协会在印企抗疫复工复产中的使命与作用”的主题，与会的常务理事及有关单位代表深入探讨新冠肺炎疫情给我国印刷业带来的影响，分析印刷业未来发展面临的机遇、挑战及应对策略，为破解企业发展难题，助力行业转型升级和高质量发展献计献策。

七月

7月1日，由生态环境部和国家市场监督管理总局联合发布的国家标准《挥发性有机物无组织排放控制标准》（GB 37822—2019）正式实施。

7月14日，国家新闻出版署、人力资源社会保障部联合下发《关于举办2020年全国行业职业技能竞赛——第七届全国印刷行业职业技能大赛的通知》，标志着大赛正式拉开帷幕。

7月17日，印刷业"十四五"时期发展规划编制启动座谈会在京成功召开。

7月24日，中国印刷技术协会发出《关于做好2020年度印刷工程专业初、中级职称评审有关工作的通知》。

7月27日，国家统计局发布2020年1—6月份全国规模以上工业企业利润情况。其中，造纸和纸制品业实现利润总额268.7亿元，同比持平；印刷和记录媒介复制业实现利润总额154.8亿元，同比下降13.8%，降幅比1—5月份收窄1个百分点。

八月

8月14日，首届"彩和坊2020立体书设计制作研讨会"在京举行，会议主要围绕立体书的设计、制作、印刷以及立体书的市场发展前景等内容进行了演讲和讨论，并就立体书的设计、印刷及制作等的相关问题进行探讨。

8月17日，江苏省生态环境厅、江苏省新闻出版局联合发出《致包装印刷企业负责人的一封公开信》，号召包装印刷企业做好三件事，有效减少VOCs产生和排放。

8月18日，"紫禁城建成600年纪念券"发行仪式在故宫博物院举行。"紫禁城建成600年纪念券"是故宫博物院与中国印钞造币总公司签署战略协议后合作发行的首款产品。

8月26日，中国印刷技术协会向全行业发出《关于印刷行业开展助力"双决"、参与2020"新时代乡村阅读季"系列活动的倡议书》。号召全行业要凝聚决战决胜脱贫攻坚的思想共识，要汇集决战决胜脱贫攻坚的力量资源，要加大决战决胜脱贫攻坚的工作力度。

9月

8月31日，以“印刷出版与文化生活”为主题的2020印刷出版文化国际学术研讨会在中国印刷博物馆成功召开。通过“线上+线下”的形式，全面发挥了新兴媒体的传播优势，搭建出主动设置国际议题的学术平台，为新时代构建人类命运共同体作出贡献。

9月1日，由中华人民共和国第十三届全国人民代表大会常务委员会第十七次会议修订通过的《中华人民共和国固体废物污染环境防治法》正式生效执行。在加强生活垃圾分类管理、完善危险废物监管制度、严格法律责任等方面实施更为严格的管理。

9月9日，由中国印刷及设备器材工业协会主办的“中国印工协2020印刷技术峰会”在京举行。会议主题为“智能化、网络化、绿色化、新商业模式”，分析业内热点议题及印业发展方向，介绍新技术、新产品、新领域，全方位展示依靠科技进步加速产业转型升级的解决方案。

9月21日，中国印刷技术协会召开印刷行业助力“双决”，精准扶贫工作交流会。此次会议，进一步凝聚了全行业助力决战决胜脱贫攻坚的思想共识，汇集了全行业助力决战决胜脱贫攻坚的力量资源。会上，邀请16家会员单位作为扶贫工作典型案例代表交流扶贫经验，分享了各自敢于担当、勇于创新，独具特色的帮扶模式和精准扶贫做法。

9月29日，中国印刷技术协会在京组织召开印刷业“十四五”发展规划编制专家座谈会，为科学编制《印刷业“十四五”时期发展规划》提供支持和参考。

十月

10月9日，国家新闻出版署发布《关于2019年“3•15”质检活动和图书印制批质量问题处理情况的通报》。《通报》指出，2019年“3•15”质检活动针对全国9个省（区）以及部分中央和军队系统在京共90家图书出版单位进行了随机抽查，结果显示，图书印制单册质量合格率为99.7%，批质量合格率为98.89%。

10月12—13日，以“聚焦融合化”为主题的2020中国印刷业创新大会在上海召开。大会通过宣介政策、分享案例、集中展示，推动印刷业与产业链上下游、新一代信息技术以及相关行业领域等的融合发展。会上发布了《珠三角印刷业发展升级指南》。

10月12日，“中国儿童读物印制创新产业联盟”成立仪式在2020中国印刷业创新大会上隆重举行。联盟旨在促进儿童读物出版印刷融合创新发展，团结产业链上下游各方力量，整合出版、印制、设计、工艺、材料等各环节要素，推动关键核心技术联合攻关，促进资源共享和协同创新，更好实现产业链上下游的交流与对接，不断提升我国儿童读物出版印刷产业链水平，增强产业链核心竞争能力。由中国印刷技术协会承办的“儿童读物印制创新专题展”同期举办。

10月12—17日，由中国印刷技术协会、中国印刷科学技术研究院和杜塞尔多夫展览（上海）有限公司主办的第八届中国国际全印展在上海新国际博览中心开幕。本届全印展主题为“新智造、新边界、新动能”，全面展示印刷业科技创新成果。

10月15日，由中宣部印刷发行局指导，中国印刷技术协会主办，四川省委宣传部、绵阳市委宣传部、四川省印刷协会、绵阳市印刷协会协办的印刷业“携手奔小康”图书捐赠系列活动在四川省绵阳市成功举办。

10月16—20日，以“扶智扶贫 共建小康”为主题的2020天府书展在成都成功举办。

10月26—28日，海峡两岸（龙港）印刷与文化产业博览会在享有“中国印刷城”之称的浙江温州举办，以“市集+网红”的形式，实现“展会+直播”营销的传播最大化。

10月28日，中国印刷技术协会印刷史研究委员会第三次全体会议暨换届会议在中国印刷博物馆成功召开。会议选举产生了中国印协印刷史研究委员会新一届主任委员、副主任委员、秘书长。

十一月

11月24日，全国劳动模范和先进工作者表彰大会在北京人民大会堂隆重举行。其中，印刷行业涌现出3位全国劳动模范，分别是，北京印钞有限公司胶凹印部主任技师、高级技师刘惠春，鹤山雅图仕印刷有限公司印刷部技术主任、二级技师冯新源，湖南奔腾文化创意股份有限公司文创车间主任、出版发行员王华香。

十二月

12月4日，国际标准化组织/印刷技术委员会（ISO/TC 130）第34届全体会议以网络会议形式召开。

12月8—10日，2020华南国际标签印刷展览会（Labelexpo South China 2020）在深圳成功举办。

12月16—17日，由全国印刷标准化技术委员会、中国印刷技术协会主办的“2020年中国印刷标准化年会暨标准化发展论坛”在珠海召开，论坛以“标准助力印刷业智能化发展”为主题。

12月18日，由北京北大方正电子有限公司承办的“2020鸿雁POD联盟年会”在北京举行，出版人、印刷人齐聚一堂，共商按需出版新模式。

12月21日，中国印刷技术协会九届三次常务理事会、九届二次理事会会议在北京召开。会议回顾总结了全国印刷战线主动服务打赢疫情防控阻击战、脱贫攻坚战、推动产业高质量发展等事迹，并就国家“十四五”期间印刷业发展谋划，新阶段行业面临的新挑战新机遇进行了深入研讨。

12月21日，中国印刷技术协会成立40周年系列纪念活动在京举行。系列纪念活动由“致敬时代榜样”、中国印刷技术协会成立40周年纪念座谈会、《中国印刷年鉴（2016—2020）》首发式、“箭在弦上——‘十四五’发展规划大家谈”主题沙龙四场活动组成。举办纪念活动旨在回顾创会历程、展示发展成果，弘扬爱岗敬业、精益求精的工匠精神和以改革创新为核心的时代精神，为推动协会在新发展阶段完成新使命激发奋进力量。

12月31日，中国印刷技术协会发布《关于撤销中国印刷技术协会数字印刷分会、信息系统应用分会、企业管理专业委员会的通知》。通知指出，依据《中国印刷技术协会章程》《中国印刷技术协会分支机构管理办法》的有关规定，从2020年3月起，中国印协开始调整、完善分支机构设置工作，经2020年12月21日召开的中国印协九届二次理事会审议通过，决定撤销中国印刷技术协会数字印刷分会、信息系统应用分会、企业管理专业委员会等三个分支机构。

印刷人致敬时代榜样

中国印刷技术协会成立40周年

关于向中国印协成立 40 周年“时代榜样”学习致敬的决定

各省（区、市）印协、中国印协各分支机构、各会员单位：

为弘扬会员单位和个人担当作为和敬业奉献精神，树立勇于开拓进取、不断改革创新、心系行业发展和积极支持协会工作的时代榜样，经研究，中国印刷技术协会决定授予马长茗等 35 人“先进工作者”荣誉，授予于瀛等 15 人“优秀通讯员”荣誉，授予中国印协网印及制像分会等 30 家单位“先进集体”荣誉，授予中国新闻出版研究院等 40 家单位“优秀会员单位”荣誉，授予北京新华印刷有限公司等 30 家单位“特别贡献集体”荣誉。

这些被授予荣誉的个人和集体，是协会会员中的先进典型。我们向这些在时代发展中展现新气象、新担当、新作为的先进典型致敬。希望这些先进集体和个人继续发扬成绩，戒骄戒躁，再接再厉，在今后的工作中努力发挥先锋模范和带头作用，争取更大成绩。广大会员要以先进典型为榜样，学习他们爱岗敬业、乐于奉献的优良品质，追求卓越、锐意创新的奋发进取精神，立足本职岗位建功立业，为加快我国由印刷大国向印刷强国的转变进程，为决胜全面建成小康社会、夺取全面建设社会主义现代化国家新胜利，实现中华民族伟大复兴贡献力量。

中国印刷技术协会

2020 年 12 月 21 日

先进工作者

（按姓氏笔划排序）

马长茗	王文良	占国喜	央　金
白音仓	刘培利	许泽长	李　英
杨志训	杨　纲	杨明波	吴　虹
沈春铭	宋延林	张永东	张红军
张国才	张巍远	陈平勋	陈　斌
茅青云	郑敬尉	郑　斌	胡敬波
侯维佳	施建屏	施乾平	袁汝海
徐向荣	徐　明	殷卫国	高　建
黄　彬	黄瀚军	薄会川	

优秀通讯员

（按姓氏笔划排序）

于　瀛	马昕晖	王永坚	冯　彦
刘云龙	张　静	陈治国	陈宝湘
范胜华	林　熹	常金生	扈晓明
韩立生	韩烈俊	程远才	

先进集体

（排名不分先后）

中国印刷技术协会网印及制像分会

中国印刷技术协会柔性版印刷分会

中国印刷技术协会印刷史研究委员会

北京印刷协会

北京地区书刊印刷企业联谊会

天津市印刷技术协会

河北省印刷协会

内蒙古自治区印刷协会

黑龙江省印刷技术协会

上海市印刷行业协会

上海市浦东新区印刷行业协会

江苏省印刷行业协会

浙江省印刷协会

温州市印刷行业协会

江西省印刷复制业协会

莆田市印刷行业协会

泉州市印刷协会

山东省印刷协会

郑州市印刷行业协会

湖北省印刷协会

湖南省印刷协会

长沙市印刷行业协会

广东省印刷复制业协会

中山市印刷包装行业协会

深圳市印刷行业协会

海南省印刷协会

四川省印刷协会

贵州省印刷行业协会

陕西省印刷技术协会

新疆印刷协会

优秀会员单位

（排名不分先后）

中国新闻出版研究院

中国印刷博物馆

中国印刷科学技术研究院

北京印刷学院

涿州市星河印刷有限公司

内蒙古盛意隆文化科技发展有限公司

辽宁虎驰科技传媒有限公司

黑龙江省新华印务集团有限公司

上海扬盛印务有限公司

上海烟草包装印刷有限公司

上海伊诺尔实业集团有限公司

上海界龙集团有限公司

江苏康普印刷科技有限公司

江苏凤凰新华印务集团有限公司

苏州科斯伍德油墨股份有限公司

苏州苏大维格科技集团股份有限公司

浙江劲豹机械有限公司

杭州科雷机电工业有限公司

安徽新华印刷股份有限公司

江西新华印刷发展集团有限公司

江西印刷股份有限公司

山东新华印务有限公司

山东韵杰文化科技有限公司

东港股份有限公司

山东润声印务有限公司

山东工业技师学院

肥城新华印刷有限公司

河南省瑞光印务股份有限公司

乐凯华光印刷科技有限公司

湖北华艺包装印刷科技有限公司

武汉新鸿业印务有限公司

海德堡印刷设备（北京）有限公司深圳分公司

中山市中益油墨涂料有限公司

海口永发印刷股份有限公司

四川日报报业集团印务公司

重庆升光电力印务有限公司

贵州新华印刷厂有限公司

云南侨通包装印刷有限公司

中闻集团西安印务有限公司

陕西北人印刷机械有限责任公司

特别贡献集体

（排名不分先后）

北京新华印刷有限公司

雅昌文化集团

北京科印传媒文化股份有限公司

天津长荣科技集团股份有限公司

内蒙古爱信达教育印务有限责任公司

上海出版印刷高等专科学校

富士胶片（中国）投资有限公司

浙江印刷集团有限公司

山东临沂新华印刷物流集团有限责任公司

世纪开元电子商务集团有限公司

湖南天闻新华印务有限公司

深圳劲嘉集团股份有限公司

深圳精密达智能机器有限公司

东莞金杯印刷有限公司

重庆远大印务有限公司

北京华联印刷有限公司

北京盛通印刷股份有限公司

北京尚唐印刷包装有限公司

山西人民印刷有限责任公司

黑龙江龙江传媒有限责任公司

上海印刷集团有限公司

高斯图文印刷系统（中国）有限公司

厦门合兴印刷包装股份有限公司

山东鲁信天一印务有限公司

河南新华印刷集团有限公司

湖北新华印务有限公司

深圳市快印客电子商务有限公司

力嘉包装（东莞）有限公司

鹤山雅图仕印刷有限公司

西安新华印务有限公司

地方印刷

2020 年天津市印刷业发展情况

天津市委宣传部印刷发行处

一、天津印刷业基本情况

截至2020年底，天津市实有印刷企业1568家，从业人员3.7万人。其中，出版物印刷企业202家，出版物专项排版制版装订企业6家，专营数字印刷企业39家，包装装潢印刷企业913家，其他印刷品印刷企业408家。2020年，天津市印刷企业资产总额335.6亿元，同比增长11%；印刷产值220亿元，同比下降0.03%。

按经营类别划分，2020年，出版物印刷企业印刷产值32亿元，同比下降0.3%；包装装潢印刷企业印刷产值183亿元，同比下降3.6%；其他印刷品印刷企业印刷产值3.8亿元，同比下降11%。

从年度报告统计数据分析，2020年，天津市规模以上（年印刷产值5000万元及以上）重点印刷企业94家，同比增加1家。其中，年印刷产值超亿元企业52家，与上一年度持平。按经营类别划分，出版物印刷企业9家，约占总数的9.57%；包装装潢印刷企业84家，约占总数的89.36%；其他印刷品企业没有规模以上重点企业。天津市规模以上重点印刷企业的印刷产值为152.26亿元，占全市印刷产值的66.56%；资产总额为216.7亿元，占全市资产总额的71.47%；规模以上印刷重点企业年研发资金达2.05亿元，占全市印刷企业总研发资金的82%。

从上述数据可以看出，天津市印刷结构现状是以包装装潢产品为主要产品支撑，规模以上重点出版物印刷企业还较少。伴随着疏解北京非首都核心功能和京津冀印刷业协调发展各项工作的推进，截至目前，盛通股份等一批国内知名出版物印刷企业进驻天津市宝坻、静海等地区，为提升天津市出版物印刷整体水平发挥了重要的作用。同时，规模以上重点印刷企业依靠先进的印刷设备，雄厚的资金实力，现代化的管理理念，明确的市场定位，通过加大研发资金的投入，赢得了良好的市场信誉和产品质量，这些企业市场占有率保持稳定增长，其企业经营的经验对天津市印刷业的发展起到了较好的示范作用。

二、天津印刷业情况分析

（一）提高政治站位、认真完成主题出版物印制任务

2020年天津印刷业按照中央的统一部署，遵循中宣部和天津市委的有关要求，坚持以习近平新时代中国特色社会主义思想为指导，坚持正确的出版导向，把社会效益放在首位，弘扬精益求精的工匠精神，积极扶持一批政治放心、质量可靠、管理规范的骨干印刷企业，承担重点主题出版物的印制任务。2020年，天津新华印务有限公司、天津兴弘盛印刷有限公司等重点出版物印刷企业，认真做好《习近平谈治国理政》第三卷的分印工作，通过精心组织实施，加强质量管理，较好地完成了分印工作。在此基础上，2020年年底又积极承接党史学习教育用书的分印工作，通过优化管理，创新方法，较好地完成了印制任务。

（二）产业发展迅速，印刷产业聚集效应不断显现

2020年，全市印刷工业总产值在10亿元以上的地区有9个。其中，超过20亿元的地区有5个，包括：武清区、滨海新区、北辰区、宝坻区、东丽区。这些地区形成了较明显的印刷产业聚集区，凸显了印刷产业园的聚集效应。从地理优势上，天津市作为京津冀协同发展战略的重要地区之一，在积极承接北京非首都核心功能，承接北京印刷企业方面发挥了重要作用。天津市紧邻北京市的地理环境优势，以及城际、高铁、高速公路等便捷的交通网络，形成与北京联系最紧密的城市，区位优势为天津市印刷业的持续发展提供了动力。2016年底至2020年，天津市承接以国内知名企业盛通股份为代表的北京在津新建、搬迁的出版物印刷优质企业47家，鉴于良好的营商环境和区位优势，宝坻区、武清区成为众多企业的首选，聚集效应更加突出。同时各印刷企业狠抓印刷技术改造和产品印刷质量，其中，天津海顺印业包装有限公司印制的《中华文化思想术语（汉英对照）》荣获第五届中国出版政府奖印刷复制奖。

（三）包装装潢印刷企业成为天津市印刷业重要支撑

2020年，天津市拥有印刷企业1568家，其中包装装潢印刷企业913家，占全市印刷企业的58.23%；包装装潢印刷企业印刷产值183亿元，占全市印刷产值的83.18%；在94家规模以上重点印刷企业中，包装装潢印刷企业有84家，占规模以上重点企业总数的89.36%。从上述数字可以看出，天津市包装装潢印刷企业在全市印刷企业中占有重要的比例，这也和天津市经济发展的整体结构相吻合。

三、天津印刷业的发展措施和建议

（一）研究制定印刷业发展规划

结合天津市印刷业发展实际和天津市发展规划，研究制定天津市印刷业实现高质量发展的“十四五”规划方案。积极营造良好的营商环境，加快天津市印刷业结构调整步伐，使天津市的印刷企业更加适应市场，满足市场多层次全方位的需求。

（二）开展对天津印刷业升级指南调研工作

重点对天津市5个印刷产值在20亿元以上的地区进行印刷聚集区功能分析，及促进印刷业发

展调研活动，研究促进印刷业升级发展相关政策。按照现代化印刷企业标准，研究探讨天津市印刷产业升级发展的产业优势，发展定位，充分发挥区域独有的地理优势及其自身的产业集群优势，促进天津市印刷业整体发展。会同北京市和河北省进一步研究京津冀印刷业协同管理相关规定，积极研究发展政策及措施，进一步推进京津冀印刷业协同发展。

（三）加强行业服务、规范企业发展

加强对印刷企业的服务，着力推进简政放权，强化事中、事后监管，完善市场经济运行机制，优化服务改革工作，充分利用印刷复制委托书网上备案系统，做到便捷高效服务，继续做好对印刷企业法定代表人和负责人的法律法规培训，并使之常态化。督促印刷企业严格执行印刷管理法律法规，严格执行五项制度，促进天津市印刷业健康发展。■

2020年上海印刷业发展情况

上海市印刷行业协会

一、基本概况

2020年上海印刷业不仅在抗击疫情中发挥了中流砥柱的作用，行业发展情况也超出预期。

如表1所示，截至2021年4月，上海通过年度报告的印刷企业共2509家(不含打印、复印企业)，比2019年同口径的2623家减少了114家，下降4.35%；相比2019年对2018年5.00%的下降率，企业数量减少的速度进一步降低，且减少的企业主要集中于年工业总产值为1000万元以下的企业。

2020年，市场对于上海印刷业的发展表现出极大的信心，企业投资规模仍然进一步扩大。2020年，上海印刷企业总资产共计1281.97亿元，比2019年增长5.15%，净资产为665.62亿元，比2019年增长5.20%。不难看出，投资已经大于当年的行业GDP增长。

2020年，上海印刷业全行业工业总产值为797.64亿元，比2019年下降2.04%，但是销售收入和利润总额却双双出现了增长，其中销售收入为959.71亿元，比2019年增长4.12%，利润总额为81.29亿元，比2019年增长6.10%，整个印刷业仍然保持较高的盈利能力。由于疫情的影响，2020年对外加工贸易额下降了11.50%，总额为89.85亿元，比2019年减少了11.68亿元。

表1　2020年上海印刷业主要数据统计

项目	企业数（家）	总资产（亿元）	净资产（亿元）	工业总产值（亿元）	利润总额（亿元）	销售收入（亿元）	对外加工贸易总额（亿元）
2020	2509	1281.97	665.62	797.64	81.29	959.71	89.85
2019	2623	1219.19	632.72	814.22	76.62	921.72	101.53
增减值	–114	62.78	32.91	–16.59	4.67	37.99	–11.68
增减率	–4.35%	5.15%	5.20%	–2.04%	6.10%	4.12%	–11.50%

1. 按企业经营范围分类（详见表2）

- 出版物印刷企业为147家，占企业总数的5.86%，比2019年减少3家，下降4.35%；
- 包装装潢印刷企业为1747家，占企业总数的69.63%，比2019年减少46家，下降2.57%；
- 其他印刷品印刷企业为576家，占企业总数的22.96%，比2019年减少65家，下降10.14%；
- 排版、制版、装订专项企业为22家，占企业总数的0.88%，与2019年持平；

● 专营数字印刷企业为 17 家，占企业总数的 0.68%，与 2019 年持平。

表 2　2018—2020 年上海印刷企业按经营范围分类统计表　（单位：家）

项目	企业数量	出版物印刷企业	包装装潢印刷企业	其他印刷品印刷企业	排版、制版、装订专项企业	专营数字印刷企业
2020	2509	147	1747	576	22	17
2019	2623	150	1793	641	22	17
2018	2761	155	1878	685	27	16
增减值	–114	–3	–46	–65	0	0
增减率	–4.35%	–2.00%	–2.57%	–10.14%	0.00%	0.00%
占比	100%	5.86%	69.63%	22.96%	0.88%	0.68%

2. 按企业性质分类（详见表 3）

● 国有企业为 18 家，占企业总数 0.72%，比 2019 年减少 3 家，下降 14.29%；

● 集体企业为 38 家，占企业总数 1.51%，比 2019 年减少 7 家，下降 15.56%；

● 三资企业为 142 家，占企业总数 5.66%，比 2019 年减少 1 家，下降 0.70%；

● 股份合作企业为 55 家，占企业总数 2.19%，比 2019 年减少 5 家，下降 8.33%；

● 股份有限公司为 21 家，占企业总数 0.84%，比 2019 年增加 3 家，增长 16.67%；

● 联营企业为 0 家，占企业总数 0.00%，比 2019 年减少 1 家，下降 100%；

● 其他有限责任公司为 2050 家，占企业总数 81.71%，比 2019 年减少 92 家，下降 4.30%；

● 私营企业为 185 家，占企业总数 7.37%，比 2019 年减少 8 家，下降 4.15%。

表 3　2018—2020 年上海印刷不同企业性质分类统计表　（单位：家）

年份	国有企业	集体企业	三资企业	股份合作企业	股份有限公司	联营企业	其他有限责任公司	私营企业
2020	18	38	142	55	21	0	2050	185
2019	21	45	143	60	18	1	2142	193
2018	25	57	159	67	20	1	2237	195
增加值	–3	–7	–1	–5	3	–1	–92	–8
增减率	–14.29%	–15.56%	–0.70%	–8.33%	16.67%	–100.00%	–4.30%	–4.15%
占比	0.72%	1.51%	5.66%	2.19%	0.84%	0.00%	81.71%	7.37%

二、主要特点

1. 上海印刷业发展凸显新格局

上海印刷业积极响应党中央的号召，加快构建以国内大循环为主体、国内国际双循环相互促进的新发展格局。2020 年在上海印刷业整体销售收入和盈利双丰收的背景下，外商在上海的投资发展也出现喜人的新形势。在 2019 年上海印刷业的统计数据中，外资企业数量从 2018 年的 159 家减少为 143 家，外商注册资金额也从 2018 年的 10.40 亿美元下降到 9.36 亿美元，投资总额从 2018 年的 20.11 亿美元下降到 18.56 亿美元。而到了 2020 年，这些数据都出现了逆转，其中外商企业维持在 142 家，注册资金额为 10.05 亿美元，超过了 2019 年的注册资金额，投资总额达到 20.47 亿美元，超过了 2018 年的 20.11 亿美元。

2. 上海印刷业行业增长仍为主旋律

包装装潢印刷引领行业快速复苏。包装装潢印刷和标签印刷作为整个国民生产直接反映的风向标，是国家经济运行强弱的重要表现指标。2020 年上海印刷业包装装潢印刷和标签印刷的表现都充分说明上海整个印刷业的发展仍然处于稳定发展状况。

2020 年，上海包装装潢印刷企业共计 1747 家，占企业总数的 69.63%，比 2019 年占比 68.36% 提升了 1.27%；包装印刷的工业增加值为 233.33 亿元，比 2019 年的 232.60 亿元增加 0.73 亿元，增长 0.31%；销售收入为 815.35 亿元，比 2019 年 764.33 亿元增加 51.02 亿元，增长 6.68%。

2020 年，包装装潢印刷企业在总资产、净资产、薪酬总额、人均薪酬、人均利润等方面均实现了较大增长。利润总额 72.77 亿元，较 2019 年的 67.71 亿元增加了 5.06 亿元，增长 7.47%；总资产 1092.60 亿元，比 2019 年的 1024.63 亿元增加了 67.97 亿元，增长 6.63%；净资产为 562.75 亿元，比 2019 年的 525.56 亿元增加了 37.19 亿元，增长 7.08%；薪酬总额为 89.13 亿元，比 2019 年的 88.61 亿元增加了 0.52 亿元，增长 0.59%；人均利润达 7.91 万元，比 2019 年的 7.34 万元增加了 0.57 万元，增长 7.77%；人均薪酬达 9.68 万元，比 2019 年 9.61 万元增加 0.07 万元，增长 0.73%。

3. 企业规模普遍提升

2020 年，上海印刷业年工业总产值在 1000 万元以上的企业在全行业占比增加，达到 30.65%，比 2019 年的 29.28% 增长 2.37%。其中，年工业总产值 1 亿元以上的企业有 138 家，占企业总数 5.50%，比 2019 年减少 3 家，下降 2.13%；年工业总产值 5000 万—1 亿元的企业有 108 家，占企业总数 4.30%，比 2019 年增加 2 家，增长 1.89%；年工业总产值 1000 万—5000 万元的企业有 523 家，占企业总数 20.84%，比 2019 年增加 2 家，增长 0.38%；年工业总产值 1000 万元以下的企业有 1740 家，占企业总数的 69.35%，比 2019 年减少 115 家，下降 6.20%。通过以上数据可知，2020 年企业数量减少主要集中于年工业总产值为 1000 万元以下的企业，从而使上海印刷业企业集中度进一步提升。

三、发展规划建议

1. 加强政治引领

印刷业是党宣传思想工作的重要阵地，具有特殊的文化属性。上海印刷业始终坚持正确的政治导向，牢牢把握新时代意识形态方向，有效落实《印刷品承印管理规定》，确保政治图书、重点出版物的印制，确保完成中小学教材的“课前到书”，坚决防止出现重大违规违法印刷品。

2. 完善“绿色化”管理及创新

重点完善绿色化发展的体制机制，推行印刷业绿色产品合格评定制度，以第三方认证、“自我声明”等方式促进印刷业绿色化发展。政府行业主管部门、生态环境部门、市场监督管理部门和印刷产业链形成“绿色与发展相统一”的目标。逐步完善以企业为主体、市场需求为导向、产学研用相结合的绿色化发展新体系。此外，还进一步推广使用绿色环保低碳的新技术、新工艺、新材料；进一步推进包装装潢印刷的 VOCs 综合治理；进一步培育储备印刷业绿色化发展重大项目；并着力培育一批绿色化发展标杆企业。

3. 聚焦“数字化”应用及发展

上海印刷业的数字化技术发展实施路径包括两方面，一是采用数字化技术改造，提升企业效益；二是通过互联网技术改变传统印刷业的生产加工模式，使商业模式得到彻底改变和提升。进而支持传统印刷企业数字化改造和数字印刷新技术应用，支持数字印刷企业和互联网印刷服务平台发展，鼓励新一代信息技术在印刷生产经营管理中的应用推广，鼓励和支持数字化改造重点项目和示范项目，推动传统印刷与数字技术融合发展。

4. 探索“智能化”升级、实践

鼓励上海市印刷企业进行智能化改造升级，推动建立智能印刷企业示范试点，形成一批具有借鉴意义的典型案例和实施方案。加强与互联网、云计算、大数据、人工智能等先进技术融合。构建智能化生产系统、网络化分布生产设施。开展自动化生产线、数字化车间、智能工厂建设，建立“印刷业智能生产展示实验基地”，吸引全球先进企业入驻上海，共同研发符合行业特点的、可复制的智能化技术。

5. 推动“印刷 +”融合化转型升级

增加上海印刷业科技含量，提高服务属性比重，实现产品结构战略性升级，推动印刷业由被动加工向主动服务转变，充分利用多层次资本市场，加快转型升级和跨越式发展。加强印刷与装备制造、原辅材料、软件服务、科研院所、教育服务、会展交易等深度融合。鼓励印刷与食品、饮料、医药、家电、电子、服装、玩具，以及文化创意等跨产业融合。

6. 建设全国印刷业科技创新中心

围绕上海建设“五个中心”、改革开放排头兵的发展目标，依托高端印刷设备制造集群，汇聚优秀的创新人才和科研团队，扎实推进印刷业“四化”发展中关键技术研发，着力打造一批具有科创能力、国际市场开拓能力的重点企业，构建印刷走出去新格局。推动上海国家级创新中心、园区、基地、实验室等重大项目的发展，带动如上海金山国家绿色创意印刷示范园区、世界技能大赛印刷媒体技术项目中国集训基地、柔版印刷绿色制版与标准化实验室、国家印刷出版人才培养基地、印刷业创新发展研究中心、印刷业国际交往中心等重大项目以及青浦出版物印刷创新园区、印刷人才培养实训基地、印刷装备升级基地、印刷艺术融合基地等产业联盟集群的运行和发展。

7. 围绕长三角印刷业一体化建设，探索高质量发展途径

按照“上海进一步发挥龙头带动作用”要求，提升产业链的关联、协同水平，形成统一的法律法规、技术标准规范等市场监管环境，推动长三角区域印刷业实现更高质量的一体化发展。加强长三角区域印刷企业交流沟通，适时组织参观考察优秀印刷企业活动；成立“长三角国有主要书刊印刷企业联盟”，形成可推广的共建经验。发挥长三角印刷业一体化发展上海的国际交流平台作用，积极参与“美国印刷大奖”“长三角印艺精品奖”等评选活动，提高整体印刷质量水平，提升行业企业国际影响力，拓宽企业承接印刷外贸的渠道。创设“上海国际印刷业发展论坛”，增进国际交流，对标国际先进，促进高质量发展。■

2020年重庆市印刷业发展情况

重庆市印刷协会　吴虹

一、全市印刷行业概况

截至2021年4月底，重庆市参加年度报告的印刷企业1609家，同比减少61家。其中，出版物印刷企业106家，同比减少6家；专项装订（制版或排版）企业29（38）家，同比减少9家；包装装潢印刷品印刷企业647家，同比减少36家；专营数字印刷企业4家，同比无增减；其他印刷品印刷企业823家，同比减少10家。全市印刷行业从业人员从2019年的3.70万人降低至3.45万人左右。

（一）工业总产值

2020年，受新冠肺炎疫情的影响，重庆市印刷工业总产值有所减少，总额为153.41亿元，同比减少6.83亿元，减幅达到4.26%。其中出版物印刷企业工业总产值同比减少5.78亿元，占减少总额的84.63%，是所有印刷企业经营类别中减幅最大的一项，这一传统印刷业核心类别已呈现多年下滑。其他印刷品印刷和排版、制版、装订专项同比略有减少。而包装装潢印刷品印刷、专营数字印刷在2020年的工业总产值有所增加，增加总额为3802万元，包装装潢印刷品为主要增加类别，增加额为3405万元，是所有印刷企业经营类别中增幅最大的一项，也是2020年所有印刷企业经营类别中总产值呈现正增长的一项，其总产值占全市印刷行业的82.97%，占比相比2019年提升了3.76%，且呈连续增长态势。包装装潢印刷品印刷的规模已是重庆市印刷行业整体规模的重中之重。

（二）销售收入

2020年，全市印刷行业销售收入为155.12亿元，同比减少4.74亿元。受全国新冠肺炎疫情影响，重庆市行业销售收入整体下滑，其中出版物印刷类别下滑较为明显，同比减少4.92亿元，占减少总额的72.14%；包装装潢印刷品印刷和排版、制版、装订专项类别同比分别减少了1.55亿元和0.35亿元，占减少总额的22.73%和5.13%。唯有其他印刷品印刷、专营数字印刷类别同比略有增加，分别增加2.03亿元和419万元。

二、全市印刷行业发展情况

（一）业务受疫情冲击，但投资热情不减

2019—2020 年，重庆市印刷企业的资产总额不断增加，企业的投资热情不减。数据显示，全市印刷企业 2020 年资产总额为 200.15 亿元，同比增加 15.25 亿元，增额比例达到 8.24%，且呈现连续增长状态。在我市行业经济趋势不容乐观的情况下资产总额反呈连续增长，可能有两个原因：一是受疫情冲击，全市行业业务量大幅下滑，工业产值和销售收入双双下滑。为适应当前市场需求，提升企业综合实力，企业不断更新设备，加大技术投入和工艺革新；二是在整个行业智能化、一体化服务发展趋势下，信息化、大数据、智能化生产能有效提高运营效率并降低综合成本，行业整体运营效率的提高也有效对冲了原材料价格对于成本端的拖累。

（二）印刷企业的整合力度加大，减员增效初现成效

全市印刷企业数量已连续 7 年减少，其中出版物印刷企业连续 10 年减少，已由 2010 年的 150 多家减少到当前的 100 多家，这也充分体现了本市印刷行业内在的整合与提升需求。在整个印刷行业规模持续扩张的同时，粗放式发展、集约化程度不高、重投资轻管理等一系列问题也不断累积，随着整个经济由高速增长向高质量发展转变，印刷市场日益分化、生产成本逐年“加码”、环保问题日趋严重，部分“作坊式”企业、核心竞争力不强的企业面临破产倒闭或是被行业“大块头”整体“吃掉”的局面，使得印刷企业的整合速度不断加快。据统计，全市 56 家规模以上重点企业年工业总产值和工业总产出均超过行业的 50% 以上。随着重庆市行业技术水平不断的提升，在数字化、智能化趋势的推动下，重庆市从业人员连续 5 年减少，从 2016 年约 4.10 万人下降到 2020 年的 3.45 万人。为减轻企业人力成本，提高企业营业利润，在行业要培养全能型人才的要求下，企业正积极挖掘培养复合型人才。行业人均产值从 2016 年的 37.10 万元提升到目前的 44.51 万元，5 年间人均产值提高了 19.97%。

（三）印刷行业发展面临诸多压力

印刷行业作为文化产业中较为重要的经济实体，在自身的发展中可谓是考验重重。2020 年以来，重庆市印刷行业虽资产总额、工业产出等略有回升，但面对的各种压力也是逐渐加重。企业谋篇布局的同时，须对大环境有清醒的认识，切勿盲目跟风、过度冒进。主要原因有以下几点：一是整个经济的不确定性增加。重庆市作为世界上最大的笔记本电脑生产基地和全中国第二大智能手机生产基地，受 2020 年新冠肺炎疫情的影响遭遇了极大的冲击，与之配套的印刷包装产业自然不能独善其身；二是生产成本不断增加。印刷原纸和塑料薄膜价格出现报复式反弹，价格已经被推到一个较高的高度，在短时间内不可能有较大的降幅；三是印刷企业的资金压力增大。印刷行业是重资产行业，资金投入量大，企业的融资成本逐年增加，有的远远超过了企业自身盈利能力，利润尚不能偿还利息。另外客户的回款周期逐渐延长，部分出版单位回款周期超过一年，甚至有的印刷企业出现坏账和死账，造成企业周转资金严重短缺，导致资金链断裂；四是市场要求越来越高。印刷行业中低端产能严重过剩，在供大于求的背景下，客户的“逐利性”加强。面对众多印刷企业，客户永远希望能与最优质、最具性价比的企业合作。在生产淡季，此类缺乏竞争力、低水平重复建设严重的中小型印

刷企业为谋求订单提高开机率，以低于成本的价格中标，造成行业可持续性健康发展失衡，得不偿失。

（四）印刷企业呈现数字化、智能化、绿色化发展趋势

随着数字技术和网络技术的发展，传统印刷业受到巨大冲击，彻底改变了印刷业的发展轨迹，也改变了印刷企业从设计到生产的运营模式，印刷企业开始尝试转型升级以便更好地参与到印刷上下游产业链领域以及网络媒体的竞争中去，越来越多的媒体形式正参与到传统印刷广告的竞争当中，报纸、杂志、期刊的广告数量正在被网络广告以及其他类型的传播方式侵蚀。未来印刷行业的需求不断变化，行业生产将逐步实现数字化、智能化工作流程，数字印刷的主力发展方向将发生调整，向大集团和跨国企业发展，使生产效率和成本越来越具有竞争性。当前，绿色可持续发展已经成为中国印刷行业主要发展方向，以加工工业为市场定位的印刷业到了必须转型升级的时刻，必须对接现代服务业、文化产业，通过跨行业发展来延伸产业链，主动寻找现存市场需求，挖掘市场的潜在需求，争取更大的发展机遇。

总之，重庆印刷业在新长征路上向高质量发展还需百尺竿头更进一步。■

2020年江苏省印刷业概况

江苏省印刷行业协会

一、基本情况

2020年是全面建成小康社会和“十三五”规划收官之年，也是谋划“十四五”规划的关键之年。江苏省印刷业适应经济发展新常态，紧紧依靠技术进步，积极调整产业结构，广泛采用新技术、新装备、新材料、新工艺，大力推进“绿色化、数字化、智能化、融合化”发展，全面强化印制质量管理，产业呈现出向中高端迈进的良好态势，形成大中小企业并举、工艺门类齐全、多种经济成分互补的发展新格局。

（一）产业规模继续扩大

截至2020年底，江苏省共有各类印刷复制企业10543家，比2019年增加90家，从业人员达27.73万人。2020年全省销售收入1682.62亿元，实现印刷工业总产值1679.01亿元，利润总额达106.84亿元。

（二）企业综合实力持续增强

从规模企业数量上看，2020年年印刷总产值5000万元以上的重点企业576家，同比2019年增加21家；拥有各类上市企业或上市企业下属子公司26家；入围“2020中国印刷包装企业100强排行榜”7家；荣获国际印刷大奖企业15家。

（三）包装印刷主导地位突出

2020年，省内存有包装印刷企业6907家，占全省比重65.51%，实现销售收入1516.12亿元，占全省比重90.10%，形成以纸包装、塑料软包装、金属罐包装、标签不干胶等包装印刷为主导，书刊、报纸、普通票据、商务快印等印刷协同的发展格局。

（四）创新研发能力不断提升

2020年，全省印刷企业投入研发经费33.24亿元，占全省销售收入比重的1.98%；全省拥有一批微纳关键技术、喷墨打印头制造、柔性光电子材料、工厂智能化升级、环保油墨制造等方面的自主知识产权，以及印刷业原辅材料创新中心、绿色印刷实验室等一批国家级、省级印刷业技术研发创新平台；企业节能减排、清洁生产能力显著提升。截至2020年底，全省通过绿色印刷认证的企业达 121 家。

（五）开放合作程度不断深化

全省印刷业外商投资总额保持增长态势，2020 年累计外商投资金额 58.35 亿美元，拥有外资印刷企业 227 家，吸引到全球龙头企业在江苏建设基地；对外加工贸易额 99.59 亿元，省内企业对外直接投资总额达 52.60 亿元。

2020 年是极不平凡的一年，江苏省面对新冠肺炎疫情影响和复杂多变的国内外环境的多重挑战，在江苏省委宣传部等各级主管部门的领导下，在全省印刷行业协会的积极引导下，全省印刷企业自主创新、跨界融合，江苏省印刷业基本实现了稳中有进、稳中提质的发展态势。

二、服务行业高质量发展

印刷业是意识形态工作的重要阵地之一。作为印刷战线的重要一员，江苏省印刷行业协会坚持正确政治方向，牢牢把握服务党和国家工作大局这一主线，团结带领全体会员单位，以扎实的工作切实担负起意识形态和文化安全责任，服务行业高质量发展。

（一）提高政治站位，强化政治引领

1. 加强协会党的建设，以党建工作促业务发展

党建引领是行业发展、协会工作保持正确方向的坚强政治保证。2020 年 1 月 14 日，江苏省印协与江苏省发协成立了江苏省印刷发行协会党支部。联合党支部自成立以来，严格按照江苏省委宣传部机关委员会有关要求，持续增强政治自觉，不断完善协会党建工作机制，推进党支部标准化、规范化建设。同时，积极组织开展“不忘初心、牢记使命”主题党日活动，以专题形式学习贯彻党的十九届五中全会精神，同步开展“同在一片阳光下”主题阅读活动等，推动党建与协会业务工作相融合，加强党建对行业引领作用。

2. 开展第六届“江苏省双优诚信印刷企业”推选活动，促进行业诚信体系建设

2020 年 7 月，江苏省印协开展了第六届“江苏省双优诚信印刷企业”推选活动。在企业自愿申报、各市印协推荐的基础上，全省共有 97 家企业参与双优诚信印刷企业推选工作。经初审、实地勘验、领导小组终审、公示等程序，江苏凤凰新华印务集团有限公司等 88 家单位荣获“第六届江苏省双优诚信印刷企业”称号。“以评促建、以评促改、以评促管”，营造全行业遵纪守法、公平竞争、诚信经营、安全生产的良好环境。

3. 积极应对新冠肺炎疫情，推动企业复工复产

面对新冠肺炎疫情，江苏省印协迅速行动、主动作为，充分发挥示范引领作用和专业优势，通过及时发布《关于做好新型冠状病毒感染的肺炎疫情防控工作倡议书》、协助印刷企业全力确保疫情防控印刷保障任务顺利完成、广泛宣传出版印刷单位在疫情防控工作中的典型案例、整理汇编中央及江苏关于应对疫情的支持性政策、减免会员单位 2020 年度会费、组织召开帮扶印刷企业座谈会等具体措施，践行初心使命，彰显责任担当，为统筹推进疫情防控和经济社会发展作出了积极有效的贡献。

4. 援建向日葵读书点，助力脱贫攻坚

农村文化扶贫是扶贫工作的重要组成部分，事关全面建成小康社会目标的实现。2020 年，江

苏省印协、江苏省印刷发行协会党支部向地处苏北边陲的邳州市邢楼镇“向日葵读书点”授牌，同时，联合省内出版印刷单位捐赠了价值近 4 万元的图书和学习用品。该公益项目已连续实施 5 年，累计捐赠的图书和学习用品价值逾 14 万元。

（二）发挥桥梁纽带作用，当好主管部门的参谋和助手

5. 精心组织第七届技能大赛，加快印刷技能人才队伍建设

印刷行业职业技能大赛是加快印刷技能人才队伍建设的有效载体。在江苏省新闻出版局、江苏省人力资源和社会保障厅的领导下，江苏省印协承办了第七届江苏省印刷行业职业技能大赛，大赛组委会办公室设在江苏省印协。全省共有 11 个市参与了大赛的推荐选拔工作，总计有 65 家单位的 142 名选手参加了全省决赛。为确保大赛的竞赛质量和水平，江苏省印协在广泛宣传动员、开展赛前培训、组建裁判员队伍、做好后勤服务保障等方面做了大量卓有成效的工作。

通过第七届技能大赛，江苏省有 13 人荣获“江苏省技术能手”荣誉称号，有 6 人荣获“江苏省印刷行业技术能手”荣誉称号。同时，在全国大赛中，江苏省代表队取得了优异的成绩，有 12 名选手榜上有名。徐州绪权印刷有限公司的仲雷刚、江苏凤凰通达印刷有限公司的胡伟伟等 2 人荣获职工组一等奖，被人力资源和社会保障部授予“全国技术能手”荣誉称号；无锡易杰印刷有限公司的吴胜宇、南通印即得数码图文有限公司的王柯贵、镇江瑞奇电脑装饰图文有限责任公司的胡建英、江苏凤凰新华印务集团有限公司的蔡凌等 4 人荣获职工组二等奖，被国家新闻出版署授予“全国印刷行业技术能手”荣誉称号；镇江市兴隆制版印刷有限公司的张红云、苏州市麦点彩印有限公司的杨世桃、南通华盛彩印有限公司的潘卫俊等 3 人荣获职工组三等奖；江苏省新闻出版学校的刘成翠、谢小洁等 2 人荣获三等奖，吴燕荣获优秀奖。以技能大赛为契机，在全行业形成尊重劳动、崇尚技能的良好氛围，激发广大印刷从业人员学技术的积极性，不断助推印刷技能人才队伍建设。

6. 开展江苏中小学教材印刷工价调研，制定发布《江苏省教材印刷指导工价》

在教材印刷中平衡社会效益与经济效益，保证“课前到书、人手一册”的同时，综合考虑企业生产成本和发展需求，是教材印刷的重要“破题点”。在江苏省新闻出版局的大力推动下，江苏省印协经过认真调研和科学测算，制定并发布了《江苏省教材印刷指导工价（试行）》。2020 年 12 月 16 日，在试行工价经过一年多的实践基础上，江苏省印协组织省内出版单位、教材印刷企业召开座谈会，了解试行工价执行情况，听取相关方面的意见和建议后，对试行文件进行修订，并于 12 月底发布正式文件。《江苏省教材印刷指导工价》的出台，充分体现了江苏省印协承接政府职能转移工作的能力，有利于确保我省教材印制质量稳定提升，促进出版印刷全产业链的有序发展。

（三）搭建交流合作平台，助推行业高质量发展

7. 组织参观第八届中国国际全印展，加强学习交流

中国国际全印展是我国印刷包装行业最具影响力的专业展会之一，也是印刷企业更新设备和学习新技术的参考坐标。江苏省印协十分重视展会的组团工作，组织省内出版社分管社领导、出版印务部有关人员、印刷企业代表一行参观了第八届中国国际全印展。各市印协也积极响应江苏省印协号召，南京、无锡、徐州、南通、连云港、淮安、盐城、扬州、镇江等地区共组织动员了 1200 多名印刷从业人员到展会学习交流。通过参观考察，企业及时了解行业设备和技术发展的最新动态，

学习先进企业的成功经验和好的做法，进而开阔视野，接受新的发展理念。

8. 联合举办首届“精密达”杯印后产品质量、胶订线领机业务技能练兵比武竞赛活动，引领行业技术创新

2020年8月，上海、江苏、浙江、安徽、福建、江西、广东、湖北、湖南九省市印刷协会联合举办了“首届‘精密达’杯印后产品质量、胶订线领机业务技能练兵比武竞赛活动”。此次活动是贯彻落实中宣部、国家新闻出版署关于印刷业创新发展、绿色发展有关精神的重要举措，为南方九省市印刷企业搭建了新的技术交流和展示平台，对于大力弘扬工匠精神，提高产品的质量效益和核心竞争力起到了积极的推进作用。江苏省的获奖数在九省市中是最多的，有20件产品获奖。其中，金奖1件，银奖3件，铜奖4件，优秀奖12件；有2名胶订线领机被评为优秀领机。

9. 举办印刷业发展报告会，为企业发展提供智力支持

2020年会员大会期间，江苏省印协同期举办了印刷业发展报告会。会上，江苏省委宣传部印刷发行处处长曹阳客观、翔实地阐述了印刷业面临的挑战与机遇，要求全省印刷企业做到“四个坚持”。北京科印传媒文化股份有限公司《印刷技术》杂志社总编王丽杰，以“中国印刷产业发展特点与趋势分析”为题，通过分享相关产业数据，研判行业发展特点和态势，立论有据。高斯图文印刷系统（中国）有限公司总经理彭勇，通过分享高斯（中国）在技术创新上的成功案例，同与会代表探讨、分析了数字印刷创新趋势，观点鲜明。报告会内容丰富充实，为印刷企业提质增效、转型升级提供了智力支持，深受与会代表欢迎。

（四）加强协会队伍建设，不断提高服务质量和水平

10. 凝聚全省各级印协力量，当好行业企业发展的优质服务员

江苏省印协与各市印协、各专业委员会建立了长效工作机制。面对新冠肺炎疫情冲击和国内外政治经济环境急剧变化，在江苏省印协的带领下，各市印协、各专业委员会临危不乱，在服务会员、改革创新、推动行业发展等方面持续发力：一是高效完成主管部门交办的任务。南京、南通、镇江等市印协严格按照主管部门的要求，认真做好辖区内印刷企业年度报告工作。苏州市印协在苏州市委宣传部、苏州市教育局的领导下，开展校企合作项目申报活动，切实帮助印刷企业解决技能人才短缺的问题。常州、徐州、扬州、盐城、泰州、连云港等市印协，通过积极承办法律法规和安全生产知识培训，协助主管部门抓好意识形态领域阵地管控，抓好安全生产日常监管；二是持续推动行业高质量发展。江苏省印协出版社印制管理专业委员会及时沟通和指导各家出版社提高出版物印制质量，为省内出版社全部通过2020年度图书质量检查打下了坚实的基础。江苏省印刷科学技术研究所对2020年春季江苏省使用的统编三科教材进行抽查，加强质量监督，确保了全省中小学生使用印制精良、绿色环保的统编教材。南通市印协成功主办首届南通广印博览会，为促进行业技术改造与融合创新注入了新的力量。镇江市印协邀请环保专家对印刷环保标准和政策要点进行详细解读，协助印刷企业解决发展中的环境问题，积极服务行业绿色化发展；三是切实帮助企业减轻生产经营压力。南京市印协经与部分银行机构沟通协调，争取到部分银行机构针对印刷行业提供基准利率的优惠政策，为印刷企业降低了融资成本。淮安、扬州、盐城、镇江等市印协以及通州印协，以减免会费的方式，支持、帮助会员企业渡难关、保经营、稳发展。■

凝聚时代力量　推动提质增效
——广东省2020年印刷业发展概况

广东省印刷复制业协会

2020年，突如其来的新冠肺炎疫情给国民经济带来难以预料的重大影响。疫情期间，广东省印刷业积极落实党中央、国务院及省委、省政府关于新冠肺炎防控工作的决策部署，有序参与防控工作。同舟共济、通力合作，为助力打赢疫情防控阻击战贡献力量。疫情发生以来，从中央到地方陆续出台并不断完善各种帮扶政策，多措并举支持企业渡过难关。印刷企业积极行动、在设法止损自救的同时，不断探索，创新技术，助力印刷行业高质量发展。

一、广东省印刷业发展现状

广东省印刷业严格按照国家的战略布局和习近平总书记对广东省提出的“三个定位、两个率先”的期望，遵循印刷业“十三五”规划，在发展上坚持以“创新、协调、绿色、开放、共享”为原则，努力推动印刷业转型升级，力争实现印刷业的可持续发展。

据统计，截至2020年底，全省印刷企业共有16616家，印刷企业从业人员59.85万人，资产总额3156.93亿元，工业总产值2552.76亿元，销售收入2586.36亿元，对外加工贸易额58.14亿美元，利润总额111.26亿元。其中，全省2020年总产值超过5000万元的规模以上重点印刷企业共有894家。

与2019年相比，从业人员减少1.26万人，降幅2.06%；资产总额减少了46.21亿元，降幅1.44%；工业总产值减少了53.12亿元，降幅2.04%；销售收入减少了42.47亿元，降幅1.62%；利润总额减少了1.13亿元，降幅1.01%；研发投入较去年减少了2.22亿元，降幅3.37%。对外加工贸易额增加了3.94亿美元，增幅为7.28%。

从以上数据不难看出，受新冠肺炎疫情影响，广东省2020年印刷业多项数据虽有所下滑，但各指标与2019年度基本持平，对外加工贸易额略有增长，这充分显示了广东省印刷业应对突发状况和压力的韧性，这也与广东省自身外向型经济特征明显的产业特色相对应。

二、广东省印刷业的发展特点

（一）绿色化举措助推广东印刷业高质量发展

在全国环保攻坚战如火如荼开展的背景下，对环保的重视也囊括在粤港澳大湾区的建设当中，环保理念不断深入广东印刷人的心中。广东印刷企业立足于“绿色发展、生态保护”的原则，突破关键环节的环保难点，部分企业还获得绿色印刷认证，促进了广东印刷业绿色化发展。

据不完全统计，当前广东印刷业采取环保节能措施的企业占比达到六成。通过绿色印刷认证的企业有 80 多家，使用粉尘、纸毛、墨雾、废气收集装置的企业数量不断增加，加装无溶剂复合机装机的企业数量也在增加。

（二）信息网络化技术助力企业抓住新商机

2020 年，受疫情影响，网络教学、居家办公、远程会议的开展以及直播促销，在线网购平台带货等新兴行业迅速发展，书籍类产品在线销售异常火热。信息化建设和传统设备、业务、办公的融合及其升级改造，适应远程办公、看样、商务活动、在线可视化管理等，不同程度上掀起应用需求。系统集成商、软件服务商迎来大发展。由疫情所产生的居家办公工作模式，倒逼企业在信息化建设上进行更多投入。印刷行业朝着订单电商化发展，按需印刷持续发力，产业链中各环节实现业务协同、信息互通、数据共享、流程互信。

（三）数字智能化成为印刷企业发展新动能

受疫情的影响，很多工人无法按时返厂复工，同时招聘工作也出现了“用工荒”的现象，直接影响了企业生产和新产品、新技术研发和生产的进度。很多包装印刷企业无法实现手工生产，为了追赶订单，开始偏向全自动化的设备。同时企业也能够感受到智能化存在的短板，比如原来认为“生产上买些先进设备，用上 ERP 即是智能化”，实际上，不但生产需要智能化，业务、财务、物流、后道必须同步采取智能化，才能保证企业在智能化的环境中正常运作。此次疫情加速了印刷企业的转型升级，自我赋能、降本增效。

（四）标准化促进企业转型升级

标准化是实现高质量发展的必然要求，也是新闻出版业转型升级和融合发展的助推器。要发挥好标准化的支撑和引领作用，加强科技研发、标准研制、技术应用。广东省全力推进印刷业标准化建设进程，充分利用全国印刷标准化技术委员会书刊及包装两个分技术委员会秘书处设在广东的便利性，加快建设印刷标准化与测试技术公共服务平台，做好标准制修订及检测服务工作，真正做到服务于企业和社会，为广东省印刷企业的转型升级、发展绿色环保印刷作出积极贡献。截至 2020 年，广东印刷企业参与制订国际标准 2 项，国家标准 36 项，广东省印刷复制业协会团体标准 2 项。

三、未来展望

新思想引领新实践，新时代召唤新作为。展望“十四五”，粤港澳大湾区一体化建设给各行各业带来了机遇，广东省印刷业将借助《珠三角印刷业发展升级指南》的有利政策支持开启大有作为的新天地。凭借粤港澳大湾区自身的资源优势，遵循大湾区建设的原则，并学会应对制约“走出去”的对外发展困难，在不断提高对外开放水平当中走出广东印刷业创新之路。■

2020年广西壮族自治区印刷业基本情况

广西印刷协会

一、基本情况

2020年，广西壮族自治区拥有印刷企业1712家。其中，出版物印刷企业189家（包括排版、制版、装订专项企业），专营数字印刷企业135家，包装装潢印刷企业617家，其他印刷品印刷企业771家。2020年，广西印刷工业总产值131.1亿元，比2019年133.6亿元下降1.9%。其中，出版物印刷、包装装潢印刷、其他印刷品印刷、数字印刷在全区印刷工业总产值中占比分别为25.8%、65.1%、8.3%、0.8%。工业增加值26.3亿元，同比下降11.2%。工业总产出138.7亿元，同比下降1.6%。企业营业收入134.7亿元，同比增长0.5%。销售收入133.5亿元，同比增长0.4%。

二、印刷业发展分析

1. 印刷业受疫情影响较大

在2020年疫情防控关键时期，广西全区印刷企业迎难而上，积极为疫情防控提供印刷服务保障，但受疫情及上下游产业复工复产不同步的影响，印刷企业生产经营受到较大冲击，2020年广西印刷工业总产值、工业增加值、工业总产出均有所下降，其中工业增加值降幅达11.2%，仅营业收入、销售收入略微增长，分别为0.5%、0.4%。从管理类别来看，出版物印刷、包装装潢印刷、其他印刷品印刷、数字印刷在全区印刷工业总产值中占比相对稳定，其中包装装潢印刷业占比65.1%，与上一年度相比增长0.8%。

2. 规模以上企业数量及营业收入有所增长

据统计，区内2020年工业总产值超过亿元的印刷企业23家，比2019年增加3家，工业总产值53.79亿元，同比下降1.8%，占全区印刷工业总产值的41%；规模在5000万元以上的重点印刷企业52家，比2019年增加2家，工业总产值73.75亿元，同比下降2.8%，占全区印刷工业总产值的56.2%；超过2000万元的企业123家，比2019年减少3家，工业总产值94.89亿元，同比下降3.4%。

在营业收入方面，全区全年印刷企业营业收入134.7亿元。其中，营业收入超1亿元的印刷企业23家，营业收入总额58.1亿元；超过5000万元的企业51家，营业收入总额76.89亿元；超过

2000 万元的企业 124 家，营业收入总额 98.3 亿元。超 1 亿元、超 5000 万元、超 2000 万元的企业数量均比上一年度增加 2 家，营业收入分别增长 1.5%、0.6% 和 0.03%。

3. 印刷企业“四化”建设仍需加强

近年来，全区通过实施印刷设备技改项目、绿色印刷补助等方式，鼓励引导印刷企业走绿色化、数字化、智能化、融合化发展之路，取得了一些成效，但仍存在不少问题和不足。一是印刷业发展基础薄弱，规模以上重点印刷企业数量占比较低；二是自主创新能力不足，设备改造投入不足，智能化水平不高，数字化、融合化有待加强，精品印制能力不足，制约了印刷业高质量发展；三是管理水平相对粗糙，大部分印刷企业信息化管理、技术管理、供应链管理、成本管理、质量管理和人力资源管理等方面需要进一步提高。广西印刷业在近三年来总体规模变化不大，工业总产值基本维持在每年 130 多亿元的体量，出版物印刷工业总产值在广西印刷工业总产值中占比不足 30%，专营数字印刷工业总产值占比均未超过 1%，产业体量小。

4. 发挥示范带动效应，促进产业转型升级

目前，广西壮族自治区新闻出版局正积极组织开展广西印刷示范企业的评选扶持工作，对印刷龙头企业、新上规印刷企业和纳税贡献突出的印刷企业给予奖励补贴，扶持印刷企业做大做强做优。支持建设印刷产业园区，充分发挥园区的规模效应，完善印刷产业链条，带动和引领印刷产业集约发展。支持中小特色印刷企业向专、精、特、新方向发展，培育产业发展新动能。

一直以来，广西壮族自治区印刷业保持平稳发展趋势，贯彻新发展理念，正确把握政治导向，贯彻实施意识形态工作责任制，坚持不懈“打基础、塑品牌、促创新、育人才”，努力推动广西印刷业高质量发展。

2020年山东省印刷业发展概况

山东省委宣传部印刷发行管理处

2020年，山东省新闻出版局深入贯彻落实习近平总书记关于统筹推进疫情防控和经济社会发展、推进形成新发展格局等重要指示精神，以加强意识形态阵地建设为重点，以支持和推动印刷企业抓好疫情防控、有序恢复经营为主线，着力推动山东省印刷业高质量发展。

一、围绕疫情防控和服务大局做好重点工作

一是积极为疫情防控贡献力量。新冠肺炎疫情发生后，第一时间组织全省100余家疫情防控保障印刷企业率先复工复产，加班加点生产印制医药包装盒、医用包装纸箱、防疫宣传材料等，号召广大印刷企业积极捐款捐物，全力支持疫情防控阻击战；二是顺利完成重大主题出版物印制工作。山东韵杰文化科技有限公司、东港股份有限公司、肥城新华印刷有限公司、山东经典印务有限责任公司、山东联立文化发展有限公司、阳谷毕昇印务有限公司6家印刷企业高标准、高质量完成《习近平谈治国理政》第三卷印制任务，得到了省级领导的充分认可；三是圆满完成“课前到书、人手一册”政治任务。面对疫情影响，及早谋划、科学部署，组织绿色印刷企业高效、高质量印制，按时保质保量完成了中小学教材印制工作。

二、围绕坚守意识形态阵地做好监管工作

一是切实加强行业监管。围绕印刷业落实“五项制度”情况，认真开展“双随机、一公开”检查，全年出动执法人员近万人次，对省内5000余家印刷企业进行随机检查，市场环境不断优化，监管体系持续完善；二是持续开展“3•15”出版产品质检工作。对省内出版单位、承印主题出版物和中小学教材的印刷企业进行了全面抽查，推动全省出版产品印装质量大幅提升；三是着力加强队伍建设。2020年9月，举办全省印刷业法规培训班并统一组织法规考试，有效增强了全省印刷企业依法经营意识，全力推进印刷业健康稳定发展。

三、围绕印刷强省目标推动印刷业高质量发展

全省8415家印刷企业参加了年度报告，其中出版物印刷企业639家、包装装潢和其他印刷品

印刷企业 7645 家、专营数字印刷企业 131 家。规模以上重点印刷企业 313 家，占总企业数的 3.7%，工业总产值占总产值的 55% 以上，全省印刷业集聚效应明显，集约发展引领示范作用不断增强。一是大力推动印刷业智能化融合发展。2020 年 11 月，举办了山东国际印刷包装工业展览会线上云展和印刷业创新发展大会，推广印刷业新科技、新技术。全省规模以上重点印刷企业智能化不断加强。山东鲁信天一印务有限公司实现生产全过程智能操作，打造了国内首条数字化全自动智能糊盒装箱生产线和首条全自动物流流水线。山东世纪开元、绿爱创客等一批印刷企业聚焦互联网融合和跨界融合打造自主印刷平台，形成网络化生产链条，实现传统印刷产业升级，达到小批量个性化定制印刷，引领全省印刷业向互联网融合发展迈进；二是印刷园区建设凸显成效。泰山新闻出版小镇、临沂新华印刷物流产业园等实现“编、印、发、仓储、物流及文化创意”为核心的上下游产业链联动配套发展。2020 年泰山新闻出版小镇成功入选第二轮全国特色小镇典型经验，并在全国进行推广；三是强化印刷行业技能人才建设。积极发挥高校教育优势，建立校企合作机制，培养管理型和业务精湛的技术人才，培育创新精神和工匠精神。成功举办 2020 山东“技能兴鲁”职业技能大赛——“山东新华印务杯”第六届山东省印刷行业职业技能大赛，以赛促学、以学促用，有效提升了全省印刷业岗位大练兵及争先创优意识，培养了一大批理论水平高、操作技能强的印刷行业高技能人才队伍。

四、围绕守正创新开启印刷业发展新征程

聚焦“‘十四五’，开启新征程”。省内实施“品牌推动、项目拉动、园区带动”战略，做好“产业创新、融合创新、服务创新”重点工作，全力开启印刷业创新发展新征程。

实施品牌推动，打造精品出版物印刷高地。开展山东省印刷示范企业评选，着力打造一批设备优良、技术精湛、管理规范的重点印刷企业，建设重大主题出版物印刷保障基地。发挥省内交通便利、造纸业发达、地处东北亚经济圈等优势，主动服务首都功能，融入京津冀、长三角发展圈。

实施项目拉动，打造现代智能印刷基地。建设印刷发展项目库，推动印刷业高端化、智能化、绿色化发展。重点打造世纪开元印刷产业互联网服务平台、绿爱小镇共享工厂、山东海德智慧印刷生产线、鲁信天一数字化智能药品包装、山东阳光概念高档印刷包装等项目。

实施园区带动，打造融合化发展中心。着力推进新闻出版编印发一体化，上下游产业链一体化发展。重点推进泰山新闻出版小镇、梁山印刷发行产业园、鸿翼创谷孵化基地等园区建设。实施“十百千万”规划，“十四五”期间重点建设 10 家印刷产业园区、100 家印刷示范企业、1000 家规模以上企业、1 万家以上规范企业。

创新服务机制，推动印刷业高质量发展。制定山东省印刷业“十四五”发展规划，举办 2021 山东（国际）印刷、包装工业展览会和印刷业创新发展大会。深化“放管服”改革，持续开展“3•15”质检活动，开展“双随机、一公开”监督检查。加强人才建设，打造“结构合理、技能突出、能干善创”的高素质从业队伍。■

2020年河北省印刷业发展情况

河北省印刷协会

一、河北省印刷业基本情况

截至2020年底，河北省共有各类印刷企业5032家。其中，出版物印刷企业494家，包装装潢印刷企业2017家，其他印刷品印刷企业2239家，排版、制版、装订专项企业242家，专营数字印刷企业40家。经统计，2020年全省印刷工业总产值529.35亿元，工业总产出543.42亿元，利润总额31.94亿元，资产总额522.72亿元，全省印刷行业从业人员9.81万人（以上数据均不含打字复印单位）。

二、河北省印刷企业发展情况

2020年虽然受到新冠肺炎疫情的冲击，但河北省印刷业依然保持了相对稳定的发展态势。产业结构和综合效益不断向合理的方向转化。通过国家有关政策的宣传引导和强化监督管理，持续压减落后产能，关停了一批“小、散、滥、污”企业，使得产业结构得到了进一步优化。与2019年度数据相比，主要财务指标增减变化的原因有以下几方面。

1. 出版物印刷企业较上一年增加59家，其中一多半企业是疏解非首都核心功能的北京地区印刷企业转移到河北省，体现了河北省在京津冀协同发展方面的区位优势。

2. 资产总额较上一年增加58.90亿元，同比增加12.70%，反映了企业对印刷业发展前景比较看好，固定资产投入在不断增加。

3. 印刷企业数量较上一年减少143家，同比减少2.76%。受环保停产限产、原材料价格上涨、人工成本增加等因素影响，一些缺乏市场竞争力的中小企业纷纷停业或转型。

4. 由于受新冠肺炎疫情的冲击和环保限产、停产等因素影响，导致订单数量大幅下降；印刷工业总产值较上一年减少97.37亿元，同比减少15.53%。

5. 从业人员减少2.02万人，同比减少16.90%。首先，反映了企业的自动化程度在提高，产业工人从事的手工劳动比例在减少。其次，由于企业的开工不足，导致用工需求减少。此外，随着工人工资逐年提高，企业不断探索智能化生产的新路径，从而减少人工成本。

6. 印刷企业加大在数字化、绿色化、智能化创新技术方面的研发投入力度。2020 年，省内企业用于科技研发投入资金达到 1.91 亿元，较上一年增加了 4040.64 万元，同比增长 26.84%。

7. 全省年印刷总产值超过 5000 万元的规模以上重点印刷企业达到 106 家，较上一年增加 8 家。106 家规模以上重点印刷企业工业总产值 166.39 亿元，占全省印刷工业总产值的 31.43%。

三、在促进行业发展中取得的经验

为应对突如其来的新冠肺炎疫情给印刷业带来的冲击和影响，河北省积极探索做好常态化疫情防控条件下印刷业发展的新办法、新手段、新路径。

1. 新闻出版管理部门创新监管方法，充分利用《图书、期刊印刷委托书》备案系统和“河北印刷发行服务平台”，拓展行业监管的服务功能，进一步简化了工作程序，提高了工作效率。

2. 进一步完善监管制度，强化监管措施，及时掌握违法印制行为的新动向，做到日常监管与重点监控相结合，行政执法与刑事打击相衔接，确保了全省印刷秩序的健康发展。

3. 河北省以国家新闻出版署“3•15”年度质检活动为抓手，组织省质检机构和全省出版物印刷企业有序开展“3•15”印刷复制质检活动，通过加强生产巡查，重点抽查重大主题出版物和中小学国家统编教材印制质量、环保质量，对 2019 年因图书印制质量不合格，受到行政处罚的印制企业进行“回头看”，对存在图书印制批质量问题的责任单位进行行政处罚，进一步提高了全省出版、印刷企业的质量意识和环保意识，提升了印刷企业依标生产和依标管理的能力和水平。

4. 行业协会充分发挥了桥梁纽带作用，在职业技能大赛、产业疏解转移、产业园区建设、设备技术升级改造以及绿色环保印刷等方面都发挥了积极作用，为提振行业信心、促进结构调整和转型升级、加快实现高质量发展做了大量工作。

未来，河北省印刷协会将认真落实国家新闻出版署《关于推进印刷业绿色化发展的意见》和要求，大力支持数字印刷企业和互联网印刷服务平台发展，鼓励按需出版印刷、个性化包装等领域加快升级，尤其在促进印刷业实现智能化、绿色化、融合化发展方面，不断激发企业的创新创造活力，树立名牌企业和具有国际影响力的大型骨干企业，促进印刷业与出版、教育、文化、旅游、科技等方面实现深度融合，着力打造印刷新产品、新业态和新模式，推动河北省印刷业实现创新发展和高质量发展。■

2020 年内蒙古自治区印刷业概况

内蒙古自治区印刷协会

2020 年，突如其来的新冠肺炎疫情给内蒙古自治区印刷业带来难以预料的影响。年初，除报纸印刷、党政机关印刷和包装装潢印刷等领域的少数印刷企业正常生产外，其他印刷企业全部响应国家号召停工停产，应对疫情。

疫情期间，全区印刷业积极响应党中央和各级政府的号召，在做好疫情防控的同时，积极开展捐款捐物活动，据初步统计达 50 多万元。全区印刷企业疫情防控措施力度到位，受到自治区有关部门的充分肯定。

2020 年受疫情的影响，内蒙古自治区印刷业经济效益整体下滑，详细统计数据如下。

一、内蒙古印刷业的基本状况

1. 全区印刷企业和从业人员数量

2020 年，全区印刷企业 1907 家。其中，出版物印刷企业 174 家，包装装潢印刷企业 202 家，其他印刷企业 1495 家，排版、装订、制版企业 16 家，专营数字印刷企业 20 家，专业报纸印刷企业 13 家；国有企业 22 家，独资、合资企业 5 家。

与 2019 年相比，印刷企业数量增长率为 8.5%；包装装潢、标签和数字印刷企业增长率为 7.6%；从业人员下降率为 0.9%。

2. 印刷经营统计数据及对比

2020 年，全区印刷工业总产值为 100.90 亿元，印刷销售收入达 88.71 亿元，资产总额为 88.03 亿元，利润总额为 13.24 亿元。

与 2019 年相比，资产总额增长率为 9.7%；利润总额增长率为 7.9%；工业总产值增长率为 7.8%；印刷销售收入增长率为 8%。

3. 印刷用纸量情况

2020 年，全区用纸量与 2019 年相比明显减少，呈现出“四增、两减”的局面。“四增”包括铜版纸、复印纸、特种纸、包装装潢用纸量增多；“两减”则指胶版纸和新闻纸用量减少。

4. 主要印刷设备

2020 年，全区印刷企业加快设备更新改造力度，淘汰了一批落后产能设备（设施）；现全区拥有八色塔式胶印轮转机 44 台（组），高斯商业轮转机一台，海德堡 8 色对开平版胶印机三台，海德堡、罗兰、高宝等品牌全开彩色胶印机 4 台，精装联动线两条，智能裁纸系统三条，骑马联动线 15 条，胶包联动线 18 条，自动清废模切机 25 台（套），瓦楞纸板生产线 15 条，多色、多功能票据生产线 10 条，多功能 UV 标签印刷机 12 台（组），印刷企业基本上实现 CTP 制版、彩色胶印印刷；全区现有单色、双色、双面、专色、彩色、平张纸、卷筒纸等各种型号的数字印刷机达一千多台（组）。

5. 进出口情况

2020 年，全区进口印刷设备明显减少，仅进口海德堡对开 8 色胶印机一台，海德堡对开 4 色胶印机三台，马天尼自动精装生产线及皮壳机各一台（套），日本网屏等生产的 CTP 直接制版机 8 台，以及部分数字印刷机；自治区边境城市满洲里市和二连浩特市向蒙古国、俄罗斯出口少量印刷设备（设施）、纸张、器材等；由于疫情防控因素，国家管控更加严格，对蒙古国、俄罗斯的印刷品出口基本为零，现仅有呼和浩特市一家印刷企业在蒙古国乌兰巴托市继续坚持开办印刷厂。

二、“十四五”时期内蒙古印刷业发展的方向和目标

“十四五”时期是贯彻落实党中央全面深化改革部署，持续推进印刷业提质增效、转型升级，全面实现绿色化、数字化、智能化、融合化发展的关键五年。

印刷业是文化产业的重要支柱行业，要加快由生产型向生产服务型转变，提供多元化、个性化的服务；随着“中国制造 2025”深入实施，推动传统印刷向数字化、智能化方向发展，为新需求、新模式、新流程的创新提供技术支撑。

全区印刷业在“十四五”时期主要工作目标是，贯彻“创新、协调、绿色、开放、共享”五大发展理念，利用互联网、大数据等新技术与印刷业进一步融合，增添全区印刷业创新发展动力源；力争到“十四五”期末，自治区印刷工业总产值超过 100 亿元，绿色印刷产值占印刷工业总产值比重超过 50%，数字印刷和智能印刷年复合增长率超过 30%。

当前阶段，内蒙古自治区力争全面提升全区印刷业创新能力，打造产业持续发展新动力，推动印刷业与互联网融合发展；依托“伊利”“蒙牛”“鄂尔多斯羊绒”“草原牛羊肉”等全国知名品牌，继续大力发展包装装潢印刷；加大资源优化配置，走整合之路，淘汰一批落后且无发展前景的印刷企业，在全区东、中、西部各建设一座“印刷产业园”；扶持和培育 3—5 家具有影响力的“互联网印刷平台”“智能化示范工厂”，继续大力实施绿色印刷，提升产业绿色印刷实效，争取使全区获得“绿色认证”资质印刷企业在“十四五”期末达到 100 家。■

2020年湖北省印刷业基本情况

湖北省印刷协会

2020年，新冠肺炎疫情给湖北省带来了重大困难和严峻挑战。湖北省印刷业坚决贯彻落实中央和省委的部署，积极推动疫情防控，助力企业复工复产，确保产业平稳健康运行发展。

一、全省印刷业基本情况

1. 企业数量小幅增加，从业人员逐年减少

2020年，全省共有五类印刷企业（出版物印刷企业，包装装潢印刷企业，其他印刷品印刷企业，专项排版、制版、装订企业和专营数字印刷企业）3614家。其中，出版物印刷企业307家，包装装潢印刷企业760家，其他印刷品印刷企业2478家，专项排版、制版、装订企业17家，专营数字印刷企业52家。2020年，湖北省印刷企业数量比2019年增加了334家，全行业从业人员8.49万人。

2. 资产总额上涨，受疫情影响工业总产值有所减少

2020年，全省印刷企业资产总额达到542.4亿元，比2019年增加5.6亿元，增长1.03%；年工业总产值486.2亿元，比2019年减少15.6亿元，减少3.10%；利润总额33.7亿元，比2019年减少6.5亿元，减少16.26%；工业增加值96.5亿元，比2019年减少7.3亿元，减少7.02%。

3. 有10个市州的印刷工业总产值超过10亿元

2020年，全省有10个市州的印刷工业总产值超过10亿元，分别是武汉、宜昌、孝感、咸宁、黄石、襄阳、荆州、荆门、随州和仙桃市。2020年，因受疫情影响，多个地区印刷工业总产值比2019年有所下降，但是上述10个地区的印刷业仍然保持良好的发展势头，成为促进省内印刷业高质量发展的重要支撑。

4. 规模以上重点印刷企业发展态势良好

2020年，全省规模以上重点印刷企业124家，比2019年减少了16家。其中，年印刷产值超亿元企业68家。按经营类别划分，包装装潢印刷企业93家，约占总数的75.00%；出版物印刷企业20家，约占总数的16.13%；其他印刷品印刷企业10家，约占总数的8.06%；排版、制版、装订专项企业1家，约占总数的0.81%。按企业类型划分，外商投资印刷企业10家，其中外商独资印刷企业5家，中外合资印刷企业5家，约占总数的8.06%；内资企业114家，约占总数的91.94%。

从产品类型分析，包装装潢印刷产品占工业总产值的比重达 70.13%。此外，124 家规模以上重点印刷企业的工业总产值为 279.6 亿元，产值比 2019 年减少 32.7 亿元，同比减少 10.46%，占全省印刷工业总产值的 57.52%，规模以上重点企业仍是全省印刷业的骨干力量。

2020 年，湖北省有 7 家印刷企业入选全国百强印刷企业排行榜，这充分说明了全省印刷业发展逐步从高速发展向高质量发展阶段推进。

5. 绿色印刷实施和数字印刷推广覆盖面有所增长

近年来，湖北省大力推进绿色印刷和数字印刷发展，出台了《绿色印刷和数字印刷扶持资金使用管理暂行办法》，开展了绿色印刷和数字印刷扶持资金项目评审工作，发挥资金扶持导向作用，进一步深化印刷业供给侧结构性改革，促进全省印刷业转型升级，推动“绿色化、数字化、智能化、融合化”发展。2020 年，全省获得绿色印刷认证企业达到 42 家，中小学教科书绿色印刷率为 100%。湖北省有一定规模的数字印刷企业（含专营和兼营）达到 105 家。据年检统计，50% 以上的企业采用了绿色环保材料和节能技术，35% 的企业有数字印刷设备，绿色印刷、数字印刷推动了书刊印刷产值持续增长。

二、存在的主要问题

1. 发展空间受限

受疫情影响，上下游产业链成本持续上涨，特别是受原材料价格的上升影响，纸张、塑料等价格上涨，印刷企业利润空间下降，导致从业人数下降，大部分企业勉强维持经营。

2. 整体实力不强

全省印刷企业共有 3614 家，年印刷产值在 5000 万元以上的只有 124 家，总体呈现出规模不大，实力不强的特点，同时受资金、技术和设备等方面的制约，缺乏市场竞争力，难以做大做强。

3. 企业创新能力不足

除了少数几家大型印刷企业外，还有不少企业在绿色化、数字化、智能化和融合化方面发展不够，在营销方式、产品形式等方面创新不足，不能及时根据市场需求做出相应的调整，行业发展缺乏动能。

4. 转型升级发展滞后

随着人们生活水平与消费水平的不断提高，传统印刷技术还不足以满足人们对印刷产品多元化的需求，湖北省印刷企业对最新的印刷技术设备的采用尚未达到最佳状态，需加速转型升级，增强市场竞争力。

三、未来发展目标、措施和建议

1. 发展目标

湖北省印刷业应抓住疫情后的经济恢复机遇，坚持正确的发展方向，结合全国出版物印刷任务要求，加快构建一个生产能力与内需相匹配的科学发展体系，形成“业态融合创新、产业结构优化、区域布局协调、生产规模适度、服务优质高效”的发展新格局，致力于打造全新的印刷业发展态势。

“十四五”期间，湖北省印刷业的发展力争取得实质性进展。当前，科研创新产业融合发展体系已基本建成，印刷业科技研发投入力度加大，产业竞争力大幅提升；行业区域内基础设施互联互通已基本实现，为实现印刷工业互联网打下坚实基础；资源流通的市场经济体系已基本建立，使参与国内市场竞争的能力显著增强；协调周边省市共同发展、优势互补的产业格局基本确立，使协同开放水平达到更高层次。

2. 发展重点

（1）聚焦发展方向，提升行业认知

明确印刷业的使命任务，湖北省是毕昇的故乡，也是印刷大省，担负起印刷业使命任务责无旁贷。湖北省应紧紧把握文化强国建设历史机遇，推进印刷业跨越发展。

树立协同发展意识，一是鼓励区域协调发展，优化配置政策资源；二是鼓励上下游协同合作，调动全产业链的市场要素有效流动；三是鼓励跨界融合创新，推动关键核心技术的重大突破。

（2）梳理产业布局，统筹区域规划

梳理产业产能分布，合理规划区域发展定位。根据湖北省印刷业发展思路，结合湖北省“一芯两带三区”的产业布局，着力谋划 “十四五”时期湖北省印刷业“产业地图”。

强化武汉“主中心”地位，协同江汉平原、孝感、荆州、天门、荆门、仙桃、潜江等城市及地区，以出版物印刷和包装装潢印刷为主导业务，增强武汉市的主中心城市辐射和带动能力，打造印刷业长江高质量发展经济带。打造以武汉市为中心的湖北印刷展会品牌和辐射华中多省的印刷业交流中心。提升鄂西印刷业绿色化水平，将鄂东融合发展示范区打造成湖北印刷业融合发展试验区。

（3）优化资源配置，强化协同发展

构建协同治理体制，建设湖北省印刷业协同管理的统一平台，在行政审批、年度报告、事中事后监管等方面加快互联共享。同时要完善监督原则，建立湖北省市场监管协调机制，统一监管标准，推动执法协作及信息共享。

发挥市场配置作用，加强湖北省印刷业资源配置合理性。通过促进资源要素跨区域有序流动，提升全省印刷业协同创新水平，强化核心竞争能力。

打造印刷产业集群，湖北省印刷业应该依托于供给侧结构性改革，不断加强包装印刷产业集群建设并着力打造新型数字印刷产业集群。通过推进产业集群发展来促进资源合理配置，达成产业发展和科技创新的新格局。

（4）提升“四化”水平，推进高质量发展

提升绿色化，发展绿色印刷。通过技术变革，持续推进湖北省印刷业绿色化进程，解决印刷业绿色化发展的瓶颈问题，组织全省开展印刷业绿色化协同发展活动，制定湖北省印刷业绿色标准，培育一批优秀的绿色发展典型企业。制定相关鼓励政策，引导更多畅销图书采用绿色印刷标准，同时加快推进报纸、食品药品包装和票据票证领域的绿色化。

提升数字化，打造新业态。大力推动构建全省区域内互联互通的数据集成与治理体系，通过打通生产、管理、供应链、客户服务等流程的数据通道，同时将生产制造能力与互联网、IT 等技术能力集成、融合与创新，打造“互联网 +”的产业新业态，向内或向外输出数字化能力，形成覆盖印刷全流程的数据体系和云服务平台。

提升智能化，建设印刷工业互联网。以《中国制造 2025》为指导，促进新一代信息技术和先进制造业的深度融合，推动智能制造，促进产业转型升级。持续推进智能化应用，鼓励大型骨干企业、重点工业园区建立工业互联网平台，打造印刷业智能化示范企业集群，以点带面促进全省印刷智能化发展迈入新阶段。

提升融合化，推动转型升级。大力支持印刷企业进行多方位融合，通过上下游融合、跨界融合、科技融合等多种形式，在不同产业之间相互渗透、相互包含。重点加深与信息技术、装备制造、新型材料等的融合，实现产品结构升级，从而形成融合发展的产业形态。

3. 保障措施

（1）加强组织领导

加强湖北省印刷业发展顶层设计，建立由省新闻出版局担任召集人的湖北省印刷业发展工作联席会议制度，统筹协调全省印刷业发展工作。组建湖北省印刷业发展专家咨询委员会和印刷业发展研究智库，聚集省内乃至全国印刷业专家、学者为湖北省印刷业发展把脉，从行业发展战略、产业结构优化、产业动力增强、发展质量提升等方面建言献策，为政府科学决策提供技术支撑和智力保障。

（2）强化政策支持

协调落实减税降费政策。落实对印刷业规模以上企业、中小微企业减税降费等各项扶持政策。加强创新发展政策支持力度。优先支持印刷绿色化升级，协助企业高效完成绿色化转型发展；同时研究制定印刷企业数字化、智能化转型发展相关扶持政策，加大对自主创新、数字印刷等类型企业的支持。

（3）夯实人才基础

聚集科研、教育、人才等创新要素，加强基础研究，进行新型材料和关键设备科技创新，突破“卡脖子”的技术瓶颈。联合省内高等院校和印刷企业，培养一批新时代专业技能优秀、创新能力强的印刷高级人才。同时校企联合打通人才输送通道，支撑企业加大引进人才投入，为留住印刷专业人才提供良好环境。

（4）推动工作落实

省新闻出版局要主导建立与行业协会、印刷企业、高等院校的协调沟通机制，研究出台重点工作的具体实施方案，做好重点工作的规划、组织、实施、优化和监督工作，形成“效益为先、内生发展、市场认可”的效果导向机制，切实提升湖北省印刷业的竞争力影响力。

4. 未来展望

面对百年未有之大变局，要深刻认识和准确把握产业发展大势，抓住和用好发展重要战略机遇，既要树立强烈的历史机遇意识和风险忧患意识，也要坚定保持战略定力、战略自信。面向印刷前沿热点、面向国内主要市场、面向人民重点需求，集中精力推进印刷业绿色化、数字化、智能化、融合化进程，加快走出一条从创新强到人才强、企业强、产业强的创新发展新路径，推动产业高质量发展，加快跻身创新型印刷强省的行列，在大变局中奋力谱写湖北印刷业发展新篇章。■

2020 年湖南省印刷业基本情况

湖南省印刷协会

2020 年受新冠肺炎疫情影响，全省规模以上印刷企业发展仍然保持稳中有升态势，但部分规模较小企业却举步维艰，甚至面临停业危险。

一、产业实力略有下滑

截至 2021 年 4 月底，湖南省共有印刷企业 2377 家（不含“三印”企业）。其中，出版物印刷企业 400 家，数字印刷企业 39 家，包装装潢印刷企业 786 家，其他印刷品印刷企业 1138 家，排制版装订企业 14 家。与 2020 年同期相比，全省印刷企业总数减少 2 家。2020 年，全省印刷工业总产值 359.3 亿元，同比 2019 年度下降 3%；印刷业总资产 253.3 亿元，同比下降 8.1 亿元。

二、书刊印刷实力显现

2020 年，新冠肺炎疫情暴发，全国各行业均受到影响。省内印刷企业在积极做好疫情防控的前提下，及时有序复工复产，认真做好本省业务外，还积极承接外省业务，不断拓展印刷市场。2020 年湖南省在政策、设备、质量、服务、物流等方面不断解决出版社及书商的痛点，得到众多出版社及书商的认可。北京、陕西、贵州、广西、江西等全国多地的出版社及书商与省内印刷企业达成长期战略合作，大量外省印刷业务流入省内，使得湖南涌现了一批工业产值过亿的书刊印刷企业，书刊印刷规模及行业优势进一步突显。如湖南天闻新华印务有限公司 2020 年产值达到 10.7 亿元；长沙鸿发印务有限公司 2020 年产值达 1.8 亿元；湖南凌宇印务有限公司 2019 年产值 1 亿余元、2020 年产值达 3.4 亿元；湖南华商印务有限公司、湖南关山美印有限公司等一批书刊印刷企业产值均过亿元。湖南省虽然地处内陆中部地区，但随着国家“四纵四横”高铁网络的搭建，以及航空货运物流的完善，区位优势日益明显。2020 年，虽然新冠肺炎疫情给产业发展带来一定影响，但湖南省书刊印刷业却逆势上扬，呈现出了良好的发展状态。

三、商务、包装印刷发展平稳

2020 年新冠肺炎疫情对商务印刷影响较大。湖南省商务印刷受到较大冲击，复工复产后，湖南省商务印刷企业积极发展线上业务，下半年印刷产值开始上扬。湖南有四家商务印刷规模企业，长沙市雅高彩印有限公司 2020 年产值 1.6 亿元，湖南合版印务有限公司产值 1.4 亿元。与 2019 年相比，2020 年湖南省商务印刷发展平稳。2020 年，湖南省烟包印刷业务受市场影响不大，主要由中烟公司内部招标调剂。塑料包装印刷作为省内重点产业，2020 年工业总产值达 200 亿元左右。

四、数字印刷稳中有升

为了促进湖南省数字印刷的发展，2020 年 6 月，湖南省成立了省印刷协会数字印刷分会。数字印刷分会的成立对促进湖南省数字印刷资源整合、“抱团”发展、提质升级起到积极作用，涌现出一批优质企业。如新印科技股份有限公司，坚持科技引领，线上线下均衡发展的方针，加大数字印刷新材料、新设备的研发力度，公司进入良性发展，以科技硬实力实现企业提质升级。2020 年，企业实现产值 1.3 亿元。娄底市博通图文数码彩印有限公司首创“文化艺术 + 艺术数据库 + 数字印刷 + 艺术产品”的经营模式，与湖南省图书馆达成战略合作，建立馆藏数据库，开发文物高仿市场，产生了较好的社会效益及经济效益，2020 年产值 4000 多万元。2020 年，湖南省数字印刷由单一的图文、文件印刷向融合发展转变，数字印刷提质升级初见成效。

五、产品质量不断提升

在行业内深入开展“3•15”质检活动并贯穿全年，对教材印制实行材料、印刷、装订全过程抽检，全面保障中小学教材质量，展示了印刷企业的责任与担当。认真开展出版产品印装质量评定活动，对 255 个品种 4047 册样品进行了印装质量检查，对 79 个品种的教科书进行了环保质量检查，对出版单位、印刷企业选送的 1276 个品种产品进行了评议，并对印制质量问题召开专题会议进行研究解决。精心实施“精品”工程，评选了《古代生活图卷：古人如何过日子》《你的样子：致敬奋力抗疫的每一个中国人》等 10 个印装质量精良产品，有 55 种图书入选参加全国出版物精品展。在全国人教版中小学教材印装质量检测工作会议上，全省共检测出优质品 44 册、良好品 13 册，优良品率高达 95%，创历届人教社质检最好成绩，蝉联第一名。

六、专项活动成效明显

紧紧围绕“智能创新 绿色发展”主题，成功举办了疫情后全国印刷首展——2020 年世界媒体艺术之都 • 中部（长沙）印刷产业博览会（以下简称“长沙印博会”）。展会期间，共计有 238 家省内外印刷设备及耗材供应商参展，展出面积达 1.8 万平方米，展位 700 余个，邀请了 15 个外省市印协组团观摩，吸引了 2 万余名专业观众观展，成交额达 5500 多万元，是历届长沙印博会规模最大、参与企业最多、活动最丰富、最具影响力的一届。

七、“走出去”工程稳步推进

指导推进中南传媒、奔腾彩印、达美程智能印务等文化出口重点企业做好“走出去”项目，加强与国外市场交流合作，拓展市场范围，充分展示湖南省印刷业创意设计、精美产品和良好企业文化。2020 年虽受疫情影响，但全省对外加工贸易额仍然突破 3 亿元，“湘版”优质教材输出至欧亚等 20 多个国家和地区，印刷企业“走出去”工程仍然保持着增长态势。

八、绿色印刷进展顺利

引导省内企业实施生产环境整治，大力拓展绿色印刷产品范围和市场。2020 年，全省通过绿色印刷认证企业数量有 36 家，绿色印刷出版物种类共 1678 种，绿色印刷出版物数量达 11.26 亿册，CTP 装机总量达 295 台，实现 1.4 亿册中小学教材绿色印刷全覆盖，绿色印刷认证企业总营业收入达 77.4 亿元，绿色印刷业务总产值突破 60 亿元，绿色印刷基础进一步夯实。

九、人才储备培养得以加强

2020 年长沙印博会期间，省印协集中组织对省内 2000 多名印刷企业负责人进行印刷法律法规培训，提高了行业企业依法经营意识。通过举办印刷质量专项培训、第二届湖南省印刷行业职业技能大赛暨第七届全国印刷行业职业技能大赛选拔赛，为行业储备了一批掌握专业知识、拥有丰富实操经验的技能人才。在第七届全国印刷行业职业技能大赛中，湖南省共有 13 人获得不同级别奖项，获奖人数居全国前列，创湖南省历届参赛的最好成绩。■

2020 年安徽省印刷业基本情况

安徽省印刷协会

一、安徽省印刷业发展基本情况

（一）分类情况

截至 2021 年 3 月 30 日，安徽省共有各类印刷企业 3369 家。其中，出版物印刷企业 282 家，包装装潢印刷品印刷企业 1835 家，其他印刷品印刷企业 1173 家，排版、制版、装订专项印刷企业 33 家，数字印刷专营企业 46 家。

2020 年，全省印刷业资产总额 611.82 亿元，同比增长 10.4%；工业总产值 454.29 亿元，同比增长 2.3%；销售收入 459.59 亿元，同比增长 4.8%；利润总额 26.68 亿元，同比下降 12.1%；对外加工贸易额 23.42 亿元，同比增长 2.2%；从业人员 82752 人，同比减少 0.4%。

全省共有印刷产业园区 6 个，国家印刷示范企业 4 家，总部在安徽省的上市公司 4 家，拥有或使用印刷商务网络平台的企业 28 家，规模以上重点印刷企业 172 家，通过绿色印刷认证的企业 28 家。

全省现有安徽新华印刷股份有限公司、黄山永新股份有限公司、安徽安泰新型包装材料有限公司、安徽金辉印务有限公司等 4 家国家印刷示范企业。

安徽新华印刷股份有限公司 2020 年亮点频频，研发的国内首条 PE 带联动线顺利建成并通过专家鉴定，与中国印刷科学技术研究院合作的“安徽新华图书印刷智造线”成为 2020 中国印刷业创新大会推广案例，印刷智能化再上新台阶。黄山永新股份有限公司高附着与高阻隔材料、MDO 等新工艺新技术新研发获得阶段性成果。安徽安泰新型包装材料有限公司于 2020 年申请了 1 项发明专利以及 8 项实用新型专利，是多项国家标准、行业标准的起草制定参与单位。安徽金辉印务有限公司总投资约 2 亿元建设的智能化车间项目已于 2020 年全部竣工，并正式投产。

（二）产业布局

安徽省印刷业发展呈现“东强西弱、南强北弱、省会突出”的特点。

全省拥有 172 家规模在 5000 万元以上重点印刷企业，从业人数 3.3 万人，工业总产值 305.85 亿元，工业增加值 53.03 亿元，利润总额 24.66 亿元，研发投入 11 亿元。

全省共批准建立印刷产业园区 6 个，主要集中在皖东南地区及省会合肥市。

合肥出版物印刷产业园，是全省最大的印刷产业园，园区面积1200万平方米，入驻园区印刷企业150家。园区内出版物印刷以安徽新华印刷股份有限公司、合肥杏花印务股份有限公司、合肥远东印务有限责任公司等企业为龙头；包装装潢印刷以合肥市超艺彩色印刷包装有限责任公司、合肥恒鑫环保科技有限公司等企业为龙头；数字印刷以安徽联众印刷有限公司、合肥大琦数码图文有限公司等企业为代表。

滁州包装科技产业园及明光包装印刷产业园，两个园区入驻印刷企业67家。嘉美食品包装（滁州）股份有限公司为全国灌装产能最大的金属包装公司之一；安徽维致环保纸品有限公司以制杯包装印刷为主，系国内纸容器主要供应商之一；安徽阳光夏子绿色包装有限公司系省内瓦楞纸包装样板企业；安徽侨丰包装印刷有限公司的高新技术纸包装、滁州健宁药用包装材料有限公司的医药用品包装等也各具特色。

桐城印刷包装产业园，入驻园区包装印刷企业429家，打造从原辅材料、电脑制版，到塑料印刷、纸质印刷、金属印刷，再通过电商、物流配送的产业链。园区内龙头企业安徽金科印务有限责任公司以医药包装印刷为主，建有国内一流的医药包装生产线；安徽瑞尔印务有限公司获批为国家秘密载体印制乙级资质单位，系省内票据证书类产品印刷优质企业；安徽百世佳包装有限公司、安徽金科印务有限公司、安徽顺彤包装材料有限公司3家印刷包装企业荣获国家驰名商标。

广德经济开发区西区印刷产业园，利用比邻江苏、浙江的地理区位优势，引进江、浙、沪11家包装印刷企业入驻园区，以一般纸包装印刷为主营业务。

阜阳印刷包装产业园，入驻园区印刷企业12家，以烟草、酒类、票据等精美纸包装印刷为主。安徽金辉印务有限公司是园区内的龙头企业。

（三）重点发展领域

1. 出版物印刷。2020年全省出版物印刷企业282家，以安徽新华印刷股份有限公司、合肥华云印务有限责任公司等企业为龙头，承印重点主题出版物、中小学教科书和皖版图书，全年出版物印刷工业总产值50.4亿元。

2. 包装装潢印刷。2020年全省包装装潢印刷品印刷企业1835家，全年包装装潢印刷品印刷工业总产值385.0亿元。纸包装印刷方面，滁州龙利得智能科技股份有限公司、滁州华艺柔印环保科技有限公司、合肥合信包装有限公司等印刷企业以瓦楞纸包装印刷为主；烟酒类、生活类纸板包装印刷、标识票证精细纸印刷方面以合肥安泰包装印刷有限公司、安徽金辉印务有限公司、蚌埠金黄山凹版印刷有限公司等印刷企业为龙头；塑料软包装印刷方面，以黄山永新股份有限公司、蚌埠天成包装科技股份有限公司、安徽金科印务有限责任公司为龙头；金属罐包装印刷方面，以嘉美食品包装（滁州）股份有限公司为龙头。

（四）印刷业“四化”发展情况

1. 数字印刷。2020年安徽共有数字印刷企业68家，数字印刷出版物种类693种，数字印刷机装机数量167台（套），数字印刷出版物用纸量40.76万令，数字印刷出版物数量2167.57万册（万份），数字印刷部分总产值5.1亿元。

2. 绿色印刷。安徽通过绿色印刷认证企业数量28家，使用粉尘、纸毛、墨雾、废气收集装置的企业数量 1314 家，无溶剂复合机装机数量 148 台，通过清洁生产审核的企业数量 729 家，CTP 装机总量 179 台，绿色印刷出版物 16519 种，绿色印刷出版物用纸量 2396 万令，绿色印刷出版物数量 4.52 亿册（亿份）。

3. 印刷智能化。据不完全统计，全省应用智能技术的印刷企业有 218 家，智能化建设（改造）投入 7.47 亿元。

4. 印刷融合化。以安庆桐城为例，塑料包装产业是桐城市支柱产业之一，当地政府主导，实施“互联网 +”桐城塑料包装产业采销一体化项目，构建塑料原料采销一体化平台，打造从原辅材料、电脑制版，到塑料印刷、纸质印刷、金属印刷，再通过电商、物流配送的产业链。一是推动了行业的整合，将当地小、散、低端的包装企业汇聚到同一平台；二是加强产业融通，打通国际石化供应商与本地包装企业的直供渠道；三是利用聚集平台打造“互联网＋营销”模式，打通了本地包装企业与客户的直供渠道。

二、存在的主要问题

1. 新旧动能转换乏力。安徽省印刷企业绿色化、数字化、智能化、融合化发展相对缓慢。新业态带动传统主业形成新的盈利模式仍在探索实践之中。尤其是受新冠肺炎疫情及洪涝灾害影响，部分印刷企业面临接单难、履约难、原材料供应难、产成品输出难等困境，生存发展压力较大。

2. 印刷业发展不均衡。规模以上重点印刷企业数量占 5.1%，销售收入占 68.6%，利润总额占 85.3%；中小印刷企业低水平重复建设严重，盈利能力弱，处于微利甚至亏损状态，整体呈现强者愈强、弱者愈弱的“马太效应”；出版物印刷企业业务总体趋于下降趋势，企业主要集中在合肥市，占全省总量的 56%，其他地区出版物印刷企业趋于萎缩。

3. 人才素质有待提高。目前安徽省印刷从业人员中受过高等教育与具有中级以上技术职称的比例较低，高端技术人才流失严重，职业技能标准和资质认证体系尚不健全，人才队伍匮乏，一定程度上制约了本省印刷业绿色化、数字化、智能化、融合化发展。

三、未来发展

1. 坚持正确导向，维护文化安全满足人民新期待。印刷业具有意识形态、文化和制造服务等多重属性，承担着为党的意识形态和中心工作提供技术支撑和文化保障的重要职责，承担着服务人民、推动阅读、传承文明的使命任务。要持之以恒做好各类重大主题出版物的印制任务，特别是党的创新理论著作、党和国家重要文件文献以及中小学教科书等出版物的印制任务，为主流价值观提升传播力、引导力、影响力助威赋能；要打造更多高质量、有温度、展文化的印刷精品，更好地满足人民群众美好精神文化生活新期待。

2. 抢抓有利机遇，融入长三角区域一体化发展。切实贯彻好新发展理念，以《长三角区域印刷业一体化发展升级指南》为指导，充分发挥安徽省承东启西、腹地广阔的区位优势，优化全省印刷园区产业布局、政策配套和服务保障，建设印刷业转移促进中心、特色运营试验区，打造印刷业综合服务支撑区。以优质的制度供给、服务供给、要素供给和完备的市场体系，更好承接印刷业转移，提升资源配置效率，推动创新要素流动。同时加强对本省骨干企业的指导和服务，重点扶持省内一批“专、精、特、新”的印刷企业参与国家级项目建设和行业标准制定，有效夯实产业发展基础，形成多点支撑、特色多样、上下游产业链集聚的印刷业新格局。

3. 深度融合发展，提升印刷业创新发展新动能。深入实施“印刷跨界融合和新兴业态培育工程”，推动新一代信息技术与印刷业融合发展。发挥物联网、5G、区块链、人工智能、现代供应链等新技术对传统产业的赋能和效益倍增作用，促进印刷业与金融、物流、交易市场、信息网络等生产性服务业的跨界融合，培育印刷业智能化制造、网络化平台、共享化经济、个性化定制、服务化生产等新兴业态，实现安徽省印刷业从传统制造业向现代服务业和先进制造业转变。

4. 聚焦绿色发展，完善印刷业可持续发展机制。落实国家生态文明建设新要求，按照国家新闻出版署等 5 部委《关于推进印刷业绿色化发展的意见》部署，聚焦“推进绿色发展”和“解决突出问题”，引导印刷企业进一步转变发展理念，提高印刷从业者的环境保护和可持续发展意识，贯彻生产全周期绿色管理理念，淘汰落后技术、工艺和装备，大力发展循环经济，推行清洁生产，实现新旧动能转换，建立完善绿色化发展机制。

5. 强化人才支撑，优化印刷专业人才成长环境。加强思想政治素质教育和职业道德建设，弘扬劳模精神和工匠精神。促进职业院校、印刷企业、科研机构深度合作，开展印刷领军人才的选拔推荐和“印刷 + 互联网 +X” 专业人才的培养。优化印刷行业职业技能评价制度，推广印刷技师、印刷高级工的技能等级认定。完善人才流动机制，共同推进长三角区域印刷专业技术职称、职业资格等资质互认，形成有利于各类印刷专业人才脱颖而出的体制环境。■

2020年福建省印刷业发展概况

福建省印刷协会

一、2020年福建省印刷业概况

福建省印刷业经过近十多年的快速发展，已经形成门类较齐全、能基本满足各类出版和包装需求、具有一定市场竞争力的行业。根据已经公布的统计数据，2020年，福建省共拥有各类印刷企业2908家，印刷工业总产值达到675亿元，位居全国第六位。现有国家印刷示范企业2家，上市印刷企业6家，年印刷产值达到5000万元以上的规模以上重点印刷企业191家，通过国家绿色印刷认证的企业42家。2020年，福建省有16家印刷企业入选全国印刷包装企业百强榜，福建省知名印刷企业——艾派集团（中国）有限公司连续两年荣获福建省“文化企业十强”荣誉称号。

2020年，福建省新设立出版物印刷企业2家，包装装潢印刷企业34家（含2家外资企业），其他印刷品印刷企业7家，数字印刷企业5家。目前，福建省印刷业基本形成了以厦门为龙头，泉州为次中心，并通过福州、漳州、莆田等沿海地区包装装潢印刷产业带，辐射、带动全省印刷业发展的新格局。

从印刷企业的管理类别看，从事出版物印刷和包装装潢印刷的企业占据了福建省印刷业主要体量的前列，分别达到202家与1923家。其中，出版物印刷企业总产值113亿元，占比为16.74%；包装装潢印刷品印刷企业总产值534亿元，占比达79.11%，是福建省印刷业绝对的经济支柱门类。

福建省包装印刷业主要由装潢印刷、纸塑复合软包装、印铁制罐、纸制礼品盒与精品包装等门类组成，主要集聚在闽南金三角沿海地区，逐步形成了以“厦漳泉莆”为中心的包装装潢印刷品产业化集聚园区。整个“十三五”期间，福建省民营企业异军突起，三资企业大量产生，全行业进行一系列的技术引进和升级改造工作，在很大程度上改变了福建省包装印刷工业原来的落后面貌，现已基本形成规模较大、门类较齐全、广泛利用先进技术的行业，成为福建省国民经济中的一个重要组成部分。

另外，在印刷业较为发达的沿海地区，印刷业的集聚也在进一步加强，例如泉州市形成了中心城区、石狮、晋江、南安四大包装印刷企业集中区，莆田市形成了涵江区、城厢华林工业区等包装印刷企业集中区。

福建省各地印刷业同当地经济发展水平基本相匹配，闽南沿海地区在市场经济迅速发展的带动下发展很快，集聚了大批技术工人、大量的资金和先进的技术装备。广大企业积极采用高新技术改造传统的包装印刷业，在设备、环保、人才培养等方面投资日益增加，使全行业整体技术与装备水平有明显的提高。而闽中、闽西北地区行业发展相对而言较为缓慢。

二、当前存在的主要问题

1. 产业结构不合理

虽然印刷工业总产值在逐年增加，但是盈利水平总体不高。产品主要以中低端传统印刷产品为主，附加值低，同质化严重，价格竞争激烈，高端产能和新兴产能需求不足，存在结构性矛盾。全省印刷企业以中小规模为主，企业管理观念较滞后，总体产品质量不高，缺乏一批具备较强国际竞争力的标杆性骨干企业。

2. 区域发展不平衡

全省印刷业地区发展水平严重不平衡，印刷业供需结构性矛盾仍然比较突出。绝大多数的印刷业产能集中在以厦门市为中心，泉州市为副中心，涵盖漳州、福州、莆田等区域的沿海经济发达地区，广大闽中、闽西北山区印刷企业少、规模小、技术落后。

3. 创新能力较薄弱

企业普遍存在自主创新能力不足，缺少重大技术创新、产业化项目以及沟通交流平台等问题；印刷业绿色化、数字化发展还不够充分，绿色印刷企业和数字印刷企业数量占比仍然较低。智能化、融合化发展还处于起步阶段，尚未真正兴起。

4. 市场环境有待提升

由于市场调节的滞后性以及相关法规的不完善，如目前针对不达标企业的退出制度尚不完善，导致市场存在部分“僵尸”企业无法得到有效处理；法规宣贯不够到位、深入，导致企业违法违规情况时有发生；企业诚信建设有待加强，企业间存在不正当竞争，市场秩序尚不规范。

三、未来五年福建省印刷业发展总体思路

1. 指导思想

高举习近平新时代中国特色社会主义思想伟大旗帜，深入贯彻落实党的十九大和十九届二中、三中、四中、五中全会精神，深刻理解把握习总书记做出的“中国特色社会主义进入新时代，我国社会主要矛盾已经转化为人民日益增长的美好生活需要和不平衡不充分的发展之间的矛盾”这一重大政治论断，统筹推进“五位一体”总体布局，协调推进“四个全面”战略布局，牢固树立和贯彻落实“创新、协调、绿色、开放、共享”的新发展理念，坚持以新发展理念引领经济高质量发展，扎实推进供给侧结构性改革，完善行业治理能力和治理体系，推动产业转型升级，提升产品质量，规范市场秩序，弘扬福建传统印刷文化，全方位推动福建省印刷业的高质量发展。

2. 深入调研 科学制定发展目标

福建省现有的印刷业转型升级发展空间巨大。借力 21 世纪海上丝绸之路核心区的区域优势，

福建省印刷业要积极主动作为，深入剖析自身优势与薄弱之处，结合实际发展状况因地制宜制定发展目标，深度融入国家“一带一路”发展战略，主动创造“走出去，引进来”的发展机遇。

要继续推动福建省印刷业“绿色化、数字化、智能化、融合化”生根发芽，推动产业结构进一步优化升级，使企业创新能力和市场竞争力得到进一步提升，实现全省印刷业高质量发展的弯道超车。

3. 进一步扩大产业规模

努力保持福建省印刷业规模继续稳中有升的发展态势，力争到“十四五”末期，印刷工业总产值超 900 亿元，年均增速不低于 5.5%，各项主要经济指标继续位居全国各省前列，保持在全国前 7 名左右。

4. 进一步提升发展质量

进一步优化升级福建省印刷业产业结构，扩大供给侧结构性改革成果，有效化解福建省印刷业低端产能过剩的现状，使高端产能得到更好的释放。行业企业在技术水平、创新能力、产品质量、节能环保、数字化智能化建设等方面得到显著提升，规模以上重点印刷企业数量进一步增加，力争达到 250 家以上。新培育 2—3 家具有较大规模、较强国际竞争力和影响力的龙头企业，产业整体市场竞争能力和盈利能力显著提高，印刷对外加工贸易额继续稳步增长，力争到“十四五”期末，印刷对外加工贸易额超 10 亿美元，实现翻番。

5. 进一步优化市场环境

“十四五”期间，要努力改善福建省印刷业经营发展环境，要力争在行政审批、产业配套、人才培养、对外交流等各方面服务水平得到显著提升，进一步提升行业管理和行业自治能力，使企业的依法经营和质量意识进一步提高，稳步形成企业间的良性互动和互利共赢，极力减少印刷市场无序经营和违法违规行为，显著提高产品整体质量，进一步改善市场经营环境。

6. 贯彻绿色发展理念，扩大绿色印刷覆盖面

继续深入贯彻绿色发展理念，坚持走绿色发展道路，大力实施绿色印刷，扩大覆盖面。一方面引导关系人民群众身体健康的印刷产品，如婴幼儿产品包装盒，食品、药品外包装实施绿色印刷，扩大绿色印刷产品覆盖范围；另一方面通过政策、市场倒逼、推动印刷企业采用绿色生产原料和绿色生产技术，积极实现节能减排、源头削减和过程控制，完成绿色印刷由产品绿色化到生产全过程绿色化、全产业链绿色化的升级发展过程。

7. 推动技术创新升级，提升数字化智能化发展水平

将规模以上重点印刷企业作为建设发展试点目标，把 5G、VR、互联网大数据、人工智能、物联网等先进网络信息技术引入印刷生产经营领域，实现对现有生产设备的集成化创新升级，实现智能化、“无人化”生产、全流程信息化管理、大数据分析监控，进一步提高生产效率和产品质量，提升印刷企业数字化智能化发展水平，建成一批新型智能化高新技术印刷企业集群，最终实现以点带面，全面转型升级的目标。

8. 拓展行业国际化视野，加快企业“走出去”步伐

围绕国家“一带一路”倡议，深入推动福建省印刷业拓展国际化视野，加强国际间交流与合作，

充分引进吸收利用外资、国外先进经营发展理念和技术设备，充分发挥自身价格、区位和质量优势，不断提升省内印刷企业的国际竞争力，加快企业“走出去”步伐。支持各级印刷行业协会完善对外交流合作职能建设，精心打造好“厦门国际印刷包装展”这一福建省印刷业对外交流合作的重要平台，积极建设福建省印刷业跨境电商服务平台。

9. 引导企业延伸产业链，促进多元融合化发展

引导印刷企业转变发展思路，走多元化、融合化发展道路，提升企业盈利能力和市场竞争力。重点引导企业向上下游产业链及周边相关产业进行延伸，打造按需印刷，“文化艺术 + 印刷”、“创意设计 + 印刷”、“互联网 + 印刷”等新业态印刷产业，力争实现印刷企业由提供单一印刷加工服务向提供多元化优质印刷服务和自有品牌优质印刷产品的过渡。

10. 加大宣传保护力度，弘扬福建传统印刷文化

加大与省内知名高校和研究机构的合作力度，持续深入推进福建传统印刷文化的发掘研究与宣传保护。支持中国印刷博物馆建阳、连城、宁化分馆单独或配合中国印刷博物馆将各类调研、宣传展示、学术研讨活动常态化开展。组织实施《福建印刷文化研究丛书》的出版发行工作，指导海峡出版发行集团完成海峡印刷博物馆的建设。

11. 完善配套服务，夯实产业发展基础

努力完善印刷上下游产业链，积极推动印刷设备、油墨、纸张等相关产业做大做强；重点培育绿色印刷、数字印刷、按需印刷等新兴印刷品消费市场，促进印刷业全产业链协调高质量健康发展。创新人才培养机制，积极引导企业与省内外相关高等院校建立合作关系，并针对人才培养、技术创新以及成果引进转化进行深度合作；组织有条件的企业自建或者合作建设人才培养和技术创新基地，培养行业发展所需的各类人才，培养印刷工匠精神。■

抓住机遇，迎接挑战，发展四川印刷业
——2020年四川省印刷业发展概况

扈晓明

2020年，四川省印刷业调整结构、转型升级，加快由传统模式向新兴业态转变，印刷业发展呈现“规模以上企业引领性显著增强、绿色化大幅提升、数字化迅速发展、集群化稳步推进”四个突出特点，行业整体呈现持续稳定健康发展的局面。

一、基本概况

根据《四川省新闻出版局关于报送2021年印刷企业年度报告、复制单位年度核验和国家印刷示范企业年度考核工作情况的报告》显示，2020年，四川省共有印刷企业3021家。其中，出版物印刷企业297家，同比下降5.41%；排版、制版、装订专项企业23家，同比下降11.54%；包装装潢印刷企业1264家，同比增长2.85%；其他印刷品印刷企业1414家，同比下降8.3%；专营数字印刷企业23家，同比下降4.17%。

2020年，全省印刷企业共有从业人员8.38万人，同比下降3.9%；资产总额450.14亿元，同比下降2.35%；全年印刷工业总产值474.35亿元，同比下降3.52%；实现利润总额24.7亿元，同比下降3.62%；销售收入464.37亿元，同比下降2.8%；印刷工业总产出589.71亿元，同比下降3.7%；工业增加值92.62亿元，同比下降3.58%。

截至2020年底，全省共有复制单位3家。2020年完成年度核验复制单位1家，从业人员95人，资产总额9145万元，全年工业总产值3650万元，实现利润总额–280万元，销售收入3150万元，工业总产出3750万元，工业增加值550万元。暂缓年度核验2家（停产）。

2020中国印刷包装企业100强榜单显示，四川上榜企业6家。从地区分布来看，珠三角地区有百强企业12家，长三角地区有38家，京津冀有8家。中国三大经济圈共有百强企业58家。四川上榜企业数量仍居西部之首。

二、四川印刷业呈现持续稳定健康发展态势

2020年，四川省印刷业呈现持续稳定健康发展态势。一是产业规模不断壮大。2020年全省

印刷业资产总额450.14亿元，较“十二五”末增长5.40%；印刷工业总产值474.35亿元，较“十二五”末增长12.10%；销售收入464.37亿元，较“十二五”末增长12.65%；利润总额24.7亿元，较“十二五”末增长4.56%；二是产业结构逐步优化。2020年全省印刷企业3021家，较“十二五”末减少7.01%；从业人员8.38万人，较“十二五”末减少6.98%；年印刷产值超过5000万元的规模以上重点企业156家，较“十二五”末增长12.88%，产业集中度继续提高；三是内生动力得到增强。全省CTP装机量达756台，数字印刷机装机量79台，技术装备水平持续提高。传统印刷加快转型升级，新产品、新业态和新模式不断涌现，印刷与文化、服务等领域加快融合发展，印刷电子商务平台达18家；四是绿色印刷成效显著。通过绿色印刷认证企业数量652家，较“十二五”末增长79.50%；使用粉尘、纸毛、墨雾、废气收集装置企业1562家，较“十二五”末增长61.98%；通过清洁生产审核企业1087家，较“十二五”末增长84.21%。全省中小学教材教辅、省内出版的少儿类读物实现绿色印刷全覆盖，绿色印刷成为行业共识；五是市场环境更加成熟。印刷业法规制度进一步完善，出版管理部门简政放权、放管结合、优化服务，监管能力和服务水平不断提高。行业协会等社会组织发挥桥梁和纽带作用，推动了信用评价体系建设和行业自律。标准质量体系基本建立，“宽进严管、依法经营、产品环保、践行标准、科学管理、诚实守信”的市场环境逐步形成。

三、四川印刷业发展中存在的问题

一是发展路径模糊。多数印刷企业对企业自身发展和建设的规划、解决问题的方案、关键技术等认识不清晰。生产资源配置效率较低，散滥问题仍然较为突出，中低端产能明显过剩，产品同质化严重，企业价格竞争激烈。规模以上重点印刷企业数量占比仍然较低，缺乏具有国际竞争力的标志性骨干企业。

二是发展区域不平衡。成都市有印刷企业1099家，占全省印刷企业总数37.55%；印刷产值262.82亿元，占全省印刷产值55.41%。成都、宜宾、德阳、泸州、绵阳等经济发达地区印刷产值排名全省前5位，雅安、甘孜、阿坝等经济欠发达地区印刷产值居全省后3位，主要原因与当地经济结构、产业发展、印刷资源等因素有关。

三是发展创新力薄弱。自主创新能力不足，重大技术创新和产业化项目缺少投入，印刷装备数字化、智能化水平不高，新产品、新技术、新服务还无法充分满足社会需求，融合发展还需要进一步拓展，产业发展新引擎尚未形成。

四是管理水平粗放。印刷过程数字化控制全流程和全产业链综合集成应用体系不全。大部分企业管理粗放，缺乏信息化管理手段和精益生产，技术管理、供应链管理、成本管理、质量管理和人员管理等需要加强。

五是发展人才缺乏。当前，支撑四川省印刷企业发展的生产管理人员主要是“老人”，知识老化，技术革新和创新能力不足。人才流失、招工难等问题比较普遍，特别是高级技术工人缺口较大。企业扩大生产和融合转型过程中缺乏管理、技术、金融、贸易、IT等专业人才。

四、抓住机遇，迎接挑战，推动四川印刷业高质量发展

当前，四川省正面临新时代西部大开发、成渝地区双城经济圈建设等重要机遇，同时，印刷业也面临疫情影响，适应“新业态”等深层次问题。在这一重要的历史时期，四川省委宣传部等部门联合发布了《关于推进印刷业绿色化发展的实施意见》，对加快推动四川省印刷业高质量发展进行部署，提出了按照建设期和提升期两个阶段推进，实施印刷业绿色化发展重大项目，培育优质印刷企业和品牌，打造印刷业绿色化发展产业集群，建立完善印刷业绿色化发展机制，推动四川省由印刷大省迈向印刷强省的发展目标。

一是建立完善印刷业绿色化发展机制。积极沟通协调相关部门、协会和企业，制定相关标准和规定，不断完善印刷业绿色化发展标准体系。协调生态环境部门，强化源头削减和过程控制，分类施策做好末端治理。推行印刷业绿色产品合格评定制度，指导企业以第三方认证或自我声明等方式，按《绿色产品标识使用管理办法》使用相关标识。

二是加快培育优质印刷企业和品牌。联合有关部门，实施中小微印刷企业扶持计划、国家和省级印刷示范企业提升计划。以产业链为纽带，以百强企业和规模以上企业为基础，建立“一企一策”个性化培育机制，加快培育一批高成长型和行业“小巨人”企业，一批具有核心技术研发能力、绿色化发展带动引领能力的龙头骨干企业，构建“龙头企业＋中小微企业”的共生共赢局面。

三是打造印刷业发展产业集群。鼓励企业强化交流合作，积极承接高端产业链、高新技术的转移，引进一批智能印刷技术、节能环保技术和新能源技术，实现对现有产业链缺失环节的“延链”“补链”“强链”，提高产业集中度与市场竞争力。立足省内各地产业优势，推动各地聚焦印刷业升级方向，高水平规划、高质量建设一批集印刷物资供应、印刷机械制造、印刷生产、物流服务等于一体的多功能综合印刷产业集群或基地。

四是实施印刷业发展重大项目。发挥项目带动作用，在印刷装备制造、加工工艺改进、原辅材料研发、环保设施建设等方面，加大对重点项目的支持力度，培育遴选公布印刷业绿色化发展重大项目。引导和鼓励企业加大研发投入，聚焦智慧印刷、数字印刷、印刷业数字化信息化建设，加快技术创新、产品研发，推进产能持续转换。引导省内企业和科研院所积极投入印刷业绿色化发展科技攻关，以创新驱动印刷业绿色化发展。

五是优化印刷业发展环境。指导各市（州）加强与地方“十四五”规划编制的工作对接，将印刷业绿色化、数字化、智能化、融合化发展重大项目纳入本地国民经济社会发展和文化产业发展总体规划，落实相关政策，为印刷业发展创造良好条件。引导印刷企业要加大人才引进和培养力度，加强与高校、科研院所等合作，建立校企（院企）合作机制，培养管理型、技术型、研发型复合人才和高端人才。■

2020年贵州省印刷业发展持续稳定

中共贵州省委宣传部　杨毅

截止到2021年6月底，贵州省印刷企业年度核验工作已全部完成。根据贵州省印刷企业年度报告采集数据统计，全省共有印刷企业639家，比2019年增加23家；全年共完成工业总产值54.61亿元，比上年增长15.16%；工业增加值15.02亿元，比上年增长26.11%；实现销售收入53.09亿元，比上年增长14.81%；年末拥有资产总额96.29亿元，比上年增长5.70%；实现利润总额4.69亿元，比上年增长16.96%；从业人员16773人，比上年增加3505人。

一、从数据变化的多角度来看

从管理类别来比较。2020年，全省91家出版物印刷企业全年共完成工业总产值8.23亿元，比上年下降10.45%；完成工业总产出8.48亿元，比上年下降12.85%。171家包装装潢印刷品印刷企业共完成工业总产值42.13亿元，比上年增长23.37%；完成工业总产出44.73亿元，比上年增长26.04%。297家其他印刷品印刷企业共完成工业总产值2.69亿元，比上年下降4.61%；完成工业总产出2.82亿元，比上年下降5.69%。

从主营业务来比较，以书刊印刷为主营业务的企业2020年共完成工业总产值4.68亿元，比上年下降17.61%；以报纸印刷为主营业务的企业共完成工业总产值1.34亿元，比上年下降18.79%；以纸包装印刷为主营业务的企业共完成工业总产值20.34亿元，比上年增长60.16%；以塑料软包装印刷为主营业务的企业共完成工业总产值3.11亿元，比上年下降29.64%；以普通票据印刷为主营业务的企业共完成工业总产值4.32亿元，比上年增长2441.18%。

从统计数据看，2020年全省印刷企业较2019年总体上有所进步，工业生产总值、工业增加值、销售收入、年末拥有资产总额、实现利润总额、全行业从业人员总数等关键性指标都较2019年有明显增加，特别是普通票据印刷为主营业务的企业共完成工业总产值4.32亿元，比上年增加了2441.18%，是所有项目中增长最多的。但也有一些指标稍有回落，例如，从管理类别看，其他印刷品印刷企业工业总产值较2019年有所下滑。据初步分析，主要由以下几个原因造成。一是市场自由选择。部分产能低下印刷企业在激烈的市场竞争机制影响下，被淘汰出局；二是部分印刷企业发展方向的转变。企业出于盈利目的，主动调整发展方向，聚焦利润空间较大业务，在主营业务之外减少了资金和技术投入；三是技术进步导致部分产品需求减少。部分传统优势印刷业务出现萎缩，如随着信息技术的发展，网络传媒对传统纸媒的影响，电子发票对票据印刷的影响等。总体来说，系统采集数据基本上能够反映全省印刷业发展的态势，但数据的精准性和精确性还有待进一步提升，部分企业的系统填报人员，对相关指标的内涵和范围把握不够精准，造成理解上的偏差，会导致系统数据和真实情况有一定偏离。

二、从印刷业发展的新特点来看

一是政治站位更高，政治立场更坚定。2020 年全省印刷企业牢牢守住意识形态主阵地，印刷行业精品意识不断提升，在重要印刷品方面管理更规范，质量要求更高。2020 年，新闻出版行政主管部门加强了对党和国家重要文件文献、重要报纸期刊、少儿出版物等印刷品的监管，提高了印刷门槛，减少了准印企业数量。全年共印刷党和国家重要文件文献 33 种总计 8.05 万册，用纸 308.13 万令；印刷重大主题出版物 30 种总计 8.09 万册，用纸 28.39 万令；印刷重要报纸期刊 40 种总计 1428.32 万册，用纸 50.97 万令；印刷少儿出版物 51 种总计 15.27 万册，用纸 33.44 万令；全年印刷中小学教科书 667 种总计 4844.55 万册，用纸 33.81 万令。总体来看，在数量上都比 2019 年有所增加，质量也有明显提升。

二是行业整体发展呈现稳中有进的良好态势。从近三年的年检数据来看，全省印刷企业守法经营总体情况较好，未发现重大违法违规经营行为，未发现侵犯知识产权、非法印制商品标识标签和盗印等行为。整个印刷业生态环境较好，企业能够实现良性发展。从近三年的年度报告数据来看，贵州省印刷企业的工业生产总值、工业增加值、销售收入、年末拥有资产总额、实现利润总额、全行业从业人员总数等反映行业发展走向的关键性指标均逐年上升。全省印刷业整体呈现稳中有进的良好发展态势，在拉动地方经济增长，缓解社会就业压力方面持续发挥着积极促进作用。特别值得一提的是，在 2020 年，贵州省有 2 家印刷企业获得国际印刷奖项 11 个，取得良好成绩。

三是企业转型发展意愿更强烈。2020 年贵州省印刷业研发投入资金 8239 万元，占全行业利润总额的 17.55%，较 2019 年提升 14.68%。省内拥有 25 家印刷产值超过 5000 万元的印刷企业，2020 年有 15 家企业新增了研发资金，金额从 5 万元到 1496 万元不等，这些企业瞄准绿色印刷和智能印刷等先进生产力发展方向，不断谋求企业自身的转型升级。除了几家比较大型的包装印刷企业外，部分中小企业在研发方面也展现了较强的投入意愿。

三、从我省印刷业目前存在的问题来看

印刷业是伴随着社会经济的发展而不断演化的。进入 21 世纪以来，由于网络经济的兴起，电子媒体、电子政务、电子商务得到了快速发展，而传统纸质媒体却日渐衰微。这一趋势深刻影响着印刷业，从而也导致了报纸、杂志、纸质宣传品逐渐丧失了主流信息传播功能，许多出版机构关停或减少了纸质出版物的出版，进而转向电子网络媒介的现象日趋严重。再者，伴随着电子文书、电子发票、网络营销等在市场上的广泛应用，使传统的出版物纸质印刷、商业印刷呈现出衰退趋势，形成了对中小印刷企业的巨大冲击，影响了中小印刷企业的生存。

与此同时，市场对包装装潢印刷需求正不断提升。我国改革开放初期，市场有“一流的商品、三流的包装”的说法，在贵州，茅台酒包装就是一个典型事例。伴随着社会经济的发展，市场对商品包装物的需求也在演化，与产品相匹配的精美包装已经成为了一种趋势。近年来，服务于贵州省“五张名片（酿酒、茶叶、药、烟、旅游）”的市场需求快速增长。省里相关部门大力推进行业对接，把黔货出山相关的产业扶贫、酿酒行业的包装产业链完善提到了全省产业发展的高度，为包装装潢印刷的发展拓展了巨大的空间，带来了这个行业的爆发式增长。但贵州省印刷企业在转型期也面临如下问题。

1. 在资金投入方面。包装业与传统印刷业有完全不同的工艺要求，“工欲善其事，必先利其器”。由于本省经济发展滞后，印刷包装企业投入较大，而原来的大多数传统印刷企业资金短缺，在转型期投入大量资金进行技改也就成为了贵州省印刷企业面临的第一道难题。

2. 在人力资源方面。人力资源匮乏是行业的难题，包装业有完全不同的工艺规范与技术路径。转型意味着在工程、设计环节对人才的需求，生产线需要更严格的管理和熟练的技术工人，这些都是贵州传统印刷企业的短板。

3. 在运营资金方面。中小企业融资难是世界性的难题，在包装业，资金需求体量大、周期长，而这一问题在贵州省传统的印刷企业中尤为突出。

4. 在产业链方面。完善的产业链是一个行业发展的基础，一个好的企业，其产业链是比较完善的。但贵州的印刷企业多数为中小型企业，且部分企业由于业务少，技术更新慢，技改资金缺乏，产业链建设缓慢，无法形成相对健全稳定的产业链。

相较于包装印刷的转型，传统的出版物印刷、商业印刷面临的是一个萎缩的行业面临的问题：

一是恶性竞争。市场的萎缩带来了企业的困境，现行的“最低价格中标”加剧了行业的恶性竞争，导致了出版单位与印刷企业“双输”的局面，印刷企业为了生存进行“倾销”式投标、出版单位很难得到满意的产品。

二是无序竞争。虽然国家对印刷业有诸多的约束规范，如《印刷业管理条例》，环保、安全生产、职业卫生等部门的相关要求等，但一些印刷企业为了生存，违规承接业务、无序竞争的现象也较为普遍。

三是印刷品垄断。印刷业是市场化程度较高的行业，而出版资源、包装资源的垄断在省内是客观存在的问题，这也从客观上压缩了中小传统印刷企业生存的空间。

把印刷业置身于全省实体经济产业的一环，予以相应的重视，才是贵州省印刷业未来的希望！■

2020 年青海省印刷业基本情况

青海省印刷协会

一、基本情况

（一）印刷企业核验情况

2020 年，全省共有 219 家印刷企业，相比较 2019 年增加了 18 家。其中，出版物印刷企业 43 家（减少 1 家）、专项排版制版企业 10 家、包装装潢印刷企业 18 家（增加 2 家）、其他印刷品印刷企业 137 家（增加 21 家）、专营数字印刷企业 11 家（减少 2 家）。全省印刷企业资产总额 8.25 亿元（比 2019 年减少 1441.07 万元），销售收入 5.38 亿元（减少 1288.40 万元），工业总产值 5.46 亿元（减少 318.54 万元），利润总额 737.41 万元（减少 134.49 万元），从业人员 3432 人（减少 47 人）。全省 43 家出版物印刷企业资产总额 5.01 亿元、销售收入 2.57 亿元、工业总产值 2.60 亿元、利润总额 343.58 万元、从业人员 1539 人，分别占全省印刷企业的 60%、47%、47%、46% 和 44%。

从年检情况来看，2020 年青海省印刷企业主要受新冠肺炎疫情影响，整体经营状况欠佳，资产总额、销售收入、工业总产值、利润、从业人员等指标都相比 2019 年有明显减少。在日常检查中了解到，大部分印刷企业业务订单少于往年，有些企业甚至停工停产达半年之久，经营困难成为普遍现象。在印刷设备方面投入也同比减少，仅有 2 家企业投入 500 多万元购置 2 台数字印刷设备。

（二）复制企业核验情况

青海省现有 1 家复制企业递交年度核验材料，年检合格。青海省外文书店企业资产总额 607.73 万元，销售收入 346.87 万元，利润 29.60 万元，税金 14.98 万元，职工 5 人。企业共有 5 台磁带生产机，复制业务单一，仅生产中小学英语磁带，2020 年生产 51.82 万盘。

二、主要工作

（一）聚焦使命任务，加大行政监管力度

1. 开展印刷复制专项整治。坚持“双随机”日常监管和专项整治两手抓。在部署全年印刷复制工作的基础上，青海省新闻出版局对西宁市、海东市、海南州、海北州进行了 12 次抽查。在出版物市场“双随机”检查中，全省共检查印刷企业 138 家、打字复印店 346 家，查缴非法图书 2600

余册，进一步规范印刷复制市场秩序。

2. 优化印刷复制审批服务。一是在认真承接、梳理、下放行政审批事项的基础上，完成“证照分离”事项梳理和政务服务“四级四同”事项的编制工作；二是利用“信用中国”网站和国家企业信用信息公示系统（部门协同监管平台——青海）对审批事项及时公示，提高监管效力；三是疫情发生后，充分发挥网络平台作用，为印刷发行企业申请事项和办理业务提供便捷服务。共办理审批事项 521 件（其中：数字印刷许可 7 件、图书期刊印制委托书 468 件、期刊条码制作 46 件）。

3. 开展印刷复制质检工作。一是印发《关于开展 2020 年“3•15”质检活动和中小学重点教材检查工作的通知》（青新出发〔2020〕13 号），并组织开展了“3.15”质检和春季教材质检抽查工作，经检验，中小学教材的绿色印刷质量全部合格；二是开展 2020 年度印刷质量检测评定工作，选送的 104 种出版物，评选出 3 种优质品、15 种良好品。

（二）助推行业发展，繁荣印刷复制市场

1. 做好行业服务，为企业健康发展提供保障。自新冠肺炎疫情发生后，青海省新闻出版局积极组织应对，要求全省印刷发行企业在建立防控机制和工作预案的基础上，指导印刷各类防疫图书 8.6 万册、防疫海报等宣传品 40 万份。疫情期间，积极帮助企业解决存在的困难和问题，其工作受到了省级领导的表扬。

2. 坚持项目引导，为繁荣出版物市场奠定基础。一是落实少数民族地区和边疆地区文化安全专项资金 708.30 万元，落实民文教材出版印刷发行单位亏损补贴资金 457 万元；二是完成《青海省“十三五”少数民族新闻出版东风工程二期项目评估》《青海省印刷业“十三五”规划实施总结评估》等，及时全面总结“十三五”时期青海省印刷业发展成果，为编制“十四五”发展规划提供参考。

（三）夯实发展基础，推动工作提质增效

1. 举办技能大赛，培育优秀印刷人才。举办第七届全国印刷行业职业技能大赛青海赛区初赛，共设单色印刷机、四色胶印机、轮转胶印机和平版制版四个竞赛组。经笔试和上机实操比赛，共产生一等奖 4 名、二等奖 6 名、三等奖 8 名，对成绩优秀的 12 人授予“技术能手”称号。其中 5 名优秀选手代表青海省参加全国印刷行业职业技能大赛决赛，最后有 1 名选手获得“平版制版工”比赛组优秀奖。2020 年，青海省技能大赛初赛活动参与范围广、参赛人数为历届报名人数最多的一届。

2. 强化指导服务，完成印协换届选举。严格按照《青海省社会团体选举规程》，青海省印刷协会做好前期各项准备工作，经部领导和民政厅批示同意后，顺利完成青海省印刷协会换届选举工作。

3. 开展调研工作，指导企业健康发展。6 月份，对青海新华民族印务有限公司进行专题调研，分析研判企业存在的问题和发展瓶颈，指导企业在盘活资源、拓展活源、申报项目、抓人才队伍建设等方面下功夫，力求突破，助力企业积极适应市场经济发展的新要求，新挑战，不断稳步发展。

三、存在问题

（一）印刷企业规模小、发展慢

由于青海省印刷复制市场体量小，年产值 5000 万元以上规模以上重点印刷企业只有一家，绿色印刷企业仅有 6 家。大部分印刷复制企业由于基础差、设备陈旧、缺乏资金，自身发展能力较弱，

发展较慢。

（二）生产成本高、经营压力大

近年来，纸张、油墨等印刷材料大幅上涨，但印刷工价上涨不多，加之青海省印刷材料全部依赖外省供应，致使运输成本高，企业生产成本高。此外受2020年新冠肺炎疫情的影响，导致省内大部分印刷企业经营困难。

（三）印刷质量有待进一步提升

青海省整体印刷质量水平不高，在中国出版政府奖印刷复制奖项的筛选推荐中只有1种图书参评。个别企业抓质量促发展优服务的意识不强，2020年全省出版物质量检测评定中还出现了1种不合格品。

四、今后的工作思路

（一）加强日常监管，规范经营秩序

一是坚持日常监督常态化，规范化。通过增加日常监管次数和频率，及时发现、研究解决出版物市场出现的新情况、新问题。二是做好教育引导工作，开展经营单位法治培训。积极引导印刷复制经营者依法经营、守法经营和安全经营意识，通过倡导行业自律，反对市场不正当竞争，反对违规违法经营活动现象。

（二）开展重点整治，解决突出问题

一是开展“双随机，一公开”全省抽查活动，加强印刷复制管理。在重点时段和节点，组织全省开展专项检查，坚决查缴封堵非法印刷复制活动，规范企业的印刷复制行为；二是进一步加强对内部资料性出版物的日常监管，杜绝出现有内容问题以及导向错误的文章。按照“谁主办谁负责、谁主管谁负责”的原则，严格落实意识形态工作责任制，加强意识形态领域安全教育。

（三）培育市场主体，促进产业经济健康发展

一是按照“证照分离”和“四级四同”要求，严格行政审批事项，优化审批程序，为培育市场提供法治保障；二是在全省范围内开展优秀印刷企业评选活动，树立典型，发挥示范引领作用，带动行业发展；三是开展“3•15”质检和印刷产品质量测评活动，推动印刷业高质量发展。■

2020 年西藏自治区印刷业发展基本情况

西藏印刷协会理事长　央金

一、基本情况

近年来，由于原辅材料、纸张、油墨等价格上涨、电子书带来巨大冲击，激烈的市场竞争环境，使西藏自治区中很多印刷企业面临着严峻挑战。西藏印刷业主管部门和企业克难求进，在创新中寻求突破与发展，逆势上扬，实现了快速发展。

由于历史的原因，多年来，西藏印刷业新需求新变革步伐缓慢，印刷业整体上规模小，技术设备较落后，高层次的专业管理技术人才和从业人员素质普遍较低，质量效益总体不高，优质产品仍然缺乏，有效供给不足，西藏印刷业一直处于较落后的状态。2020 年自治区党委宣传部和西藏印刷协会，以推进新时期西藏印刷业高质量发展为目标，注重抓住关键问题深入研究、有效突破，着力推动解决行业发展面临的一系列突出矛盾和问题。通过调研和讨论，使全区印刷业的关键性、基础性问题越来越清晰，越来越集中。比如区内发展不平衡，全区 40 家企业，60% 集中在拉萨市区，其他地市仅占 40%，且规模较小。一是全区印刷业“大的不强、小的不精”，缺乏核心竞争力；二是设备技术改造能力弱、创新投入不足，缺乏高素质技术管理人才。这些问题，既是“十四五”时期西藏印刷业治理体制机制改革创新的关键所在，也是推动产业高质量发展的战略性、先导性任务，需要集合力量，聚焦重点领域和关键环节，尽早取得突破。

当前，针对西藏印刷业存在的实际困难和问题，自治区党委宣传部和西藏印刷协会，把实现印刷业的发展作为带动整个新闻出版产业发展的重要支撑。组织西藏印刷业经营者到企业参观学习，采取“走出去、请进来”方法，邀请国内先进龙头印刷企业进藏考察、培训，积极扶持我区印刷业的发展。同时，区党委宣传部对西藏印刷业的快速发展，在国家和西藏自治区文化产业发展专项资金项目上给予许多政策上的倾斜。2020 年，西藏印刷业状况有了大的改观，取得了一定发展。

一是加大学习培训。2020 年为适应西藏印刷业不断发展的需要，主管部门区党委宣传部和西藏印刷协会，多次组织区内印刷企业经营者到国内先进龙头印刷企业进行培训和组织外出考察，给区内相对滞后的印刷业提供一个互相交流、互相学习、互相借鉴、共同提高的良好平台。使经营者的理念由“要我发展”向“我要发展”转变，由“等、靠、要”向“谋、抢、创”转变；二是加大技术更新和设备改造的力度。全区现有印刷企业 40 多家，在 2012 年以前，印刷业技术落后、设备陈旧，与市场需求差距很大。2020 年，为加大印刷企业技术更新和设备改造力度，依托国家和西藏自治区文化产业发展专项项目资金上的倾斜，完成重大项目资金近 7000 万元。投资 1.04 亿元的拉萨中心书城项目、投资 2113 万元的西藏出版物物流配送中心迁址重建项目、投资 1000 万元的西藏数字印刷中心项目、投资 400 万元的西藏智能书刊印刷设备引进项目等已全部竣工完成并投入使用。2020 年底，全区已拥有各类四色印刷机 10 多台、进口设备 6 台 / 套，且具有国际先进水平的德国海德堡四色印刷机落户拉萨市，这将大大提升西藏印刷业的整体实力。同时生产技术和管理理念等方面有了较大提高。如今，西藏印刷业得到了长足发展。2020 年有 3 家印刷企业先后购进了新印刷设备，投资超过 2000 万元。

二、基础数据

2020 年，全区共有 40 家印刷企业通过年度报告核验。其中出版物印刷企业 25 家，包装装潢和其他印刷品印刷企业 15 家。有 8 家印刷企业获得绿色印刷认证。2020 年度，拥有从业人员 984 人，西藏印刷企业资产总额为 11.3 亿元，同比下降 14%；销售收入 4.45 亿元，同比增长 27%；利润总额 2671.89 万元，同比增长 129%。

自 2020 年初开始，西藏自治区提高印刷企业的准入门槛，提升准入标准的多为包装印刷企业，包括塑料包装印刷企业。同时，西藏新华印刷厂根据市场需求调整了生产项目，向印前、印后、包装装潢印刷等方面延伸或发展。西藏福利印刷厂以彩印包装为主，专门制作各式礼盒，通过创新经营思路、引进先进设备、创新技术工艺，已经打造出了福利包装品牌。

三、市场情况分析

在印刷业中，包装印刷是发展最快、效益最好的领域。其中，西藏藏医制药厂和高原之宝食品业是利润最可观的行业，制药厂和食品行业是区内经济发展的优势产业。特别是自治区政府把拉萨市作为全区重要制药基地，拉萨市药品和食品两个行业发展迅速。2020 年，西藏自治区药品、食品包装产值约占全部印刷工业总产值的三分之一，约 3.76 亿元左右。由此可见西藏自治区包装印刷市场需求空间巨大。

除包装印刷外，书刊印刷市场潜力也很明显。西藏有《西藏研究》《西藏组工》《西藏青年》《西藏党建》《西藏审判》等多家期刊，有西藏人民出版社和西藏藏文古籍社，以及西藏地区税务发票、西藏财政发票等市场。拥有多所大中专院校，学院每年自编教材较多，需要大量的学生用书，各级政府、机关、企事业单位的宣传画册、内部资料印刷品在逐年增多。

以上两类印刷品，每年均有增长空间。部分业务、订单外流，西藏印刷业只能承揽外包装等纸箱印刷品和少量食品包装印刷品业务、订单。

四、主要问题

1. 缺乏先进管理模式及开拓进取精神。企业经营者大多思想保守，对市场发展前景持观望态度，缺乏市场开拓信心和勇气。大多是家族式管理模式，内部管理实行“一言堂”，从采购、生产、销售到设计、排版、印刷，几乎都是老板自己亲力亲为，缺少团队合作意识。

2. 缺乏龙头企业引领，市场占有率低。全区共有印刷企业 40 家，数量少、实力弱。由于地理、资金等制约因素，绝大多数印刷企业规模小，生产能力差，技术、设备落后，效率低下。行业缺少龙头企业拉动，未形成集群效应。全区印刷业中产值超千万的仅有 3 家，超 500 万的 5 家，市场占有率低，在行业中辐射带动作用不强，无法拉动全行业整体发展。

3. 缺乏专业分工，企业经营模式单一。全区印刷企业几乎都是“小而全”的经营规模，没有“专、特、精”企业，无法拉动全行业整体发展。

五、对策措施

1. 树立“大印刷”产业发展观。把西藏印刷业放在区内大格局中去考虑，深入研究西藏印刷产业发展格局，突出地域特色，发挥自身优势，增强整体意识，强化专业分工，加强信息沟通，深化与兄弟城市之间的交流和合作。不断提高专业化水平，主动完善产业链，寻找发展机会，规避竞争风险。

2. 实施龙头带动战略。全区印刷企业总量少，真正具有规模的仅一到两家，这是制约西藏印刷业整体发展的一个主要问题。要积极引进国内先进印刷龙头企业，带动全行业的快速发展。

3. 谋划建设印刷园区。集群式发展是工业企业做强做大的标志。西藏自治区将出台相关产业政策对全区印刷业进行产业调整，积极做好“绿色印刷产业园区”项目建设，结合实际制定发展规划，为企业做强做大创造良好条件。

4. 全面提升服务效率。区新闻出版局及相关部门要为印刷企业与制药、食品等行业提供服务平台，实现供需见面，以促进本地区包装印刷市场资源留在本地，在缩小生产半径的同时，把印刷业作为政府重点扶持行业。■

2020 年香港印刷业回顾

香港印刷业商会

2020 年，新冠肺炎疫情导致的经济危机席卷全球，各国封锁措施一度使经济大范围停摆，失业率飙升。继单边主义、保护主义抬头等影响国际贸易市场后，严峻的疫情为世界各国再添难题。根据国际货币基金组织数据，2020 年全球经济萎靡 3.5%，而其中呈正增长 2.3% 的中国在疫情当中不仅展现了泱泱大国的处事风范，更是充分地呈现了其优秀的国际竞争力。

作为开放型经济体，“高度开放”是香港经济的显著特点，同时也就意味着会受外部较大的影响。2019 年中美贸易摩擦、全球经济放缓和本地“黑暴”事件的三重冲击下，香港陷入了金融风暴后的首次经济负增长，尚未恢复之际，疫情袭来更是让经济再次受创。在 2020 年，全年经济收缩幅度达到 6%。在此艰难环境下，香港印刷业竭力维持企业正常发展，在努力抗击疫情的同时，也坚定行业“绿色化、智能化”的发展方向，期望在疫情消退的时候，能够以最迅速的脚步跟上市场需求，拓宽发展空间。

一、2020 年香港印刷业发展概况

2020 年，突如其来的疫情引发全球性危机，各国人员往来按下了“暂停键”，世界经济增长挂上了“倒车挡”。在此特殊时期，中国率先控制住疫情，及时复工复产，实现经济正增长，在艰难的 2020 年取得了尚且令人满意的成绩。

然而需要高度依赖服务业的香港在面对限制跨境活动及社交距离措施时就显得尤为困难。“保生计”意味着不能全面隔绝进出口往来，疫情难以得到有效控制；“保生命”则意味着高度依赖的服务业、零售业、旅游业、运输业面临全面停摆，日常生活大受影响。两方艰难抉择之下，2020 年香港上半年 GDP 实质收缩约 9%，创有记录以来最大半年跌幅；下半年得益于内地强劲的外贸活动，香港商品贸易活动也开始复苏。根据政府统计处的资料，2020 年第三季度香港商品进出口已由跌转升，其中整体出口货值同比增长 3.9%，进口货值同比增长 1.8%。

对于香港印刷业而言，2020 年无疑是艰难的，整体工业环境都陷入低迷状态，制造业工业生产指数四个季度同比连续跌幅为 4.6%、5.1%、7.4%、6.0%，而纸制品、印刷及已储录资料媒体的复制行业同比跌幅为 4.2%、4.5%、3.9%、3.4%。虽然跌幅不及整个制造业严重，但同样十分严峻。

同时印刷复制业就业人数和就业空缺也双双下降，从2019年的11709人减至2020年的11092人，就业空缺也下降约40%。由此可见，2020年印刷业受到巨大冲击。

2020年香港印刷企业减少约20家，在疫情冲击下，部分以本地市场为主、以宣传广告单类型为主营生产业务的传统印刷企业，由于经营压力而倒闭；而部分外销型企业则遭遇订单取消或延期，致使资金运转艰难而无奈关门。除此之外，在疫情影响下，有些企业不看好市场前景而选择“光荣结业”，由于“第二代”不愿接手而选择关闭的企业也为数不少。最后由于中美贸易战的影响以及国内发展需求的转变，随着劳动密集型企业开始往东南亚搬迁，而为之配套服务的包装印刷企业也随之迁移，因此也出现结业的情况。对于资金较为充足的企业，则更加意识到人员不稳定对企业发展的限制，因而加快了“智能化”的进程。通过引进智能化、自动化设备，减少对人工的依赖，同时完善产品生产标准化，减少人为错误；另一方面也推动ERP、MES系统的资料连通应用，通过实时化的信息牌，完善快速反应工作。综合而言，传统印刷企业应做好自身的转型升级以应对市场需求变化，所谓汰弱留强，留下来的企业将会更具生命力。

与工业生产指数持续下降相比，生产者价格指数则呈持续增长的状态。2020年全年相比2019年上涨2.3%，四个季度分别增长1.3%、1.3%、3.8%、2.9%，增幅平稳。相较于制造业的整体平缓增长，纸制品、印刷及已储录资料媒体的复制行业则略有波动，在第一季度获得1%的增幅后，第二季度则下降了1.8%，第三、四季度则平缓上升0.8%、0.7%。生产者价格的上升一方面表现了由于生产量下降导致供不应求，致使价格有所上升，另一方面也体现了由于经济不景气，生产商只能通过提升价格来维持运营，整体经营环境依旧艰难。

二、2020年香港印刷业历程剖析

2020年，中国在科学的防疫措施之下，生产生活快速恢复，国民经济稳定复苏，成为2020年唯一实现正增长的主要经济体，展现了强大的修复能力和生机。虽然印刷业作为中国新闻出版业中市场化程度最高的部分，在国际市场也具有明显的比较成本优势，然而在2020年，中国印刷业依旧受到了很大影响。根据国家统计局资料显示，2020年印刷和记录媒介复制业规模以上企业利润总额为416.2亿元，同比下降5.7%。与内地印刷业相比，香港印刷业的情况更为严峻，2020年印刷品出口额仅为10.5亿港元，受疫情影响按年下跌24.4%。在全民抗疫的时期里，香港印刷业商会多次发挥企业与政府的沟通桥梁作用，就行业发展困难及现状需求向政府反映，也同时将防疫抗疫基金的申请要求等各项细则反馈给行业，为更多的同行在艰难的环境中纾困。另一方面，商会也积极调动自身力量，协助商会会员企业抗疫，向企业发放防疫包，及时宣讲疫情最新政策，并积极鼓励业界接种疫苗。在艰难的环境中，各方齐心协力，共抗疫情，为争取早日恢复平稳发展的社会环境贡献力量。

香港印刷业在艰难的2020年也没有停止推动行业进步的步伐。香港印刷业商会在香港特别行政区政府工业贸易署中小企业发展支援基金拨款资助下，于2020年11月分别举行了迈进“印刷4.0”国际会议、如何建立“印刷4.0”推行方案及实践“印刷4.0”所需应用技术研讨会，吸引了数百名行业人员参与，会上多位来自中国和德国的专家分享了印刷业的发展趋势、“工业4.0”的升级转型解决方案及案例，为印刷企业实现“工业 4.0”带来思考，有效推动了企业在转型升级工作上的实践。

三、总结

2020 年是让人无法忘怀的一年，世界被按下了暂停键，平静的生活被掀起了波澜。香港印刷业面临的问题也同样严峻，一系列的挑战影响着原本平稳的发展。然而面对一个个的难题，行业仍然积极地应对，紧跟国家发展的步伐，积极探索以国内大循环为主体、国内国际双循环相互促进的新发展格局下印刷业的发展方向，坚持跟随转型升级路径。

国家“十四五”规划和二〇三五年远景目标中明确，未来五年中国将全面繁荣新闻出版事业。香港印刷业也必将发挥自身的发展优势，全面推动印刷业现代化发展进程。■

2020年深圳市印刷业概况

深圳市印刷行业协会秘书处

一、2020年深圳印刷业经营数据分析

根据深圳印刷企业年度报告公示数据显示，2020年，深圳市拥有印刷企业共计2190家，印刷行业从业人员总数近12万人，资产总额约929亿元。2020年，全市印刷企业营业收入约543亿元，工业总产值达521亿元，工业总产出约552亿元，工业增加值约122亿元，实现总利润约35亿元。2020年，全市对外直接投资额约1.3亿美元，对外加工贸易额约16.1亿美元。全市规模以上重点印刷企业共175家，数量占行业企业总数的8%；规模以上重点印刷企业从业人员约6万人，占行业从业人员总数的51%；规模以上重点印刷企业资产总额约605亿元，占全行业资产总额的65%；规模以上重点印刷企业完成工业总产值约367亿元，占全行业工业总产值的70%；规模以上重点印刷企业实现总利润约39亿元，与其余2015家行业企业的利润总额–4亿元相比，表现出了良好的盈利能力。

按企业管理类别，2020年深圳出版物印刷企业共152家，全年销售收入约143亿元，工业总产值141亿元，工业总产出145亿元；包装装潢印刷品印刷企业1486家，全年销售收入约365亿元，工业总产值350亿元，工业总产出376亿元；其他印刷品印刷企业共525家，全年销售收入约30亿元，工业总产值29亿元，工业总产出30亿元；排版、制版、装订专项企业共8家，全年销售收入、工业总产值、工业总产出等指标约6000万元左右；专营数字印刷企业共19家，全年销售收入约1.4亿元，工业总产值、工业总产出等项指标均约1亿元。

二、深圳印刷业发展成果

2020年，深圳市印刷业不断向绿色化、数字化、智能化、融合化方向转型升级，在推动绿色生产、创新发展、行业进步等方面继续发挥引领示范作用。

1. 在第三十一届香港印制大奖赛中，雅昌文化集团荣获1项全场大奖、1项冠军、6项优异奖，中华商务荣获2项冠军、4项优异奖，国际彩印荣获1项冠军、2项优异奖。裕同科技荣获意大利A' Design Award & Competition设计大奖赛三项大奖、德国iF DESIGN AWARD两项大奖，在第二届“中

国民企卓越管理公司”评比中，荣获“中国民企卓越管理公司”殊荣。雅昌文化集团董事长万捷入选“深圳经济特区40年40人”，被评为深圳创新创业人物和先进模范人物。在2020年度“最美的书”（原“中国最美的书”）评选中，共有13种获奖图书由雅昌印制或设计。深圳印协会长、劲嘉集团董事长乔鲁予在中国包装联合会成立40周年庆祝大会中荣获“卓越成就奖”。2020年12月23日，劲嘉集团被深圳市人民政府授予“深圳市市长质量奖（经济类铜奖）”。在中国印协成立40周年“致敬时代榜样”活动中，劲嘉、雅昌、精密达、力嘉、金杯印刷分别荣获“致敬时代榜样”特别贡献单位奖，精密达董事长郑斌、深圳印协秘书长张永东被评为“先进个人”，深圳印协荣获“先进集体”荣誉称号。

在2020年第七届全国印刷行业职业技能大赛中，深圳技师学院、精密达、海德堡、富士施乐等单位为大赛提供了场地、设备和技术等支持，为大赛的顺利开展提供了有力保障，相关单位和个人受到了通报嘉奖。来自雅昌、深圳职业技术学院、裕丰印刷、深圳技师学院、东莞职业技术学院的39名选手获奖，其中9名选手被国家新闻出版署授予“全国印刷行业技术能手”荣誉称号，深圳技师学院教师陈慧昌荣获“数字印刷员（职工组）”第一名，按程序被授予“全国技术能手”荣誉称号。

2. 深圳市印刷企业坚持绿色发展理念，严格按照国家、省、市环境管理部门的工作部署，主动落实排污许可管理要求，积极履行好污染防治主体责任，实现了2020年固定污染源排污许可全覆盖的目标。各企业将绿色发展的理念贯穿于生产全流程，努力实现印刷生产“低碳化、节能化、清洁化、高效化”，加快推动绿色制造体系建设，全市通过绿色印刷认证企业数量达21家。2020年8月，劲嘉集团中标国家工信部“国家绿色制造系统解决方案供应商”。裕同科技被工业和信息化部评为国家级“绿色工厂”，成为行业绿色转型的又一先进典范。

3. 围绕产业融合化发展与关键核心技术攻关，行业企业不断加强研发投入，大力提升企业自主研发能力和科技成果转化能力，实现了创新驱动的内涵型增长。鸿兴印刷创建的“广东省儿童益智玩具书绿色数字印刷工程技术研究中心”、科彩印务创建的“广东省标准化防伪包装与绿色印刷工程技术研究中心”、美盈森创建的“广东省绿色印刷及智能包装设计工程技术研究中心”2020年被广东省科技厅认定为省级工程技术研究中心。裕同科技深度参与产教融合，搭建创新型技能人才培育平台，不断探索推进产教融合制度体系，被纳入广东省第一批产教融合型企业。

三、重要活动

1. 强化印刷标准制定及推广

在国家、省印刷标准委员会的指导下，深圳印协积极构建深圳高端印刷标准体系，正式发布了《深圳高端印刷标准体系表》（T/SZPA 001—2020）、《纸质印刷品覆膜表面耐摩擦性能测试方法》（T/SZPA 002—2020）两项团体标准，完成《全生物降解塑料包装袋要求》《绿色制造供应商评价》两项深圳市团体标准的立项工作，主导和参与制定了《印刷技术 彩色打样用显示器性能指标》等十几项技术标准。通过全国印刷标准化技术委员会书刊印刷分技术委员会和包装印刷分技术委员会，完成了“国际印刷标准化组织ISO/TC130的国际印刷标准体系研究”项目，参与了由全国印刷标委会秘书处组织的“印刷业标准化战略研究”项目的研究和报告撰写工作，组织企业预研了 6 项标准化项目，积极开展标准宣贯与培训，承办各级各类标准预研会、工作组讨论会、标准审查会、标准体系建设研讨会，参加 ISO/TC 130 工作会议，参与国际标准化工作。深圳职业技术学院、劲嘉、裕同、雅昌、中华商务、海德堡、精密达等单位的行业专家，主导和参与了数十项行业标准的制定工作，以行业标准化工作引领印刷技术和产业的发展，助力印刷业转型升级高质量发展。

2. 编撰《深圳印刷产业运行情况和分析报告》，做好行业年度大数据的整理和分析

根据印刷企业年度报告数据，深圳印协编撰了 2020 年《深圳印刷产业运行情况和分析报告》。运用大量数据和图表，对行业总体态势、企业变化、经营数据，纵向横向比较，提供了较为准确和详实的数据，为政府部门对印刷业的决策和指导，提供了行业数据依据，为企业之间了解情况，把握趋势提供了借鉴。

3. 建立深圳市高技能人才公共实训基地印刷技术实训分基地

2020 年 7 月，深圳印协和高训中心联合创建了深圳市高技能人才公共实训基地印刷技术实训分基地，深圳印协负责日常运营管理工作。印刷技术实训分基地拥有数字化印通流程、海德堡速霸 A75 计算机直接制版机等系列先进设备，逐步开展印刷技术实训、职业技能等级认定、技能竞赛、教学实践等各项公共服务活动。

4. 进一步壮大协会专家库规模，为行业发展提供智力支持

深圳印协通过各种渠道广泛征集专家库专家，截至 2020 年，专家库已扩充到 103 人，其中包括正高级职称 40 人，副高级职称 48 人，暂未获得副高级职称但在包装印刷行业某一特定专项领域有着突出技能和贡献的专家 15 人。专家中从事印刷与包装设计、印刷与包装工程（技术）、印刷图文信息处理、图像传播工程专业的专家 85 人，从事印刷电子及智能包装、计算机信息管理及应用、印刷设备自动化、印刷材料、制浆造纸工程等专业的专家 18 人。

5. 开展“2020 年印刷业文化安全专项巡查”

为加强印刷业行业监管，维护行业正常经营秩序，根据深圳市新闻出版局的部署和要求，深圳印协于 2020 年 8—11 月，开展了“2020 年印刷业文化安全专项巡查”工作，对选定的 100 家印刷企业，重点针对图书、期刊等各类出版物印刷品和含产品标识的包装装潢印刷品，在机台、车间、样品室等采取随机抽样的方式，查看合同、印刷委托书、准印证、商标注册证等印刷品承印验证文件以及生产、送货、废品销毁记录和留样记录，检查印刷企业落实承印管理五项制度情况、印刷企业依法经营和文化安全情况。■

郑州市印刷业基本情况

郑州市印刷行业协会

一、郑州市印刷业的现状与形势分析

1. 基本情况

郑州市作为河南省省会城市，是中原经济区核心城市，郑州市印刷行业在全省印刷业中起着引领和示范的作用。据最新年审结果，郑州市参加年度报告的印刷企业 543 家（其中出版物印刷企业 152 家，数字印刷企业 20 家，专项制排版、装订企业 15 家，包装装潢印刷品印刷企业 236 家，其他印刷品印刷企业 120 家），2020 年工业总产值 70.78 亿元，年利润总额 3.77 亿元，从业人员数量 16000 余人。

2. 发展规模

郑州市年产值 500 万元以上的印刷企业 165 家。其中，年产值 5000 万元以上的企业有 25 家，总资产 44.35 亿元，工业总产值 43.28 亿元，分别占全市印刷业的 44.9%、61.1%。

整体数据表明，2020 年度工业总产值与上年相比增长 3.04%，年利润总额也略有上升。在 2020 年新冠肺炎疫情肆虐的严峻形势下，郑州市大部分印刷企业克服重重困难，依然保持良好发展趋势，继续走在河南省印刷业前列。

同时也应该看到，郑州市印刷业在客观上还存在着经济实力整体薄弱、集约化程度不高、比较竞争优势不明显、高新技术应用率低等问题。特别是经历新冠肺炎疫情的考验，给印刷业敲响了警钟，墨守成规的经营方式已经不能应对未知的风险。为了顺应数字化时代的发展，印刷业要积极主动应对、融入发展大局，转型升级迫在眉睫。

二、郑州市印刷业的发展趋势和存在问题

随着“十三五”期间信息技术和互联网技术的飞速发展，传统印刷业开始进入“数与网”时代，“互联网 + 印刷”与“印刷 + 互联网”的逐渐融合，使得数字印刷和印刷数字化新技术呈现出众多印刷企业积极参与、市场快速发展、服务渐入人心的态势，本市多家书刊、包装、报业印刷企业结合各自需求和定位，引进了各类数字印刷设备和技术，在延伸产业链、服务主业、多元发展等方面

大胆尝试与探索，实现了按需印刷、个性化定制和高仿复制等工艺，传统技术与数字印刷的创新融合取得突破。

在看到印刷业新发展的同时，也要正视存在的问题。目前生产用地已成为制约郑州市印刷企业，特别是中小印刷企业转型升级、做大做强的瓶颈问题，郑州市印刷企业一年一迁，甚至一年两迁、三迁的现象非常严重，每次几十万元的机器拆装费、搬运费对于正处于转型扩张期的印刷企业无疑是釜底抽薪。企业的无序搬迁不仅打乱了正常的市场监管体系，还严重削弱了印刷企业的核心竞争力。并且缺少专门的印刷产业园区，产业关联不够紧密，没有形成产业链或是产业集聚的优势。

另外，郑州市印刷企业仍以传统印刷为主，“数字印刷、绿色印刷、融合印刷”理念尚未得到普遍落实。其中，互联网数字印刷企业仅20家，绿色印刷企业仅27家，新兴印刷业态生产总值7亿元，占比仅9.8%。

三、关于郑州市印刷业发展的建议

一是站位全局，找准定位。准确把握“十四五”时期我国发展尤其是印刷业发展方向，抓住中国制造业加速升级转型的外部机遇，应对挑战、革旧图新、锐意进取，加快自主创新和技术改进，印刷龙头企业需发挥好带动作用，中小印刷企业发展特色印刷，力争逐步形成具有完备产业体系的印刷企业聚集群，充分满足市场多层次全方位需求，在新发展格局中践行初心使命，实现企业价值。

二是注重交流，创新发展。积极参加行业展会和职业技能大赛，特别是一年一届的中国印刷业创新大会和两年一届的全国印刷行业职业技能大赛。通过观摩典型案例，多种平台交流，学习先进经验，更新经营理念，调整产业结构，逐步淘汰落后设备和技术，推广“绿色环保低碳”为核心的新技术、新工艺、新材料，加快“绿色化、数字化、智能化、融合化”发展，实现转型升级，促进印刷服务消费向绿色、健康、安全发展。

三是建章立制，守法经营。随着《郑州建设国家中心城市行动纲要（2017—2035年）》的颁布，推动了一般性批发市场和制造业的外迁，也影响到部分印刷企业。郑州市印刷企业需谨慎选址，经营场所等主要登记事项发生变更的，需及时报行政管理部门备案，履行变更程序。各企业需抓住发展机遇，均衡区域布局，更好地助力郑州国家中心城市的建设。■

ROLAND 900 Evolution

新一代大幅面印刷机
追求创新 星级品质

超凡包装才能.

全新的 **ROLAND 900 Evolution** 新一代大幅面印刷机可节省成本和能源，提供超卓的印刷质量和更快的作业准备时间，全面满足您所有包装印刷的要求。

ROLAND 700 Evolution **Elite** 全能型印刷机 ■ **ROLAND 700** Evolution **Speed** 高速型印刷机
ROLAND 700 Evolution **Lite** 进取型印刷机 ■ **ROLAND 900** Evolution 新一代大幅面印刷机

全能印刷.

manrolandsheetfed.com

1871-2021 150 years of excellence

evolution@manrolandsheetfed.com
Manroland Sheetfed GmbH

A Langley Holdings plc company.

manroland sheetfed

WE ARE PRINT.®

第八届中华印制大奖颁奖典礼
The 8th China Print Awards
亲子乐学 一起探究书本的诞生

江苏凤凰新华印务集团有限公司

江苏凤凰新华印务集团有限公司的前身是始建于1954年的江苏新华印刷厂，随着凤凰集团印务板块逐步整合，2019年7月，江苏凤凰新华印务集团有限公司正式成立，继续朝着“绿色、数字、智能、融合”的方向发展，为高质量服务出版主营、推动中国印刷业建设贡献力量。

拥有各类主力印装设备200余台套，年生产图书约3亿册，资产总额达到10.8亿元。

主营业务覆盖图书报刊印刷、商业包装印刷、金融票据印刷、数字印刷、文创产品运营等领域。

不忘初心　牢记使命

履行国有企业职责担当　高质实施精品战略工程

浙江印刷集团简介

浙江印刷集团有限公司是浙江出版联合集团旗下一家集书刊印刷、商业印刷、包装印刷、广告设计、数码按需印刷等于一体的国有印刷企业。公司连续十七次荣登“中国印刷企业百强榜”，是首批国家出版印刷示范企业，浙江省文化出口重点企业，ISO9001:2008 质量管理体系认证、ISO14001:2004 环境管理体系认证和国家绿色印刷环境标志产品认证企业。

公司专注印刷 70 多年，拥有先进的印前、印刷、印后、数码生产设备，年生产能力：彩色印刷 800 万对开色令、1.5 亿册骑马订图书、2 亿册无线胶订图书，1000 万册精装图书。在全国各类书刊印刷质量评比中，公司多次荣获“中国出版政府奖印刷复制提名奖”，中华印刷大奖金奖、银奖等。

公司秉承“思想引领时代，知识服务用户”的价值观，与全国多家知名出版单位建立了良好的合作关系。面向未来，公司期待与您携手共进，共赢未来！

企业简介 / Company Profile

福建新华联合印务集团有限公司是经有关部门批准，由福建新华印刷有限责任公司、福建彩色印刷有限公司、福建海峡出版物资有限责任公司、福建恒源光电技术有限公司、福州华彩印务有限公司重组整合而成的国有现代新型集团公司，隶属海峡出版发行集团。公司集书刊印刷、包装印刷、物资贸易、物业管理、仓储物流等为一体，是福建省内规模较大的一家国有综合性印刷服务企业和国家级书刊印刷定点单位。

公司于2020年初完成整体搬迁，入驻位于福州市福兴投资开发区的海峡印刷创意园。园区占地面积66.7亩，拥有全新规划建设的现代化厂房5万余平方米。公司于2012年通过国家绿色印刷认证，以实际行动支持国家建设可持续发展循环经济的战略，同时积极推行ERP企业资源管理系统，努力实现企业管理流程的集约化、规范化、标准化。在质量管理上严格执行ISO9001:2015质量管理体系，产品质量优良且长期稳定，在历年全国和全省质量评比中屡获部优、省优称号，同时还获得国家推进绿色印刷标兵企业、中国印刷企业最佳雇主二十强企业、人教社教材印刷示范企业等一系列国家级荣誉，并多次荣获省直机关和福州市"文明单位"称号。

■ 海德堡CX102-4印刷机

■ 三菱无轴驱动卷筒纸八色商业轮转机

■ 三菱RMGT印刷机

■ 八色正度商业轮转联动线

设备展示

书籍展示

公司资质和荣誉

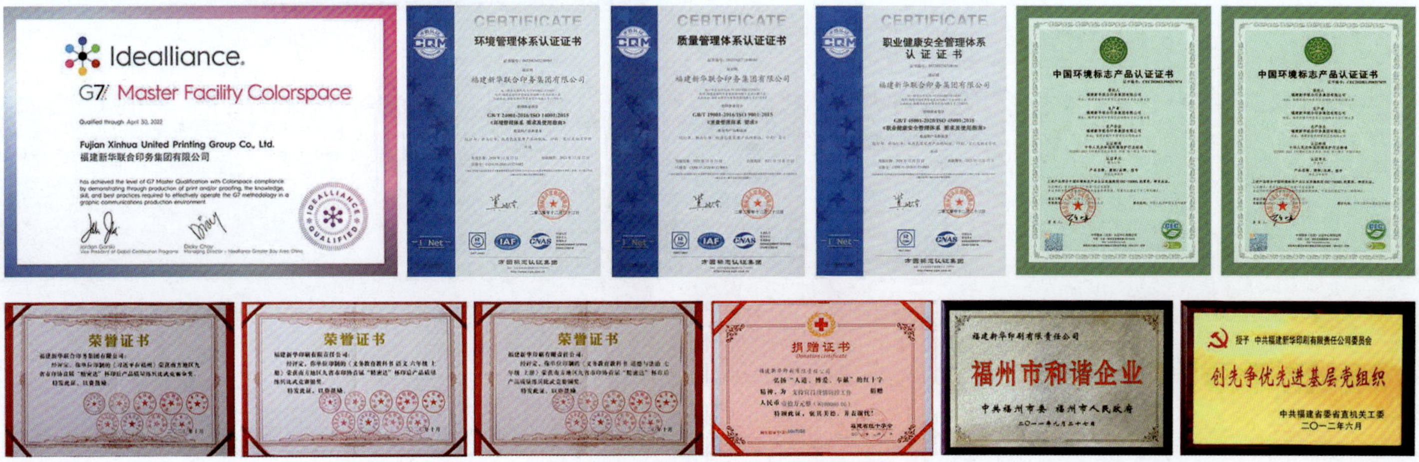

企业简介

Corporate Culture

山东临沂新华印刷物流集团，始建于1952年，位于临沂国家高新技术开发区新华路，占地400亩，建筑面积15万平方米，员工1200人，总资产5.6亿元。山东省重点文化企业和重点文化产业园区基地，山东省文化产业示范基地，国家印刷示范企业，荣获国家绿色印刷认证证书。

新华集团下设物流分公司和6个全资子公司：山东新麒印刷物资公司、华铠包装印务公司、新隆印刷版材公司、华兴数字商务印刷公司、华升商业运营管理有限公司、华章文化传媒公司。是全国印刷行业中少有的集创意设计、宣纸艺术品仿真、数字化书刊印刷、数字化精品印制、图书物流配送、绿色精美包装、环保印刷版材生产、印刷物资供应、印刷机械设备维护与培训、商业运营等一条龙产业链的文化产业集团。特别是凭借“商城临沂，物流之都”的独特优势，将图书直接配送全国，降低出版成本，缩短出书周期，成为赢得出版客户的重要品牌和全国印刷行业的亮点。人民教育出版社、高等教育出版社、人民出版社、山东出版集团、广西师范大学出版社、中信出版集团股份有限公司、北京三联书店等近百家出版社成为长期战略合作伙伴。在保持省级文明单位、山东省诚信企业、全国诚信印刷企业、全国书刊印刷金奖企业等荣誉称号基础上，被相关部门授予“文化体制改革与文化产业发展先进单位”、“全国新闻出版行业文明单位”，荣获“国家印刷示范企业”、“绿色印刷标兵企业”、“中国印刷行业AAA级信用企业”、第四届“中国出版政府奖印刷复制奖”。

BSCI商界社会责任认证

FSC森林认证

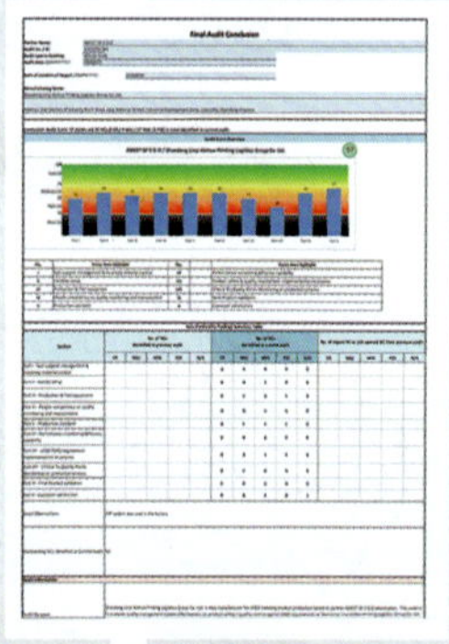

SQE乐高质量认证

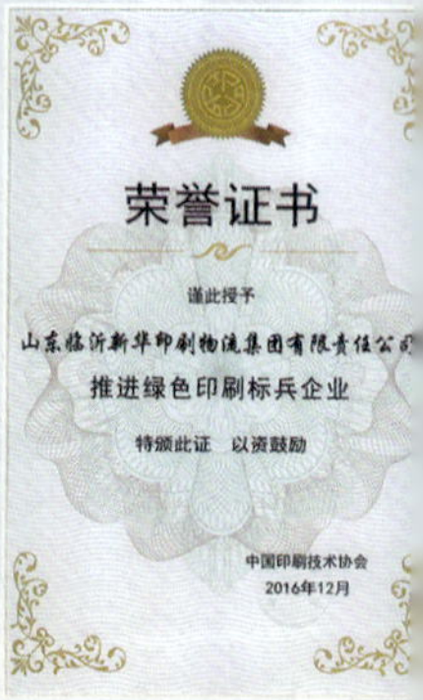

贵州新华印刷厂有限公司

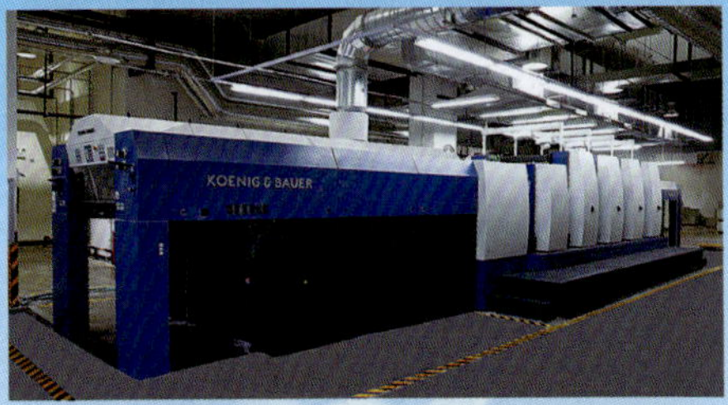

贵州新华印刷厂有限公司前身是贵州新华印刷厂，始建于1950年1月，隶属贵州出版集团有限公司，是贵州省实力较强的书刊印刷企业。在行业主管部门及集团党委的领导下，始终坚持正确导向，牢牢把握新时代文化阵地建设要求，积极践行“举旗帜、聚民心、育新人、兴文化、展形象”责任，抓管理、重质量、守信用，连年圆满完成中小学教材“课前到书、人手一册”政治任务，承担并圆满完成多种重大主题出版物、重要文件资料、图书、期刊印制任务，为贵州出版事业作出了积极贡献。

公司拥有网屏全彩色喷墨印刷系统、方正雕龙CTP、海德堡速霸四色胶印机、高宝四色加上光胶印机、高斯卷筒纸轮转胶印机、MBO折页机、马天尼全自动胶订联动线等一批处于国内外领先水平的设备，书刊印装优势突出，技术水平和生产能力居于贵州同行业前列。

公司以“实干笃行、诚信服务”为理念，聚焦主责主业，抓实“印件、印力、印管”，加大设备技改力度，加速智能化转型升级，构建“数字化”印刷产品体系，“网络化”经营服务体系，“智能化”生产管理体系。以搬迁入园为契机，加快管理创新和技术创新步伐，升级改造ERP系统，引进“挥发性有机物（VOCs）”治理系统及污水处理系统，实现废气废水零排放，建立全数字供墨系统，实现智能控制墨量，安装智能自动套准控制装置，实现套印智能化。“十四五”期间，公司将围绕打造“传统印刷的龙头企业、包装印刷的示范企业、数字印刷的领军企业、绿色印刷的样板企业”目标定位，做大业务规模，做强包装业务，推进公司治理体系和治理能力现代化建设。

公司先后荣获“全国书刊印刷先进企业”、“全国诚信印刷企业”、“全国新闻出版系统先进集体”、中华印制大奖金奖、“贵州省文明单位”、中国印协成立40周年“致敬时代榜样”优秀会员单位等荣誉称号。首批获得“中国环境标志产品认证证书”，拥有“质量管理体系认证证书”、“环境管理体系认证证书”、“职业健康/安全管理体系认证证书”。

贵州新华竭诚欢迎社会各届光临指导，期待与新、老客户携手合作、共铸辉煌！

地址：贵州省贵阳市白云区沙文镇高新区科产路文化出版产业园6号楼

电话：0851—84414542

山西人民印刷有限责任公司

山西人民印刷有限责任公司（原名山西省七二五厂），是山西出版传媒集团旗下大型国有书刊印刷企业，成立于1968年7月25日，1973年5月投产。公司坐落于吕梁山脚下孝义市城区，现有员工400余人，占地面积13万平方米。公司拥有先进的印前印刷印后生产加工设备，年生产能力彩色500万色令、装订100万令。

走进新时代，开启新征程。公司党委扎实推进党史学习教育，以“唱响共产党好”为主题，开展纪念建党100周年系列活动。举办“唱响中国共产党好”主题征文比赛、板报竞赛、“党在我心中”主题诵读活动、“永远跟党走”一月一主题党日活动、“奔跑吧、共产党员”健走活动、职工运动会、党史知识竞赛、“重走长征路”等，一系列的活动致力于感受红色教育、传承红色基因、赓续红色血脉、彰显红色情怀，坚定了广大党员干部和职工群众听党话、跟党走的信心和决心。

作为国有文化企业，我们要全面加强党对国有企业的领导，无愧于时代的召唤，积极投身于繁荣出版事业，建设精神文明的实践中，以优异成绩向中国共产党百年华诞献礼！

重庆升光电力印务有限公司

Chongqing Shengguang Electric Power Printing Co.,LTD

优质、高效、准时、守信

公司创办于1972年，建筑面积13000余平方米，员工200余人，技术人员50余人。经营范围为出版物、包装装潢及其他印刷品印刷，通过中国环境标志产品认证、ISO14001环境管理体系认证、ISO9001质量管理体系认证。

公司秉承“优质、高效、准时、守信”的服务理念，以先进设备、绿色印刷，保证产品质量和周期，赢得良好的信誉。曾被主管部门授予“优秀会员单位”、“重庆十佳印刷企业”、“突出贡献奖”、“质量优异奖”等荣誉称号；在有关部门每年组织的出版物印制质量评比中，我公司产品获得优质品率在全市名列前茅；人教版中小学教材印装质检中，公司多个印制产品荣获良好等级；北师大版中小学教科书印制质量评比中多次获优质品，圆满完成每季“课前到书”任务。

公司主要合作单位：新华社半月谈杂志社、人民出版社、人民教育出版社、北京师范大学出版集团、清华大学出版社、首都师范大学出版社、北京教育科学出版社、上海科学技术出版社、四川教育出版社、重庆出版集团、重庆大学出版社、西南师范大学出版社、重庆新华传媒有限公司、重庆课堂内外杂志社出版有限公司、重庆市天下图书有限责任公司、重庆五洲世纪文化传媒有限公司等。

公司党支部于2004年9月成立，在党支部的带领下，党员同志在各自的岗位上起到了先锋模范带头作用，被大渡口区授予“示范党组织”光荣称号。公司拥有完善的福利机制，严格按照国家有关劳动管理制度执行，让员工充分享受到国家给予的福利待遇。

公司积极参与行业内的各项活动，踊跃为脱贫助困、疫情防控捐款捐物，真正践行企业的社会责任。

荣誉证书

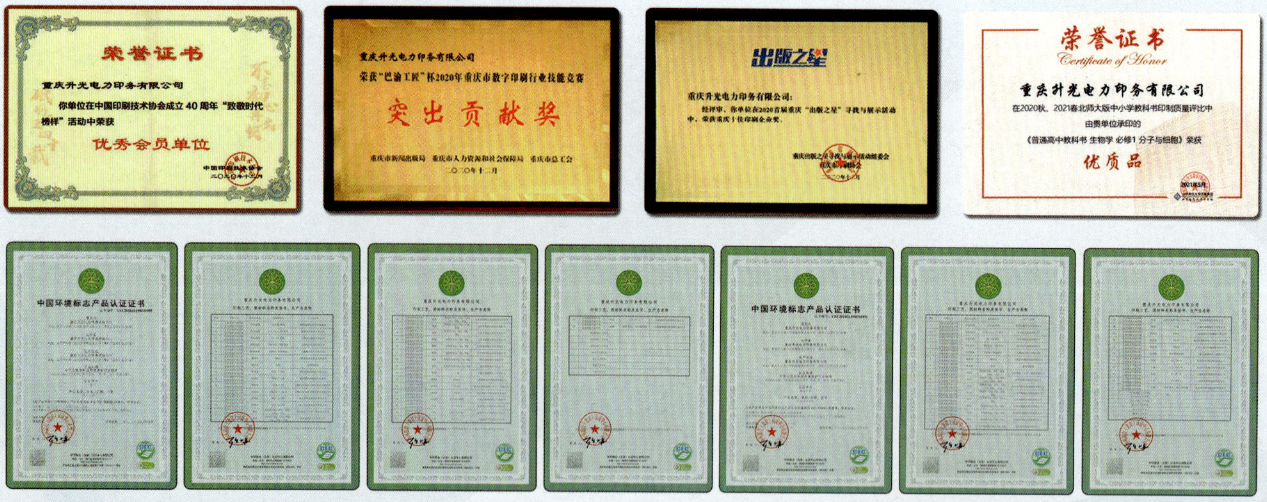

单位名称：重庆升光电力印务有限公司

单位地址：重庆市大渡口区跳磴镇建业路3号（建桥工业园C区19幢）

邮　箱：shengguang0618@sina.com

联系方式：023-68561203

北京汇林印务有限公司
Beijing HuiLin Printing Co., Ltd.

北京汇林印务有限公司是中原大地传媒股份有限公司（股票代码000719）的全资子公司，始建于2004年6月，位于北京市大兴区黄村镇海鑫路9号，占地200亩。

近年来，公司秉承“客户至上、服务一流、诚信为本、追求卓越”的经营理念，按照中原出版传媒集团“上规模、调结构、促转型、强开放、树品牌”的总要求和“做强主业、做大产业、关联跨界、内合外联、转型升级、融合发展”的工作思路，以供给侧结构改革为抓手，以服务保障首都核心功能为出发点和落脚点，强化内部管理，建设充分、高效、可靠的服务保障能力；坚持绿色发展，实施绿色印刷和清洁生产；加强人才培养，构建全方位、多层次的人才培养模式；紧盯目标任务，积极开拓市场，做大主业，做强产业；坚持转型升级，实施智能化改造，不断引进吸收新的印刷设备和技术；坚持社会效益优先，实现了社会效益和经济效益双丰收。

北京汇林印务有限公司自成立以来，先后引进了德国、瑞士、日本等先进的印刷设备，拥有国内一流的技术人才和管理团队。先后通过了ISO9000质量体系认证、ISO14000环境体系认证、绿色印刷中国环境标志认证和清洁生产审核验收。目前，年印制能力达到150万令纸，装订生产能力达到150万令纸。

主营业务

- 出版物印刷
- 其他印刷品印刷
- 包装装潢印刷品印刷
- 兼营普通货运
- 纸张销售
- 纸制品
- 广告制品
- 装订印刷品
- 技术进出口
- 代理进出口

现为北京市“高新技术企业”“出版物印刷服务首都核心功能重点保障企业”“质量信得过单位”“北京印刷质量十佳企业”“京津冀协同发展绿色印刷优秀企业”“人民教育出版社印刷示范企业”。

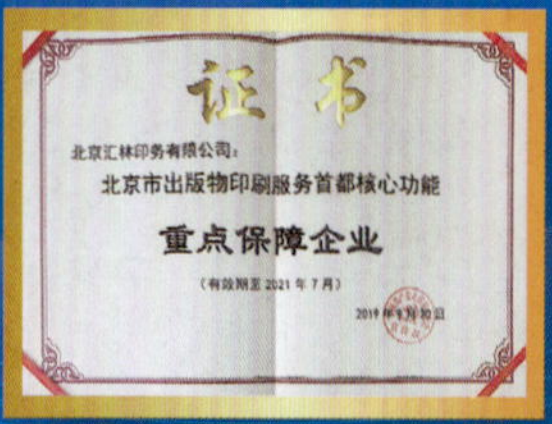

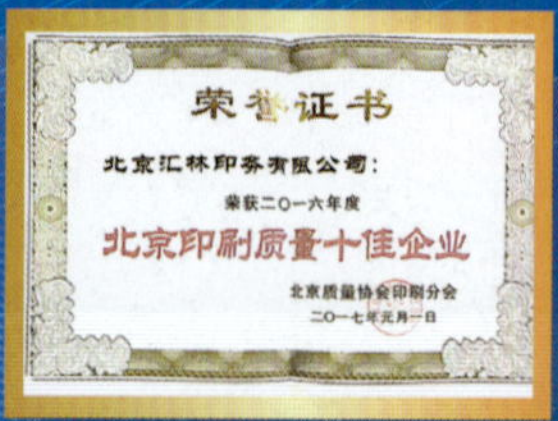

联系电话：010-69261461

企业简介

长沙鸿发印务实业有限公司成立于1993年，是湖南天鸿投资集团有限公司旗下骨干企业，位于长沙县黄花镇黄花印刷工业园，主要从事出版物及其它印刷品印刷。公司拥有先进印装设备100多台套，年印刷能力150万令，年装订能力2亿册，年生产各类印刷品达3000多个品种，是《新湘评论》、《故事会》等著名书刊的长期定点印制单位之一，与湖南省内外70余家出版发行单位保持着良好的合作伙伴关系。

我们的设备 ...... Our machine......

我们的产品 ...... Our Product.......

我们的资质证书 ......Our certificate......

LEO PAPER GROUP
鹤山雅图仕印刷有限公司
利奥纸品印刷集团成员

雅图仕——致力成为全球印刷通讯行业的领导者

鹤山雅图仕印刷有限公司创立于1991年，是利奥纸品集团（香港）有限公司属下独资经营的大型现代化印刷企业，拥有完善的印前、印刷和印后生产体系，可为客户提供全方位的服务解决方案。

秉持卓越管理的理念，雅图仕先后获得30多项国际管理体系认证，并被授予多项国内印刷企业殊荣/称号。此外，我们还参与/主导制订国际/国家/行业环保和印刷技术标准20余项（包括ISO标准、GB标准、绿色设计产品规范等），参与起草和制订《印刷智能制造标准体系表》的相关标准，助推我国印刷行业在国际标准化舞台争取更大的话语权。

作为“中国儿童读物印制创新产业联盟”的重要成员，我们将牢牢把握新时代的发展机遇、携手产业链推动实现产业深层次变革，以更好地促进印刷、出版行业的融合发展。

首批
“国家印刷示范企业”

国家绿色工厂

全国包装印刷标准化
科研与技术推广基地

中华印制大奖

集团网站　雅图仕网站

联系人微信二维码

郁章庆　李小兰

北京天宇星印刷厂

企业简介

北京天宇星印刷厂成立于1998年，注册资金500万，员工120余人，是行业股份制企业。北京天宇星印刷厂主要服务于人民教育出版社、高等教育出版社、电子工业出版社、人民邮电出版社、华语教学出版社、中国税务出版社和中国计划出版社等在北京出版社。优秀的员工团队，先进的技术，精良的印刷设备，严格的管理是企业得以不断发展壮大、产品能够赢得用户依靠的根本所在。

北京天宇星印刷厂2020年又上马一台全新KM 460cf Advance系列连续纸喷墨印刷系统，采用日本技术，具有纸张弯曲展平机构，回旋纸路设计，滚筒式烘干装置；印刷后道采用中心分切，滚刀裁切，上下双通道纸张输出的方式，同时配有纸张剔废机构和点胶装置（选配），可实现单本输出方便连线后道加工装订设备。望都天宇星书刊印刷有限公司是北京天宇星印刷厂的生产基地，2018年3月9日建厂，北京天宇星印刷厂极力把望都天宇星书刊印刷有限公司建成一个事业共同体、利益共同体、命运共同体，实践证明这种体制的企业具有更强的生命力，从管理体制到分配形式，更能激发着每一个员工的最大积极性。

联系人：罗建忠　电话：13901074154

韦　涛　电话：17731839103

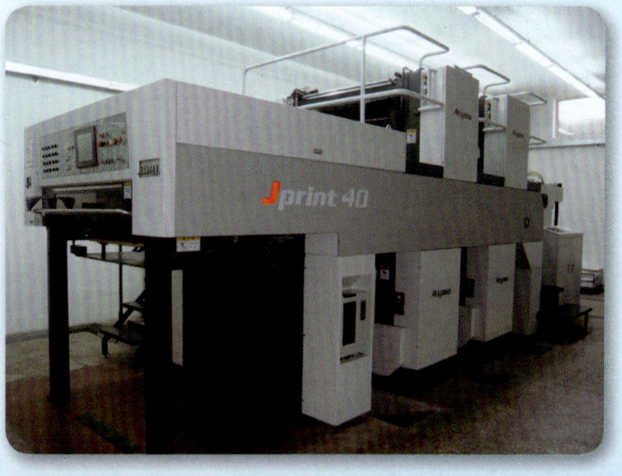

山西省印刷物资有限责任公司

SHANXI PRINTING MATERIALS CO., LTD.

山西省印刷物资有限责任公司隶属山西出版传媒集团，是山西省内专业从事印刷物资经营的国有企业，也是目前山西省实力强、品种全、规模大的印刷物资供应企业，主要从事印刷器材、油墨、纸张、纸制品批发、零售、印刷机械、环保设备的销售及维修等。

公司领导班子深入学习贯彻党的十八大、十九大精神和习近平新时代中国特色社会主义思想，围绕中心，服务大局，坚持服务生产经营不偏离，把提高企业效益、增强企业竞争实力、实现国有资产保值增值作为经营工作的出发点和落脚点，坚持稳中求进的工作总基调，多措并举保增长、促改革、调结构、惠民生、防风险、保稳定，不断推进各项工作扎实、健康开展。

地址：山西省太原市迎泽区建设南路62号　　电话：0351-4725606

党建专辑

党建让北京新华印刷更有力量

北京新华印刷有限公司

北京新华印刷有限公司是我国第一家大型国营印刷厂，其前身是1939年建厂的新民印书馆，后更名为正中书局北平印刷厂。1948年底北平解放前夕，国民党将印刷厂烧毁。1949年2月，中央印刷厂委派祝志澄、周永生等老一辈新华人组成军管组，由新华人自己动手、日夜奋战，在短短两个月时间里建成了生产厂房，添置了印刷设备，调集了技术人员，恢复了生产，实现了浴火重生。1949年4月24日，工厂召开庆祝大会，祝志澄宣布北平新华印刷厂正式成立。

新华厂成立不久即筹建企业党组织，并于1949年9月成立北平新华印刷厂党支部。后随着党员人数增加，成立党总支。70多年来，在党的领导下，新华印刷党委带领新华人始终共同奋斗、锐意进取，企业蓬勃发展，发展成就瞩目。当前，新华印刷新厂区设有4个党支部，共有党员76名。

一、抓好组织制度与党建工作制度

近年来，北京新华印刷有限公司以习近平新时代中国特色社会主义思想为指导，深入贯彻十九大精神，坚持“围绕发展抓党建，抓好党建促发展”的工作思路，认真贯彻落实党建工作，为企业开创新局面提供了坚强有力的思想和组织保证，使党建工作有了新提高。

目前，北京新华印刷有限公司制定的组织和党建方面的制度有：《公司党委工作规则》《重大事项请示报告规定》《党风廉政建设责任制实施办法》《意识形态工作责任制实施细则》《党委理论学习中心组学习细则》《党务公开实施细则》《纪委议事规则》《贯彻落实中央八项规定及实施细则精神的具体办法》。

二、企业党组织职能与制度创新

回首“新华印刷”走过的72载春秋，历代“新华人”始终紧盯“以一流党建引领一流企业创建”的工作目标，坚持以“党建引领、推动发展”的生动实践，凝聚起不同时代推动企业蓬勃发展的磅礴力量，书写下党建引领的崭新篇章。

北京新华印刷有限公司作为国家级重点书刊印刷企业，拥有国家甲级秘密载体印制资质，长期承担着党中央、国务院、全国人大和政协等国家重点图书和文件的印制工作，已连续49年服务全国两会，连续 6 届服务全国党代会。新华印刷始终传承红色基因，为传播社会主义思想，普及科学文化知识，繁荣我国的出版印刷事业作出了重要贡献。

三、在实践探索中，带动党建与业务深度融合

近年来，北京新华印刷有限公司持续推进党支部建设，有效提升党建质量。

一是设组织。2010 年根据公司重组整合实际，调整并新成立了 4 个党支部，党组织实现全覆盖，消灭了党员真空班组。

二是建制度。探索制定一系列党建制度，公司章程中加入党建工作内容，制定党委会和总经理办公会议事规则，解决了困扰公司的管理职责定位问题。

三是抓规范。给各支部下发《工作手册》，要求按规范填报，年底进行评比验收。支部的规范化管理水平大大提高。

四是出实招。注重抓好党支部书记、党务工作者、党员“三支队伍”建设，明确支部书记的配备条件、岗位责任等内容，注重从中层干部中选拔支部领导干部。

五是亮品牌。党建品牌创建迈上新台阶，全体党员亮明身份，对优秀党员公开宣传，对党员先进班组悬挂“党员示范岗”锦旗。

六是结经验。以支部经验指导推动基层工作，加大全面从严治党、深度融合、示范党支部创建、文明班组、精神文明部门等经验总结，总结推广了一批可复制、可推广的典型。

七是强宣传。狠抓意识形态工作责任制落实，凝聚强大发展合力。加大宣传审核力度，提高对外宣传层次，注重向集团公司、行业媒体、属地政府等重要媒体投稿。

四、完善制度机制，助力全面提升

北京新华印刷有限公司在企业党建中，坚持实事求是，从制度机制入手，在党委班子分工上，由同一名公司党委班子成员分管党建工作和干部人事工作，做到统筹谋划、协同推进，确保两项工作深度结合、相互促进、形成合力，切实发挥党组织在干部选拔任用、监督管理中的重要作用。

在党组织领导体制上，基层党组织书记都由所在部门党员“一把手”担任，实现职务和责任“一肩挑”，确保党建和业务工作同推进、责任同落实。

在干部培养上，把党务岗位作为锤炼干部党性修养的重要平台和选拔领导干部的重要台阶，把党务工作经历作为干部培养选拔的重要考虑因素，努力培养复合型干部。

在工作机制上，坚持围绕“服务中心、建设队伍”开展党建工作，广泛建立党员示范岗，充分发挥党组织战斗堡垒和党员先锋模范作用，在完成急难险重任务、履行政策性职能、推动高质量发展中彰显党建工作价值。

五、继往开来，砥砺前行

坚持党的领导、加强党的建设是我国国有企业的光荣传统和独特优势，是国有企业的“根”和“魂”。自党的十八大以来，以习近平同志为核心的党中央高度重视国有企业党的建设，以坚定决

心推进全面从严治党，国企党建取得明显成效。

在此基础上，还须提高思想认识和政治站位。这是坚持和加强党的全面领导在国有企业的具体体现和必然要求，也是国有企业的重要地位和国企党建发挥的重要作用决定的。要把坚持和加强党的全面领导摆在更加突出位置，把加强党的建设摆在更加突出位置，真正做到党建和业务工作同谋划、同部署、同落实、同考核，推动党建工作融入中心、服务大局，全面完成企业生产经营和改革发展各项任务。

在管理机制上，需要建立完善党建工作联系点制度，明确党建联系的具体任务和频次要求，党委成员坚持“管业务必须管党建”理念，同步推进业务工作和党的建设，认真研究、检查、指导分管领域党建工作，切实担起管理监督之责、风险防控之责、以身作则之责，把党委主体责任进一步落细落实落地。

此外，企业须用好考核这个指挥棒，层层传导压力。党建述职评议考核是明确任务、传导压力、促进党建工作质量提升的重要手段。北京新华印刷有限公司注重发挥考核“指挥棒”作用，不断改进和完善考核办法，探索形成平时量化考核与年底述职评议相结合的工作机制，实现考核科学化和精准化。将党建逐步从“软指标”变为“硬杠杠”，凝聚起推动公司各项工作抓实走深的正能量。■

党建引领改革发展　献礼建党百年华诞

山东临沂新华印刷物流集团有限责任公司

山东临沂新华印刷物流集团有限责任公司始建于1952年，是国家级书刊印刷定点企业、国家印刷示范企业、国家绿色印刷认证企业，第四届“中国出版政府奖印刷复制奖”获得者。

多年来，临沂新华坚持党建引领，致力打造“实力新华、活力新华、文化新华、信仰新华”——“四个新华”党建品牌，企业文化建设实现新突破，综合实力跃上新台阶。

一、强化党建主体责任，奠定改革发展基础

临沂新华不断夯实党建基础，各支部提炼形成“六个过硬”“双核心”等特色支部工作法，扎实推进“两学一做”学习教育常态化，严格落实“三会一课”、民主生活会、组织生活会、民主评议党员等组织生活制度，实现支部作用发挥长效化。

临沂新华将支部建在生产一线，做到困难面前有党员，关键岗位有党员，坚持“一名党员就是一面旗帜、一个支部就是一个堡垒”，深入开展“四赛四比”活动，确保及时高效地完成政治读物及教辅教材印制工作。

2021年，为献礼建党百年华诞，临沂新华承印了一系列党建读物，广大党员秉持着高度的政治责任感，充分发挥模范带头作用，将“订单就是作息时间表”这一理念发挥得淋漓尽致，全力保障《中国共产党简史》《毛泽东邓小平江泽民胡锦涛关于中国共产党历史论述摘编》以及习近平《论中国共产党历史》等党建读物印制任务，让支部真正成为“团结群众的核心、教育党员的学校、攻坚克难的堡垒”。

二、创新党建活动载体，激发改革发展动力

通过开展以“庆百年华诞、促改革发展”为主题的党员大学习大培训大提升工作，围绕深化国企改革，扎实做好“六稳”工作，全面落实“六保”任务，重点做好“五个一”：学一次党史、讲一次党课、开展一次党性教育、作一次思想汇报、办一件实事好事，以此重温党的光辉历程，传承弘扬沂蒙精神，增强党员的党性观念和服务意识。

企业党支部按照“政治思想好、组织纪律好、业务技能好、爱岗敬业好、为民服务好、廉洁自

律好”的“六好”标准创建“党员示范岗”，深入开展评先树优活动，创新荣誉员工授牌典礼，树立先进典型，激发广大党员立足岗位、奉献担当、干事创业的热情。

企业精心打造新华特色党建文化长廊，按照有场地、有设施、有标识、有党旗、有书报、有制度的“六有”标准，在生产一线建设党员活动室，打造党建工作新窗口、新载体、新阵地。企业围绕建党100周年积极开展系列庆祝活动，举办“百年奋斗路、启航新征程”主题党日活动、“百年党史”经典诵读活动，开展“永远跟党走”主题宣讲活动，组织建党百年红色主题摄影展，推动企业文化建设，将党建成果转化为引领和推动企业高质量发展的强大内生动力。

三、践行国企社会责任，凝聚改革发展力量

临沂新华扎实开展“进企业、进项目、进乡村、进社区”的“四进”攻坚行动，派出“加强农村基层党组织建设”工作队，把强化基层党组织建设摆在突出位置，用党建活力激发脱贫动力。通过发展乡村旅游、特色种植及高效农业，建扶贫加工点和“农村书屋”等方式，加强基础设施建设，实施乡村亮化工程，累计协调资金1100万元，实现任职村建档立卡贫困人口全部脱贫。

此外，临沂新华尤其重视工会、团委的桥梁纽带作用，认真贯彻落实“情暖新华”系列工程，让职工体会到企业的人文关怀；结合“主题党日”“双报到”等，走访慰问困难群众，解决实际问题；组织党员志愿捐款抗疫一线，开展爱心捐助活动、“微心愿”认领活动，送温暖，献爱心，办好民生实事，展现新时代国企担当。

在党建工作引领下，临沂新华加快转型升级，顺利完成员工持股改革工作，企业改革发展的基础更加牢固、信心更加坚定、动力更加充足。

下一步，临沂新华将持续认真贯彻落实党中央、上级党委决策部署，牢固树立“四个意识”，坚定“四个自信”，坚决做到“两个维护”，全面提高党建工作质量，巩固党建工作成果，用更加优异的成绩献礼建党百年华诞。■

“培”根“铸”魂 推动河南新华印刷集团高质量发展

河南新华印刷集团有限公司　张巍远

坚持党的领导、加强党的建设，是我国国有企业的“根”和“魂”。河南新华印刷集团作为国有印刷企业，自成立以来，始终坚持“培”根“铸”魂，牢牢把握新时代党建要求，全面提高国有企业党建工作水平，以党建聚人心、促改革、谋发展，打造企业高质量发展的“红色引擎”。企业2020年资产总额为5.53亿元，完成营业总收入3.77亿元，年利税总额6352万元，实现了企业高质量发展。

一、坚守初心使命，筑牢改革发展“主阵地”

河南新华印刷集团由原河南第一新华印刷厂（1958年建厂）和河南第二新华印刷厂（1954年建厂）于2009年整合成立，拥有67年的创业史，有着厚重的历史资源、浓厚的红色传统、难忘的历史回忆。河南新华印刷集团始终坚持党的领导，不断加强党的建设，坚守国有印刷企业的初心使命，扎实做好教材教辅和各类重大主题出版物的印制工作，切实维护好意识形态安全、文化安全，成为主流价值的守护者、传播者、践行者。

近年来，河南新华印刷集团党委更加重视党建在生产经营中的政治引领作用，积极探索党建工作与生产经营工作的融合发展新路径。结合各部室、车间、子公司的工作任务和特点，按照“职能相同、业务相近、党建融合、推进工作”的要求，调整党组织架构更加合理，职责范围更加清晰，工作任务更加明确；同时结合企业自身实际，设立“示范党支部”“重点工作党员先锋队”，采取“7+X”形式坚持每月开展“主题党日”活动等，把产量、质量、现场纳入党建工作考核指标，有力促进了党建工作和生产经营有机融合，充分发挥一线党支部的阵地堡垒作用和党员的先锋模范作用；通过挖掘基层党员的“初心故事”、党委书记送荣誉到车间等系列活动，弘扬劳模、工匠精神，把全体党员的印制热情拧成一股绳，激发带动全体职工创优质、夺高产，为各类主题出版物和教材教辅印制提供动力，以党建工作高质量推动企业发展高质量。

二、传承红色血脉，建好改革发展“人才库”

河南新华印刷集团党委坚持党管人才的原则，进一步规范和完善人事管理工作，推进人事管理工作的规范化、制度化、全员化、常态化，中层管理岗位进行全员竞聘，多名基层员工走上了中层管理岗位，员工重新双向选择上岗，持续引进高素质人才，把车间有培养前途的劳务派遣人员留下来用起来，增强了企业活力和发展后劲。

以中国印刷业高技能人才教育培训基地为契机，出台多项培训管理办法，结合员工岗位，实行分类别、分层次、分专业的培训，提高全员综合素质和工作能力，加快企业后备技能人才的培养步伐；积极组织员工参加第七届全国印刷行业职业技能大赛，获得优异成绩；出台国家印刷行业技能竞赛奖励标准及中高级职称评定奖励标准；坚持以“诚实守信、追求卓越、改革创新、传承发展、互相尊重、开放包容”为核心的企业文化建设，增强员工的企业归属感，促进员工的文化认同感。

三、突出融合创新，激发改革发展“动力源”

河南新华印刷集团党委聚焦做强做精主题出版物和教材印制主业，建章立制，多措并举，多方发力，狠抓管理创新、技术创新，激发企业改革发展活力。为实现高质量发展的目标，河南新华印刷集团党委坚持高标准、严要求，把党建工作制度纳入企业管理制度体系，把党组织运行机制融入生产经营相关制度，建立党建工作制度与生产经营制度同步规划、同步修订机制，实现党建工作制度与企业生产经营制度无缝对接、有机融合。

为确保主题出版物和教材印制任务意识形态安全和周期、质量、服务，河南新华印刷集团党委不断强化绿色印刷源头控制意识，完善质量管控体系，推进质量管理标准化建设，加强生产流程体系，推进生产工艺升级改造，安装在线、离线防错检测，最大限度发挥设备性能，不断完善出版物综合质量保障体系。在上级单位组织的各类质检抽检活动中，图书品种批质量全部合格，印制的图书在国家和行业评比中屡获殊荣，为人民群众悦享美好生活担当国有企业的社会责任，实现社会效益和经济效益的双丰收。

河南新华印刷集团党委坚持激励技术创新，通过找问题、定方向、列计划、管过程、奖结果，近年来先后开展 24 个技术创新项目，完成科技成果转化 22 项，获取实用新型专利 14 项和 8 项软件著作权，获得发明专利受理通知书 1 项、实用新型专利受理通知书 10 项，为持续确保国家高新技术企业称号打下坚实的基础；积极引导职工进行技术创新改造，各类小改小革实施 50 余项；大力实施绿色印刷，积极推动数字印刷，在印刷行业标准制定、行业应用等方面积极探索，助推行业转型升级、融合发展。

四、赓续奋斗精神，重整行装再出发

河南新华印刷集团首批荣获国家印刷示范企业，首批通过中国环境标志产品认证，首批通过 C9 品质管控与评价认证，首批被授予人民教育出版社印制基地，首批被授予中国印刷业高技能人才培训基地，曾被授予全国新闻出版系统先进集体称号；通过国家两化融合管理体系评定和河南省高新技术企业认证；连续荣获年度《求是》杂志印制优秀单位、人民教育出版社中小学教材印装质量优质品奖、《读者》杂志印制质量免检单位等荣誉；荣获中国印刷技术协会“新中国 70 周年印刷业时代先锋”和协会成立 40 周年“特别贡献集体”。

扬帆启航正当时，重整行装再出发。河南新华印刷集团党委将以习近平新时代中国特色社会主义思想为指引，紧扣时代脉搏、赓续奋斗精神、扛牢责任使命，以爬坡过坎、滚石上山的豪气，蓬勃向上、奋发有为的朝气，披荆斩棘、勇往直前的勇气，戮力同心、攻坚克难的锐气，以新担当、新作为、新举措，推动“十四五”开好局、起好步，奋力谱写河南新华印刷集团高质量发展的绚丽篇章，以优异的成绩向建党 100 周年献礼。■

坚持“三结合”确保党建与中心工作深度融合

中共湖南天闻新华印务有限公司委员会

湖南天闻新华印务有限公司是国有大型书刊印刷企业，始建于1954年，企业现有在职员工近1700人，其中党员近400人，企业中层以上管理人员党员覆盖率达到100%，生产经营一线骨干员工队伍中党员占比超过85%。

企业始终坚持党的领导，不断加强党的建设，企业党委充分发挥领导核心和政治核心作用，党政权责边界明确，无缝衔接，形成各司其职、各负其责、协调运转、有效制衡的治理机制，党建工作深度开展，确保企业社会效益、经济效益同步提升。

一、理论与技能结合，双向提升综合素养

一是周密计划，谋定后动。每年初，湖南天闻党委理论学习中心组成员须在全年学习计划中根据各自主管工作方向安排系统的专业知识学习，企业各党支部也须在党委下发的全年政治理论学习计划的基础上，结合本支部的特性补充专业技能培训内容，形成完整的全年学习培训计划。

二是抓实督学，传导压力。利用每月召开的思想政治工作例会对支部学习进度和成效进行交流反馈，每半年企业党委组织一次支部学习计划执行情况检查，为抓好“学习强国”的学习组织，企业形成日督查、周汇总、月通报的督学机制。企业网站、微信公众号、宣传墙报等平台阵地均设有党员学习培训心得交流专栏，年底各支部对党员学习笔记进行评比，选树学习标兵。

三是丰富形式，学用结合。湖南天闻党委理论中心组由统一集中学习向分散自学与集中研学相结合转化，从主要领导全面主持学习向班子成员轮流主持学习转化。各支部充分结合生产实际不断创新党建工作载体，采用领学、研讨、红色主题教育、主题党课等丰富多样的形式，党员带头进行技能比拼和业务竞赛。根据企业生产一线工作情况，积极采用“白天工作，晚上学习”的交叉互补模式，确保生产旺季时党员学习量不减、质不变。企业每两年评选一次“党员示范岗”，突出强化政治、业务双过硬。

二、支部建设坚持政治功能和服务功能相结合

湖南天闻坚持“点面结合”，发挥思想政治工作“传家宝”作用。企业党支部着力落实落细意

识形态管理责任，强化支部主体责任，促进各级管理干部切实履行“一岗双责”，带头抓意识形态工作、带头批评错误观点和错误倾向。

企业党委充分发挥企业文化旗手作用，党政工团共同参与的全方位、多层次、宽领域的大思政格局，紧贴企业实际，紧贴员工，做好思想政治宣传工作，将社会主义核心价值观教育融入企业文化建设，切实增强广大干部职工的人文素养，将员工思想与才智聚集到生产经营中，形成企业特有的文化情怀，从根本上实现企业的人文关怀，打造“共同体”，画好“同心圆”。

湖南天闻坚定示范引领，发挥基层支部战斗堡垒作用。企业党委突出“树牢一切工作到支部”的鲜明导向，将支部党员凝聚在生产线上，将支部工作融入到产业链上，发挥关键少数的关键作用，强基层、打基础。在新冠肺炎疫情防控中，党员们自觉佩戴起“我是党员，疫情防控我带头”的袖标，组织成党员防疫志愿队，严格落实每一项疫情防控管理制度，确保了企业“一手抓防疫，一手抓经营”两不误。湖南天闻是全国第一批复工的书刊印刷企业，并因此承担了国家联防联控战略物资《新冠肺炎防控手册》的承印工作，第一批 10 万册，从承印到送达武汉仅用 25 小时。由于企业在疫情期间的担当作为，《求是》杂志社专门授予湖南天闻全国唯一的“抗疫特别贡献奖”。

三、队伍建设坚持严管厚爱结合，激励约束并重

一是以严肃的党内政治生活构建严管氛围。企业坚持“风气”即“元气”，全面落实从严治党主体责任、监督责任，长期坚持严的主基调。认真贯彻执行《党委（党组）落实全面从严治党主体责任规定》，紧紧扭住责任制这个“牛鼻子”，坚决扛牢抓实管党治党政治责任，把知责于心、担责于身、履责于行体现在每一项具体工作中，体现在全面从严治党各领域各方面各环节。

湖南天闻严格执行“三重一大”集体决策、民主生活会和组织生活会、谈心谈话、党员民主评议等制度，坚持党员领导干部要过双重组织生活制度，坚持领导干部重大事项报告制度。坚持党的领导与企业治理有机统一、党管干部党管人才与市场化选人用人有机统一、党组织设置与企业组织架构运行有机统一、思想政治工作与企业文化建设有机统一、党内监督与企业内控机制有机统一、党建责任与经营责任有机统一。

企业坚持以精准的监督执纪问责体现厚爱情怀。企业党委全力支持纪委开展工作，形成监督常态、坚持无禁区、全覆盖、零容忍，加强对干部的全方位管理，做到行为管理和思想管理，做好工作圈管理和社交圈管理，使八小时之内和八小时之外的管理有机贯通。

企业着力深化运用执纪监督第一种形态，筑牢纪律第一道防线，坚持“三个区分开来”，把故意和过失、因私和因公、违规和试错等区分开来，分类针对性解决不敢作为、不会作为、不愿作为等问题，坚持教育为先，坚持把思想政治工作贯穿监督执纪全过程，分别通过督导教育、指导帮助、问责查处推动问题解决。建立工作效能监察机制，从生产经营、安全、环保、团队建设等全方位监察廉政勤政能政。

湖南天闻党委带领全体党员始终坚持踏石留印、抓铁有痕的精神和韧劲，主动追求更高政治站位，力争在推动企业高质量发展迈入新阶段进程中展现新气象、新担当、新作为。■

党建引领　创新发展　逐梦前行

山东润声印务有限公司　王金雪

在中国共产党建党百年的光荣时刻，山东润声印务有限公司为党在百年间带领全国人民战胜各种艰难险阻，所取得的辉煌成就感到自豪。同时也为润声印务建厂20余年来，坚持党建引领、创新发展所取得的长足发展感到欣喜。回首“润声人”在党的领导下走过的路，不禁感慨万千。

山东润声印务有限公司党支部成立于2003年8月，当时公司刚从县属国有企业——东平印刷厂完成改制，面对底子簿、设备落后、市场受限的局面，破旧立新成为摆在“润声人”面前的一大挑战。在负重前行的关键节点上，润声印务党支部正式成立，其时共有党员23人。

随着企业规模的不断扩大，2017年职工总人数已由改制之初的100余人增加至400余人，党员数量显著增加，原党支部已不能适应党建工作的需要。同年八月，经中共东平县委常委会研究通过，成立了山东润声印务有限公司党委，还设有“行管、印刷、装订、金属材料”四个支部，党员人数突破百人。

党组织的发展壮大，使组织引领力、号召力显著增强。2018年，“行管”党支部被中共东平县委授予“红旗党支部”荣誉称号。

一、党组织的主要职能及作用

润声印务党委对企业内外的重大事项作出决策，如中高层管理干部的考察和任用、企业技改项目的上马、企业发展规划及战略等。

在企业发展的关键节点上，党组织起到引领和战斗堡垒作用。企业改制之初，确立了“企业发展，员工受益，有尊严，享幸福”的目标。经党组织决定，出台三大举措：一是调整经营战略；二是实行竞争上岗；三是建立起责、权、利分明的岗位职责。在不到两年的时间里，企业便实现了经营战略的转移。随着先进印装设备的陆续引进，年生产量由改革之初的2万令增加到20万令。

在国家“十二五”规划期间，企业党、政班子进一步解放思想，更新观念，在推进企业创新发展上寻求突破。2012年8月，“规模图书研发印刷基地”项目动工兴建，项目占地面积76000m^2。引入多款国际先进的印刷机、胶订联动线、高端印装设备，为公司长远发展打下了坚实基础。

2020年，站在企业发展的新起点上，润声印务以核心驱动力为目标，投资5亿元再上“智能化精装图书生产基地”项目。批量列装德国、日本、瑞士、意大利等国际顶尖设备，实现了转型升级，助推公司“脱胎换骨”、“凤凰涅槃”式发展。

自2013年起，公司连续八年通过绿色印刷认证，在绿色发展的道路上，迈出了坚实的步伐。

由此，润声印务从改制前连续数年亏损、负债率高达151%的企业发展成为“山东省重点文化企业”“山东省省级扶贫龙头企业”，实现如此飞跃依靠的正是党的领导，党的路线、方针、政策的光辉指引。

二、党组织在精神与实践方面的引导作用

在企业发展进程中，企业党组织积极引导党员、干部树立正确的人生观、价值观、世界观。坚持开展以“不忘初心，牢记使命”为主线的理想信念教育。通过参观“万里故居”“东平县工委纪念馆”“淮海战役纪念馆”“孟良崮战役纪念馆”等红色教育基地，组织开展“读红书，唱红歌，看红色视频”等活动，充分学习红色精神，汲取红色力量。同步开展“学党史，知党史”教育，牢牢把握“学史明理、学史增信、学史崇德、学史力行”的基本要求，努力实现“学党史、悟思想、办实事、开新局”的目标。

在企业发展进程中，企业党组织积极探索党建工作与生产经营深度融合的有效途径。一是设立“党员示范岗”，覆盖全部生产车间和职能科室；二是建立“党小组包保车间责任制”，包产量、包质量、包进度、包安全。“四包四保”责任制的推行，增加了党员在生产经营中的责任担当；三是开展“五比五看”活动：比出勤、比设备利用率、比节能降耗、比岗位技能、比产量；四是开展尊重知识、尊重劳动、尊重创新、尊重人才的“四尊”教育。

企业党组织注重发挥群团组织的桥梁和纽带作用。关心关注团委、工会、妇工委、关工委工作的开展，指导建立健全职代会制度，广泛组织团员、青年开展技术创新活动。2018年企业团委被共青团东平县委评为“优秀团委”，2019年、2020年企业工会被市、县总工会评为“模范职工之家”、“女职工建功立业标兵岗”。

三、党建工作经验总结

在党建工作的长期实践中，润声印务党委逐步摸索出有效的经验：首先要积极传承党的思想政治工作中的优良传统，其次要贴近实际，把党建工作与生产经营、管理、深度融合。如党小组“包保车间责任制”和党委成员、支部成员“蹲点制度”的建立，支部书记“责任清单”和党员“承诺、践诺、评诺制度”的推行，进一步强化了党员、干部责任意识，为圆满完成生产、经营、管理等项工作，提供了机制和制度保障。同时要在思想政治工作中重视“情感投入”，营造出“以情感人，情理并融”的良好氛围。

未来，润声印务党委会将继续坚定信念，紧跟新时代，站在新的历史起点上，全方位提升党建工作新水平，为润声印务“建百年企业，铸世纪辉煌”的长远战略发展目标而不懈努力。■

传承红色基因　永葆初心使命

北京利丰雅高长城印刷有限公司

北京利丰雅高长城印刷有限公司成立于1993年，是一家集印前分色制版，八色轮转印刷，四色、五色、八色平版印刷，自动化装订流水线于一体，为高端期刊、图书市场提供一站式解决方案的大型综合现代化印刷企业。公司党支部隶属通州区台湖镇党委，现有党员11人。

利丰雅高起步于北京胶印二厂，工厂前身长城印刷厂诞生于1946年3月，是由中共地下党梁蔼然、王倬如两位同志受董必武同志指示兴办的。全国解放前后为国家情报署、政务院印制了大量重要文件。1952年国家情报署把长城印刷厂交给北京市，并改名为北京印刷四厂。1970年迁址先农坛，扩建后改为北京胶印二厂。1993年成立合资企业，2009年扩大生产规模，迁址到通州区科创东二街新厂房办公，企业发展进入到一个崭新的阶段。

利丰雅高党支部遵循《中国共产党支部工作条例》积极开展工作，同时结合企业实际情况，针对非公有制经济组织的党支部工作要求，在政治引领、团结凝聚职工群众、维护各方合法权益、建设企业先进文化、促进企业健康发展方面积极探索，充分发挥党支部的先锋模范带头作用和政治引领作用。

一、强化党支部班子建设，加强理论学习

利丰雅高党支部时刻不忘新时代传承历史光荣传统的重要性，认真贯彻党委各项工作要求，积极谋划支部建设，切实制定工作计划，推动党建工作与业务工作相结合，努力服务企业发展，发挥引领带动作用。

一是认真开展“三会一课”，按照台湖镇党委的工作部署，积极组织学习、主题党日活动及“红色之旅”主题教育活动，深入学习党的路线、方针、政策，深入学习贯彻习近平新时代中国特色社会主义思想，为打造学习型的党组织而不断努力。

二是组织党员积极参加镇党委的各项活动：聆听区党校教授的党课，对党的政策有了更深入的理解；参加党委组织的观影活动、党支部的观摩交流活动、主题党日活动等，不断提高自身素质。

三是与企业客户单位的党支部联合开展党日活动，对开展支部建设、加强印厂与出版社更好沟通衔接合作等进行深入的探讨交流，加强理论学习又增强专业知识的互补。

四是认真做好组织生活会和开展民主评议党员工作，做到不流于形式走过场。及时开展企业党支部年度工作总结、年度计划制定，积极组织党员群体集中学习和谈心谈话，并就问题提出整改措施和整改时限，着力抓好整改落实。

二、围绕公司战略，发挥党员先锋模范作用

发挥党员的先锋模范作用是企业党支部的战斗堡垒作用最直接、最具体的体现，同样也是党员执行力的体现，利丰雅高党支部的每位党员虽然在不同的岗位上，但都围绕企业中心开展工作，促进企业各项生产工作任务的完成。

新冠肺炎疫情发生后，利丰雅高第一时间成立了抗击冠状肺炎领导小组，支部党员临危受命，连续奋战，制定防疫方案。2021 年春节，鉴于疫情的反复，利丰雅高发出了“就地过年”的号召，支部党员为不返家职工的后勤保障工作做出了精密部署，确保外地职工在京度过一个欢乐祥和的春节，保障了企业在疫情期间生产、防控两不误，为顺利完成集团给企业下达的战略目标打下了坚实的基础。

利丰雅高目前承印着政府采购类、生活类、时尚类等 140 多种期刊，还有图书、教辅教材等，生产一线的党员充分发挥不怕苦、迎难而上的拼搏精神，精益求精，按时按质保证每本期刊、每本图书、每本教材的正常出货。2021 年，利丰雅高又承接了《中国共产党简史》《习近平新时代中国特色社会主义思想学习问答》两本重点图书的印制任务，为保证按时出货，党员们身先士卒，积极参与到各项工作中，全部进度均达到预期。

利丰雅高积极按照国家政策开展环境治理改善工作，制定升级改造方案并组织实施，几年下来累计投入近 600 万元。企业采取源头治理、过程控制和末端治理的方式对废气、废水、废固进行综合治理，做好环保监测制度和执行，建立完善的应急救援机制，使企业的工作环境得到大幅提升，并顺利通过 ISO 14001:2015 环境管理体系认证、清洁生产审核、绿色印刷认证。

利丰雅高长期寻找新的经济增长点，随着数字喷印项目的启动，支部党员又一次站出来迎接挑战，带领项目团队调研、立项、装修厂房、引进喷印设备、开拓市场，在短短 2 年时间内，使企业生产规模及标准化生产在行业处于领先地位，成为广告喷绘行业中的优秀品牌。

三、增强凝聚力，做好企业文化建设

增强企业凝聚力是企业发展的动力源泉，党支部根据公司生产情况和市场需求，做好各项工作，加强企业文化建设。

一是根据企业实际情况，开展丰富多彩、喜闻乐见的活动，包括拔河比赛、羽毛球比赛、趣味运动会、包粽子比赛、中秋联欢晚会等，拉近了党群关系，激发职工的工作热情，提高党支部的凝聚力。

二是不断改善职工的生活工作条件，为职工提供劳动保护用品，提供多重福利。工会定期召开委员会议，认真听取职工的意见，积极协调解决。支部党员与职工尤其是外地职工利用各种形式、方式沟通，关心职工的疾苦，缓解职工思乡之情，使职工在企业得到归属感、幸福感、获得感。

三是积极践行企业社会责任，奉献爱心。企业党支部在 2019 年参与“奉献爱心激励成长”爱

心捐书活动，奉献爱心，支持学校教育事业发展；2020 年参与“河北省宽城县图书扶贫（农家书香飘满乡）项目”活动，奉献爱心，为农村普及科学知识事业作出奉献。

企业党支部始终助力企业战略任务的顺利实施，长期保持着活力和战斗力，作为“国家印刷示范企业”的利丰雅高，在 2020 年北京市出版物印刷企业减排绩效分级中被评定为唯一的 A 级企业，并在 2020 年、2021 年连续两年获得“北京市诚信创建企业”。

2021 年是“十四五”规划开局之年，也是建党 100 周年，新阶段新征程，利丰雅高要抓住新机遇，不断提升党建工作，高举习近平新时代中国特色社会主义思想伟大旗帜，谋求新发展，实现新作为，引领公司高质高效健康发展，以优异的成绩献礼中国共产党建党 100 周年。■

鹤山雅图仕：印出“红色名片”

鹤山雅图仕印刷有限公司

鹤山雅图仕印刷有限公司创办于 1991 年，是利奥纸品集团（香港）有限公司属下独资经营的大型现代化印刷企业，业务遍及全球，现有职员工 1 万余人，企业占地面积 1200 亩。建厂以来，已累计投资达 19 亿元。2019 年销售收入超 30 亿元。

2003 年，鹤山雅图仕成立党总支，2007 年成立企业党委，是江门市外资企业所组建的第一个基层党委，下辖 8 个支部，共有党员 187 名。2011 年，成立企业纪委，为广东省首家非公有制企业成立的纪律检查委员会。2011 年，雅图仕党委获全国非公有制企业党建强、发展强“双强百佳党组织”。2018 年，雅图仕党委“以组织功能创新优化企业治理案例”获得第四届全国基层党建创新优秀案例。2020 年，雅图仕党委书记招伟宁受邀在中组部会同中央统战部、全国工商联于深圳市委党校举办的“全国民营企业年轻一代党员出资人培训示范班”上作非公党建经验交流。

多年来，雅图仕党委找准企业党建发力点，将党建工作融入企业经营治理，创新体制机制，充分发挥党组织政治功能、服务功能、社会功能，受到省市各级政府的认可与肯定，企业党建的主要经验做法向全省非公企业党组织推广。作为一家港资印刷企业，雅图仕印出了一张亮丽的“红色”名片。

一、党建融合企业治理，促进企业发展

雅图仕党委主动寻找企业主所关注的生产经营管理方面的重点难点问题，将党的政策、执政理念和企业发展需要有机融合，积极献计献策，带头勇挑重担，帮助企业破解发展难题。在企业管治方面，雅图仕将党的反腐倡廉建设理念与企业内部治理相融合，创造性建立“廉洁管治委员会”，完善企业廉洁正风内控运作机制，为企业的发展夯实了基础。

在企业文化建设方面，雅图仕党委部署党群一体化建设，建立“幸福和谐创建委员会”，充分整合资源，调动各方力量，集中合力办大事，提升员工的满足感。

在推动企业转型升级方面，雅图仕建立党组织与经营管理层双向互动制度，利用党委的资源优势，主动向企业传达及解读从中央到地方支持企业发展的有关扶持政策、奖补政策，共同协商企业重要项目决策，成功推动产业发展、技术改造、创新科研、人才储备等多个重大项目落地，为企业

获得政府支持发挥了积极作用。

二、党员发挥先锋作用，服务企业大局

雅图仕党委实行党员佩戴党徽上岗，每一名党员就是一面流动的党旗。企业党委号召党员在企业的经营管理中充分发挥党员的先锋模范作用，带头示范、争先创优、树立标杆，让党组织真正成为企业攻坚克难的“堡垒”，引领企业发展。

在每年企业用工紧缺、生产任务严峻的生产高峰期，企业党委号召全体党员带头奔赴生产一线全力支持企业生产。2019 年，党员带头支援生产行动感召企业文职部门 3000 余人次加入援助队列，帮助企业顺利度过了严峻的生产高峰期。在 2020 年新冠肺炎疫情席卷全国之时，雅图仕党委顾全大局，迅速成立“利奥集团防疫防控指挥中心”部署防疫防控工作，尽最大努力减少输入性疫情，做到守土有责、守土负责、守土尽责。

企业广大党员积极响应号召自愿请愿坚守防疫一线，协助企业快速复工复产，为疫情的非常时期贡献了最有战斗力的先锋力量，充分体现了“关键时刻冲得上去、危难关头豁得出来”的共产党人优秀品质。

除此之外，雅图仕党委实施党员“双培养”，把党员培养成企业骨干、把企业骨干培养成党员，推动党员骨干成为企业核心人才。

三、党委密切联系社会，履行社会责任

雅图仕党委立足企业做好本职工作，同时坚持“走出企业、融入社会”的思维，注重激活党员的社会工作积极性，创新社会工作载体，倡导义利兼顾、以义为先理念，推动企业认真履行社会责任，大力构建和谐劳动关系。党员们积极参与精准扶贫和公益慈善事业，历年累计捐资超过 8500 万元。

此外，雅图仕自 2004 年起设立“党委扶贫助学基金”，由党员每月缴纳党费的同时额外自愿贡献一份“特殊党费”，每年组织到粤西开展扶贫助学行动，至今已资助超过 220 名贫困学生。雅图仕自创立“利奥义工队”以来，累计志愿服务时数超 32000 小时。雅图仕党委整合各方力量为企业发展、为员工和周边群众服务，以党建工作引领社会风气、推动社会管理创新的崭新层次。

在企业发展进程中，雅图仕成立企业党委，始终拥护中国共产党的领导，遵循党中央对民营企业工作的指导精神，树立正确的国家观、法治观、事业观、财富观。近年来雅图仕党委先后荣获江门市固本强基先进基层党组织，广东省先进基层党组织，广东省“‘两新’百强”党组织，广东省非公有制经济组织党建工作示范点，全国非公有制企业党建强、发展强“双强百佳党组织”，“全省“两新”组织党建工作示范点等。

面向未来，雅图仕党委坚持以习近平新时代中国特色社会主义思想为指引，遵循“党建引领、守正创新、开放共享、服务发展”的价值理念，立足江门“两新”党建工作实践经验和雅图仕非公党建模式，致力于打造省内第一家“侨资民企”特色党校，向中国共产党诞辰 100 周年献礼。■

以党建促发展　献礼百年华诞

中闻印务投资集团有限公司　贺更生

中闻印务投资集团有限公司（简称“中闻集团”）是人民日报社全资企业，中闻集团党工委下设6个党委、37个党支部，共有党员约900名，其中在职党员约300名，上级机关是人民日报社机关党委。

近两年，中闻集团和所属企业在各方面取得了长足的进步，以“政治过硬、信念坚定、本领高强、组织坚强、风清气正”为目标，内强素质，外树形象，生产经营稳中有进，经济效益不断增长，印刷质量大幅提高，内部管理日益规范，呈现出团结稳定、积极向上的良好局面。成绩的取得与集团党工委重视党建工作、以党建促发展是分不开的。

一、强化组织体系

中闻集团党工委坚持党对国有企业的领导这一重大政治原则，发挥党工委领导核心和政治核心作用。把党的领导融入公司治理各环节，落实党工委在公司法人治理结构中的法定地位，发挥把方向、管大局、保落实的重要作用。明确党工委研究讨论是董事会、经理层决策重大问题的前置程序，坚持党工委对一切工作的领导，一切重大问题都由党工委集体研究讨论后，再由董事会或经理层作出决定。按照“交叉任职、双向进入”原则，党工委成员全部进入董事会、经营班子，并结合分管业务进行党务分工，使董事会、监事会和党工委领导一体化、协同化。集团所属各企业党委参照党工委议事规则，把党建工作要求纳入企业章程。

集团以《中国共产党国有企业基层组织工作条例（试行）》《中国共产党支部工作条例（试行）》等党内法规为遵循，以《人民日报社全面推进党支部标准化规范化建设工作方案》为依据，深入学习贯彻习近平总书记关于加强国有企业党的建设的重要指示精神，坚持把加强基层组织建设和党员队伍建设，作为党的建设的基础工程，坚持党的事业至上，发挥各级党组织的创造力、凝聚力、战斗力，助推企业发展。按照“党支部书记应由党员主要负责人担任”的要求，对各单位党支部进行了改选，集团党工委专职副书记、纪工委书记担任机关党支部书记，所属企业党支部基本由支部内行政级别最高的管理人员担任书记。

二、重视制度建设

健全完善党建工作规章制度。为提高党工委议事效率和决策水平，促进党工委领导工作的科学化、制度化、规范化，制定了中闻集团党工委工作规则、议事规则和议事清单。议事清单涵盖了集团党的建设、党工委自身建设、“三重一大”、群团建设、干部人事安排、职工切身利益等各方面需要由党工委决策安排的事项。修订完善了集团党工委党组织工作规定和“三会一课”制度、民主生活会制度等 15 项规章制度，编印了《中闻集团党的建设规章制度汇编》。为推进企业党的基层组织工作规范化、制度化、标准化，集团党工委根据《党章》《中国共产党国有企业基层组织工作条例（试行）》等党内法规，编印了《基层党组织工作实用手册》，以程序图解和落实规范相结合的形式，对基层党组织如何落实组织生活制度、加强自身建设、党员教育和管理等工作，进行了详细介绍和阐述，具有很强的操作性和实用性，为企业基层党组织、党务工作者和党员提供了务实、管用的工作指导。

中闻集团纪工委在报社机关纪委和中闻集团党工委领导下，积极探索创新有效的工作方法，完善健全纪检工作机制，制定《中闻集团推进纪检监察高质量发展的实施办法》以加强对集团各单位纪检工作的指导。各单位纪委书记（委员）参加（列席）党委会、董事会、总经理办公会，行使监督责任。纪检部门吸纳与监督内容相关的行政后勤、财务人事、群团工会等人员，形成纪检、人事、财务、审计、网络、群众等多方面的监督网。整个集团监督工作层层传导压力、压实责任，形成“三督促三报告”制度。监督重点是落实全面从严治党主体责任情况，各党委和直属党支部纪委每月上报所在单位落实主体责任情况和落实监督责任情况，上报情况列入基层纪检监察组织和纪检干部年度考核的重要内容，有力推进“不敢腐、不能腐、不想腐”的机制体制完善。

三、推动融合发展

集团牢固树立“围绕发展抓党建、抓好党建促发展”的理念，找准结合点，统筹考虑、科学规划，做到目标同向、部署同步、落实同频，推动党建和经营工作相互促进。集团从建立健全规章制度入手，大力推行以“严、细、深、实”为内涵的精细化管理，按照“管理制度刚性化、工作考核绩效化、员工行为规范化”的要求，全面细化工作目标、管理流程和管理制度，坚持用制度管人，靠制度办事，按程序执行，真正实现企业管理的全覆盖和无缺漏。全面梳理、修订、完善企业生产管理各项制度，包括《产品质量管理制度》《班前会管理制度》等 9 项制度。建立印刷质量分析通报制度，以季度为节点，对各企业印刷质量排名整体情况及存在的主要问题进行分析通报。

修订《中闻集团所属企业负责人薪酬管理办法》，把主要报纸印刷质量与企业领导班子年薪挂钩。组织专家团队到问题较多的企业实地会诊，现场了解情况、解决问题。补齐企业现场管理和设备维护保养的短板，组织所属企业现场学习先进管理经验。2020 年集团开展“质量建设年”活动，举办了由印报车间主任、机台长参加的 6 期线上视频培训交流，开展了“职工印刷技术”知识竞赛，组织了“质量在心中”主题征文活动。通过上下共同努力，使所属企业印刷质量大幅提高，部分企业报纸印刷质量综合排名已稳居前列。

福州公司党委为了适应新时代党建工作的要求以及融媒体发展需要，与网络有声媒体的知名企业喜马拉雅公司合作，利用各自的优势打造有声党建平台——党建智能化学习解决方案。内容包括有声党建墙、有声党建书架（有声党建图书馆）、喜马拉雅朗读亭等，在党建工作中发挥较大的作用，已正式投入使用，开辟了一条党建与业务融合发展的新路径。

在2021年5月底结束的第五届人民日报社出版印刷论坛会议上，中闻集团荣获“组织管理奖”，中闻集团福州公司荣获“年度质量进步奖”。在党报绿色印刷认证首批获证单位授牌大会上，中闻集团青岛公司获得首批资格认证，成为积级贯彻绿色发展理念的践行者。在2020印刷包装产业经济论坛暨全国印刷经理人年会上，中闻集团荣获“2020中国印刷包装企业100强”殊荣。

四、发挥模范作用

在抗击新冠肺炎疫情斗争中，中闻集团各级基层组织、党员干部坚决贯彻党中央和报社编委会的决策部署，充分发挥战斗堡垒作用和先锋模范作用，确保了包括武汉公司在内的广大干部职工生命安全和身体健康，确保《人民日报》《解放军报》《求是》等党报党刊正常印刷发行。各企业干部职工以实际行动诠释了新时代党报工作者的精神风貌、职业操守和责任担当。中闻集团武汉印务有限公司荣获“人民日报社抗击新冠肺炎疫情先进集体”称号；集团3人荣获“人民日报社抗击新冠肺炎疫情先进个人”称号。

各企业重视发挥工、青、妇等群团组织职能作用，不断增强群团组织政治性、先进性、群众性。注重企业文化建设，培育企业精神，调动广大职工的积极性主动性，在各自岗位上创先争优。注重员工培训，恢复了老职工对年轻职工传帮带的优良传统，形成年轻职工努力追赶老职工、向身边劳模标兵、向各类职业技能大赛能手学习的浓厚氛围，在集团范围内掀起弘扬工匠精神，立足岗位，树立质量意识的热潮。注重人才培养，做好梯队建设，注重培养发展年轻的生产一线骨干入党，为企业储备人才后备力量。

中闻集团多数下属企业诞生于硝烟弥漫的战争年代，保持有光荣传统和优良工作作风，在建党百年的历史时刻，中闻集团格外珍惜党报企业的红色基因，努力做好党建与经营融合发展，不断实现社会效益、经济效益双丰收，向建党100周年献礼。■

创新思路抓党建　服务园区促发展

河南省瑞光印务股份有限公司　张歌伟

河南省瑞光印务股份有限公司创建于1983年10月，是专业从事文化创意设计、创意文化产业园经营、图书报刊、广告画册、包装装潢的印刷企业。作为河南省印刷行业中唯一通过首批国家绿色印刷认证的企业，获有河南省著名商标、河南省高新技术企业认定。

2017年初，企业成立“瑞光创意工厂文创园”，以“创意、创业、创新”为导向，以集聚创意设计、广告传媒、影视制作、书画摄影、创意布艺包装、文化培训及电子商务等文化创意类企业入驻孵化和加速为主要发展方向。同年8月，瑞光印务党支部升格为党总支，下辖“创意工厂园区、生产基地、行政管理”三个支部。

园区党组织始终以“坚持党建引领创新发展”为工作主线，以“凝聚人心、服务企业、推动发展、促进和谐”为党建具体工作指导，不断创新组织覆盖模式，完善党建工作机制，搭建党员作用发挥平台，现已初步形成了“覆盖有效、管理有序、服务有力、协调有方”的党建新格局。

一、健全组织体系，夯实党建工作基础

瑞光印务始终坚持做好党建工作，将建立健全企业党组织、发展壮大党员队伍作为园区党建工作的突破口和关键点，采取多种措施，不断强化党在园区企业中的组织基础。

一是摸清底数，争取认同。瑞光印务高度重视企业党组织和党员情况等党建基础数据的收集，针对入园企业变化快，人员流动频繁的情况，建立了定期情况分析制度。在企业入驻的当月，支部要安排上门走访了解情况，每季度汇总一次已入驻企业党员变化情况，做到底数清、情况明。通过对党建基础数据的定期收集、汇总和更新，确保企业支部能全面、准确地掌握最新资料。在此基础上建立了园区党员信息库，全面了解企业党员、入党积极分子的年龄、学历、专业特长等基本情况，为开展党建工作提供了重要依据。

二是打造阵地，搭建平台。为了积极适应园区发展需要，切实提高园区党建服务水平，瑞光创意工厂党企服务中心、党团共建组织生活馆于2018年6月建成。党团共建组织生活馆的设立增强了党员和园区入驻企业的认同感和归属感，不仅是加强党性教育、研究党建工作、提高党员素质的场所，还成为园区众多入驻企业进行员工红色主题教育和团队锻炼拓展的活动场所。较好地承担了

服务党建工作、企业发展、凝聚人才和创新社会管理等方面的职能。

三是因企制宜，科学组建。为不断提升党建工作在园区的覆盖面，企业党委对具备建立党组织条件的企业，通过单独组建的方式，及时建立党组织；对有党员但不具备建立党组织条件的企业，通过联合组建、挂靠组建等方式，实现党组织覆盖；对没有党员的企业，通过纳入园区支部党建管理的方式来实现党建工作的全覆盖。

二、创新活动载体，提升党建工作活力

在园区党建工作中，瑞光印务结合园区产业特点、党员自身实际，积极开辟新的党建工作载体，提高了园区党建整体运行的成效。

一是多形式开展党员学习教育。针对园区党员年轻化、知识化的特点和“时间难保证、人员难组织”的实际，企业利用网络信息平台，设立党员微信群、学习强国远程教育等方式，多途径加强企业党员的学习培训和教育管理，以强化党员理论、业务学习，不断提升党员素养；并在党员微信群中发送党的基本知识、党的历史、党建专题信息等。

二是多平台促进党员作用发挥。企业组织园区企业深入开展党员示范岗、党徽闪耀在瑞光等活动，积极引导园区党员围绕园区、企业发展开展我助企业创新发展活动；大力挖掘培养园区先进典型、开展榜样宣传，激发党员的积极性和创造性，增强党员在广大员工中的影响力。园区党支部还在园区内设立固定的党建宣传版面，绘制“跟党一起创业”“英雄墙”等党建宣传墙，设置“党员示范岗”，实现了党建工作园区全覆盖。

三、完善工作机制，加强党建工作保障

在开展园区党建工作的过程中，瑞光印务高度重视长效机制的建设，努力通过完善工作机制和保障体系来提升园区党建工作的整体水平。

通过建立党建工作运转机制，确立党建工作会议制度，五里堡街道办事处党委与公司总支定期就园区党建工作进行协商，研究部署相关工作，指导园区党建工作的深入、全面开展，加强党组织对园区入园企业的工作引领，确保党建工作对园区企业全覆盖的真正落实和助推企业在党组织的指导下健康发展。

瑞光印务从立足长远、科学规划入手，完善了党建工作管理机制，结合园区实际情况，制定有利于推进区域化党建工作的长效制度，建立健全了“三会一课”、民主生活会、党员活动日等基本制度，先后建立健全了党员定期普查登记等一系列行之有效的配套制度。并将所有制度规定汇总悬挂在党企服务中心，方便园区党组织和党员学习和遵照执行。

瑞光印务设立了园区党建工作专项经费，主要用于党员培训、党建宣传以及其他党组织活动。园区党支部在总支的部署下，确立以“党团共建组织生活馆”为党建阵地，按入园企业需求设计服务项目，开展志愿者服务、政策咨询服务、党建指导服务等，从资金方面为园区的党建工作提供保障。

四、深化服务内涵，强化党建工作动力

瑞光印务坚持把服务作为园区党建的基本价值取向和功能定位，把创建服务型基层党组织作为工作动力，不断提高服务能力和水平，努力形成党组织服务党员，党组织和党员服务发展、服务人才的良好局面。

瑞光印务确立了“服务企业促发展”的方针，以园区党企服务中心为载体，以不定期走访入园企业听取对于园区管理、党建工作的意见，及时传达合理诉求。通过邀请市和区相关部门和机构来到园区作专题讲座和政策讲解，帮助入园企业提升发展理念，开拓发展思路，为企业解决研发、经营、资金和管理等方面的困难提供积极帮助。

瑞光印务建立起人才服务培养体系，以党组织细心周到服务营造有利于培养人才、留住人才和人才发挥作用的良好环境，以集聚人才促进园区发展，增强企业核心竞争力。■

立足生产实际　引领企业发展

鸿博昊天科技有限公司　韩廷霞

鸿博昊天科技有限公司筹建于2011年，2013年7月正式投产经营。2011年5月4日，鸿博昊天科技有限公司党支部成立，支部现有党员15名。鸿博昊天党支部在开展党务工作的过程中，立足服务公司生产实际，结合公司的产品定位，积极开展党支部的各项工作，充分发挥党支部的先锋模范带头作用和政治引领作用，努力提高党员干部的宗旨意识和服务群众意识，不断探索以党建促进公司发展的新思路、新方法，助力公司不断发展。2018年以来，鸿博昊天党支部连续三年被评为北京经济技术开发区“两新”组织先进基层党组织。

一、严格落实组织制度

鸿博昊天党支部严格落实组织制度，积极开展“三会一课”，将组织生活会和民主评议党员作为全面从严治党的切入点，规范并加强党内政治生活。

一是认真开展“三会一课”，积极组织各项学习、主题党日活动及“红色之旅”主题教育活动，深入学习贯彻习近平新时代中国特色社会主义思想，为打造学习型的党组织而不断努力。

二是召开组织生活会并积极开展民主评议党员工作。企业党支部及时总结年度工作，积极组织集中学习和谈心谈话，对照《党章》深入查摆问题，严肃开展批评与自我批评，针对查摆并评议出的问题，列出清单，提出整改措施和整改时限，着力抓好整改落实。

二、加强企业文化建设

开展日常党建工作过程中，鸿博昊天党支部结合公司生产实际和市场需求，牵头组织各项活动，加强企业文化建设。

一是发挥专业特长，助力企业文化宣传。鸿博昊天党支部充分发挥专业优势，收集图片、撰写文字，设计并制作了多期党务和企业文化宣传海报。为企业的党务工作宣传搭建了有效的宣传平台，同时增进了企业和客户之间的交流和沟通。

二是牵头举办丰富的员工活动。为创造良好的企业文化，丰富公司员工的业余文化生活，企业党支部牵头组织主题拔河比赛、“升国旗、颂党恩”周年庆典活动和红色教育团队拓展活动。通过

各类活动的举办，激发了员工爱岗敬业、团结拼搏的热情，增强了员工的主人翁意识，增进了党群沟通，提高了党支部的凝聚力。

三是积极奉献爱心。在开展日常党务工作过程中，企业党支部带领广大党员干部群众积极奉献爱心。包括参与北京印刷行业“爱心助学，放飞梦想”爱心捐书活动、“送温暖、防疫情、促生产”主题党日活动等，献出爱心，回馈社会。

三、充分发挥党支部的政治引领作用

在鸿博昊天投产之初，印刷市场的产能基本饱和，企业党支部充分发挥党员不怕困难、迎难而上的拼搏精神，以遵纪守法、手续齐全为前提，带领业务团队，积极开拓市场。开发出南方报业的《南方人物周刊》、中国新闻社的《中国新闻周刊》、人民日报社的《环球人物》《国家人文历史》等刊物。积极开拓国内市场的同时，企业党支部带领营销人员不断致力于海外市场的开拓，经过不断努力，成功与英国 DK 出版社达成了战略合作伙伴关系，为公司业务不断跃上新的台阶奠定了坚实的基础。短短几年鸿博昊天已承接了 70 多本期刊，并为 30 多家出版社服务，年营业收入近 2 亿元，实现利税近千万元。

鸿博昊天始终坚持“党旗在生产一线高高飘扬”的作风。2020 年，自新型冠状病毒感染肺炎疫情发生以来，企业党支部充分发挥政治引领作用，配合企业领导坚决贯彻落实北京市关于新型冠状病毒感染肺炎疫情防控工作部署，充分认识疫情防控的艰巨性，结合鸿博昊天的实际情况严控疫情。疫情严峻的日子里，大家坚持投入到生产一线，精益求精，最终圆满完成了 25 万本期刊、图书的手工作业。

四、勇担企业社会责任

近年来，环境保护日益受到重视。鸿博昊天党支部带领广大党员干部群众，积极响应国家号召，勇担企业社会责任。在企业经营压力很大的情况下，毅然加大环保投入，对设备进行升级改造。

2017 年，鸿博昊天分别在 VOCs 环保治理、引进柯达免冲洗 CTP 版材等方面投入约 500 万元，企业在环保实力及环保设施规范管理方面实现了质的飞跃，成功适应新形势的发展，为企业的健康、可持续发展奠定了坚实的基础。2017 年，鸿博昊天荣获了“高新技术企业”“京津冀绿色印刷优秀企业”等荣誉。

鸿博昊天广大党员干部坚守印刷人的初心，共同肩负起印刷企业的社会责任和担当，以及时、到位、高质量的印品，第一时间向公众传递与疫情相关的真实有效的信息和知识，为打好疫情防控阻击战贡献了一份力量。

五、服务首都核心功能

鸿博昊天自投产以来，不断加强企业的精益管理，提高设备自动化程度，不断迎合市场需求，追求工艺创新，以制造符合时代需求的高品质产品为目标，以更好地服务出版客户作为努力方向。目前，企业已经为 70 余种重要时政期刊和 30 多家大型出版社服务。此外，企业还不断致力于服务首都核心功能，尤其在服务首都“四个中心”等方面作出了贡献。

2017 年，鸿博昊天仅用时 3 天便出色完成《习近平谈治国理政》第二卷中文版的首印重要任务。鸿博昊天制定了周密详细的生产计划，各生产流程由专人负责，党群团结，坚持在岗、各生产环节的紧密配合，把通常 10—15 天的生产周期成功压缩到 3 天。2020 年，鸿博昊天党支部充分发挥先锋模范带头作用和战斗堡垒作用，保质保量完成了《习近平谈治国理政》第三卷平装本和精装本的首印任务。

鸿博昊天作为“北京市出版物印刷服务首都核心功能重点保障企业”，先后承印《习近平谈治国理政》第一卷、第二卷、第三卷共几百万册，屡获赞誉，真正成为一支可以托付重任的“印刷尖刀部队”。

六、进一步加强企业党建工作

新起点，新征程，鸿博昊天要坚定高质量发展的信心和决心，以劈波斩浪、勇立潮头的信念，高举习近平新时代中国特色社会主义思想伟大旗帜，结合企业实际生产经营需要，积极做好疫情防控常态化管理，持续发挥党建促进公司发展的优势，认真贯彻落实党的十九届五中全会精神，不断提升党建工作，以优异的成绩为中国共产党建党 100 周年献礼。■

听党话　跟党走
争做印刷行业转型升级的先锋者

天津海顺印业包装有限公司　袁汝海

天津海顺印业包装有限公司始创于2003年，历经18载，成长为一家集设计、制版、印刷、印后、物流、金融于一体的智能制造印刷示范企业。

企业成立之初便组建了党支部，全力将党的政治优势、组织优势转化为企业的发展优势。支部党员艰苦奋斗，充分发挥党支部战斗堡垒作用，在取得经济效益的同时积极践行社会责任，为建设社会主义现代化强国贡献力量。

一、坚定信念，上好党课

“对党绝对忠诚，发展海顺事业，回报社会，造福职工”是海顺印业长期坚定的信条，多年来，每周一次的书记讲党课，未曾间断。企业坚持和外省市的企业党组织交流学习思想和党建工作心得，每节党课，用文字、照片和声音形成记录，并整理成册，累计达100余册。

为了让党的创新理论、丰富实践“飞入寻常百姓家”，发挥自身善讲故事的特长，海顺印业以“小切口”阐述大道理的形式，增强宣讲的亲和力和感染力，将理论性、政策性抽象话题与生动的叙事性话题相融合，生动全面，用平实质朴的语言、清新活泼的故事，将理论的精神内涵传入人心。

二、强化政治意识，重在实践

受疫情影响，海顺印业资金出现较大困难，尽管如此，企业在扶贫、慈善、抗疫、慰问以及职工生活保障等方面的工作从未停歇，定期慰问养老院、困难职工家庭、环卫工人、消防官兵、一线民警等活动，这在海顺印业已经成为了惯例和常态。

在疫情最严峻的时刻，海顺印业接到天津市委宣传部交给的“任务书”——紧急印刷6万册《疫情防控宣传册》。企业领导班子成员立即安排部署，党员和公司骨干带头发挥作用，全体员工积极响应，第一时间将印好的《疫情防控宣传册》送到了全市机场、火车站及人员流动大的场所，有力地支持了全市疫情政策宣传、市民科学防护等工作。在此期间，累计印制600多万册（页）防疫宣

传资料，得到了市委领导的赞扬。

切实参与打赢脱贫攻坚战同样是海顺印业的企业责任。近三年来，海顺印业在参与的甘肃对口扶贫工作中，先后九次为当地送去共计200万元的现金和物资，并为当地的党政干部和致富带头人讲党课。同时，吸纳当地部分人员到企业就业，激励当地人员树立自力更生、艰苦奋斗意识，靠辛勤劳动改变贫困落后面貌。

三、聚焦主责主业，严抓党建工作

海顺印业注重听取群众的意见建议，充分发挥党支部核心作用。一是强化责任意识。切实履行岗位职责，制定支部年度计划并组织实施，狠抓党员队伍作风建设，积极指导督促党员，努力形成党建工作合力；二是落实民主集中制。注重发挥支委集体智慧，按照支部议事规则，对支部制度的制定和完善、重点工作安排、职工教育及奖惩等重大事项都经支委会集体研究，确保各项决策民主、科学、务实、有效；三是落实党建工作责任制。按照党建工作总体要求，加强组织领导，明确职能职责，形成任务清单，将责任落实到人；四是推进“两学一做”常态化制度化建设。将“学”“做”“改”有机结合，形成长效化机制。

在做好党建工作的同时，海顺印业同样重视发展。企业坚持走技术创新，科技兴企之路，近年来，海顺印业以天津市认定的“企业技术中心”为核心，全面大量引进最新管理、仓储、物流系统平台和智能互联管理设备，以及技术领先的新式机械及系统，结合MES技术、AGV小车、立体仓库，全面实现了机器换人。企业先后获得“国家印刷示范企业”“中国改革开放四十年（印刷行业）十大领军企业”“高新技术企业”等荣誉称号。

抓党建、促发展，这是党建的根本原则，也是根本要求。海顺印业党组织紧紧围绕促进企业发展提速增效开展工作，推动企业上下形成了团结一心，和谐稳定的良好发展局面。

岁序常易，华章日新。2021年是中国共产党的百年华诞，海顺印业将继续发挥“两新”组织党建工作示范点的示范作用，积极鼓励引导优秀员工向党组织靠拢，把学习宣传贯彻习近平新时代中国特色社会主义思想作为推动企业发展的重要指导思想，与时代同步伐、与祖国共命运，永葆初心，牢记使命、奋力拼搏，以更加优异的成绩谱写新时代党建工作新篇章。■

党建引领聚合力　推动融合促发展

山东鲁信天一印务有限公司　杨印娜

山东鲁信天一印务有限公司成立于1995年，主要从事药品纸质彩色包装盒及说明书印刷加工业务，年生产能力40亿只标准彩盒，产品以专业、质量稳定的素质驰名业界。鲁信天一现有基层党组织3个，其中党委1个，党支部2个，党员共28名。

鲁信天一党委在上级鲁信集团党委的领导下，始终旗帜鲜明同党中央保持高度一致，坚定不移贯彻落实党对国有企业的领导，充分发挥党组织的领导核心和政治核心作用，把党建写进公司章程，明确党组织在决策、执行、监督各环节的权责和工作方式，明确公司党委决策和参与重大问题决策事项的范围和程序。日常坚持党委中心组理论学习制度，通过主题党日、党课等活动的开展营造风清气正的政治生态。

鲁信天一党委充分发挥党委的领导核心和政治核心作用，坚持"把方向、管大局、保落实"，将党的建设同公司中心工作深度融合，以党建引领公司年度经营目标、混合所有制改革、"智慧印厂"建设，形成四位一体的工作大格局。

一、强化党建引领勇担当

面对2020年突然暴发的新冠肺炎疫情，鲁信天一第一时间启动应急预案，克服重重困难将各项措施和方案落实到位，全力保障医药包装物资供应。能达到如此效果，靠的就是企业党组织的战斗堡垒作用和党员先锋模范作用。

在疫情形势最危急的时刻，企业党支部及时开展"让党徽闪亮在疫情防控第一线"活动，号召党员和领导干部全部到岗，实行24小时值守安排，在做好本职工作的同时，积极参与员工出行轨迹排查、体温检测、清洁消毒、车辆人员排查等疫情防控工作和后勤保障工作，同时设立党员先锋岗，大家第一时间到岗到位，用实际行动践行国有企业员工的责任与担当。在行业内和药企中很好地树立了迎难而上、勇于担当，与大众同舟共济的企业形象。

二、推动党建融合促发展

在当前新形势下，鲁信天一党委以"劳动积分竞赛"为抓手，在党员、党支部之间开展积分竞

赛活动，党支部按照由上至下、逐级考核的原则进行考核。党员个人的考核根据每个人的岗位职责和教育活动参与情况确定指标，并在工作和生活中进行量化考核。

鲁信天一党支部将党建工作和生产经营中心工作进行有机融合，使党建工作与生产经营相互支撑、相互渗透取得了一定的成效。2020 年公司党委充分发挥领导核心作用，统筹协调各方同轴运转，扎实开展疫情防控常态化下的经营工作。最终使企业在 2020 年营业收入、利润等各项指标均创历史新高，其中单月订单数量、生产数量、确收金额等多项月度指标均打破历史最高纪录。

三、打造支部品牌添活力

鲁信天一党委围绕“印想天一”党建品牌内涵，结合企业各党支部业务特点，确定“红盒儿”“印•领先锋”分别作为第一党支部和第二党支部的党建品牌，实现了“一支部一品牌”。2020 年，第一党支部被山东省国资委评为“省属企业第三批过硬党支部示范点”。

为扎实推进党史学习教育走深走实，鲁信天一党委把“我为群众办实事”实践活动作为党史学习教育重要内容，结合公司年度重点工作，尽公司全力助力疫情防控工程。依托成立了重点抗疫药品包装产品保障工作专班以及质量、工艺、效率攻关课题小组，相继制定了生产全流程保障措施，及时协调解决生产、物流、产能、仓储等问题，精准施策助力抗疫。

面对新时代、新形势，鲁信天一党委将不断总结经验，开拓新思路，开创新局面，为推动企业发展提供坚强的政治保障，以优异成绩为建党 100 周年献礼。■

党建引领带动企业科技创新，实现新飞跃

中煤地西安地图制印有限公司　高晓梅

中煤地西安地图制印有限公司是航测遥感局集团公司下属的全资子公司，核心业务横跨地理信息地图编制和印刷两大专业，是煤航传统的以地图数据编辑处理和印刷为主业的高新技术企业。

近年来，企业党总支深入学习贯彻党的十九大精神，以习近平新时代中国特色社会主义思想为指导，以党建为引领，创新形式与生产经营、科技创新高度融合形成强大合力，凝心聚力发扬光大煤航制印代代相传的工匠精神，充分发挥各支部党员干部、青年和入党积极分子先锋示范作用，积极开展与主业发展密切相关、面向市场、面向客户的新技术、新产品、新工艺研发的创新活动，促进企业科技创新广泛开展，生产经营取得显著成效，探索出一条“围绕创新抓党建，抓好党建促创新”的成功之路。

一、党群团融合，创新发展

企业重视党建引领群团建设的作用，尤其重视科技创新在企业发展中的作用。通过充分调动群团干部的积极性，企业党总支在每年年初召开科技创新会议，要求各车间主任、各支部书记、委员、群团书记、企业技术带头人等参加会议。真正让基层的群团干部重视科技创新在企业发展中的作用，有机地将基层的党员、青年、团员、技术人员结合起来。

企业党总支在实际工作中重视与群团的联系，全力支持群团各项工作和活动，在庆祝中国共产党建立100周年的微视频活动中、在给扶贫村捐献爱心书籍的活动中、在基层党支部品牌团队建设中、在群团开展的各项活动中，企业党总支总是全力支持并尽最大努力保证各项活动的圆满成功。党建与群团的融合，真正实现在实际的活动中，将党员、群众有效串联。

企业始终秉持“创建一流品牌，打造一流企业”的信念，企业党总支明确三个基层党支部的核心业务特色，打造凝炼品牌的核心内涵的先锋品牌团队，制定了品牌团队的“口号”“管理理念”“价值观”“经营理念”“精神理念”“使命”，不仅在工作中善于发挥创新的引领作用，而且使科技创新推动基层的实际生产工作更顺利地开展，工作效率大大提高。

基层党支部的先锋团队成员既有基层党支部的党员，还有技术骨干、干部、团员，从领导到一线职工，大家都在为成为优秀的先锋模范而努力，在工作中积极主动奉献，潜心专注于技术研发、

工艺提升改造，团队成员仅 2017—2018 年申报和通过的实用新型专利就有 10 多项。这种基层的科技创新热情逐渐形成良性循环，广大基层的技术人员在此项政策的鼓舞下，在基层科技创新的道路上，保持着充沛的动力。

二、党建引领推进科技创新为核心的全面创新

煤航倡导各支部党员干部、入党积极分子、青年技术骨干等充分发挥先锋示范作用，积极投身到生产经营和科技创新工作中。通过学习习近平总书记系列新思想、新论断、新要求相关内容，统一思想，并在企业内部进一步挖掘技术人才潜力，鼓励党员、职工结合企业的生产特点，努力解决生产过程中的技术难点，降本增效的同时积极开展与主业发展密切相关、面向市场、面向客户的新技术、新产品、新工艺研发，不断提升综合实力和经济效益。

煤航把加强党的组织建设摆在首要位置，根据不同生产部门工作特点和实际情况，将各技术、经营及生产关键岗位和环节的骨干和先锋党员分配到各支部，及时调整、改选、增补各支部委员，将表现突出的群团青年骨干和岗位能手发展为党员，班子成员及党总支委员分散在不同支部，以点带线、以线带面，带动企业市场经营、技术创新、重大项目实施全面整体中心工作，最终取得突出成效。

企业实行党总支书记兼总工带头进行技术创新攻关，带领由地图工艺设计、印装工艺实施技术骨干党员组成的核心团队，潜心技术攻关，改良蝴蝶装工艺，研发精装地图集绿色印刷技术工艺，以专利做支撑、提升质量管理做保障完成的《中华人民共和国行政疆域变迁图集》获得第四届中国出版政府奖印刷复制奖，《深圳市地图集》成为国内首部绿色印刷地图集，获第五届中国出版政府奖印刷复制提名奖， 也是西北地区唯一获得此项殊荣的印刷企业，得到陕西省政府资金奖励。这些成果都是企业党员先锋团队持之以恒、潜心钻研带头攻关，带领职工发挥“制印工匠精神”所取得的丰硕成果。

在《新世纪版国家大地图集》系列五本地图集制印重大项目投标中，企业党总支成员和骨干党员、群团青年技术人员勇挑重担，协调各方力量调研搜集材料，提炼总结核心技术，编写技术方案、夜以继日编排打印投标标书，最终使煤航成功中标第二轮国家大地图集的印制工程项目，继承制第一版国家大图集之后，成为真正的国家大地图集的生产基地。在一系列的重大合同中标的背后，是企业党总支和各级领导干部、技术骨干共同努力的结果，体现出制印党建和群团融合在生产经营上新的突破。■

努力建设改革洪流中的坚强堡垒

云南省人大机关印务中心　马行宇

自云南省启动省级机关后勤服务社会化改革工作以来，云南省人大机关印务中心全体人员坚决执行省委省政府的决策部署，始终保持坚定的政治站位、高昂的工作热情、和谐的工作氛围，在改革推进过程中，始终保持了印务中心各项工作的平稳运行。

一、滚滚铁流向前进，党的旗帜是指引

2017 年底，正值云南省级机关后勤服务社会化改革阶段，企业遭遇业务紧缺、原料上涨的两大压力，面对经济亏损，人心乏溃的局面。在此危局，企业党支部第一时间坚定信心，找准定位，将扭转局面作为发展起点。

云南省人大机关印务中心党支部坚决认同省领导的要求和指示，坚定“跟党走 听党话”的信念，及时组织支部成员学习文件，学习管理局编印的《后勤服务社会化改革政策解读手册》，将其中要义理解到位。进而明确了管办分离、提质增效，改变省级机关后勤保障模式，部门之间各司其职，有效提高效率。通过学习，大家思想一致，深刻展开讨论，将有困惑的问题进行上报，最终得到满意答复获取到宝贵经验。

同时，云南省人大机关印务中心以支部换届为契机，以党建工作引领各项工作，把党建工作和业务工作有机结合，以“凝聚人心、团结关爱全体人员”为主要工作方向。在印务中心塑造风清气正、干事创业、一心一意为省人大机关和其他党政机关提供优质文印服务的良好环境。企业党支部积极开展“以上率下，增活力、促改革”“讲政治、学业务、强本领”活动，坚决执行改革政治纪律、组织纪律、财经纪律、保密纪律，确保改革风清气正。企业通过全面加强党支部的凝聚力，成功引导动员优秀专业技术人员向党组织靠拢。

二、勇于实践，艰苦奋斗

改革是大势所趋，改革是新时代的战场，敢于亮剑就是一个共产党员的基本素质。云南省人大机关印务中心严抓思想建设，使全体人员必须认识到单位的政治属性和保密属性，认识到为政治服务、为省级机关提供保密文印支持保障的根本性质，在树立正确观念的同时严抓落实。

自2017年底至今，云南省人大机关印务中心的各项工作均顺利开展。特别是在2018年1月召开的省级“两会”换届文印支持保障工作中，在极其紧张的近三周时间里，云南省人大机关印务中心完成了374个品种、总计19.76万份的文件，全部做到了无差错、无延误、无质量问题。在这次“两会”上，企业各部门高度配合，克服并解决了因纸张、工艺要求和电子计票设备完全变化带来的各类技术难题，印出的12种近2万张选票完全适应新的电子计票系统，保障各项选举的顺利进行，为业内做出榜样示范的同时获得各级专家、领导的一致肯定。

改革三年多来，云南省人大机关印务中心真正做到了“人心不乱、工作不断、队伍不散”和“保密、优质、高效、安全”标准，企业实力与精神面貌发生了翻天覆地的变化。

三、改革路上韶光贵，不用扬鞭自奋蹄

云南省人大机关印务中心对外积极开拓经营业务，对内进一步加强成本控制。改革三年来，做到了能开源、会节流，现已全面扭亏为盈，职工收入也同比回升。

云南省人大机关印务中心持续开展技术设备升级改造和专业技术技能培训工作，让全体人员的技术技能水平、工作效率、产品质量和新引进的数字技术设备共同提升，不断实现和优化保密、优质、高效、安全的发展目标。通过围绕ISO9001: 2015版国际质量管理体系开展各项内部管理工作，特别是质量管理工作，继续强化“质量第一、服务至上，质量＝道德、产品＝人品、100–1 = 0”的质量管控方针。

在绿色可持续发展的大环境下，云南省人大机关印务中心不断努力适应，连续三年实施技术升级改造，在管理方式上实现了数字化管理，在生产工艺技术上实现了数字印刷、数字印后与传统胶印、传统装订全面并行。此外，云南省人大机关印务中心积极主动申请并通过环评，取得排污许可证，实现了废水和固体废弃物全面合法回收，为全力申报绿色印刷认证打好基础。

从2018年10月起，在协作单位的配合下，云南省人大机关印务中心主动联系对接中国印刷科学技术研究院，和该院一起开展项目研究工作。与此同时，云南省人大机关印务中心高度重视人才培养工作，以自身科研项目为引领，不断加强专业技术人才培养。目前单位共有9人取得印刷专业工程师职称、13人取得印刷专业助理工程师职称。

“船到中流浪更急，人到半山路更陡”，云南省人大机关印务中心要积极行动起来，认真研究并报告自身的改革发展思路，顺应时代潮流，主动创新作为，为企业发展作出更多贡献，向建党百年献礼。■

充分发挥党建工作的引领作用 着力促进国有企业发展壮大

高教社（天津）印务有限公司　宋威

高教社（天津）印务有限公司是隶属于高等教育出版社有限公司的出版物印刷企业，成立于2012年7月，其前身是1987年开始筹建的高等教育出版社印刷厂（天津）。企业占地面积87亩，建筑面积4万多平方米，以书刊印刷为主。

高教社（天津）印务有限公司党总支在上级高等教育出版社有限公司党委的领导下，始终坚持从严治党的方针，大力加强党的思想建设、组织建设、作风建设和廉政建设，紧密结合企业工作实际和党员现状，开展了一系列特点鲜明、卓有成效的党建活动，强化了党员的精神素质，促进了企业的生产经营工作。

一、加强组织建设、提升党的战斗力

企业党总支全面加强四个支部的组织建设，四个支部书记既是书记也是车间、部室主任，有力保证了党建工作与行政工作的配合，便利党建工作的开展，使党建工作更具有生命力与活力。企业党支部持续实行总支委员轮换不同支部参加组织生活制度，引导支部在认真贯彻落实社党委及总支安排工作的同时，也能够根据自身特点、有别于其他支部、独立地开展一些有特色的活动。

二、思想建设为先，做好廉政建设

每年7月1日“党的生日”前后，企业党总支都会召开党员大会。全体党员、入党积极分子集聚一堂，开展表彰优秀党员及优秀党务工作者的活动，在表彰党员在工作中的模范表率作用同时，新党员进行入党宣誓，老党员同步重温入党誓词。此外，企业党支部开展党员标识“挂牌”这一举措，有效鞭策全体党员。在厂区内经常可以看到这样的场景：有工位的摆在办公桌上，车间机台党员挂在看样台及机台上，流动工作的党员胸前佩戴。

企业党支部坚持以“坚持标准、保证质量、改善结构、慎重发展”为原则，做好组织发展工作。严格按照党章规定做好发展新党员的工作，讲标准、求质量，严格把好关口，积极在技术骨干中培

养党的后备力量，建厂30年以来，已发展党员50余名。

企业党总支始终把廉政建设放在加强党纪教育首位，按照“党要管党，从严治党”的原则，把廉政建设作为书记主管工作，制定廉政建设防控清单及不同等级的廉政建设防控点，以支部为单位开展民主生活会。支部认真贯彻执行党内谈话制度，防患于未然，及时与党员同志进行谈话，并定期开展党员的批评与自我批评，剖析个人的思想与行为。

三、争先创优、充分发挥党支部的战斗堡垒作用

企业持续开展“争先创优”活动，每位党员立足本岗，以工作为重，讲求工作质量，提高工作效率，以高度的责任心做好每一项工作。连续18年开展的争创“党员最佳岗位”活动，充分发挥了党员的模范带头作用，服务工厂中心工作，涌现出了连续18年的“党员最佳岗位”标兵。

通过争创“党员最佳岗位”活动，激发党员在工作岗位上的示范作用，树立了党员的形象，取得了较明显的成效。特别是在争创“党员最佳岗位”活动的实施过程中，党员的党性意识有了显著提升，在各自的工作岗位上，更加严格要求自己，带领周围的职工群众，完成了各部门的目标任务。正是这种以点带面的作用，在生产一线逐步形成了良好的生产氛围，保证了时间紧、任务重的开学前课本备货，保质保量地完成了生产任务。

四、请进来、走出去，开展主题党日活动

孔祥瑞，天津港煤码头公司一队队长、全国劳动模范，一位只有初中毕业文凭的普通工人，在生产一线工作的30多年里，通过勤奋学习、不断钻研，创造了近百项科技成果。党总支邀请孔祥瑞同志到企业为全体党员做报告，他的先进事迹生动体现了当代工人爱岗敬业、与时俱进、开拓创新的优秀品质，充分展示了新时期产业工人勤奋学习、执着追求、无私奉献的时代形象，“干一行、爱一行、钻一行、精一行”的进取精神激励党员不断前行。

为进一步扎实推动“两学一做”学习教育常态化制度化建设，企业以“从古田再出发，追寻伟人足迹，坚定理想信念”为主题，组织党员们先后参观龙岩闽西历史博物馆（革命烈士陵园）、红军长征第一村（中复村）、松毛岭战地遗址、长汀苏维埃政府旧址、古田会议旧址和纪念馆、毛泽东《星星之火，可以燎原》写作旧址、主席园等地，分别采取党课教学、实践教学、体验教学等多

种形式开展活动，对古田会议党史的深入学习和了解，使党员们更好地继承和发扬党的优良传统，进一步提高党员的党性觉悟，更加坚定理想信念，更加自觉地在企业发展进程中作出自己的贡献。

革命圣地展现的一篇篇气势恢弘历史长卷，无数的烈士铸造了新中国的基石，他们每一个年轻的生命都书写着一段壮烈的故事，每一段故事都可歌可泣，都永远值得后人铭记。英雄们的斗争精神激励着企业党支部的每一名党员，大家在红色精神的鼓舞下，立志努力做好工作，为企业发展助力，为祖国更加美好的未来而持续奋斗。■

党建引领促发展　凝心聚力书华章

北京汇林印务有限公司

北京汇林印务有限公司系中原出版传媒集团旗下中原大地传媒股份有限公司下属的国有独资子公司，成立于2004年6月，主要从事教材、教辅、重大主题出版物、社科类图书及报刊、杂志等印制业务。企业党支部组建于2014年6月，2015年12月与北京文华金典国际文化传媒发展有限公司党支部合并组建新的北京汇林印务有限公司党支部。

近年来，企业积极响应国家推进绿色印刷的战略，积极落实国家环保方针，加大环保设施的投入，成为北京“绿色印刷标兵示范单位”“北京质量AAA级单位”“北京印刷行业诚信企业”。企业承印的义务教育《数学》（四年级下册）经第六届中华印制大奖组委会评定为“教材类”金奖，承印的《习近平谈治国理政》（第三卷）获第八届中华印制大奖金奖。企业于2021年1月经北京市质量协会质量评价中心评定为“连续四年质量信得过单位”。

一、提高政治站位，积极落实组织职能

近年来，北京汇林印务党支部认真贯彻落实《中原出版传媒集团党的工作要点》《中原出版传媒集团党支部标准化规范化建设实施细则》等有关文件精神，成立了北京汇林印务有限公司党的建设工作领导小组，建立健全了有关党建制度。依照制度强化责任落实，全面加强党的建设，抓好抓牢意识形态工作，为企业改革发展营造良好的氛围。

企业党支部始终把基层党建工作与企业经营等重点工作相互融合，在重点任务落实中加强组织建设，健全机制、夯实基础、保障发展，成立有“重点工作党员先锋队”，建有“印刷先锋岗”，充分发挥了基层组织和广大党员的模范带头作用，组织党员开展“攻坚克难”活动，为企业目标的实现提供保障。

企业党支部严格党员教育管理，认真落实“三会一课”制度，定期开展党员党性分析，组织民主评议党员，增强基层党组织的凝聚力和战斗力。结合企业自身实际主动作为，采取有效措施创新党建工作，抓典型、树品牌，培育特色亮点。近年来，企业党支部在以创建服务型党组织为抓手的同时，积极参与了集团党委开展的庆“七一”党史知识竞赛等活动。通过活动，深入学习党章、党史，坚定理想信念，提升理论素质，培养高尚情操，并在实践活动中拉近了党群关系。

二、加强学习引领，做好生产服务保障

企业党支部加强学习引领，推动创优争先常态化，坚持每年在“七一”前夕开展主题党日活动。此外，支部全体党员按照“守初心、担使命、找差距、抓整改”的要求，结合工作实际，进行对照检视，并建立整改台账，严格限期整改。活动的举办，不仅发扬了广大党员先锋模范作用，坚定了广大党员的理想信念，而且调动了广大职工爱岗敬业、无私奉献的积极性。

在生产经营中，企业党支部书记经常深入生产车间，了解职工诉求，帮助他们解决工作和生活中的实际问题。例如在 2021 年七八月份印制教材期间，支部书记要求每天定时给印制车间配送冰镇绿豆汤和仁丹，责令设备部对车间冷风系统进行升级改造，在保证工作质量的同时，拉近了党组织和职工的距离，密切了党群关系。

三、升级思想观念，推动高质量融合发展

在守正创新、引领融合中，企业党支部在支部建设中呈现出崭新气象。在工作中，始终做到增强“四个意识”，坚定“四个自信”，做到“两个维护”，支部党员认真落实“三会一课”和“三重一大”制度，大家坚持问题导向和底线思维，进一步梳理完善制度，细化防控措施，加强警示教育和以案促改工作，将党风廉政建设工作融入生产经营管理的各个环节，营造“不敢腐、不想腐、不能腐”的良好氛围，以党建高质量推动企业发展高质量。

企业党支部长期寻求提质增效，为企业打造核心竞争力。企业崇尚技能，弘扬匠心，对产品精益求精，将质量作为企业安身立命之本。一是加强质量培训。在用人方面，突出政治标准，把牢固树立“四个意识”、坚定“四个自信”、“政治素质好、专业水平高”的优秀人才选拔出来，利用多种形式开展员工思想教育和质量技能培训，用到关键岗位。二是严抓过程管理。2021 年以来，企业依据工艺要求，把每个生产环节的质量把控“节点”标注出来，集结成册，发至每位车间主任、机长，并张贴在操作台显著位置，时刻提醒操作人员注意“节点”把控。同时，严格自查、互查和巡查制度。即每道工序自查，上下工序之间互查，质量技术部人员随机对印制过程和半成品进行巡查和抽查，及时发现并处理问题。三是向“标准”要质量。企业依据国家行业标准，先后修订了《设备工艺要求》《印刷装订质量标准》《产品质量管理规定》《教材教辅质量保障方案》等质量把控制度，规范员工工作行为，“严标准、重质量”。

当前，企业的生产经营形势随着市场的变革发生了大幅变动，面对市场上出现的新情况、新课题，如何发挥好基层党组织的作用，如何调动广大党员干部和职工的积极性，企业党支部还需不断深入探索，保持专注。

上下同欲者胜，风雨同舟者兴。今后，企业党支部将持续遵循新时代党建工作的要求，以政治建设为统领，把政治建设摆在首位，并同业务工作一起谋划、一起部署，深化落实落细意识形态工作责任制。通过有效举措，激发广大员工的新能量、新作为，为企业高质量发展提供强有力的政治保障。■

以科学化的基层党建凝聚国有企业发展力量

山西省印刷物资有限责任公司 李宏亮

山西省印刷物资有限责任公司党总支在山西出版传媒集团党委的坚强领导下，持续深入学习贯彻习近平新时代中国特色社会主义思想和党的十九大精神，坚定政治站位，深化从严治党，强化内部管理，增强企业活力，谋划发展思路，破解发展难题，团结带领干部职工努力工作，使企业保持平稳发展态势。

近年来，企业修订和出台了一系列管理及党建工作制度，相继制定有《巡视整改制度》《调查研究工作实施办法》《双重组织生活实施办法》等制度，修订完善了“三会一课”、“三重一大”实施细则及人事管理制度、制定了清欠措施等相关制度。这些管理制度的制定和修改，不仅完善了企业的管理制度，实现企业的规范化管理，更有效地促进了广大员工的主动性、积极性和创造性，为实现企业的可持续、良性发展奠定了制度基础。

山西省印刷物资有限责任公司始终坚持党的领导和民主集中制原则，认真落实集体领导与个人分工相结合制度，根据人事变动情况，及时对领导班子成员分工进行调整，明确工作职责，通过持续完善企业党建，增强了党组织的向心力和战斗力，提高了企业的凝聚力，树立了良好的社会形象，积极履行社会责任。

企业坚持以党的政治建设为统领，加强党建工作与经营工作深度融合，以党建促发展；固本培元，稳定主业；围绕主业抓转型、延伸产业链；建设一流的分切加工基地；与大型企业集团深化多种合作，实现新突破，推进人才强企战略，并积极履行社会责任，组织丰富多彩的文体活动。

企业党总支全力推进主业拓展，延伸产业链，深化转型发展战略，增强经济发展后劲，积极推动企业产品结构及盈利模式的转型，在运城地区成立“分切创意工厂”，研发生产具有创新设计思维的纸制印刷品和包装类产品，由销售为主的企业转型为生产、销售同步发展，进一步提升经营质量，强化了抗风险能力。

企业党总支为庆祝党的百年华诞，举办了“奔跑吧，共产党员”等一系列百年党庆活动，把党史学习教育引向深入。回望过往的奋斗路，眺望前方的奋进路，在企业党总支的带领下，全体干部职工坚持完成党史学习教育，进一步坚定理想信念，以充沛的动力做好工作，为实现企业新发展作出贡献。

在新的时代下，为了能够在国有企业中扎实地开展好党建工作，企业树立起四种工作思维：一是要明确目标思维。流程要紧紧围绕目标设计，切实帮助组织高质量、高效率、高效益地做事。保证严格、规范、高效开展党建工作，切实落实党中央的各项部署，以一流党建引领和保障一流企业建设；二是要树立系统思维。党建工作要进行全要素分析，企业党组织横向职能多，纵向层次多，与行政系统交织为一个复杂的体系，党建工作需要从多角度全方位开展；三是要具备发展思维。党建工作体系建设要能够与时俱进，始终与党中央保持高度一致，并根据工作运行的实际情况、实践中积累的经验，持续优化完善；四是要注重实践思维。党建工作体系建设的核心在能够执行到位，件件落实，要尽可能地让众多的党务工作者参与其中，建立起全员参与、高效务实、主动协同的工作体系。

下一步，企业党支部要在当前的基础上持续发力，推动党建工作进一步升级、完善，力求达到具体、明确、行之有效，形成统一的管理体系。同时将一系列管党治党的规章制度、党务工作人员积累的丰富经验落实到具体流程环节中，对任务、节点形成标准和规范，用科学的方法形成有力的约束，依靠科学手段建立党建工作管理模式，从整体上提升党建工作科学化水平。■

立足“三服务”党建重引领 助推会员企业健康发展

浙江省嘉善县印刷行业协会党支部

浙江省嘉善县印刷行业协会党支部成立于2010年11月，定位于“三个服务”——坚持为协会服务、为企业服务、为会员服务，并将这一宗旨贯彻于始终。协会党支部现有党员15名，分布在9个企业单位。多年来，协会党支部注重发挥党建引领作用，积极引导企业承担社会责任、严守党的意识形态工作阵地，保障印刷行业协会的各项工作顺利进行，取得了优异的成绩。

其中，协会于2020年再次荣获5A级社会组织，此外还得到诸如“十佳社团”“抗疫先进集体”、首届“品牌社会组织” “品牌公益服务项目”等荣誉称号。

一、党建引领高质量发展，指导企业实施转型升级

从2015年起，嘉善印协党支部根据县政府《嘉善县实施“互联网＋智能制造”战略 加快工业经济转型发展行动方案的通知》精神，在印刷包装行业中开展“互联网＋智能制造”活动，努力推进转型升级技术改造工作，最终取得了良好成效。截至2020年底，全县已有53家印刷包装企业参与到“互联网＋智能制造”转型发展工作中，累计投资23.6亿元，全面提升了企业发展的质量和效益。

嘉善印协积极开展以印刷包装企业的标准化、规范化，人才复合型、多样化，组织系统化、生态化的技术和管理培训活动，积极组织会员单位外出参观和考察，开阔视野。近5年来，协会组织9批次，共398人次，参观上海、杭州、宁波、苏州等地举办的印刷展会。

2020年新冠肺炎疫情期间，针对印刷企业工人不足和资金问题，协会党支部指导协会成立印刷就业培训中心，为企业长期开展招工和培训。协会联系县农商银行、泰隆银行嘉善支行等银行，为企业牵头解决生产资金，有58家企业共接受信贷11.8亿元。

二、党建引领内容监管，把牢企业发展方向导向

协会党支部长期督促各印刷企业落实“五项制度”，严守意识形态底线，并协助新闻出版部门做好企业的日常监管、年度核验、法律培训等工作。协会党支部组织工作人员从每年2月5日至3

月 30 日开展上一年度的印刷企业年度核验工作，避免企业多花时间走弯路，促进核验工作顺利进行。

为了提高会员单位的管理水平，协会党支部还多次邀请县内外有关方面的专家，为协会会员单位授课，开展政策法规培训，通过印刷行业相关法律法规和部分典型案例的讲解，提升了企业负责人的法律素养。近五年来，协会党支部共组织各种培训 8 次，受培训人员 937 人次。

三、党建引领绿色发展，敦促企业实施污染整治

环境治理和保护是协会党支部长期关注的重点工作，当前嘉善县注册的印刷企业达到 176 家，涉及水印、彩印、凹印和丝印四大类。协会充分发挥政府和企业的桥梁纽带作用，组织会员单位开展环保专题培训、危废统一委托处置、污染治理技术共享，最终取得成效。

2019 年 3 月 29 日，协会参加了由嘉善县环境保护局组织的嘉善县印刷行业废气治理开展研讨会。会前，与会人员现场考察了嘉善人民印刷包装有限公司、嘉善百顺包装有限公司、嘉兴市神州印刷包装有限公司三家单位。考察期间专家建议，三家企业的整治应针对不同类型的印刷企业分别用不同的处理技术，鼓励企业采用水性油墨或高固含量油墨等从源头控制，减少 VOCs 的产生量。会后，协会根据专家的意见，建议各企业按照油墨、溶剂量等确定 VOCs 产生量及产生浓度，选择适合的 VOCs 控制技术，委托相关单位编制行业专项整治方案。建议最终普遍被企业采纳，取得较好的社会效果。

四、党建引领公益服务，指导企业履行社会责任

为方便党支部开展活动，协会专门设立“党群服务中心”，利用周末和企业休息日开展党员活动。2021 年适逢党的百年华诞，协会党支部在党员中广泛开展党史教育，邀请老干部讲述红色故事，并开展参观中共一大会址、嘉兴南湖红船活动，力争达到学史明理、学史增信、学史崇德、学史力行。自协会党支部成立以来，先后发展党员 4 名，培养入党积极分子 3 名，共有 9 人被评为优秀党员。在此期间，党支部被评为五星级党组织，协会党群服务中心建设得到了省、市、县有关部门的赞许和肯定。

引领协会及会员单位开展公益活动是协会党支部义不容辞的职责。2017 年 5 月，协会党支部

筹建“红色助残志愿服务”项目——嘉善人民印刷“残疾人之家”。协会大力推广开展“红色助残志愿服务”，通过项目开发、技能培训、社会融入等方式，提升残疾人的社会融入能力，同步提升残疾人员家庭的幸福指数。“红色助残志愿服务”于2018年3月被嘉善县委社工委评为“十佳社会组织党建项目”，嘉善县慈善基地于2021年2月被嘉兴市授予“品牌公益服务项目”。

2020年以来，协会党支部积极应对新冠疫情，为助力企业复工复产提供大量帮助。协会第一时间成立抗疫领导小组，组建志愿者队伍，向全体会员单位发出倡议书。协会积极联系有关部门，本着急事特办原则，协助相关企业办妥开工手续，使企业提前复工复产。协会通过实际行动，保障了在2月底前全县印刷包装企业全部实现复工复产。

长期以来，协会党支部多次组织企业开展为社会慈善事业献爱心活动。其中，在2008年四川汶川地震发生后，协会在全县开展“抗震救灾爱心捐助活动”。2020年5月，协会积极响应国家号召开展“为贫困学生献爱心活动”。2020年5月，协会积极参与嘉兴市社会组织总会开展的甘肃尼藏居家养老服务中心建设项目；2020年11月，协会参加全国牵手计划——天上尼藏“暖心包”活动。据统计，协会自成立以来共计捐款约53.7万元。■

党建引领 创新发展

广东兴艺数字印刷股份有限公司

广东兴艺数字印刷股份有限公司创办于1992年，旗下拥有广东兴艺、山东兴艺、香港兴艺、湖南兴艺和杭州包融网科技等控股/参股子公司。企业专业从事高端包装印刷，是全国首批实现全程数字化管理的印刷企业。兴艺党支部始终将加强党的领导和完善公司治理相统一，通过开展“大学习、大培训、大讨论、大调研”等活动，推动党的创新理论进企业、进车间、进班组，进一步优化干部育、选、管、用工作，力争打造一流印刷企业，为客户提供一流服务。

一、优化流程，加强管理

企业党支部提出通过网状生产系统及生产管理六大组合，对生产运营进行管理。兴艺管理变革的过程，经历了通过不断稽核的“必须做”到提高产品质量，由干部带头的“能够做”，再到看到效果，全员参与的“愿意做”，最后形成“遇到问题主动做”的四个阶段。通过所有部门在各个流程全程推行横向控制，在业务到仓库出货的所有流程中形成有机循环，各个细小单位有效串联，组成了良性循环的横向控制网状图（见图1）。这一管理模式使工厂“大到战略，小到细节”的所有问题均能直观展现，进而及时处理。

二、数字赋能打造生产运营创新模式

为顺应数字产业化和产业数字化发展趋势，主动追求文化产业与数字技术融合发展，兴艺进行了积极探索和创新实践。企业将党建工作和生产运营实际结合，研发并搭建适应印刷产业的高端智能制造装备与生产线，实现包装产业的设备制造与产品服务的一体化。企业在数字化管理中进行了全方面建设。

1. 建设以ERP系统、MES系统、APS系统、智能化印刷品调色系统为基础，并基于5G网络的高带宽、低时延、多连接的特点，配以工业互联网平台、5G基站、大数据平台架构建设、AI颜色检测技术应用等多个方面内容。

2. 使用物联网技术、人工智能技术、PaaS云平台技术集合5G网络实现。5G具有高带宽（下载速度是1G bps）、大连接（每平方公里100万个连接数）、低时延（1毫秒时延）等特性，基于此特性可开展大量的应用。该技术基于无线网络的本地边缘计算、存储、分流、大数据分析功能，承载本地化服务，从而提升用户体验，发挥边缘网络的更多价值。

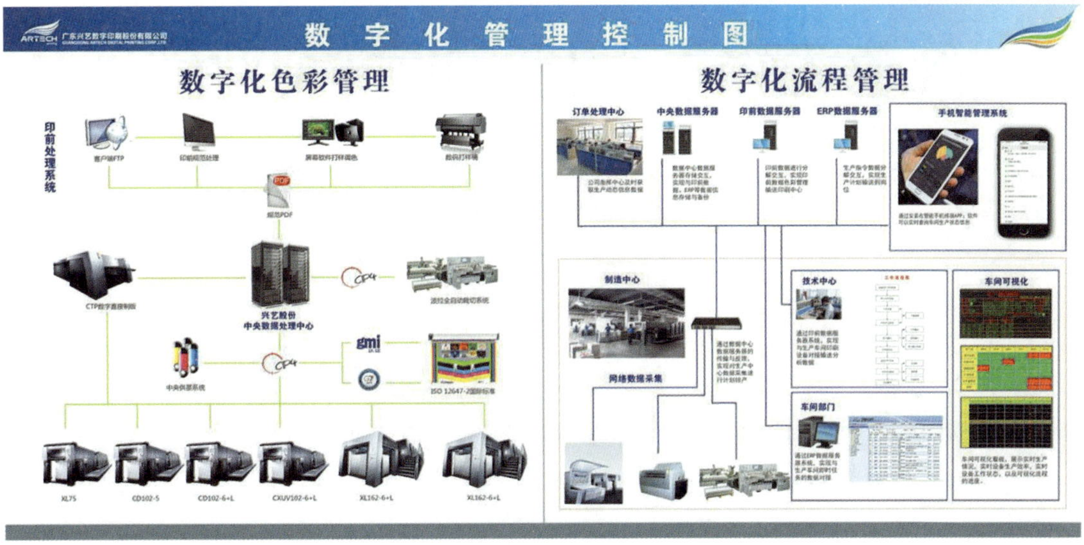

图 1　数字化横向管理控制全景图

三、坚定党建引领，建设特色团队

传承弘扬中华优秀传统文化，是推进社会主义文化强国建设、提高国家文化软实力的重要内容。建设文化强国，需要面向未来，但也不能忘记本来。兴艺党支部为传承弘扬中华优秀传统文化，开展了系列党建文化活动。

1. 推崇敬老爱老。中华优秀传统文化蕴含着丰富的哲学思想、人文精神、教化思想、道德理念，为弘扬中华民族爱老敬老的传统美德，进一步营造尊老、敬老、爱老、助老的良好氛围，兴艺党支部每年在重阳节均组织开展重阳节关爱老人慰问活动，为老人们送上节日的关怀和问候。“兴艺人”一直坚持回馈社会这一本心。

2. 秉承仁爱交往理念，不忘本以正心。“以教人做一好人，即做天地间一完人，为其文化之基本精神。培养能够担当民族复兴大任的时代新人，需要从传统文化正心修身理念中汲取思想精华，通过教育引导、道德养成与行为矫正，切实提升社会主义新人的思想境界和综合素养。为了传承感恩文化，兴艺党支部对企业退休职工进行慰问送去关怀，感谢员工对企业的认可及付出。

3. 弘扬英烈精神，赓续精神血脉。兴艺党支部把红色资源作为坚定理想信念、加强革命传统教育、爱国主义教育内容，把红色基因传承好，确保思想坚定不动摇。每年企业党支部都会组织广大员工到烈士陵园进行清明祭扫，以缅怀英烈，向英烈们致以最崇高的敬意。同时，通过清明祭扫，让广大员工深刻领悟今日的幸福生活来之不易，守正创新用好红色资源，引导党员干部弘扬英烈精神，赓续精神血脉，凝聚迈进新征程、奋进新时代的强大力量。

站在“建党百年”的新起点上，兴艺坚定党组织的领导，上下一心，保持先进性、纯洁性，强化企业责任担当，不忘初心，昂扬向上，砥砺前行。■

发挥“红色先锋”力量　助推企业转型升级

中共山东金蔡伦集团委员会

山东金蔡伦集团始建于2003年，是一家集高端制造、精深加工、资源综合利用等于一体的现代化综合型企业集团，现有员工1600余人。企业成立之初就成立了党支部，2015年1月升格为党委，下设5个党支部，目前党员98名。

集团党委坚持“工作中找问题、党建上找原因”，做实“三强三促”，充分发挥企业党委政治引领作用，建强战斗堡垒和先锋模范队伍，为企业转型发展注入“红色动能”。

强融入、促引领，确保转型发展正确方向

将党的领导融入公司治理。推行党委班子与管理决策层“双向进入、交叉任职”，集团董事长、总经理分别兼任党委书记、副书记，企业管理决策层与党委班子成员全部交叉任职。召开股东大会审议通过党建入章相关内容及标准，将党组织的设置形式、职责权限、经费保障等要求逐一明确，赋予党委对战略规划、关停并转、薪酬调整等事关企业发展方向、涉及员工切身利益重大决策事项的前置把关职责，实现党建工作与企业转型发展步调一致、动作统一。

将党建工作融入生产经营。由集团党委根据集团董事会确定的年度发展目标与发展战略，研究制定当年党建工作目标和工作计划，建立党建工作责任清单，细化目标措施，明确“做什么”“如何做”，明确党委主体责任、党委书记第一责任人责任和领导班子“一岗双责”，实现党企工作同部署、同管理。

将党员意见融入企业决策。集团党委围绕企业生产经营、员工福利保障、劳资关系等职工关注热点、难点问题，探索建立了“党员听证会”制度，以支部为单位，吸收群团组织负责人参加。近年来，企业党员提出并被采纳合理化建议224条，先后助推企业完成34项技术革新，攻克66个技术难题，直接创造利润8000万元。

强能力、促示范，锻造转型发展中坚力量

一是岗位示范争先进。把“党员示范岗”“党员责任区”设立在每一道工序，在各部门、班组、车间划定党员责任区，落实党员“三先三无三联”具体责任。

二是“双向培养”育人才。根据党员专业特长，有计划地把党员放在企业管理、技术科研和市场开拓等重要岗位上历练成长，表现突出的优先提拔，鼓励党员骨干参加在职学习，提升自身能力。对非党员的业务骨干，党委选派党委委员“一对一”联系培养，有针对性地安排其参加党支部组织的各项活动，培养成熟的及时吸收入党。近年来，先后有 12 名业务骨干被发展为党员。

三是结对帮带促提升。建立党员技术骨干与新进员工“一对一”结对帮带机制，按照“缺什么补什么”的原则，由党员技术骨干“面对面”“手把手”向职工传授工作技巧和经验，为推动企业转型发展储备人才。

强激励、促担当，激发转型发展强劲动能

一是强化考核激励。全面推行党员积分制管理，对党员日常行为、岗位业绩、建言献策、参与志愿服务等内容实行百分制量化考核，采取“个人申报和支部认定”相结合的方式，一月一登记、一季度一亮分、一年度一总评，党支部根据每名党员年度量化考核得分情况进行奖励或提醒。

二是搭建载体平台。围绕企业技术研发、生产制造、经营管理等任务，集团党委鼓励党员牵头组建创新小组，每年设立 10 万元创新工作基金，开展创新项目竞赛，引导党员在创新活动中发挥模范带头作用。在集团官网开设“书记信箱”，鼓励党员带头建言献策，定期开展“金点子”评选活动，意见建议一经采纳，给予双倍党员积分奖励。

三是履行社会责任。集团党委组建党员义工团队 10 个，围绕“助残、帮困”主题，积极开展公益活动；建立困难员工档案，成立“员工爱心基金”，先后资助 20 名困难员工；积极投身“万企兴万村”行动，党支部牵头将生产线、加工点向对接帮扶村延伸，延长产业链条，创新设置居家式“扶贫车间”，党员带头与贫困户结对子，开展技术指导，定期走访慰问，提供直接就业岗位 200 多个，帮助 300 余名贫困群众实现就业增收。

不忘初心，继往开来，依托党建助力企业发展

要将打好“融合牌”当作党建助力企业发展的关键。党建引领是推动企业转型发展的根本所在，抓好党建工作和生产经营融合是党建助力企业发展的必由之路。金蔡伦集团党建工作主动有效融入企业生产经营全过程，确保企业方向不偏、步伐不乱，推动实现了党建工作与企业发展同频共振、互融共进。

建强“先锋队”是党建助力企业发展的基础。一支有战斗力的党员队伍是企业渡过难关、逆势成长的底气。金蔡伦集团采取岗位示范、双向培养、结对帮带等做法，扎实推动党员骨干队伍建设，团结带领广大员工主动作为、自觉奉献、争当表率，凝聚起了推动企业转型发展的强大力量。

搭建“大舞台”是党建助力企业发展的重点。科学有效的考核激励制度和作用发挥载体是党建助力企业发展的重要平台。金蔡伦集团把围绕中心、服务发展作为党建工作的出发点，不断创新发挥党组织和党员作用的制度载体，积极为企业发展出谋划策、出人出力，增强了企业发展的内生动力。■

劲嘉集团
JINJIA GROUP

股票代码：002191

深圳劲嘉集团股份有限公司

劲嘉集团成立于1996年10月，1997年正式投产，2007年在深圳证券交易所主板上市（股票代码002191）。集团主要从事高端包装印刷品及材料的研发与生产，为知名消费品企业提供集创意设计、研发生产及相关配套服务于一体的包装印刷整体解决方案；是国内领先的现代化大型综合包装产业集团，生产规模、科研创新能力、核心竞争力等均位居行业前列。

集团产品丰富、品类多样，主要涉及高技术和高附加值的烟标、名优特酒盒、高端电子消费品、日化、美妆、药品包装、新型烟草（电子烟）及相关镭射膜纸等。

集团业务覆盖全国，与国内80%的省中烟公司长期保持战略合作关系，约占全国烟标总量12%；与茅台、五粮液集团包装企业实行股权合作，为其主打产品提供包装、防伪等个性化服务。

集团总部位于深圳，拥有自建写字楼劲嘉科技大厦，并投资兴建了25万平方米的智能生态产业园，下属30多家公司，在华南、华东、华中、西南、东北地区均设有生产基地。

集团核心优势是坚持自主创新，拥有较强的研发能力和实力。现已获得专利授权759项，参与多项国家/行业标准制定，三度蝉联中国印刷百强榜首；获得“中国包装龙头企业”、“工业产品绿色设计示范企业”、“第一批绿色工厂试点企业”、“绿色包装印刷材料及制品精密印制技术国家地方联合工程研究中心”、“绿色设计与制造一体化解决方案供应商”、“国家级高新技术企业”、“国家印刷示范企业”、“博士后创新实践基地”、“深圳市长质量奖（经济类）铜奖”等300多项社会荣誉，并有“南京九五之尊”、“黄山天都”、“茅台醇年代酒”等多项创意设计作品问鼎国际金奖。

集团致力新时代中国特色社会主义文化和精神文明建设，始终秉承“产业情怀，实业报国”的理想，坚持“以人为本，创新为魂，诚信为基，市场为根”的核心价值观，在党的领导下，科学管理、规范经营，向具有国际竞争力的世界一流企业集团砥砺前行。

公司地址：深圳市南山区高新技术产业园科技中二路
劲嘉科技大厦

公司官网：www.jinjia.com

杭州日报报业集团盛元印务有限公司位于风景如画的钱塘江北岸，东临杭州下沙经济开发区，北接杭州九堡客运中心，占地面积2.4万平方米，建筑面积2万平方米，是杭州日报报业集团斥资2.86亿元打造的全新的现代印刷商。“盛元印务，因您而变”，是全体盛元人秉承的理念。

杭报盛元在杭州九堡和乔司建有两个印刷生产基地，在北京、上海等地均设有办事处，并成立杭州盛友广告设计公司、衢州盛元文创印业有限公司等多家子公司。拥有世界先进技术水平的德国曼罗兰全商业轮转印刷机两台，德国高宝COMET（柯美特）半商业轮转印刷机一台，曼罗兰五色平张R705纸胶印机一台，高宝利必达四色R105-4二台，高宝利必达105-6六色一台，德国曼罗兰Uniset60型报业印刷机两台，德国高宝COLORA（柯罗拉）双幅无轴轮转报业印刷机一台，法国高斯环球70印刷机组三台、上海高斯轮转M40印刷机七台，北人轮转印刷机组三台，HP indigo5500数码印刷机一台以及AGFA polaris xtv-s（北极星）光敏型CTP、马天尼胶装联动线、日本osako骑马订联动线、模切机等一流的印前、印后设备，形成十六条报纸印刷生产线，七条商业印刷生产线。为拓展包装印刷领域，实现公司业务转型和产品多样化，2012年又先后引进了烫金、模切、糊盒、天地盖制盒、覆膜、贴窗、上光等印后包装加工设备。

杭报盛元作为首批国家印刷复制示范企业，连续15年蝉联中国印刷百强企业。自2006年起，所印报纸每年都被中国报协印刷工作委员会评为精品报。连续多年通过了ISO9000、国家绿色印刷认证和G7国际认证、ISO14000环境体系认证、FSC森林认证和OHSAS18000职业安全管理体系认证。

未来杭报盛元将全力向全国一流智慧型印务平台综合服务商转型发展，目前正在筹建大江东智慧园区，预计2022年投入使用。大江东智能工厂，将按照“工业互联网”的建设理念，提升网络化、融合化、智能化水平，努力向按需印刷、绿色印刷、智慧印刷等方向深耕，实现全业务、全流程、全网络从数字化向智能化发展的战略转型升级。

杭州日报报业集团
盛元印务有限公司
电话\0571-86909328 传真\0571-86909358 邮箱\hr@syyw.cn 网址\http://ww.wyyw.cn/
集团地址 杭州市下城区体育场路218号310041
No.218 Tiyuchang Road, Xiacheng District, Hangzhou
公司地址 杭州市江干区下沙路1117号310019
No.1117 Xiasha Road, Jianggan District, Hangzhou

云印科技
发起人
传播者
每个人都必须是正能量的发起人与传播者
企业主人
端企业的碗，操企业的心
每个人都是企业的主人
示范者
每个部门领导都必须是良好行为的示范者
责任人
每个人都必须是环境管理的第一责任人

中国人民解放军
第二二0七工厂

虎彩印艺
HUCAIS PRINTING

永发股份
YONGFA PRINTING

海口永发印刷股份有限公司

联系方式:0898-66968262　　网址:www.haikouyongfa.com

【企业简介】

永发股份,伴随着海南建省近 30 年的辉煌成就而发展,1988 年诞生,是海南省印刷行业理事长、中国书刊印刷委员会副主任、中国商业票据印刷协会副理事长单位。

文化教育事业和永发股份主营业务紧密关联,向文化教育事业和文创产业延伸发展是公司的既定战略,既可以充分发挥公司积累多年的产业链资源优势,又可以引领海南省印刷行业实现资源整合与产业升级。

【经营管理】

在经营管理方面,永发股份注重企业信息化建设与现代化管理,于 2020 年 7 月 15 日,被有关部门列为海南省“专精特新”企业。同时,公司还取得了国家秘密载体资质、质量管理体系、环境管理体系、职业健康管理体系、信息安全管理体系等认证。

【硬件设备】

在硬件设备方面,永发股份拥有强大且完备的印刷生产线:印前有 1 台海德堡 CTP 机、1 台科雷 CTP 机;印中共有 6 台德国海德堡彩色机器和 2 台 9 色轮转机,其中 2 台八色机、3 台四色机和 1 台双色机;印后有马天尼胶订龙和骑订龙。

【企业改革】

在企业改革方面,永发股份于 2017 年 3 月 8 日在海南股权交易中心成功挂牌,在财、法、税等方面的更加规范,在制度建设、人才引进、资源整合等方面更加成熟。公司在主营业务转型升级的基础上,不断探索向新三板、创业板等高层次资本市场的发展路径,并在咨询、券商等专业机构辅导下,完善公司治理、优化商业模式、制定资本市场发展规划,逐步实现公司产业资本 + 金融资本的双轮驱动模式。

【人才管理】

在人才管理方面,永发股份注重人才队伍的建设,目前共有 16 名硕士和本科学历以上的中高级管理人才,36 名高中级专业技术人才,并且与 3 所中专 / 大专院校达成了人才输送协议。

容万家　印天下

印刷管家服务APP

- 印刷工厂数据可视化，直观查看OEE
- 实时查看设备有效工作比、稼动率、良品率
- 及时检测排查隐患，工厂运转情况尽在掌握
- 培训赋能，助力印刷企业建立生产质量闭环管理体系
- 课程培训+在线指导+上门服务 三位一体为印刷生产保驾护航

下载您的印刷管家APP
把工厂装在口袋装回家！

相关软件

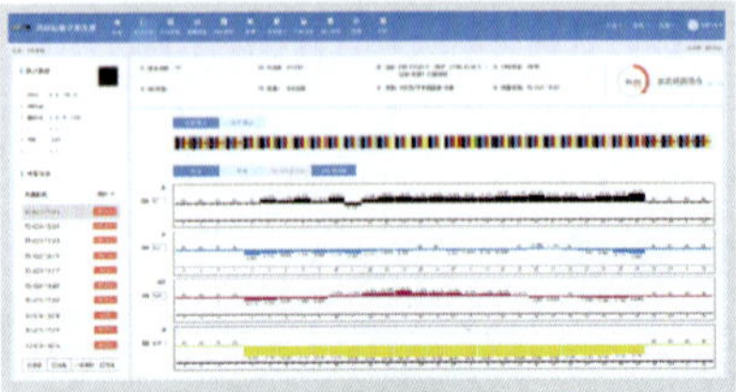
印张质量采集系统

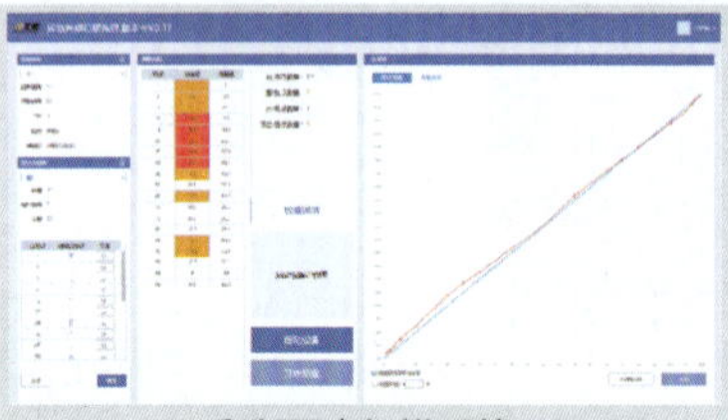
印版网点扫描系统

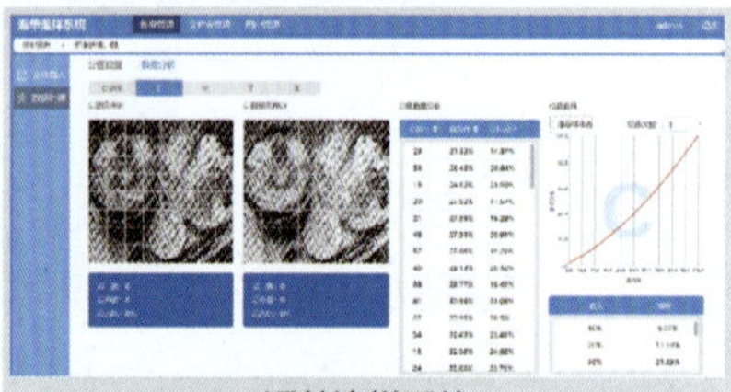
返单追样系统

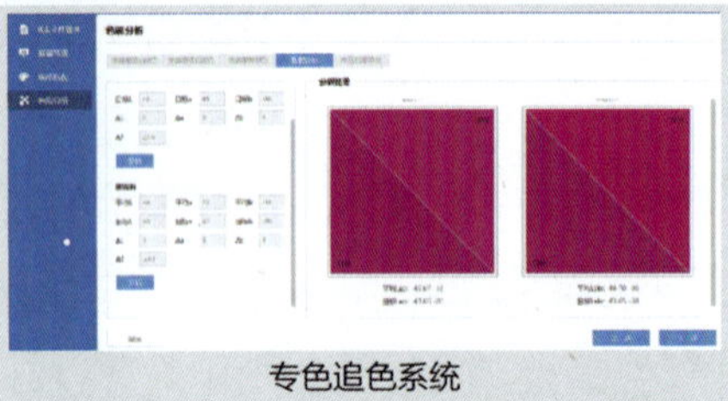
专色追色系统

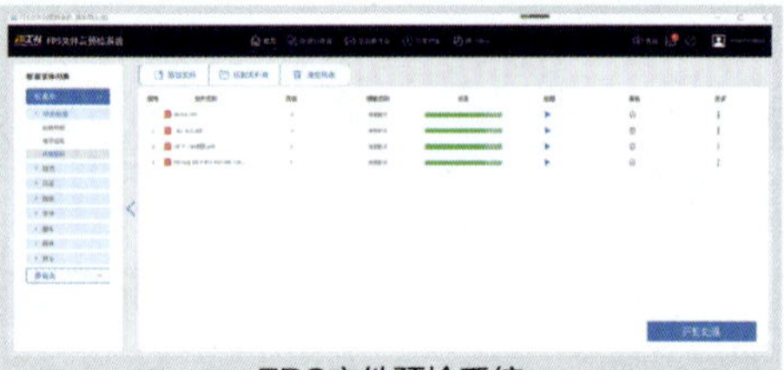
FPS文件预检系统

相关硬件

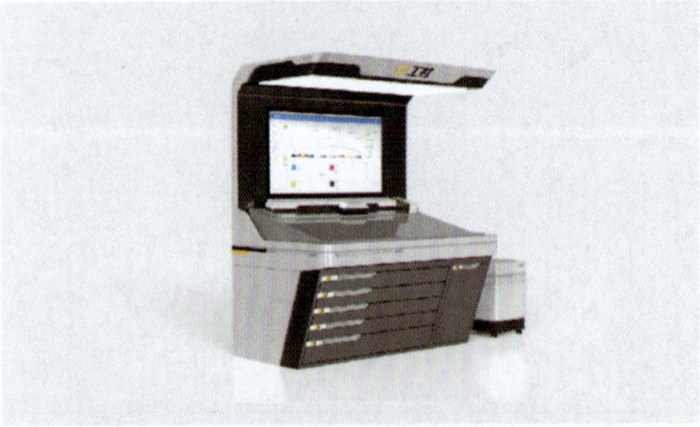
色彩管理神器 - 印刷样张质量采集系统

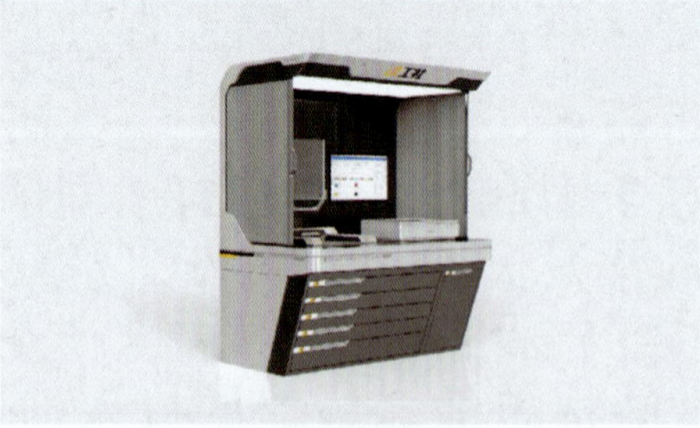
追样神器——印前追色看样平台

印版网点质量采集系统

印工社（青岛）互联网科技有限公司
青岛市高新区招商网谷百度创业基地　print@ygsit.com　www.c[illegible]t.net.cn　[illegible]咨询热线：400-999-2025

*说明：因技术升级、客户要求或其他原因导致产品配置、产品图片、产品技术资料等出现更改或不符，[illegible]不另行通知，一切以[illegible]示为准。

中华人民共和国固体废物污染环境防治法

（1995 年 10 月 30 日第八届全国人民代表大会常务委员会第十六次会议通过　2004 年 12 月 29 日第十届全国人民代表大会常务委员会第十三次会议第一次修订　根据 2013 年 6 月 29 日第十二届全国人民代表大会常务委员会第三次会议《关于修改〈中华人民共和国文物保护法〉等十二部法律的决定》第一次修正　根据 2015 年 4 月 24 日第十二届全国人民代表大会常务委员会第十四次会议《关于修改〈中华人民共和国港口法〉等七部法律的决定》第二次修正　根据 2016 年 11 月 7 日第十二届全国人民代表大会常务委员会第二十四次会议《关于修改〈中华人民共和国对外贸易法〉等十二部法律的决定》第三次修正　2020 年 4 月 29 日第十三届全国人民代表大会常务委员会第十七次会议第二次修订）

第一章　总则

第一条　为了保护和改善生态环境，防治固体废物污染环境，保障公众健康，维护生态安全，推进生态文明建设，促进经济社会可持续发展，制定本法。

第二条　固体废物污染环境的防治适用本法。

固体废物污染海洋环境的防治和放射性固体废物污染环境的防治不适用本法。

第三条　国家推行绿色发展方式，促进清洁生产和循环经济发展。

国家倡导简约适度、绿色低碳的生活方式，引导公众积极参与固体废物污染环境防治。

第四条　固体废物污染环境防治坚持减量化、资源化和无害化的原则。

任何单位和个人都应当采取措施，减少固体废物的产生量，促进固体废物的综合利用，降低固体废物的危害性。

第五条　固体废物污染环境防治坚持污染担责的原则。

产生、收集、贮存、运输、利用、处置固体废物的单位和个人，应当采取措施，防止或者减少固体废物对环境的污染，对所造成的环境污染依法承担责任。

第六条　国家推行生活垃圾分类制度。

生活垃圾分类坚持政府推动、全民参与、城乡统筹、因地制宜、简便易行的原则。

第七条　地方各级人民政府对本行政区域固体废物污染环境防治负责。

国家实行固体废物污染环境防治目标责任制和考核评价制度，将固体废物污染环境防治目标完成情况纳入考核评价的内容。

第八条 各级人民政府应当加强对固体废物污染环境防治工作的领导，组织、协调、督促有关部门依法履行固体废物污染环境防治监督管理职责。

省、自治区、直辖市之间可以协商建立跨行政区域固体废物污染环境的联防联控机制，统筹规划制定、设施建设、固体废物转移等工作。

第九条 国务院生态环境主管部门对全国固体废物污染环境防治工作实施统一监督管理。国务院发展改革、工业和信息化、自然资源、住房城乡建设、交通运输、农业农村、商务、卫生健康、海关等主管部门在各自职责范围内负责固体废物污染环境防治的监督管理工作。

地方人民政府生态环境主管部门对本行政区域固体废物污染环境防治工作实施统一监督管理。地方人民政府发展改革、工业和信息化、自然资源、住房城乡建设、交通运输、农业农村、商务、卫生健康等主管部门在各自职责范围内负责固体废物污染环境防治的监督管理工作。

第十条 国家鼓励、支持固体废物污染环境防治的科学研究、技术开发、先进技术推广和科学普及，加强固体废物污染环境防治科技支撑。

第十一条 国家机关、社会团体、企业事业单位、基层群众性自治组织和新闻媒体应当加强固体废物污染环境防治宣传教育和科学普及，增强公众固体废物污染环境防治意识。

学校应当开展生活垃圾分类以及其他固体废物污染环境防治知识普及和教育。

第十二条 各级人民政府对在固体废物污染环境防治工作以及相关的综合利用活动中做出显著成绩的单位和个人，按照国家有关规定给予表彰、奖励。

第二章　监督管理

第十三条 县级以上人民政府应当将固体废物污染环境防治工作纳入国民经济和社会发展规划、生态环境保护规划，并采取有效措施减少固体废物的产生量、促进固体废物的综合利用、降低固体废物的危害性，最大限度降低固体废物填埋量。

第十四条 国务院生态环境主管部门应当会同国务院有关部门根据国家环境质量标准和国家经济、技术条件，制定固体废物鉴别标准、鉴别程序和国家固体废物污染环境防治技术标准。

第十五条 国务院标准化主管部门应当会同国务院发展改革、工业和信息化、生态环境、农业农村等主管部门，制定固体废物综合利用标准。

综合利用固体废物应当遵守生态环境法律法规，符合固体废物污染环境防治技术标准。使用固体废物综合利用产物应当符合国家规定的用途、标准。

第十六条 国务院生态环境主管部门应当会同国务院有关部门建立全国危险废物等固体废物污染环境防治信息平台，推进固体废物收集、转移、处置等全过程监控和信息化追溯。

第十七条 建设产生、贮存、利用、处置固体废物的项目，应当依法进行环境影响评价，并遵守国家有关建设项目环境保护管理的规定。

第十八条 建设项目的环境影响评价文件确定需要配套建设的固体废物污染环境防治设施，应当与主体工程同时设计、同时施工、同时投入使用。建设项目的初步设计，应当按照环境保护设计规范的要求，将固体废物污染环境防治内容纳入环境影响评价文件，落实防治固体废物污染环境和破坏生态的措施以及固体废物污染环境防治设施投资概算。

建设单位应当依照有关法律法规的规定，对配套建设的固体废物污染环境防治设施进行验收，编制验收报告，并向社会公开。

第十九条 收集、贮存、运输、利用、处置固体废物的单位和其他生产经营者，应当加强对相关设施、设备和场所的管理和维护，保证其正常运行和使用。

第二十条 产生、收集、贮存、运输、利用、处置固体废物的单位和其他生产经营者，应当采取防扬散、防流失、防渗漏或者其他防止污染环境的措施，不得擅自倾倒、堆放、丢弃、遗撒固体废物。

禁止任何单位或者个人向江河、湖泊、运河、渠道、水库及其最高水位线以下的滩地和岸坡以及法律法规规定的其他地点倾倒、堆放、贮存固体废物。

第二十一条 在生态保护红线区域、永久基本农田集中区域和其他需要特别保护的区域内，禁止建设工业固体废物、危险废物集中贮存、利用、处置的设施、场所和生活垃圾填埋场。

第二十二条 转移固体废物出省、自治区、直辖市行政区域贮存、处置的，应当向固体废物移出地的省、自治区、直辖市人民政府生态环境主管部门提出申请。移出地的省、自治区、直辖市人民政府生态环境主管部门应当及时商经接受地的省、自治区、直辖市人民政府生态环境主管部门同意后，在规定期限内批准转移该固体废物出省、自治区、直辖市行政区域。未经批准的，不得转移。

转移固体废物出省、自治区、直辖市行政区域利用的，应当报固体废物移出地的省、自治区、直辖市人民政府生态环境主管部门备案。移出地的省、自治区、直辖市人民政府生态环境主管部门应当将备案信息通报接受地的省、自治区、直辖市人民政府生态环境主管部门。

第二十三条 禁止中华人民共和国境外的固体废物进境倾倒、堆放、处置。

第二十四条 国家逐步实现固体废物零进口，由国务院生态环境主管部门会同国务院商务、发展改革、海关等主管部门组织实施。

第二十五条 海关发现进口货物疑似固体废物的，可以委托专业机构开展属性鉴别，并根据鉴别结论依法管理。

第二十六条 生态环境主管部门及其环境执法机构和其他负有固体废物污染环境防治监督管理职责的部门，在各自职责范围内有权对从事产生、收集、贮存、运输、利用、处置固体废物等活动的单位和其他生产经营者进行现场检查。被检查者应当如实反映情况，并提供必要的资料。

实施现场检查，可以采取现场监测、采集样品、查阅或者复制与固体废物污染环境防治相关的资料等措施。检查人员进行现场检查，应当出示证件。对现场检查中知悉的商业秘密应当保密。

第二十七条 有下列情形之一，生态环境主管部门和其他负有固体废物污染环境防治监督管理职责的部门，可以对违法收集、贮存、运输、利用、处置的固体废物及设施、设备、场所、工具、物品予以查封、扣押：

（一）可能造成证据灭失、被隐匿或者非法转移的；

（二）造成或者可能造成严重环境污染的。

第二十八条 生态环境主管部门应当会同有关部门建立产生、收集、贮存、运输、利用、处置固体废物的单位和其他生产经营者信用记录制度，将相关信用记录纳入全国信用信息共享平台。

第二十九条 设区的市级人民政府生态环境主管部门应当会同住房城乡建设、农业农村、卫生健康等主管部门，定期向社会发布固体废物的种类、产生量、处置能力、利用处置状况等信息。

产生、收集、贮存、运输、利用、处置固体废物的单位，应当依法及时公开固体废物污染环境防治信息，主动接受社会监督。

利用、处置固体废物的单位，应当依法向公众开放设施、场所，提高公众环境保护意识和参与程度。

第三十条 县级以上人民政府应当将工业固体废物、生活垃圾、危险废物等固体废物污染环境防治情况纳入环境状况和环境保护目标完成情况年度报告，向本级人民代表大会或者人民代表大会常务委员会报告。

第三十一条 任何单位和个人都有权对造成固体废物污染环境的单位和个人进行举报。

生态环境主管部门和其他负有固体废物污染环境防治监督管理职责的部门应当将固体废物污染环境防治举报方式向社会公布，方便公众举报。

接到举报的部门应当及时处理并对举报人的相关信息予以保密；对实名举报并查证属实的，给予奖励。

举报人举报所在单位的，该单位不得以解除、变更劳动合同或者其他方式对举报人进行打击报复。

第三章　工业固体废物

第三十二条 国务院生态环境主管部门应当会同国务院发展改革、工业和信息化等主管部门对工业固体废物对公众健康、生态环境的危害和影响程度等作出界定，制定防治工业固体废物污染环境的技术政策，组织推广先进的防治工业固体废物污染环境的生产工艺和设备。

第三十三条 国务院工业和信息化主管部门应当会同国务院有关部门组织研究开发、推广减少工业固体废物产生量和降低工业固体废物危害性的生产工艺和设备，公布限期淘汰产生严重污染环境的工业固体废物的落后生产工艺、设备的名录。

生产者、销售者、进口者、使用者应当在国务院工业和信息化主管部门会同国务院有关部门规定的期限内分别停止生产、销售、进口或者使用列入前款规定名录中的设备。生产工艺的采用者应当在国务院工业和信息化主管部门会同国务院有关部门规定的期限内停止采用列入前款规定名录中的工艺。

列入限期淘汰名录被淘汰的设备，不得转让给他人使用。

第三十四条 国务院工业和信息化主管部门应当会同国务院发展改革、生态环境等主管部门，定期发布工业固体废物综合利用技术、工艺、设备和产品导向目录，组织开展工业固体废物资源综合利用评价，推动工业固体废物综合利用。

第三十五条 县级以上地方人民政府应当制定工业固体废物污染环境防治工作规划，组织建设工业固体废物集中处置等设施，推动工业固体废物污染环境防治工作。

第三十六条 产生工业固体废物的单位应当建立健全工业固体废物产生、收集、贮存、运输、利用、处置全过程的污染环境防治责任制度，建立工业固体废物管理台账，如实记录产生工业固体废物的种类、数量、流向、贮存、利用、处置等信息，实现工业固体废物可追溯、可查询，并采取防治工业固体废物污染环境的措施。

禁止向生活垃圾收集设施中投放工业固体废物。

第三十七条 产生工业固体废物的单位委托他人运输、利用、处置工业固体废物的，应当对受托方的主体资格和技术能力进行核实，依法签订书面合同，在合同中约定污染防治要求。

受托方运输、利用、处置工业固体废物，应当依照有关法律法规的规定和合同约定履行污染防治要求，并将运输、利用、处置情况告知产生工业固体废物的单位。

产生工业固体废物的单位违反本条第一款规定的，除依照有关法律法规的规定予以处罚外，还应当与造成环境污染和生态破坏的受托方承担连带责任。

第三十八条 产生工业固体废物的单位应当依法实施清洁生产审核，合理选择和利用原材料、能源和其他资源，采用先进的生产工艺和设备，减少工业固体废物的产生量，降低工业固体废物的危害性。

第三十九条 产生工业固体废物的单位应当取得排污许可证。排污许可的具体办法和实施步骤由国务院规定。

产生工业固体废物的单位应当向所在地生态环境主管部门提供工业固体废物的种类、数量、流向、贮存、利用、处置等有关资料，以及减少工业固体废物产生、促进综合利用的具体措施，并执行排污许可管理制度的相关规定。

第四十条 产生工业固体废物的单位应当根据经济、技术条件对工业固体废物加以利用；对暂时不利用或者不能利用的，应当按照国务院生态环境等主管部门的规定建设贮存设施、场所，安全分类存放，或者采取无害化处置措施。贮存工业固体废物应当采取符合国家环境保护标准的防护措施。

建设工业固体废物贮存、处置的设施、场所，应当符合国家环境保护标准。

第四十一条 产生工业固体废物的单位终止的，应当在终止前对工业固体废物的贮存、处置的设施、场所采取污染防治措施，并对未处置的工业固体废物作出妥善处置，防止污染环境。

产生工业固体废物的单位发生变更的，变更后的单位应当按照国家有关环境保护的规定对未处置的工业固体废物及其贮存、处置的设施、场所进行安全处置或者采取有效措施保证该设施、场所安全运行。变更前当事人对工业固体废物及其贮存、处置的设施、场所的污染防治责任另有约定的，从其约定；但是，不得免除当事人的污染防治义务。

对 2005 年 4 月 1 日前已经终止的单位未处置的工业固体废物及其贮存、处置的设施、场所进行安全处置的费用，由有关人民政府承担；但是，该单位享有的土地使用权依法转让的，应当由土地使用权受让人承担处置费用。当事人另有约定的，从其约定；但是，不得免除当事人的污染防治义务。

第四十二条 矿山企业应当采取科学的开采方法和选矿工艺，减少尾矿、煤矸石、废石等矿业固体废物的产生量和贮存量。

国家鼓励采取先进工艺对尾矿、煤矸石、废石等矿业固体废物进行综合利用。

尾矿、煤矸石、废石等矿业固体废物贮存设施停止使用后，矿山企业应当按照国家有关环境保护等规定进行封场，防止造成环境污染和生态破坏。

第四章　生活垃圾

第四十三条　县级以上地方人民政府应当加快建立分类投放、分类收集、分类运输、分类处理的生活垃圾管理系统，实现生活垃圾分类制度有效覆盖。

县级以上地方人民政府应当建立生活垃圾分类工作协调机制，加强和统筹生活垃圾分类管理能力建设。

各级人民政府及其有关部门应当组织开展生活垃圾分类宣传，教育引导公众养成生活垃圾分类习惯，督促和指导生活垃圾分类工作。

第四十四条　县级以上地方人民政府应当有计划地改进燃料结构，发展清洁能源，减少燃料废渣等固体废物的产生量。

县级以上地方人民政府有关部门应当加强产品生产和流通过程管理，避免过度包装，组织净菜上市，减少生活垃圾的产生量。

第四十五条　县级以上人民政府应当统筹安排建设城乡生活垃圾收集、运输、处理设施，确定设施厂址，提高生活垃圾的综合利用和无害化处置水平，促进生活垃圾收集、处理的产业化发展，逐步建立和完善生活垃圾污染环境防治的社会服务体系。

县级以上地方人民政府有关部门应当统筹规划，合理安排回收、分拣、打包网点，促进生活垃圾的回收利用工作。

第四十六条　地方各级人民政府应当加强农村生活垃圾污染环境的防治，保护和改善农村人居环境。

国家鼓励农村生活垃圾源头减量。城乡结合部、人口密集的农村地区和其他有条件的地方，应当建立城乡一体的生活垃圾管理系统；其他农村地区应当积极探索生活垃圾管理模式，因地制宜，就近就地利用或者妥善处理生活垃圾。

第四十七条　设区的市级以上人民政府环境卫生主管部门应当制定生活垃圾清扫、收集、贮存、运输和处理设施、场所建设运行规范，发布生活垃圾分类指导目录，加强监督管理。

第四十八条　县级以上地方人民政府环境卫生等主管部门应当组织对城乡生活垃圾进行清扫、收集、运输和处理，可以通过招标等方式选择具备条件的单位从事生活垃圾的清扫、收集、运输和处理。

第四十九条　产生生活垃圾的单位、家庭和个人应当依法履行生活垃圾源头减量和分类投放义务，承担生活垃圾产生者责任。

任何单位和个人都应当依法在指定的地点分类投放生活垃圾。禁止随意倾倒、抛撒、堆放或者焚烧生活垃圾。

机关、事业单位等应当在生活垃圾分类工作中起示范带头作用。

已经分类投放的生活垃圾，应当按照规定分类收集、分类运输、分类处理。

第五十条 清扫、收集、运输、处理城乡生活垃圾，应当遵守国家有关环境保护和环境卫生管理的规定，防止污染环境。

从生活垃圾中分类并集中收集的有害垃圾，属于危险废物的，应当按照危险废物管理。

第五十一条 从事公共交通运输的经营单位，应当及时清扫、收集运输过程中产生的生活垃圾。

第五十二条 农贸市场、农产品批发市场等应当加强环境卫生管理，保持环境卫生清洁，对所产生的垃圾及时清扫、分类收集、妥善处理。

第五十三条 从事城市新区开发、旧区改建和住宅小区开发建设、村镇建设的单位，以及机场、码头、车站、公园、商场、体育场馆等公共设施、场所的经营管理单位，应当按照国家有关环境卫生的规定，配套建设生活垃圾收集设施。

县级以上地方人民政府应当统筹生活垃圾公共转运、处理设施与前款规定的收集设施的有效衔接，并加强生活垃圾分类收运体系和再生资源回收体系在规划、建设、运营等方面的融合。

第五十四条 从生活垃圾中回收的物质应当按照国家规定的用途、标准使用，不得用于生产可能危害人体健康的产品。

第五十五条 建设生活垃圾处理设施、场所，应当符合国务院生态环境主管部门和国务院住房城乡建设主管部门规定的环境保护和环境卫生标准。

鼓励相邻地区统筹生活垃圾处理设施建设，促进生活垃圾处理设施跨行政区域共建共享。

禁止擅自关闭、闲置或者拆除生活垃圾处理设施、场所；确有必要关闭、闲置或者拆除的，应当经所在地的市、县级人民政府环境卫生主管部门商所在地生态环境主管部门同意后核准，并采取防止污染环境的措施。

第五十六条 生活垃圾处理单位应当按照国家有关规定，安装使用监测设备，实时监测污染物的排放情况，将污染排放数据实时公开。监测设备应当与所在地生态环境主管部门的监控设备联网。

第五十七条 县级以上地方人民政府环境卫生主管部门负责组织开展厨余垃圾资源化、无害化处理工作。

产生、收集厨余垃圾的单位和其他生产经营者，应当将厨余垃圾交由具备相应资质条件的单位进行无害化处理。

禁止畜禽养殖场、养殖小区利用未经无害化处理的厨余垃圾饲喂畜禽。

第五十八条 县级以上地方人民政府应当按照产生者付费原则，建立生活垃圾处理收费制度。

县级以上地方人民政府制定生活垃圾处理收费标准，应当根据本地实际，结合生活垃圾分类情况，体现分类计价、计量收费等差别化管理，并充分征求公众意见。生活垃圾处理收费标准应当向社会公布。

生活垃圾处理费应当专项用于生活垃圾的收集、运输和处理等，不得挪作他用。

第五十九条 省、自治区、直辖市和设区的市、自治州可以结合实际，制定本地方生活垃圾具体管理办法。

第五章　建筑垃圾、农业固体废物等

第六十条　县级以上地方人民政府应当加强建筑垃圾污染环境的防治，建立建筑垃圾分类处理制度。

县级以上地方人民政府应当制定包括源头减量、分类处理、消纳设施和场所布局及建设等在内的建筑垃圾污染环境防治工作规划。

第六十一条　国家鼓励采用先进技术、工艺、设备和管理措施，推进建筑垃圾源头减量，建立建筑垃圾回收利用体系。

县级以上地方人民政府应当推动建筑垃圾综合利用产品应用。

第六十二条　县级以上地方人民政府环境卫生主管部门负责建筑垃圾污染环境防治工作，建立建筑垃圾全过程管理制度，规范建筑垃圾产生、收集、贮存、运输、利用、处置行为，推进综合利用，加强建筑垃圾处置设施、场所建设，保障处置安全，防止污染环境。

第六十三条　工程施工单位应当编制建筑垃圾处理方案，采取污染防治措施，并报县级以上地方人民政府环境卫生主管部门备案。

工程施工单位应当及时清运工程施工过程中产生的建筑垃圾等固体废物，并按照环境卫生主管部门的规定进行利用或者处置。

工程施工单位不得擅自倾倒、抛撒或者堆放工程施工过程中产生的建筑垃圾。

第六十四条　县级以上人民政府农业农村主管部门负责指导农业固体废物回收利用体系建设，鼓励和引导有关单位和其他生产经营者依法收集、贮存、运输、利用、处置农业固体废物，加强监督管理，防止污染环境。

第六十五条　产生秸秆、废弃农用薄膜、农药包装废弃物等农业固体废物的单位和其他生产经营者，应当采取回收利用和其他防止污染环境的措施。

从事畜禽规模养殖应当及时收集、贮存、利用或者处置养殖过程中产生的畜禽粪污等固体废物，避免造成环境污染。

禁止在人口集中地区、机场周围、交通干线附近以及当地人民政府划定的其他区域露天焚烧秸秆。

国家鼓励研究开发、生产、销售、使用在环境中可降解且无害的农用薄膜。

第六十六条　国家建立电器电子、铅蓄电池、车用动力电池等产品的生产者责任延伸制度。

电器电子、铅蓄电池、车用动力电池等产品的生产者应当按照规定以自建或者委托等方式建立与产品销售量相匹配的废旧产品回收体系，并向社会公开，实现有效回收和利用。

国家鼓励产品的生产者开展生态设计，促进资源回收利用。

第六十七条　国家对废弃电器电子产品等实行多渠道回收和集中处理制度。

禁止将废弃机动车船等交由不符合规定条件的企业或者个人回收、拆解。

拆解、利用、处置废弃电器电子产品、废弃机动车船等，应当遵守有关法律法规的规定，采取防止污染环境的措施。

第六十八条　产品和包装物的设计、制造，应当遵守国家有关清洁生产的规定。国务院标准化主管部门应当根据国家经济和技术条件、固体废物污染环境防治状况以及产品的技术要求，组织制定有关标准，防止过度包装造成环境污染。

生产经营者应当遵守限制商品过度包装的强制性标准，避免过度包装。县级以上地方人民政府市场监督管理部门和有关部门应当按照各自职责，加强对过度包装的监督管理。

生产、销售、进口依法被列入强制回收目录的产品和包装物的企业，应当按照国家有关规定对该产品和包装物进行回收。

电子商务、快递、外卖等行业应当优先采用可重复使用、易回收利用的包装物，优化物品包装，减少包装物的使用，并积极回收利用包装物。县级以上地方人民政府商务、邮政等主管部门应当加强监督管理。

国家鼓励和引导消费者使用绿色包装和减量包装。

第六十九条 国家依法禁止、限制生产、销售和使用不可降解塑料袋等一次性塑料制品。

商品零售场所开办单位、电子商务平台企业和快递企业、外卖企业应当按照国家有关规定向商务、邮政等主管部门报告塑料袋等一次性塑料制品的使用、回收情况。

国家鼓励和引导减少使用、积极回收塑料袋等一次性塑料制品，推广应用可循环、易回收、可降解的替代产品。

第七十条 旅游、住宿等行业应当按照国家有关规定推行不主动提供一次性用品。

机关、企业事业单位等的办公场所应当使用有利于保护环境的产品、设备和设施，减少使用一次性办公用品。

第七十一条 城镇污水处理设施维护运营单位或者污泥处理单位应当安全处理污泥，保证处理后的污泥符合国家有关标准，对污泥的流向、用途、用量等进行跟踪、记录，并报告城镇排水主管部门、生态环境主管部门。

县级以上人民政府城镇排水主管部门应当将污泥处理设施纳入城镇排水与污水处理规划，推动同步建设污泥处理设施与污水处理设施，鼓励协同处理，污水处理费征收标准和补偿范围应当覆盖污泥处理成本和污水处理设施正常运营成本。

第七十二条 禁止擅自倾倒、堆放、丢弃、遗撒城镇污水处理设施产生的污泥和处理后的污泥。

禁止重金属或者其他有毒有害物质含量超标的污泥进入农用地。

从事水体清淤疏浚应当按照国家有关规定处理清淤疏浚过程中产生的底泥，防止污染环境。

第七十三条 各级各类实验室及其设立单位应当加强对实验室产生的固体废物的管理，依法收集、贮存、运输、利用、处置实验室固体废物。实验室固体废物属于危险废物的，应当按照危险废物管理。

第六章 危险废物

第七十四条 危险废物污染环境的防治，适用本章规定；本章未作规定的，适用本法其他有关规定。

第七十五条 国务院生态环境主管部门应当会同国务院有关部门制定国家危险废物名录，规定统一的危险废物鉴别标准、鉴别方法、识别标志和鉴别单位管理要求。国家危险废物名录应当动态调整。

国务院生态环境主管部门根据危险废物的危害特性和产生数量，科学评估其环境风险，实施分级分类管理，建立信息化监管体系，并通过信息化手段管理、共享危险废物转移数据和信息。

第七十六条 省、自治区、直辖市人民政府应当组织有关部门编制危险废物集中处置设施、场所的建设规划，科学评估危险废物处置需求，合理布局危险废物集中处置设施、场所，确保本行政区域的危险废物得到妥善处置。

编制危险废物集中处置设施、场所的建设规划，应当征求有关行业协会、企业事业单位、专家和公众等方面的意见。

相邻省、自治区、直辖市之间可以开展区域合作，统筹建设区域性危险废物集中处置设施、场所。

第七十七条 对危险废物的容器和包装物以及收集、贮存、运输、利用、处置危险废物的设施、场所，应当按照规定设置危险废物识别标志。

第七十八条 产生危险废物的单位，应当按照国家有关规定制定危险废物管理计划；建立危险废物管理台账，如实记录有关信息，并通过国家危险废物信息管理系统向所在地生态环境主管部门申报危险废物的种类、产生量、流向、贮存、处置等有关资料。

前款所称危险废物管理计划应当包括减少危险废物产生量和降低危险废物危害性的措施以及危险废物贮存、利用、处置措施。危险废物管理计划应当报产生危险废物的单位所在地生态环境主管部门备案。

产生危险废物的单位已经取得排污许可证的，执行排污许可管理制度的规定。

第七十九条 产生危险废物的单位，应当按照国家有关规定和环境保护标准要求贮存、利用、处置危险废物，不得擅自倾倒、堆放。

第八十条 从事收集、贮存、利用、处置危险废物经营活动的单位，应当按照国家有关规定申请取得许可证。许可证的具体管理办法由国务院制定。

禁止无许可证或者未按照许可证规定从事危险废物收集、贮存、利用、处置的经营活动。

禁止将危险废物提供或者委托给无许可证的单位或者其他生产经营者从事收集、贮存、利用、处置活动。

第八十一条 收集、贮存危险废物，应当按照危险废物特性分类进行。禁止混合收集、贮存、运输、处置性质不相容而未经安全性处置的危险废物。

贮存危险废物应当采取符合国家环境保护标准的防护措施。禁止将危险废物混入非危险废物中贮存。

从事收集、贮存、利用、处置危险废物经营活动的单位，贮存危险废物不得超过一年；确需延长期限的，应当报经颁发许可证的生态环境主管部门批准；法律、行政法规另有规定的除外。

第八十二条 转移危险废物的，应当按照国家有关规定填写、运行危险废物电子或者纸质转移联单。

跨省、自治区、直辖市转移危险废物的，应当向危险废物移出地省、自治区、直辖市人民政府生态环境主管部门申请。移出地省、自治区、直辖市人民政府生态环境主管部门应当及时商经接受地省、自治区、直辖市人民政府生态环境主管部门同意后，在规定期限内批准转移该危险废物，并将批准信息通报相关省、自治区、直辖市人民政府生态环境主管部门和交通运输主管部门。未经批准的，不得转移。

危险废物转移管理应当全程管控、提高效率，具体办法由国务院生态环境主管部门会同国务院交通运输主管部门和公安部门制定。

第八十三条 运输危险废物，应当采取防止污染环境的措施，并遵守国家有关危险货物运输管理的规定。

禁止将危险废物与旅客在同一运输工具上载运。

第八十四条 收集、贮存、运输、利用、处置危险废物的场所、设施、设备和容器、包装物及其他物品转作他用时，应当按照国家有关规定经过消除污染处理，方可使用。

第八十五条 产生、收集、贮存、运输、利用、处置危险废物的单位，应当依法制定意外事故的防范措施和应急预案，并向所在地生态环境主管部门和其他负有固体废物污染环境防治监督管理职责的部门备案；生态环境主管部门和其他负有固体废物污染环境防治监督管理职责的部门应当进行检查。

第八十六条 因发生事故或者其他突发性事件，造成危险废物严重污染环境的单位，应当立即采取有效措施消除或者减轻对环境的污染危害，及时通报可能受到污染危害的单位和居民，并向所在地生态环境主管部门和有关部门报告，接受调查处理。

第八十七条 在发生或者有证据证明可能发生危险废物严重污染环境、威胁居民生命财产安全时，生态环境主管部门或者其他负有固体废物污染环境防治监督管理职责的部门应当立即向本级人民政府和上一级人民政府有关部门报告，由人民政府采取防止或者减轻危害的有效措施。有关人民政府可以根据需要责令停止导致或者可能导致环境污染事故的作业。

第八十八条 重点危险废物集中处置设施、场所退役前，运营单位应当按照国家有关规定对设施、场所采取污染防治措施。退役的费用应当预提，列入投资概算或者生产成本，专门用于重点危险废物集中处置设施、场所的退役。具体提取和管理办法，由国务院财政部门、价格主管部门会同国务院生态环境主管部门规定。

第八十九条 禁止经中华人民共和国过境转移危险废物。

第九十条 医疗废物按照国家危险废物名录管理。县级以上地方人民政府应当加强医疗废物集中处置能力建设。

县级以上人民政府卫生健康、生态环境等主管部门应当在各自职责范围内加强对医疗废物收集、贮存、运输、处置的监督管理，防止危害公众健康、污染环境。

医疗卫生机构应当依法分类收集本单位产生的医疗废物，交由医疗废物集中处置单位处置。医疗废物集中处置单位应当及时收集、运输和处置医疗废物。

医疗卫生机构和医疗废物集中处置单位，应当采取有效措施，防止医疗废物流失、泄漏、渗漏、扩散。

第九十一条 重大传染病疫情等突发事件发生时，县级以上人民政府应当统筹协调医疗废物等危险废物收集、贮存、运输、处置等工作，保障所需的车辆、场地、处置设施和防护物资。卫生健康、生态环境、环境卫生、交通运输等主管部门应当协同配合，依法履行应急处置职责。

第七章 保障措施

第九十二条 国务院有关部门、县级以上地方人民政府及其有关部门在编制国土空间规划和相关专项规划时，应当统筹生活垃圾、建筑垃圾、危险废物等固体废物转运、集中处置等设施建设需求，保障转运、集中处置等设施用地。

第九十三条 国家采取有利于固体废物污染环境防治的经济、技术政策和措施，鼓励、支持有关方面采取有利于固体废物污染环境防治的措施，加强对从事固体废物污染环境防治工作人员的培训和指导，促进固体废物污染环境防治产业专业化、规模化发展。

第九十四条 国家鼓励和支持科研单位、固体废物产生单位、固体废物利用单位、固体废物处置单位等联合攻关，研究开发固体废物综合利用、集中处置等的新技术，推动固体废物污染环境防治技术进步。

第九十五条 各级人民政府应当加强固体废物污染环境的防治，按照事权划分的原则安排必要的资金用于下列事项：

（一）固体废物污染环境防治的科学研究、技术开发；

（二）生活垃圾分类；

（三）固体废物集中处置设施建设；

（四）重大传染病疫情等突发事件产生的医疗废物等危险废物应急处置；

（五）涉及固体废物污染环境防治的其他事项。

使用资金应当加强绩效管理和审计监督，确保资金使用效益。

第九十六条 国家鼓励和支持社会力量参与固体废物污染环境防治工作，并按照国家有关规定给予政策扶持。

第九十七条 国家发展绿色金融，鼓励金融机构加大对固体废物污染环境防治项目的信贷投放。

第九十八条 从事固体废物综合利用等固体废物污染环境防治工作的，依照法律、行政法规的规定，享受税收优惠。

国家鼓励并提倡社会各界为防治固体废物污染环境捐赠财产，并依照法律、行政法规的规定，给予税收优惠。

第九十九条 收集、贮存、运输、利用、处置危险废物的单位，应当按照国家有关规定，投保环境污染责任保险。

第一百条 国家鼓励单位和个人购买、使用综合利用产品和可重复使用产品。

县级以上人民政府及其有关部门在政府采购过程中，应当优先采购综合利用产品和可重复使用产品。

第八章　法律责任

第一百零一条　生态环境主管部门或者其他负有固体废物污染环境防治监督管理职责的部门违反本法规定，有下列行为之一，由本级人民政府或者上级人民政府有关部门责令改正，对直接负责的主管人员和其他直接责任人员依法给予处分：

（一）未依法作出行政许可或者办理批准文件的；

（二）对违法行为进行包庇的；

（三）未依法查封、扣押的；

（四）发现违法行为或者接到对违法行为的举报后未予查处的；

（五）有其他滥用职权、玩忽职守、徇私舞弊等违法行为的。

依照本法规定应当作出行政处罚决定而未作出的，上级主管部门可以直接作出行政处罚决定。

第一百零二条　违反本法规定，有下列行为之一，由生态环境主管部门责令改正，处以罚款，没收违法所得；情节严重的，报经有批准权的人民政府批准，可以责令停业或者关闭：

（一）产生、收集、贮存、运输、利用、处置固体废物的单位未依法及时公开固体废物污染环境防治信息的；

（二）生活垃圾处理单位未按照国家有关规定安装使用监测设备、实时监测污染物的排放情况并公开污染排放数据的；

（三）将列入限期淘汰名录被淘汰的设备转让给他人使用的；

（四）在生态保护红线区域、永久基本农田集中区域和其他需要特别保护的区域内，建设工业固体废物、危险废物集中贮存、利用、处置的设施、场所和生活垃圾填埋场的；

（五）转移固体废物出省、自治区、直辖市行政区域贮存、处置未经批准的；

（六）转移固体废物出省、自治区、直辖市行政区域利用未报备案的；

（七）擅自倾倒、堆放、丢弃、遗撒工业固体废物，或者未采取相应防范措施，造成工业固体废物扬散、流失、渗漏或者其他环境污染的；

（八）产生工业固体废物的单位未建立固体废物管理台账并如实记录的；

（九）产生工业固体废物的单位违反本法规定委托他人运输、利用、处置工业固体废物的；

（十）贮存工业固体废物未采取符合国家环境保护标准的防护措施的；

（十一）单位和其他生产经营者违反固体废物管理其他要求，污染环境、破坏生态的。

有前款第一项、第八项行为之一，处五万元以上二十万元以下的罚款；有前款第二项、第三项、第四项、第五项、第六项、第九项、第十项、第十一项行为之一，处十万元以上一百万元以下的罚款；有前款第七项行为，处所需处置费用一倍以上三倍以下的罚款，所需处置费用不足十万元的，按十万元计算。对前款第十一项行为的处罚，有关法律、行政法规另有规定的，适用其规定。

第一百零三条　违反本法规定，以拖延、围堵、滞留执法人员等方式拒绝、阻挠监督检查，或者在接受监督检查时弄虚作假的，由生态环境主管部门或者其他负有固体废物污染环境防治监督管理职责的部门责令改正，处五万元以上二十万元以下的罚款；对直接负责的主管人员和其他直接责任人员，处二万元以上十万元以下的罚款。

第一百零四条 违反本法规定，未依法取得排污许可证产生工业固体废物的，由生态环境主管部门责令改正或者限制生产、停产整治，处十万元以上一百万元以下的罚款；情节严重的，报经有批准权的人民政府批准，责令停业或者关闭。

第一百零五条 违反本法规定，生产经营者未遵守限制商品过度包装的强制性标准的，由县级以上地方人民政府市场监督管理部门或者有关部门责令改正；拒不改正的，处二千元以上二万元以下的罚款；情节严重的，处二万元以上十万元以下的罚款。

第一百零六条 违反本法规定，未遵守国家有关禁止、限制使用不可降解塑料袋等一次性塑料制品的规定，或者未按照国家有关规定报告塑料袋等一次性塑料制品的使用情况的，由县级以上地方人民政府商务、邮政等主管部门责令改正，处一万元以上十万元以下的罚款。

第一百零七条 从事畜禽规模养殖未及时收集、贮存、利用或者处置养殖过程中产生的畜禽粪污等固体废物的，由生态环境主管部门责令改正，可以处十万元以下的罚款；情节严重的，报经有批准权的人民政府批准，责令停业或者关闭。

第一百零八条 违反本法规定，城镇污水处理设施维护运营单位或者污泥处理单位对污泥流向、用途、用量等未进行跟踪、记录，或者处理后的污泥不符合国家有关标准的，由城镇排水主管部门责令改正，给予警告；造成严重后果的，处十万元以上二十万元以下的罚款；拒不改正的，城镇排水主管部门可以指定有治理能力的单位代为治理，所需费用由违法者承担。

违反本法规定，擅自倾倒、堆放、丢弃、遗撒城镇污水处理设施产生的污泥和处理后的污泥的，由城镇排水主管部门责令改正，处二十万元以上二百万元以下的罚款，对直接负责的主管人员和其他直接责任人员处二万元以上十万元以下的罚款；造成严重后果的，处二百万元以上五百万元以下的罚款，对直接负责的主管人员和其他直接责任人员处五万元以上五十万元以下的罚款；拒不改正的，城镇排水主管部门可以指定有治理能力的单位代为治理，所需费用由违法者承担。

第一百零九条 违反本法规定，生产、销售、进口或者使用淘汰的设备，或者采用淘汰的生产工艺的，由县级以上地方人民政府指定的部门责令改正，处十万元以上一百万元以下的罚款，没收违法所得；情节严重的，由县级以上地方人民政府指定的部门提出意见，报经有批准权的人民政府批准，责令停业或者关闭。

第一百一十条 尾矿、煤矸石、废石等矿业固体废物贮存设施停止使用后，未按照国家有关环境保护规定进行封场的，由生态环境主管部门责令改正，处二十万元以上一百万元以下的罚款。

第一百一十一条 违反本法规定，有下列行为之一，由县级以上地方人民政府环境卫生主管部门责令改正，处以罚款，没收违法所得：

（一）随意倾倒、抛撒、堆放或者焚烧生活垃圾的；

（二）擅自关闭、闲置或者拆除生活垃圾处理设施、场所的；

（三）工程施工单位未编制建筑垃圾处理方案报备案，或者未及时清运施工过程中产生的固体废物的；

（四）工程施工单位擅自倾倒、抛撒或者堆放工程施工过程中产生的建筑垃圾，或者未按照规定对施工过程中产生的固体废物进行利用或者处置的；

（五）产生、收集厨余垃圾的单位和其他生产经营者未将厨余垃圾交由具备相应资质条件的单位进行无害化处理的；

（六）畜禽养殖场、养殖小区利用未经无害化处理的厨余垃圾饲喂畜禽的；

（七）在运输过程中沿途丢弃、遗撒生活垃圾的。

单位有前款第一项、第七项行为之一，处五万元以上五十万元以下的罚款；单位有前款第二项、第三项、第四项、第五项、第六项行为之一，处十万元以上一百万元以下的罚款；个人有前款第一项、第五项、第七项行为之一，处一百元以上五百元以下的罚款。

违反本法规定，未在指定的地点分类投放生活垃圾的，由县级以上地方人民政府环境卫生主管部门责令改正；情节严重的，对单位处五万元以上五十万元以下的罚款，对个人依法处以罚款。

第一百一十二条 违反本法规定，有下列行为之一，由生态环境主管部门责令改正，处以罚款，没收违法所得；情节严重的，报经有批准权的人民政府批准，可以责令停业或者关闭：

（一）未按照规定设置危险废物识别标志的；

（二）未按照国家有关规定制定危险废物管理计划或者申报危险废物有关资料的；

（三）擅自倾倒、堆放危险废物的；

（四）将危险废物提供或者委托给无许可证的单位或者其他生产经营者从事经营活动的；

（五）未按照国家有关规定填写、运行危险废物转移联单或者未经批准擅自转移危险废物的；

（六）未按照国家环境保护标准贮存、利用、处置危险废物或者将危险废物混入非危险废物中贮存的；

（七）未经安全性处置，混合收集、贮存、运输、处置具有不相容性质的危险废物的；

（八）将危险废物与旅客在同一运输工具上载运的；

（九）未经消除污染处理，将收集、贮存、运输、处置危险废物的场所、设施、设备和容器、包装物及其他物品转作他用的；

（十）未采取相应防范措施，造成危险废物扬散、流失、渗漏或者其他环境污染的；

（十一）在运输过程中沿途丢弃、遗撒危险废物的；

（十二）未制定危险废物意外事故防范措施和应急预案的；

（十三）未按照国家有关规定建立危险废物管理台账并如实记录的。

有前款第一项、第二项、第五项、第六项、第七项、第八项、第九项、第十二项、第十三项行为之一，处十万元以上一百万元以下的罚款；有前款第三项、第四项、第十项、第十一项行为之一，处所需处置费用三倍以上五倍以下的罚款，所需处置费用不足二十万元的，按二十万元计算。

第一百一十三条 违反本法规定，危险废物产生者未按照规定处置其产生的危险废物被责令改正后拒不改正的，由生态环境主管部门组织代为处置，处置费用由危险废物产生者承担；拒不承担代为处置费用的，处代为处置费用一倍以上三倍以下的罚款。

第一百一十四条 无许可证从事收集、贮存、利用、处置危险废物经营活动的，由生态环境主管部门责令改正，处一百万元以上五百万元以下的罚款，并报经有批准权的人民政府批准，责令停业或者关闭；对法定代表人、主要负责人、直接负责的主管人员和其他责任人员，处十万元以上一百万元以下的罚款。

未按照许可证规定从事收集、贮存、利用、处置危险废物经营活动的，由生态环境主管部门责令改正，限制生产、停产整治，处五十万元以上二百万元以下的罚款；对法定代表人、主要负责人、直接负责的主管人员和其他责任人员，处五万元以上五十万元以下的罚款；情节严重的，报经有批准权的人民政府批准，责令停业或者关闭，还可以由发证机关吊销许可证。

第一百一十五条 违反本法规定，将中华人民共和国境外的固体废物输入境内的，由海关责令退运该固体废物，处五十万元以上五百万元以下的罚款。

承运人对前款规定的固体废物的退运、处置，与进口者承担连带责任。

第一百一十六条 违反本法规定，经中华人民共和国过境转移危险废物的，由海关责令退运该危险废物，处五十万元以上五百万元以下的罚款。

第一百一十七条 对已经非法入境的固体废物，由省级以上人民政府生态环境主管部门依法向海关提出处理意见，海关应当依照本法第一百一十五条的规定作出处罚决定；已经造成环境污染的，由省级以上人民政府生态环境主管部门责令进口者消除污染。

第一百一十八条 违反本法规定，造成固体废物污染环境事故的，除依法承担赔偿责任外，由生态环境主管部门依照本条第二款的规定处以罚款，责令限期采取治理措施；造成重大或者特大固体废物污染环境事故的，还可以报经有批准权的人民政府批准，责令关闭。

造成一般或者较大固体废物污染环境事故的，按照事故造成的直接经济损失的一倍以上三倍以下计算罚款；造成重大或者特大固体废物污染环境事故的，按照事故造成的直接经济损失的三倍以上五倍以下计算罚款，并对法定代表人、主要负责人、直接负责的主管人员和其他责任人员处上一年度从本单位取得的收入百分之五十以下的罚款。

第一百一十九条 单位和其他生产经营者违反本法规定排放固体废物，受到罚款处罚，被责令改正的，依法作出处罚决定的行政机关应当组织复查，发现其继续实施该违法行为的，依照《中华人民共和国环境保护法》的规定按日连续处罚。

第一百二十条 违反本法规定，有下列行为之一，尚不构成犯罪的，由公安机关对法定代表人、主要负责人、直接负责的主管人员和其他责任人员处十日以上十五日以下的拘留；情节较轻的，处五日以上十日以下的拘留：

（一）擅自倾倒、堆放、丢弃、遗撒固体废物，造成严重后果的；

（二）在生态保护红线区域、永久基本农田集中区域和其他需要特别保护的区域内，建设工业固体废物、危险废物集中贮存、利用、处置的设施、场所和生活垃圾填埋场的；

（三）将危险废物提供或者委托给无许可证的单位或者其他生产经营者堆放、利用、处置的；

（四）无许可证或者未按照许可证规定从事收集、贮存、利用、处置危险废物经营活动的；

（五）未经批准擅自转移危险废物的；

（六）未采取防范措施，造成危险废物扬散、流失、渗漏或者其他严重后果的。

第一百二十一条 固体废物污染环境、破坏生态，损害国家利益、社会公共利益的，有关机关和组织可以依照《中华人民共和国环境保护法》、《中华人民共和国民事诉讼法》、《中华人民共和国行政诉讼法》等法律的规定向人民法院提起诉讼。

第一百二十二条 固体废物污染环境、破坏生态给国家造成重大损失的，由设区的市级以上地方人民政府或者其指定的部门、机构组织与造成环境污染和生态破坏的单位和其他生产经营者进行磋商，要求其承担损害赔偿责任；磋商未达成一致的，可以向人民法院提起诉讼。

对于执法过程中查获的无法确定责任人或者无法退运的固体废物，由所在地县级以上地方人民政府组织处理。

第一百二十三条 违反本法规定，构成违反治安管理行为的，由公安机关依法给予治安管理处罚；构成犯罪的，依法追究刑事责任；造成人身、财产损害的，依法承担民事责任。

第九章　附则

第一百二十四条 本法下列用语的含义：

（一）固体废物，是指在生产、生活和其他活动中产生的丧失原有利用价值或者虽未丧失利用价值但被抛弃或者放弃的固态、半固态和置于容器中的气态的物品、物质以及法律、行政法规规定纳入固体废物管理的物品、物质。经无害化加工处理，并且符合强制性国家产品质量标准，不会危害公众健康和生态安全，或者根据固体废物鉴别标准和鉴别程序认定为不属于固体废物的除外。

（二）工业固体废物，是指在工业生产活动中产生的固体废物。

（三）生活垃圾，是指在日常生活中或者为日常生活提供服务的活动中产生的固体废物，以及法律、行政法规规定视为生活垃圾的固体废物。

（四）建筑垃圾，是指建设单位、施工单位新建、改建、扩建和拆除各类建筑物、构筑物、管网等，以及居民装饰装修房屋过程中产生的弃土、弃料和其他固体废物。

（五）农业固体废物，是指在农业生产活动中产生的固体废物。

（六）危险废物，是指列入国家危险废物名录或者根据国家规定的危险废物鉴别标准和鉴别方法认定的具有危险特性的固体废物。

（七）贮存，是指将固体废物临时置于特定设施或者场所中的活动。

（八）利用，是指从固体废物中提取物质作为原材料或者燃料的活动。

（九）处置，是指将固体废物焚烧和用其他改变固体废物的物理、化学、生物特性的方法，达到减少已产生的固体废物数量、缩小固体废物体积、减少或者消除其危险成分的活动，或者将固体废物最终置于符合环境保护规定要求的填埋场的活动。

第一百二十五条 液态废物的污染防治，适用本法；但是，排入水体的废水的污染防治适用有关法律，不适用本法。

第一百二十六条 本法自 2020 年 9 月 1 日起施行。

关于做好2020年印刷复制发行管理工作的通知

国新出发【2020】2号

各省、自治区、直辖市和新疆生产建设兵团新闻出版局，北京市、天津市、上海市、重庆市文化市场行政执法总队：

2020年是决胜全面建成小康社会、实现“十三五”规划收官之年。印刷复制发行工作要坚持以习近平新时代中国特色社会主义思想为指导，贯彻落实党的十九届四中全会和中央经济工作会议精神，按照全国宣传部长会议部署，坚持稳中求进、守正创新，着眼体系构建、制度完善，突出问题导向、目标导向、结果导向，全面提升工作科学化规范化制度化水平。

一、完善重点出版物印刷发行保障机制

（一）加大产能、拓展渠道。全力做好《习近平谈治国理政》第三卷等党的创新理论著作、党和国家重要文件文献印制发行工作。围绕“决胜全面小康、决战脱贫攻坚”重大主题，组织开展2020年度创新理论著作和主题出版物百家书城、千家门店联合展示展销活动，推动主题出版物网络传播平台建设。

（二）健全机制、完善体系。认真做好2020—2021学年中小学教科书印制发行工作，加强对国家统编教材出版印刷发行的组织协调和监督检查，着力协调解决财政资金缺口、印发工期缩短、环保限产压力等问题，确保高质量完成“课前到书、人手一册”政治任务。

二、贯彻新发展理念，推动印刷复制发行业高质量发展

（一）推动印刷业绿色化、数字化、智能化、融合化发展

1.落实《国家新闻出版署等印发〈关于推进印刷业绿色化发展的意见〉的通知》任务。统筹完善绿色化发展机制，探索实施印刷业绿色产品合格评定制度。持续推进印刷智能制造，建设扩容印刷智能制造测试线。启动中国印刷业创新基金调研和筹备工作。组织开展按需印刷出版改革试点。

2. 举办 2020 中国印刷业创新大会。巩固统摄发展的政治阵地和协同创新的服务平台，聚焦印刷业融合化发展方向，梳理创新路径、典型案例和标准体系，提出市场要素和市场体系建设方向，推动出台鼓励性政策措施和激励机制。

3. 推动印刷业区域协同发展。开展印刷复制业“十四五”发展规划调研。协调北京、天津、河北等地区出台京津冀印刷业协同管理相关意见，推动上海、江苏、浙江、安徽等地区出台长三角区域印刷创新中心、先进产业集群和优势企业名单，指导广东编制珠三角区域印刷业发展升级指南。

（二）提升发行业专业化、集约化、标准化、信息化水平

1. 推动实体书店可持续发展。持续打造具有引领意义的文化地标和最美书店，支持连锁书店、品牌书店扩大规模，引导中小书店朝专业、主题、特色细分领域拓展，推动书店向社区、校园、乡镇下沉延伸。围绕实体书店融合发展、大数据应用和供应链体系建设等重点，做好支持保障工作。

2. 加强新华书店阵地建设。深入开展新华书店社会效益评价考核工作。推动各地区新华书店按期完成农村发行网点建设任务。加快建设新华书店网上商城，扶持龙头网络企业，推进全国新华书店网络业务实质性整合和高效协同发展。支持新华书店联合开展资产运营，启动新华书店发展基金调研工作。

3. 引导网络发行健康发展。建立重点网络发行企业联系制度，定期通报情况，沟通解决问题。发挥行业协会作用，推动成立网络发行企业联合组织，加强相互协商协作。搭建交流对话平台，推动网络发行企业与传统出版发行单位深入合作，构建共赢机制，共同营造良好行业生态。

4. 发挥展会服务功能。举办第 30 届全国图书交易博览会，提升地方出版展会质量，围绕重大主题和重点工作，展示精品力作、引领阅读风向、营造浓厚氛围。

5. 提升技术保障能力。加快 CNONIX、发行物联网等重要标准研发应用，推动全国出版发行信息公共服务平台第二批试点工作。开展发行业“十四五”规划调研。

三、加强印刷复制发行行业监管

（一）组织开展“双随机、一公开”抽查。各地区要结合重要时间节点，组织开展印刷复制发行暨内部资料性出版物（以下简称内部资料）“双随机、一公开”抽查，全年抽查印刷复制发行企业比例不低于 20%，抽查内部资料样本比例不低于 80%。重点抽查印刷企业承印验证及样本留存情况，光盘复制企业光盘模具蚀刻来源识别码及样盘报送情况，发行单位进销货清单留存情况，重大选题出版物、中小学教科书印制发行情况，内部资料审批管理情况。国家新闻出版署将联合有关部门进行全国抽查并通报。

（二）依法查办一批重点案件。加大重点案件查办力度，震慑各类违法违规行为，强化企业守法意识。未经审批，不得印刷发行反映党和国家领导人工作和生活情况的影集、活页图片集、挂历、年历画、装饰画、图片等。对印制发行含有非法政治类、宗教类内容，宣扬淫秽色情、邪教迷信内容和国家明令禁止的其他内容的印刷发行企业一律吊销经营许可证，构成犯罪的依法追究刑事责任。对未经许可擅自从事或兼营出版物印刷经营活动，违规接受非出版单位和个人委托印刷出版物，违规承印境外出版物，未验证印刷委托书、准印证违规印刷出版物、内部资料的印刷企业，

一律从严处理，作出不低于罚款的行政处罚。

（三）加强网络发行领域专项治理。强化网上书店（含微商、微店等）监管，压实网络平台责任，建立完善资质、产品、渠道、场所核查机制，各地区全年抽查网上书店比例应不低于 20%。持续开展证照审核，坚决关停非法网上书店，对未履行审查责任的网络交易平台依法追究责任。建立网上出版物抽查取证机制，加强进销货清单和平台交易记录核查，提高线索发现、渠道追溯和案件查办能力。加强异地经营管理，对网上书店无固定经营场所、实际经营场所与注册登记经营场所不一致、变更经营场所未办理审批、新设立分支机构未办理备案等情况，依法依规作出处理。

（四）加强发行单位活动日常管理。对发行单位开展的图书推荐排行、读书会、报告会、研讨会、论坛、讲座等活动，明确属地管理、压实主体责任，建立重点对象清单，按照“谁举办、谁负责”要求，完善重要活动事前报备和事后报告制度，建立台账记录，加强巡查抽检。

（五）丰富监管工作内容和手段。组织 2020 年“3•15”质检活动。开展印刷企业年度报告公示和国家印刷复制示范企业考核工作，推进北京、天津、上海、江苏、浙江、安徽、广东、贵州等地区开展互联网平台公示试点。协调推动印刷复制委托书备案系统全国联网进程。开展发行单位年度核验工作，完善网上审批、核验系统。完善印刷复制发行标准化工作体系，统筹推动标准制修订和采信工作。

四、进一步加强内部资料规范管理

（一）严把内容导向关。编印单位要严格履行内部资料内容把关主体责任，对所编印的内容负责，并承担法律责任。不得编印中小学教科书及教辅材料、画册、文集、学报、年鉴、地方志等应由出版单位出版的作品；不得编印含有法律、行政法规和国家规定禁止内容的内部资料。各地区要组织对连续性内部资料编印单位开展法规和业务培训，提高编印单位守法意识和编印能力，确保内容导向正确。

（二）严把审批数量关。各地区要严格履行审批职责，从严控制内部资料数量规模，确保总量只减不增。要审核平衡编印单位专业方向、编辑力量等情况，原则上每家编印单位只编印一种连续性内部资料，每年编印一次性内部资料不超过四种，且不得将连续性内部资料拆分为多个一次性内部资料编印。要坚持集约发展，不再新增县级内部资料。

（三）严把事后监管关。各地区要充分运用样本送交、内容审读、质量检查等事中事后监管手段，对编印单位实施评价与防控。将不按时送交样本、审批前后内容不一致、印刷质量不合格的编印单位作为防控重点对象，列入黑名单，通过约谈整改、通报批评等方式，进行动态管理。对不予延续准印证有效期的编印单位，实行责令整改、暂停编印，六个月内不再受理其提出的其他编印申请。对有违规收费、刊登广告、公开发行等行为的，一律收回准印证。

各地区要在 2020 年 11 月底前向国家新闻出版署专题报送本地区印刷复制发行管理工作情况并提出建设性意见。

国家新闻出版署

2020 年 2 月 3 日

国家新闻出版署关于开展2020年“3·15”质检活动和中小学重点教材检查工作的通知

国新出发电〔2020〕3号

各省、自治区、直辖市和新疆生产建设兵团新闻出版局，北京市、天津市、上海市、重庆市文化市场行政执法总队：

为贯彻落实习近平总书记在统筹推进新冠肺炎疫情防控和经济社会发展工作部署会议上的重要讲话精神，切实履行出版产品质量监督管理职责，提升印刷复制产品质量，推动印刷复制业高质量发展，国家新闻出版署决定开展2020年“3•15”质检活动，并对中小学重点教材（国家统编道德与法治、语文、历史教材）印制发行工作进行检查。现将有关工作通知如下。

一、主要任务

（一）重点围绕党的创新理论研究阐释读物，决胜全面小康、决战脱贫攻坚等主题出版产品以及新冠肺炎疫情防控读物，加强生产巡查并开展产品抽检，同时兼顾其他品种出版产品质量抽检。

1. 加强生产巡查。各地出版主管部门要及时掌握本地党的创新理论研究阐释读物，决胜全面小康、决战脱贫攻坚等主题出版产品以及新冠肺炎疫情防控读物（以下简称主题出版产品及疫情防控读物）的出版印制计划，部署企业针对生产薄弱环节开展自查，组织出版产品质检机构、相关专家深入印制生产一线，排查潜在质量安全风险隐患，做好质量安全风险监测工作，督促指导企业提升出版产品质量，严把质量关。

2. 开展成品抽检。各地出版主管部门要对本地出版单位、印刷复制企业、发行单位进行随机抽查。重点对2018年至2020年出版印制的主题出版产品及疫情防控读物（含光盘类音像制品和电子出版物）的印刷复制质量进行随机抽检，对印有“绿色印刷”标识图书（以下简称绿标图书）的环保质量进行随机抽检，同时兼顾其他品种出版产品质量抽检。此外，还要对“十三五”时期存在图书印制批质量问题的责任单位进行回头查。

（二）重点对 2020—2021 学年秋季中小学 1 至 9 年级国家统编教材印制发行工作进行检查，同时兼顾其他品种中小学教材教辅质量抽查。

1. 做好协调保障。各地出版主管部门要加强与有关单位的沟通协调，及时了解中小学重点教材承印时间和印制周期，做好统筹安排，集中优质产能确保中小学重点教材保时、保质、保量完成印制。同时，做好与发行环节的无缝对接，协调相关发行单位做好教材的仓储运输，确保完成“课前到书、人手一册”的政治任务。

2. 开展成品抽检。各地出版主管部门要在部署企业开展自查的基础上，结合本地秋季中小学重点教材承印时间和印制周期情况，适时组织质检机构、相关专家对中小学重点教材印制质量进行全面抽检，确保抽查覆盖全部承印企业、抽样覆盖全部品种，同时兼顾其他品种中小学教材教辅质量抽检。

二、任务分工

（一）国家新闻出版署根据疫情防控形势，适时组织出版产品质量监督检测中心对在京重点印刷复制企业进行巡查，对全国出版印制复制发行单位进行随机抽查；向各地反馈抽检结果，组织指导各地对存在图书印制批质量问题的责任单位进行行政处罚。

在开展随机抽查时，主题出版产品及疫情防控读物抽查覆盖区域原则上不少于 10 个省份，涉及图书、音像制品、电子出版物出版单位总数原则上不少于 90 家，图书不少于 360 个品种，光盘类音像制品和电子出版物不少于 20 个品种；中小学重点教材抽查覆盖区域原则上不少于 8 个省份，每个省份抽样原则上不少于 5 个品种，并对样品的印制质量和环保质量进行检测。具体抽查数量根据疫情防控形势进行调整。

（二）各地出版主管部门根据本地疫情防控形势，适时组织质检机构、相关专家对本地重点印刷复制企业进行巡查，对出版印制发行单位进行随机抽查，对存在图书印制批质量问题的责任单位进行行政处罚。

在开展随机抽查时，主题出版产品及疫情防控读物抽查原则上应覆盖本地出版单位、重点印刷复制企业、重点发行单位，有条件的地区可以对本地大型图书批发零售市场进行抽查；中小学重点教材抽样原则上应覆盖全部 21 个品种，并对样品的印制质量进行检测，有条件的地区可以对本地光盘类音像制品、电子出版物的复制质量和绿标图书的环保质量进行检测。

三、工作要求

（一）做好精准施策。

各地要根据当前疫情防控形势精准施策，分区分级统筹安排好有关工作。疫情防控高风险地区 2020 年可暂不开展质检活动和教材检查工作，重点做好相关制度建设，总结推广质量管理好的经验做法，做好协调保障工作；疫情防控中风险地区可依据防控形势，适当减少抽查覆盖面和抽检数量；疫情防控低风险地区要研究制定符合本地实际的工作方案，做到一手抓防控、一手促生产，统筹开展质检活动和教材检查工作，尽量与印刷复制暨内部资料性出版物“双随机、一公开”抽查相结合，切实减轻企业负担。

（二）把握时限要求。

2020 年“3•15”质检活动于 2020 年 3 月 15 日启动，各地要按照本通知要求明确工作思路，作出合理工作安排，把各项工作任务抓实、抓细、抓落地，并于 2020 年 10 月底前将工作总结报送国家新闻出版署。

（三）加强宣传通报。

国家新闻出版署将对“3•15”质检活动和中小学重点教材检查工作开展情况进行宣传报道，对抽检结果和行政处罚情况进行全国通报。各地要加强工作宣传，推广好的经验做法，鼓励表扬优质产品生产单位，责令批质量不合格的责任单位进行整改，并依法依规给予行政处罚。

国家新闻出版署

2020 年 3 月 12 日

国家新闻出版署关于做好2020—2021学年中小学教科书印制发行工作的通知

国新出发〔2020〕12号

各省、自治区、直辖市新闻出版局，各相关出版、印刷、发行单位：

在党中央坚强领导下，全国疫情防控阻击战取得重大战略成果，统筹推进疫情防控和经济社会发展工作取得积极成效。在疫情防控常态化条件下，各地中小学陆续复学开课。为切实做好2020—2021学年中小学教科书印制发行工作，现将有关事项通知如下。

一、严格落实属地管理责任。各地区各部门各单位要坚持以习近平新时代中国特色社会主义思想为指导，提高政治站位，认真履行政治职责，在做好常态化疫情防控的前提下，扎实推进中小学教科书印制发行工作。各级出版主管部门要按照复工复产要求，用足用好各项扶持政策，加强与当地教育、物价、财政等相关部门的沟通协调，相互支持配合，形成工作合力，帮助中小学教科书印刷发行企业切实解决财政资金短缺、印发工期缩短、环保限产等实际困难。湖北省出版主管部门要根据疫情防控的实际情况，帮助印刷发行企业解决复工复产中的堵点难点问题，为中小学教科书印制发行工作创造良好条件。

二、压实印刷发行企业主体责任。各印刷企业要贯彻好新发展理念，运用新技术新手段，推动产能升级和业态创新，有效满足各地中小学教科书印制需求。各发行企业要根据中小学教科书配送的时限要求，不断改造业务流程、提升服务质量，提高信息化、标准化、智能化水平。各印刷发行企业要在出版主管部门指导下，加强与教育部门、中小学校等相关单位的沟通联系，积极回应学校和家长关切，保障完成“课前到书，人手一册”政治任务。

三、确保中小学教科书印制发行质量。各级出版主管部门要严格按照《出版管理条例》《印刷业管理条例》《出版物市场管理规定》等相关规定，保障中小学教科书印制质量，提升发行服务水平。中小学教科书须由具有出版物印刷许可的绿色印刷企业印制。印刷企业要严格执行国家质量标准，在企业网站向社会公示其印制教科书的科目情况、用纸标准、印装规格等信息。中小学教科书须由具有中小学教科书发行资质的企业发行，并严格在批准的区域范围内开展相关业务。

四、加大督促检查工作力度。各级出版主管部门要加强中小学教科书印制发行工作的监督、检查和管理，将中小学教科书印制质量纳入“3•15”质检常态化工作，以及“双随机、一公开”抽查和其他专项检查工作，重点检查从事中小学教科书印制发行业务的企业资质情况和国家统编教材印制发行情况。对违反中小学教科书印制发行工作要求的单位和企业，依照相关法规进行处罚并公开通报。

各省（区、市）新闻出版局应在每学期中小学教科书发行工作任务完成后，及时将中小学教科书印制发行情况报国家新闻出版署。

国家新闻出版署

2020 年 6 月 5 日

国家新闻出版署关于2020年"3·15"质检活动和中小学重点教材检查情况的通报

国新出发电〔2020〕17号

各省、自治区、直辖市和新疆生产建设兵团新闻出版局，北京市、天津市、上海市、重庆市文化市场行政执法总队：

根据《国家新闻出版署关于开展2019年"3•15"质检活动和中小学重点教材检查工作的通知》（国新出发〔2019〕5号）要求，国家新闻出版署组织有关机构依据相关法规和标准，对相关出版单位实施了质量抽检。根据抽检结果，国家新闻出版署组织指导有关出版管理执法部门对存在图书印制批质量问题的责任单位进行了查处。现将有关情况通报如下。

一、"3·15"质检活动抽检情况

（一）印制质量

本次活动随机抽查了9个省（区）以及部分中央和军队系统在京共90家图书出版单位。其中，吉林5家、浙江8家、安徽6家、江西7家、河南6家、湖南8家、西藏2家、甘肃9家、青海2家、中央在京37家。采取从出版单位库房抽样的方式，共抽取450种9356册图书，涉及印刷企业253家。经检测，有5个品种印制批质量不合格，涉及4家出版单位和4家印刷企业，批质量合格率为98.89%。另有20个品种的28册图书印制单册质量不合格，涉及16家出版单位和20家印刷企业，单册质量合格率为99.7%。

（二）复制质量

本次活动随机抽查了4个省11家电子音像出版单位。其中，吉林3家、江西1家、河南2家、湖南5家。采取从出版单位库房抽样的方式，共抽取样品22种154片光盘，涉及8家光盘复制企业。其中，CD类光盘8种56片，DVD类光盘14种98片。经检测，有9个品种的45片光盘复制质量不合格，涉及 5 家出版单位和 4 家复制企业，光盘复制质量合格率为 59.09%。

二、印制质量问题行政处罚情况

（一）北京市文化市场行政执法总队对方志出版社、地震出版社分别作出警告的行政处罚。

（二）廊坊市文化广电和旅游局对廊坊市华北石油华星印务有限公司作出警告的行政处罚。

（三）湖南省新闻出版局对湖南地图出版社、湖南地图制印有限责任公司作出警告的行政处罚。

（四）成都市龙泉驿区新闻出版局对成都市金雅迪彩色印刷有限公司作出警告的行政处罚。

（五）甘肃省新闻出版局对兰州大学出版社、甘肃澳翔印业有限公司作出警告的行政处罚。

三、下一步工作要求

（一）督促整改措施落实到位

各地出版管理执法部门要对批质量不合格图书下架、收回、调换情况进行核查，对出版单位和印刷企业落实质量管理制度、健全质量管理举措的整改情况进行检查，确保各项整改措施落实到位。

（二）建立健全质量管理机制

各地出版管理执法部门要将此次涉及质量问题的单位列入质检活动重点抽查目录，特别是对印制批质量不合格单位进行“回头看”。各地在举办培训班时，应将质量管理列入培训内容，切实提高企业质量安全风险意识。

（三）严肃落实质量查处要求

各地出版管理执法部门要将质量管理作为加强行业事中事后监管的重要抓手，按照法律法规有关要求对存在重大质量问题的单位敢于亮剑、严肃查处、绝不手软，对全行业起到警示作用。

国家新闻出版署

2020 年 10 月 9 日

珠三角印刷业发展升级指南

（中共中央宣传部印刷发行局，中共广东省委宣传部、中国印刷技术协会、广东省印刷复制业协会、北京印刷学院共同参与编制完成，2020年10月12日发布）

印刷业作为我国出版业的重要组成部分，是社会主义文化繁荣兴盛的重要推动力量，是国民经济的重要服务支撑。珠三角地区（以下简称珠三角）地处我国改革开放前沿阵地，毗邻港澳、联通世界，是我国开放程度最高、经济活力最强的区域之一，在国家发展大局中具有重要战略地位。珠三角印刷业基础雄厚，外向型经济特征明显，是我国三大印刷产业带之一，享有“印在广东”的美誉。

为贯彻落实习近平总书记重要指示精神，服务党中央粤港澳大湾区建设战略部署，加快构建以国内大循环为主体、国内国际双循环相互促进的新发展格局，推动建设珠三角印刷业对外开放连接平台，示范引领印刷业高质量发展，根据党中央关于粤港澳大湾区建设、深圳中国特色社会主义先行示范区建设的重大决策部署和全国宣传思想工作会议精神，制定本指南。

本指南的规划范围是，以广东省广州市、深圳市、珠海市、佛山市、惠州市、东莞市、中山市、江门市和肇庆市为主体，统筹粤东西北地区，辐射泛珠三角区域，并将与港澳密切合作的相关内容一并纳入。

一、现状与形势

（一）发展现状

改革开放以来，珠三角印刷业始终坚持正确方向，认真贯彻落实党中央决策部署，立足自身优势，敢闯敢试、敢为人先，实现了珠三角印刷业产业结构、技术水平、发展动力的深层次变革，以丰富优质的印刷产品不断满足人民精神文化生活需要，为广东省经济社会发展作出了重要贡献。截至2019年底，珠三角印刷企业共1.34万家，全省占比81%；年工业总产值2382亿元，全省占比91%；从业人员55万人，全省占比90%（见图1、图2）。

珠三角印刷综合产能分布，总体呈现出“珠江口东岸带状聚集、珠江口西岸点状分布、粤东西北地区承接梯度转移”的发展态势。东岸的广州、深圳、东莞和惠州集聚了7405家印刷企业，创造了1578.7亿元的产值，分别占全省印刷企业数量和产值的44.7%和60.6%；规模以上企业占比62.6%，外资企业占比80.3%，从业人数占比60.3%，对外贸易加工额占比66.8%。西岸的佛山和中

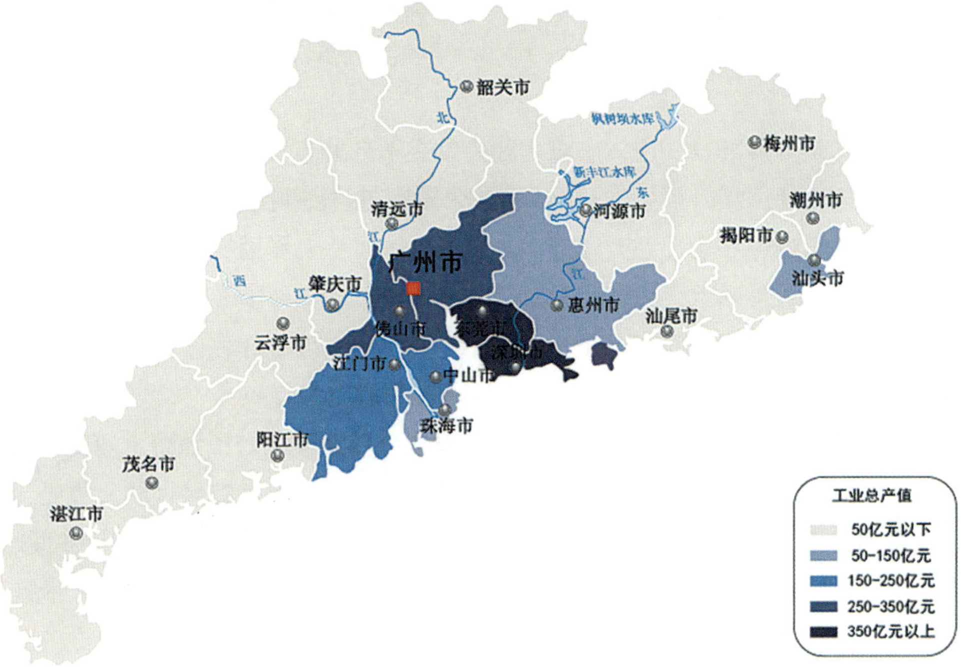

图 1　珠三角印刷业产值密度图

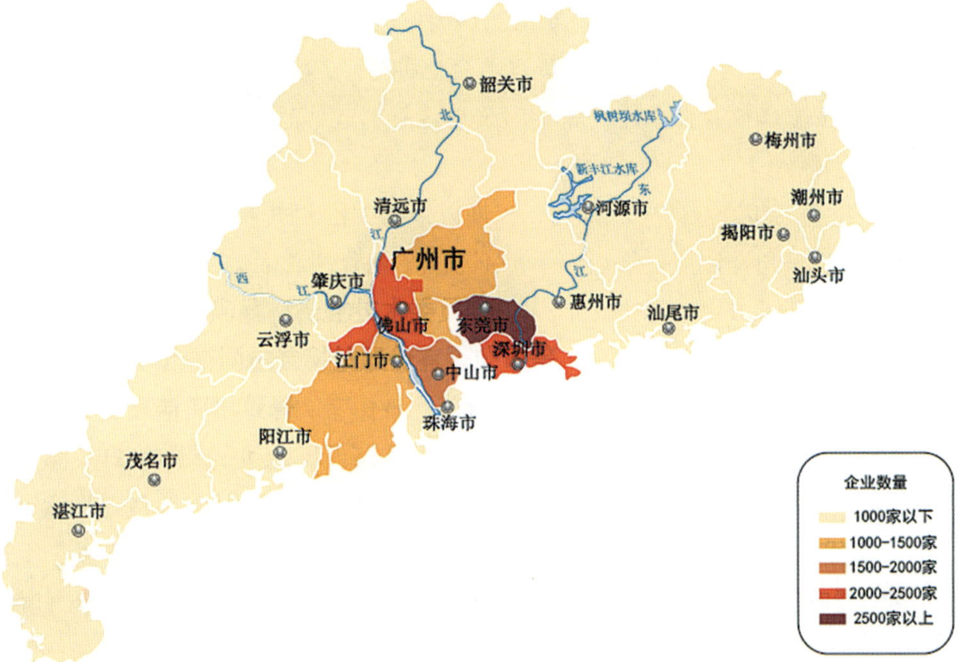

图 2　珠三角印刷企业密度图

山，粤东的汕头和粤北的清远，产业优势明显。整体看，珠三角印刷业具有 4 个特点：

1.“印在广东”为传播社会主义先进文化提供重要保障。珠三角印刷业讲政治、讲责任、讲担当，始终把社会效益放在首位，努力实现社会效益和经济效益有机统一，出色完成党和政府交办的各项重大政治印制任务，为弘扬主旋律、传播正能量提供了品种丰富、制作精良的印刷产品。2019 年以来，珠三角印刷企业先后承印了《习近平谈治国理政》《习近平新时代中国特色社会主义思想学习纲要》等政治性读物近 1000 万册。

2. 先行先试为印刷业发展模式注入丰富实践。珠三角印刷业发挥改革“试验田”作用，大胆实践探索，在全面深化管理体制改革、创新生产经营机制、参与国际合作中走在前列。同时，主动抓住产业转移和要素重组机遇，通过并购实现产业链外延式扩张和整合，形成了外向型集约化发展模式。改革开放以后，珠三角诞生了我国第一家“三来一补”印刷企业、第一家中外合资出版物印刷企业。到 2019 年，珠三角规模以上印刷企业数量在全省规模以上印刷企业中占比 89.1%，工业总产值占比 69.6%。

3. 连接港澳为印刷业对外开放积累宝贵经验。珠三角印刷业注入了香港、澳门活力元素，在改革开放进程中，港澳印刷产业对珠三角印刷产业的影响是开创性的、持续性的，也是深层次的、多领域的。珠三角印刷业承接了港澳 70% 以上的印刷生产能力，吸引了 600 余家港澳投资企业。港澳印刷企业利用先进设备和成熟技术，开展境外加工贸易，带动珠三角内资印刷企业发展，走出了一条主动对接海外需求、拓展海外市场的发展路径。

4. 科技创新为印刷业提质升级增添强劲动力。珠三角印刷业加大科技创新力度，强化产学研结合，印刷新技术、新设备和新材料不断显现，按需印刷、个性化印刷、精品印刷蔚然成风，珠三角正在成为我国印刷业创新成果的重要聚集地。2019 年，珠三角有 16 家国家印刷示范企业，229 家印刷企业、46 家印刷器材企业获得国家高新技术企业称号，39 家印刷企业获批建立国家级或省级工程技术研究中心，3 家印刷企业承担国家及广东省智能制造示范项目。

（二）面临的形势

珠三角印刷业是广东印刷业的中流砥柱，长期以来为中国和世界提供了高效便捷的印刷服务。但也要清醒认识到，珠三角印刷业发展还不平衡不充分，细分领域优势骨干企业引领辐射水平不高；新发展动能不足，创新驱动的内涵型增长尚未形成；绿色发展的瓶颈制约未能根本破解，产业转型升级亟待完成；与港澳印刷业的联通融合需进一步加强，培育具有国际竞争力的世界级产业集群还需努力；印刷管理信息化水平仍需提升，现代化行业治理体系和治理能力亟待完善和提高，等等。这些方面，严重制约着珠三角印刷业的高质量发展。进入新发展阶段，珠三角印刷业要深刻认识高质量发展阶段的新特征新要求，深刻认识改革发展面临的新矛盾新挑战，在危机中育新机、于变局中开新局，努力实现更高质量、更有效率、更加公平、更可持续、更为安全的发展。

1. 实现印刷业高质量发展的应有之义。印刷业高质量发展是创新成为第一动力、协调成为内生特点、绿色成为普遍形态、开放成为必由之路、共享成为根本目的的发展。珠三角印刷业要继续发扬敢为人先的精神，勇于先行先试，大胆实践探索，落实新发展理念，紧紧围绕构建新发展格局，以供给侧结构性改革为主线，深化科技创新、制度创新、业态和模式创新，推进印刷业高质量发展。

2. 服务“双区驱动”战略的职责要求。粤港澳大湾区建设的战略定位是充满活力的世界级城市群、具有全球影响力的国际科技创新中心、内地与港澳深度合作示范区等，深圳中国特色社会主义先行示范区建设的战略定位是高质量发展高地、可持续发展先锋等。珠三角印刷业要依托我国超大规模市场和完备产业体系，对照粤港澳大湾区、深圳中国特色社会主义先行示范区战略定位，创造有利于新技术快速大规模应用和迭代升级的独特优势，加速科技成果转化，提升产业链水平，推出更多优质产品，更好满足人民群众的精神文化新期待。

3. 顺应信息化发展趋势的必然选择。以互联网、大数据和人工智能等为代表的新一代信息技术与社会经济各行业、各领域的深度融合，已成为全球新一轮科技革命和产业变革的核心内容。珠三角印刷业要深刻认识和把握新一代信息技术发展演进规律，把信息技术作为推动印刷业全要素、全流程、全产业链提质增效的重要途径，加快产业数字化、智能化转型，协同推进原始创新、技术创新和产业创新，形成科技创新和研发高地，提升全行业的数字化、网络化和智能化水平。

4. 推动高水平对外开放的迫切需要。当前，经济全球化遭遇逆流，单边主义、保护主义抬头，新冠肺炎疫情影响严重、世界经济低迷，全球印刷业产业链供应链面临冲击，市场格局正在发生深刻调整，进入动荡变革期。珠三角印刷业要增强机遇意识和风险意识，着眼推动国内国际双循环相互促进，一体化应对全球印刷产业链价值链重塑的挑战，稳定产业链供应链，培育产业核心竞争力，增强印刷“走出去”的新动能，以更大范围、更宽领域、更深层次的对外开放打造国际合作和竞争新优势。

二、总体要求

（一）指导思想

以习近平新时代中国特色社会主义思想为指导，认真贯彻落实党中央关于粤港澳大湾区建设、深圳中国特色社会主义先行示范区建设的重大决策部署和全国宣传思想工作会议精神，坚定不移贯彻新发展理念，促进形成印刷产业发展新格局，统筹行业发展和意识形态安全。坚持绿色化、数字化、智能化、融合化发展方向，强化创新驱动和区域协调，立足珠三角区位优势，瞄准全印刷发展方向，树立国际化视野，适应信息化趋势，建设珠三角印刷业高水平对外开放连接平台，示范引领全行业高质量发展。

全印刷是指印刷的全链条、全领域、全业态、全要素。

国际化是指面向世界、连接港澳、国际经营、深度合作。

信息化是指深度融合、综合共享、互联互通、智慧发展。

高水平是指创新驱动、高端引领、结构优化、风险可控。

（二）工作原则

1. 坚持顶层设计。坚持党对印刷业的全面领导，牢牢把握印刷业意识形态本质属性。按照粤港澳大湾区、深圳中国特色社会主义先行示范区战略定位，围绕珠三角印刷业高质量发展要求，落实“十四五”时期重点任务，明确全印刷产业链范围，确定产业提质升级目标，综合设计制度政策，统筹各方构建管理矩阵，形成建设印刷业对外开放连接平台的合力，加快推进印刷业治理体系和治理能力现代化。

2. 坚持绿色发展。贯彻新发展理念，按照《关于推进印刷业绿色化发展的意见》精神，建立完善印刷业绿色化发展制度体系，调整优化产业布局、生产体系和能源结构，推进资源全面节约和循环利用，突破一批绿色印刷核心关键技术，解决突出环境问题，形成绿色发展引领产业转型升级的路径模式。

3. 坚持创新驱动。把创新摆在印刷业发展的核心位置，加快构建以印刷企业为主体、市场为导向、产学研相结合的印刷业协同创新体系。提升原始创新能力，针对印刷业“卡脖子”技术问题，聚合精锐力量进行攻关，力争在印刷装备核心部件和系统集成关键技术等领域实现新突破。

4. 坚持先行先试。坚持守正创新，以深化改革激发新发展活力，为全国印刷业深化改革探索新途径、积累新经验，在构建印刷业高质量发展的体制机制方面走在全国前列。拓展珠三角印刷业对外开放连接平台，加强产业全球布局和国际交流合作，实现在全球产业链价值链中高端跃升。

（三）发展目标

珠三角印刷业要抓住粤港澳大湾区、深圳中国特色社会主义先行示范区建设的重大机遇，坚持走开放合作的产业发展道路，在更大范围、更宽领域、更深层次上加大对外开放力度，努力建设高水平对外开放连接平台，为中国印刷业树立新时代开放发展、高质量发展的“风向标”。

从现在到 2025 年，是珠三角印刷业对外开放连接平台的建设期。粤港澳错位发展、优势互补、协作配套的产业格局基本确立；创新要素加快集聚，新业态、新模式、新技术逐渐凸显；形成协调联动、创新融合的合作机制，承接国际业务、参与国际竞争的能力显著提升，在服务“双区驱动”战略中取得良好效果。

2025 年到 2035 年，是珠三角印刷业对外开放连接平台的成熟期。整个区域印刷业的生产供给、技术创新、管理水平和对外合作能力进一步提升；产业集中度继续提高，印刷业新兴产业集群国际竞争力凸显；国家印刷示范企业实力壮大，“专精特新”企业显著发力，形成“头雁引领、群雁组阵”的产业竞争格局；印刷业“绿色化、数字化、智能化、融合化”发展水平持续提升，产业发展新动能不断壮大，对外开放水平显著提高，对外开放连接平台的辐射引领作用充分彰显。

三、重点任务

建设珠三角印刷业对外开放连接平台，要立足珠三角印刷综合服务产能分布和发展空间布局，努力打造 1 个系统、2 个中心、3 个产业集群、9 个协同发展城区。

（一）建设 1 个印刷服务系统

由广东省委宣传部指导，广东省印刷复制业协会牵头，在广州建设连接国内外的印刷业务信息服务系统。通过这一系统推动互联网和印刷实体经济深度融合，以信息流带动技术流、资金流、人才流、物资流，促进资源配置优化，促进全要素生产率提升，为推动创新发展、转变发展方式、调整产业结构发挥积极作用。该系统信息包括全印刷单位基础信息、境外直接委托印制订单信息、港澳委托印制订单信息、重点印制订单信息、印刷设备销售及进出口信息、印刷油墨销售及进出口信息、纸张销售及进出口信息、相关物流服务信息、人才服务信息、印刷质量检测信息等。适时整合广东省新闻出版（版权）电影行政审批系统、广东省新闻出版行业信息管理平台中涉及印刷的有关内容，在承印境外出版物审批、省内印刷企业异地搬迁资质互认、数字印刷订单快速审批等方面实现数据联通和共享，建设完善印刷业大数据中心。广东省要充分运用信息服务系统，加强开放监管能力、风险防控能力，全面提升行业治理水平，切实维护文化安全和意识形态安全。

（二）成立 2 个印刷交流中心

1. 印刷标准化交流促进中心：由广东省印刷复制业协会、全国印刷标准化技术委员会和全国印刷机械标准化技术委员会牵头，联合广东省印刷标准化技术委员会、香港印刷科技研究中心、深圳职业技术学院、优势骨干企业等单位组建。该中心承担研究编制全印刷精益生产体系、制定修订推广相关行业标准和团体标准，引导企业制定和实施先进标准，开展重点细分领域国内外标准比对，推动我国优势特色技术标准成为国际标准，加快转化先进适用的国际标准等职责。大力实施标准化战略，推动全印刷标准研制、技术创新和产业化协调发展，用先进标准引领产品、技术和服务质量提升，打造印刷业标准创新高地，巩固我国印刷业国际合作和竞争比较优势。

2. 印刷文化交流研究中心：开展多领域、多层次印刷文化交流，是产业全面升级的必然要求。依托中国印刷博物馆世界印刷文化研究中心、世界技能大赛（印刷媒体技术项目）、全国印刷行业职业技能大赛、广东省印刷创意设计大赛、两岸四地印刷业交流联谊会、粤港澳印刷业联谊会暨印刷业发展论坛等平台，以及珠三角印刷业优势骨干企业，建设中国儿童读物印制创新研究中心等若干印刷文化交流研究中心。继续办好中国（广东）国际印刷技术展览会、中国（广东）印刷产品博览会（筹办）等展会，合作共建粤港澳大湾区绿色印刷博物馆、粤港澳印刷业研究会。香港、澳门多元文化共存，是中西文化交流的重要纽带，要发挥好香港、澳门在促进东西方印刷业文化交流方面的特殊作用。加强行动对接，携手推进“一带一路”印刷文化交流。

（三）培育 3 个印刷产业集群

1. 数字印刷产业集群：数字印刷是全球印刷业升级的主攻方向，也是我国印刷业“十四五”时期的新发展动能。要以广州、深圳和东莞的优势骨干企业为重点，佛山、中山等市协同参与，统筹汕头和清远等市，加快培育数字印刷产业集群，为我国出版业、印刷业数字化升级提供支撑、做出示范，也为珠三角世界级先进制造业集群提供印刷保障和服务。数字印刷产业集群重点聚焦：一是突破数字印刷喷头关键核心技术；二是研发制造生产型数字印刷设备和专用油墨；三是推广按需出版印刷、个性化包装场景应用；四是打造数字印刷电子商务龙头企业；五是培育“制造 + 服务”的融合发展新模式。到 2025 年，数字印刷及相关企业初步建成国家工程研究中心（企业技术中心）或省级工程技术中心 5 个，高新技术企业达到 50 家，重点龙头骨干企业研发投入强度超过营收额的 6%。

2. 印刷智能制造产业集群：印刷智能制造是印刷业创新驱动实现内涵型增长的主要路径，是深化供给侧结构性改革、提升产业链水平、维护产业链安全的必然选择。要以广州、深圳和东莞的优势骨干企业为重点，佛山、中山和江门等市协同参与，统筹汕头和潮州等市，加快培育印刷智能制造产业集群。要对接珠三角世界级先进制造业集群，在合理服务半径内，深度融合、嵌入协同。要坚持“标准先行、融合创新、分类施策、示范引领”的十六字发展方针，为全印刷两化深度融合探索路径。智能制造产业集群重点聚焦：一是研发智能印刷装备核心部件和系统集成等关键技术；二是建设一批高水平印刷智慧工厂和数字化车间；三是建设扩容印刷智能制造测试线；四是构建以印刷智能制造企业为主体的产学研协同创新机制；五是加快培育全印刷智能制造生态体系。到 2025 年，力争创建国家级和省级重点实验室（工程实验室）3 家、国家工程研究中心（企业技术中心）或省级工程技术中心 5 个，高新技术企业增至 60 家。

3. 印刷战略新兴产业集群：培育全印刷战略新兴产业集群是引领科技创新、增强我国印刷业比较竞争新优势的战略抉择，也是全产业链深化改革、激发新发展活力的现实要求。以广州和深圳的优势骨干企业为重点，珠海、佛山、惠州、东莞、中山、江门和肇庆等市协同参与，统筹汕头、韶关、河源、梅州、汕尾、阳江、湛江、茂名、清远、潮州、揭阳、云浮等市，加快培育印刷战略新兴产业集群。要瞄准国际先进方向和领域，探索发展全印刷新产业、新业态、新模式，提高融合化发展水平，构建具有国际竞争力的现代产业体系。要汇集新资源、拓展新领域、增强新动能，形成更高水平动态平衡，引领辐射印刷业实现优势互补、紧密协作、联动发展。印刷战略新兴产业集群重点聚焦：一是大力推进人工智能、大数据、云计算、5G、物联网、区块链、虚拟现实、量子信息、信息安全等新一代信息技术与印刷技术的深度融合；二是推广提升 AR/VR、防伪等技术在印刷细分领域的场景应用；三是研发迭代升级新型印刷显示技术、印刷电子技术；四是研发推广印刷纳米材料、电子材料、功能材料等新型前沿材料；五是研发推广全印刷节能环保技术和产品。到 2025 年，力争建设国家级和省级重点实验室（工程实验室）3 家、国家工程研究中心（企业技术中心）或省级工程技术中心 5 个，高新技术企业达到 80 家。

（四）打造 9 个协同发展城区

当前，珠三角印刷业以广州、深圳、佛山和东莞为主要集聚地，中山和江门有一定的产业优势，珠海、惠州和肇庆也有各自的产业特色。根据《粤港澳大湾区发展规划纲要》《中共中央 国务院关于支持深圳建设中国特色社会主义先行示范区的意见》，珠三角要建设“具有全球影响力的国际科技创新中心”“内地与港澳深度合作示范区”，深圳要“实施创新驱动发展战略”“加快构建现代产业体系”的要求，结合珠三角印刷业发展实际，规划珠三角九市印刷业发展定位如下。

广州：发挥国家重要中心城市优势，依托印刷相关高校和科研院所，重点推进印刷教育和科技创新、印刷信息服务、印刷标准化、印刷质量检测等工作。

深圳：发挥中国特色社会主义先行示范区优势，依靠技术创新原动力，突破印刷关键核心技术，重点探索印刷领域新产品、新技术、新模式，发展壮大行业龙头企业。

珠海：拓展防伪和艺术品印刷等领域，打造中小学教材印刷基地，依托医药、打印耗材、软件产业优势，承接葡语国家及港澳地区印刷业务。

佛山：发挥产业规模和包装印刷优势，提升龙头企业比较竞争优势，巩固全省中小学教材、标签印刷基地及亚洲重要报纸印刷基地地位。

惠州：发挥细分领域优势，优化产业结构和布局，提升外贸包装和食品类包装印刷产能，打造新兴产业示范区。

东莞：依托制造业优势，形成全产业链集群，在全印刷领域发挥示范引领作用，做好国际订单承接业务，开展国际印刷业会展交流活动。

中山：完善包装印刷制品、装备及服务领域上下游全产业链，依托火炬高新技术开发区中国包装印刷基地，以龙头企业为带动，打造智能包装产业集群。

江门：发挥儿童图书设计、生产优势，推动建设智能制造产业园、全国包装印刷标准化技术推广基地，积极吸引外资侨资，打造承接港澳印刷业的示范区。

肇庆：发挥土地资源优势，承接优势地区印刷业转移效能，打造一批“专精特新”印刷企业。

要强化广州、深圳和东莞的引领带动作用，发挥珠海、佛山、惠州、中山、江门、肇庆等重要节点城市比较优势，统筹粤东西北地区印刷产业布局，加强与港澳的协同互补，落实内地与香港、澳门关于建立更紧密经贸关系的安排（CEPA）系列协议，推动泛珠三角区域要素畅通流动和产业有序转移，加快形成统一开放、分工合理、优势互补、协同高效的产业协作体系。

四、保障措施

（一）加强珠三角印刷业升级工作的组织与落实

中央宣传部联合广东省委宣传部，推动“建设珠三角印刷业对外开放连接平台”作为落实粤港澳大湾区建设、深圳中国特色社会主义先行示范区建设的重要试点，统筹做好“珠三角印刷业对外开放连接平台”与“双区驱动”战略、印刷业“十四五”时期发展规划实施的有机衔接。广东省委宣传部要主动加强与有关部门的政策协调，研究出台具体实施方案，做好珠三角印刷业发展升级规划、产业布局优化、环保达标监督等工作。

（二）研究出台珠三角印刷业对外开放连接平台建设的重点名单

广东省委宣传部对珠三角印刷业优势特色进行梳理，围绕数字印刷产业集群、印刷智能制造产业集群、印刷战略新兴产业集群，按照培育优势、正向激励、协同分工、产能匹配原则，研究制定出台珠三角印刷业对外开放连接平台建设的核心单位名单和重点项目名单，建立名单动态调整制度。要把珠三角印刷业高质量发展升级建设放到粤港澳大湾区、深圳中国特色社会主义先行示范区一体化大局中谋划推动。广东省委宣传部统一发布珠三角印刷业对外开放连接平台的两类名单。

（三）对珠三角印刷业高质量发展升级工作进行优化和指导

广东省委宣传部要针对珠三角印刷业产业布局和优势特色，建立珠三角印刷业高质量发展实施情况的定期自评估制度。中央宣传部委托第三方机构对此进行综合评估。通过自评估和第三方综合评估相结合的评估机制，及时反馈各类信息，对影响珠三角印刷业高质量发展过程的问题环节和要素进行优化调整。分析梳理建设过程中暴露出的新问题和新诉求，联系协调有关部门予以研究解决，提升珠三角印刷业对外开放连接平台建设水平。

（四）给予珠三角印刷业发展升级工作专项支持

中央宣传部协调国家有关部门为珠三角印刷业对外开放连接平台建设创造良好的政策环境。广东省委宣传部要充分发挥广东省印刷业高质量发展协同工作机制的作用，协调当地发展改革、工业信息化、生态环境、市场监管以及自然资源、财政等有关部门，在印刷业产能调整、园区建设、资金申请、环保达标、土地使用等方面给予专项支持；加强与行业协会、科研院所之间的联系，重点抓好企业领导人才、经营管理人才、专业技术人才的培养和企业职工培训，为珠三角印刷业对外开放连接平台建设提供人才保障。■

国家应对疫情支持企业复工复产相关政策文件汇编

国务院

关于组织做好疫情防控重点物资生产企业复工复产和调度安排工作的紧急通知（国办发明电［2020］2号）

关于做好公路交通保通保畅工作确保人员车辆正常通行的通知

国家发展和改革委员会

关于应对新型冠状病毒感染肺炎疫情支持鼓励劳动者参与线上职业技能培训的通知（发改办就业［2020］100号）

关于发挥政府储备作用支持应对疫情紧缺物资增产增供的通知（发改运行［2020］184号）

关于积极应对疫情创新做好招投标工作保障经济平稳运行的通知（发改电［2020］170号）

关于疫情防控期间采取支持性两部制电价政策降低企业用电成本的通知（发改办价格［2020］110号）

关于疫情防控期间做好企业债券工作的通知（发改办财金［2020］111号）

工业和信息化部

关于应对新型冠状病毒肺炎疫情帮助中小企业复工复产共渡难关有关工作的通知（工信明电［2020］14号）

财政部

关于防控新型冠状病毒感染的肺炎疫情进口物资免税政策的公告（财政部海关总署税务总局公告2020年第6号）

关于支持新型冠状病毒感染的肺炎疫情防控有关税收政策的公告（财政部税务总局公告 2020 年第 8 号）

关于支持新型冠状病毒感染的肺炎疫情防控有关个人所得税政策的公告（财政部税务总局公告 2020 年第 10 号）

关于新型冠状病毒感染的肺炎疫情防控期间免征部分行政事业性收费和政府性基金的公告（财政部国家发展改革委公告 2020 年第 11 号）

关于支持金融强化服务做好新型冠状病毒感染肺炎疫情防控工作的通知（财金［2020］3 号）

关于打赢疫情防控阻击战强化疫情防控重点保障企业资金支持的紧急通知（财金［2020］5号）

关于疫情防控采购便利化的通知（财办库［2020］23 号）

人力资源和社会保障部

关于妥善处理新型冠状病毒感染的肺炎疫情防控期间劳动关系问题的通知（人社厅明电［2020］5 号）

关于切实做好新型冠状病毒感染的肺炎疫情防控期间社会保险经办工作的通知（人社厅明电［2020］7 号）

关于做好疫情防控期间有关就业工作的通知（人社部明电［2020］2 号）

关于切实做好新型冠状病毒感染肺炎疫情防控期间技能人才评价有关工作的通知（人社厅函［2020］22 号）

农业农村部

关于确保“菜篮子”产品和农业生产资料正常流通秩序的紧急通知（农办牧［2020］7 号）

农业农村部办公厅关于维护畜牧业正常产销秩序保障肉蛋奶市场供应的紧急通知（农办牧［2020］8 号）

商务部

关于组织做好商贸企业复工营业工作的通知

关于做好疫情防控期间生活物资对接调运保供有关工作的通知

交通运输部

关于统筹做好春节后错峰返程疫情防控和交通运输保障工作的通知

交通运输部关于全力做好农民工返岗运输服务保障工作的通知

交通运输部关于新冠肺炎疫情防控期间免收收费公路车辆通行费的通知

交通运输部关于疫情防控期间免收农民工返岗包车公路通行费的通知（交公路明电［2020］52号）

科技部

关于疫情防控期间进一步为各类科技企业提供便利化服务的通知（国科火字［2020］38号）

中国人民银行

关于进一步强化金融支持防控新型冠状病毒感染肺炎疫情的通知（银发［2020］29号）

国家税务总局

关于优化纳税缴费服务配合做好新型冠状病毒感染肺炎疫情防控工作的通知（税总函［2020］19号）

银保监会

关于加强银行业保险业金融服务配合做好新型冠状病毒感染的肺炎疫情防控工作的通知（银保监办发［2020］10号）

中国银保监会办公厅关于进一步做好疫情防控金融服务的通知

2020 年发布、实施及新立项的部分国家标准及行业标准

■ 印刷技术　测试印样的实验室制备 第 1 部分：浆状油墨

标准编号：GB/T 38153.1—2019/ISO 2834—1:2006

发布部门：国家市场监督管理总局

中国国家标准化管理委员会

发布日期：2019-10-18

实施日期：2020-05-01

适用范围：

GB/T 38153 的本部分规定了用浆状油墨制备印样的实验室方法（如用于平版印刷和凸版印刷的油墨）。这种印刷样品适用于以反射为基础的测量，如色度和反射密度，以及用于耐光性的测试，同时还适用于印刷油墨和 / 或承印物的力学性能和耐化学性能测试。

■ 印刷技术　测试印样的实验室制备 第 2 部分：液体油墨

标准编号：GB/T 38153.2—2019/ISO 2834—2:2015

发布部门：国家市场监督管理总局

中国国家标准化管理委员会

发布日期：2019-10-18

实施日期：2020-05-01

适用范围：

GB/T 38153 的本部分规定了可用于柔版印刷或凹版印刷的液态水性或溶剂型油墨测试印样的制备方法。这些测试印样主要用于光学测试，如光泽、色度、透明度和反射密度。不论是印刷油墨和 / 或承印物，它们都可以用来测试耐光性、耐化学性、耐物理性、力学性能。其中也包括具有更高黏度的辐射固化柔版印刷油墨。

本部分不适用于喷墨印刷油墨。

■ 印刷技术　测试印样的实验室制备 第 3 部分：丝网油墨

标准编号：GB/T 38153.3—2019

发布部门：国家市场监督管理总局

中国国家标准化管理委员会

发布日期：2019-10-18

实施日期：2020-05-01

适用范围：

GB/T 38153 的本部分规定了网孔版印刷油墨的测试印样的制备方法。该测试印样主要用于光学测试，如 ISO 2846—4 中所述比色法、透明度和光学反射密度，还可用于测试印刷油墨和 / 或承印物的光泽度、耐光性及抗化学、物理和力学性能。

■ 涂布纸板胶印过程控制要求及检验方法

标准编号：CY/T 190—2019

发布部门：中华人民共和国国家新闻出版署

发布日期：2019-11-28

实施日期：2020-01-01

适用范围：

本标准规定了涂布纸板胶印过程控制中所涉及的术语及定义、材料要求、过程控制要求和检验方法。

本标准适用于涂布白卡纸、涂布白底白纸板、涂布灰底白纸板为承印材料的胶印过程控制。

■ 印刷技术　雕版印刷技艺

标准编号：CY/T 191—2019

发布部门：中华人民共和国国家新闻出版署

发布日期：2019-11-28

实施日期：2020-01-01

适用范围：

本标准规定了雕版印刷技艺的术语和定义、要求。

本标准适用于以木板、手工宣纸及松烟墨等为材料，采用手工雕版及刷印、传统装帧的工艺过程。

■ 网版印刷　网版制作要求及检验方法

标准编号：CY/T 192—2019

发布部门：中华人民共和国国家新闻出版署

发布日期：2019-11-28

实施日期：2020-01-01

适用范围：

本标准规定了平面型网印版制作的术语和定义、分类、使用性能要求及检验方法。

本标准适用于平面型网印版的制作。

■ 网版印刷　印花硅胶使用要求及检验方法

标准编号：CY/T 193—2019

发布部门：中华人民共和国国家新闻出版署

发布日期：2019-11-28

实施日期：2020-01-01

适用范围：

本标准规定了双组分液态加成型印花硅胶使用的术语和定义、技术要求及检验方法。

本标准适用于纺织品和皮革的网版硅胶印花，其他类型的承印材料可参考使用。

■ 冷烫印过程控制要求及检验方法

标准编号：CY/T 194—2019

发布部门：中华人民共和国国家新闻出版署

发布日期：2019-11-28

实施日期：2020-01-01

适用范围：

本标准规定了冷烫印过程控制的术语和定义、技术要求及检验方法。

本标准适用于纸质及纸复合材料的冷烫印，其他材料的冷烫印可参照执行。

■ 网版印刷　服装涂料印花过程控制要求及检验方法

标准编号：CY/T 196—2019

发布部门：中华人民共和国国家新闻出版署

发布日期：2019-11-28

实施日期：2020-01-01

适用范围：

本标准规定了使用网版印刷的方法进行服装水基涂料印花过程控制中的术语与定义、技术要求及检验方法。

本标准适用于服装裁片印花和成衣印花。其他涂料印花可参考使用。

■ 新闻纸冷固型胶印报纸印刷质量评价方法

标准编号：CY/T 197—2019

发布部门：中华人民共和国国家新闻出版署

发布日期：2019-11-28

实施日期：2020-01-01

适用范围：

本标准规定了新闻纸冷固型胶印报纸印刷质量评价所涉及的术语和定义、评价方法和测量方法。

本标准适用于新闻纸冷固型胶印报纸印刷质量的比较性评价。

本标准不适用于无水胶印报纸印刷质量的评价和报纸印刷质量的合格性评价。

■ 无碳复写纸本式联单印制通用技术要求

标准编号：CY/T 198—2019

发布部门：中华人民共和国国家新闻出版署

发布日期：2019-11-28

实施日期：2020-01-01

适用范围：

本标准规定了无碳复写纸本式联单印制的术语和定义、常见尺寸、技术要求、检验方法及标识、包装、运输、贮存的要求。

本标准适用于无碳复写纸本式联单的印制、运输、贮存。

■ 包装印刷通用设计规范

标准编号：CY/T 199—2019

发布部门：中华人民共和国国家新闻出版署

发布日期：2019-11-28

实施日期：2020-01-01

适用范围：

本标准规定了通用的包装印刷设计术语和定义、设计要求及检验方法。

本标准适用于包装印刷产品的印刷设计、印前制作和印后加工的包装设计。

■ 书刊印刷通用设计规范

标准编号：CY/T 200—2019

发布部门：中华人民共和国国家新闻出版署

发布日期：2019-11-28

实施日期：2020-01-01

适用范围：

本标准规定了通用的书刊印刷设计术语和定义、设计要求及检验方法。

本标准适用于书刊印刷产品的印刷设计、版式编排及印前制作。其他本册类产品可参考使用。

■ 纸质凹版印刷产品质量要求及检验方法

标准编号：CY/T 201—2019

发布部门：中华人民共和国国家新闻出版署

发布日期：2019-11-28

实施日期：2020-01-01

适用范围：

本标准规定了凹版纸质印刷产品的术语和定义、质量要求及检验方法。

本标准适用于凹版印刷工艺生产的食品、药品、化妆品、烟草、酒类纸质包装印刷产品。其他纸质凹版印刷产品可参考使用。

■ 凹印联线复合剥离过程控制要求及检验方法

标准编号：CY/T 202—2019

发布部门：中华人民共和国国家新闻出版署

发布日期：2019-11-28

实施日期：2020-01-01

适用范围：

本标准规定了使用卷筒纸、胶黏剂在凹印设备上实现对转移膜复合剥离并联线进行凹版印刷过程所涉及的术语和定义、技术要求、检验方法。

本标准适用于凹印联线转移膜复合剥离工艺的过程控制，离线转移膜复合剥离工艺过程控制可参考使用。

■ 无溶剂复合过程控制要求及检验方法

标准编号：CY/T 203—2019

发布部门：中华人民共和国国家新闻出版署

发布日期：2019-11-28

实施日期：2020-01-01

适用范围：

本标准规定了无溶剂复合的术语和定义、过程控制要求及检验方法。

本标准适用于包装印刷材料的无溶剂复合，其他材料复合可参考使用。

■ 印刷产品分类及编码方法

标准编号：CY/T 204—2019

发布部门：中华人民共和国国家新闻出版署

发布日期：2019-11-28

实施日期：2020-01-01

适用范围：

本标准规定了印刷产品的分类原则、分类方法和编码。

本标准适用于教学、科研、生产等领域。

■ 网版印刷　纺织品印花颜料色浆使用要求及检验方法

标准编号：CY/T 205—2019

发布部门：中华人民共和国国家新闻出版署

发布日期：2019-11-28

实施日期：2020-01-01

适用范围：

本标准规定了纺织品印花颜料色浆的术语和定义、使用技术要求及检验方法。

本标准适用于纺织品印花，其他相关领域可参照使用。

■ 网版印刷标准体系表

标准编号：CY/Z 30—2019

发布部门：中华人民共和国国家新闻出版署

发布日期：2019-11-28

实施日期：2020-01-01

适用范围：

本标准规定了网版印刷标准体系的基本框架及标准明细表。

本标准适用于网版印刷标准项目的规划、立项及制修订工作，也可作为生产、管理和科学技术研究的参考资料。

新闻出版业 2020 年第一批拟立项行业标准中 12 项印刷行业标准相关情况

一、项目名称：印刷智能制造术语

1. 制定或修订：制定
2. 采用国际标准情况：无
3. 采用快速程序情况：不采用
4. 标准类别：基础
5. 技术归口单位：全国印刷标准化技术委员会
6. 起草单位：深圳市裕同包装科技股份有限公司等
7. 主管部门：国家新闻出版署
8. 项目周期：12 个月
9. 目的、意义：

本标准用于统一印刷业智能制造相关概念，为其他各部分标准的制定提供基础支撑。

10. 范围和主要技术内容：

本标准规定了印刷技术领域智能制造的术语和定义。适用于印刷智能制造领域编写标准、出版、教学、科研及国内外技术交流。

主要技术内容包括：基础术语、印刷智能设计、印刷智能仓储物流、印刷智能管理、印刷智能服务等部分。

二、项目名称：印刷智能工厂参考模型

1. 制定或修订：制定
2. 采用国际标准情况：无
3. 采用快速程序情况：不采用
4. 标准类别：技术
5. 技术归口单位：全国印刷标准化技术委员会

6. 起草单位：杭州科雷智能印刷科技有限责任公司等

7. 主管部门：国家新闻出版署

8. 项目周期：12 个月

9. 目的、意义：

印刷智能工厂参考模型是印刷智能制造标准体系中的重要项目，本标准可用于帮助各方认识和理解智能制造标准化的对象、边界、各部分的层级关系和内在联系，提升工厂的数字化、网络化和智能化水平，以虚拟的工厂参考架构、工艺流程及布局模型、生产过程模型和组织模型等系统建模为行业提供参考。

10. 范围和主要技术内容：

本标准明确了印刷智能工厂的术语、定义和应用范围，定义了印刷智能工厂参考模型的一般要素及体系框架。

主要技术内容包括：印刷智能工厂的要素、边界、各部分的层级关系和内在联系。

三、项目名称：印刷智能工厂构建规范和指南

1. 制定或修订：制定

2. 采用国际标准情况：无

3. 采用快速程序情况：不采用

4. 标准类别：技术

5. 技术归口单位：全国印刷标准化技术委员会

6. 起草单位：陕西北人印刷机械责任有限公司等

7. 主管部门：国家新闻出版署

8. 项目周期：12 个月

9. 目的、意义：

本标准目的在于对印刷智能工厂构建模式进行指导和规范，提高行业内印刷智能工厂构建的通用性及相互融合的可能性，提高包装印刷工厂生产效率和生产透明度，提升产品质量；改善生产环境，降低工人劳动强度，节省人力成本；降低库存水平，减少流动资金占用；降低能源消耗，实现环保节能；实现转型升级。

10. 范围和主要技术内容：

本标准规定了印刷智能工厂的组成，印刷智能工厂要求及构建指南。

本标准适用于指导印刷企业进行智能工厂构建。

四、项目名称：印刷智能工厂制造执行系统（MES）功能体系结构

1. 制定或修订：制定

2. 采用国际标准情况：无

3. 采用快速程序情况：不采用

4. 标准类别：技术

5. 技术归口单位：全国印刷标准化技术委员会

6. 起草单位： 天津荣联汇智智能科技有限公司等

7. 主管部门：国家新闻出版署

8. 项目周期：12 个月

9. 目的、意义：

制造执行系统（MES）是集成优化标准的基础，印刷行业的制造执行系统具有自身特色，通过建立本标准，可有效规范印刷行业制造执行系统（MES）建设，更好地服务于印刷工厂的生产执行，满足工作流、信息交互、集成接口、设备与系统以及系统之间的集成与互操作要求。

10. 范围和主要技术内容：

本标准规定了印刷智能工厂制造执行系统（MES）的术语和定义、定义描述、特征、在印刷智能工厂中的定位以及各个模型的结构及功能。

本标准适用于指导印刷工厂构建或完善印刷智能工厂制造执行系统。

五、项目名称： 印刷产品智能设计与仿真指南

1. 制定或修订：制定

2. 采用国际标准情况：无

3. 采用快速程序情况：不采用

4. 标准类别：技术

5. 技术归口单位：全国印刷标准化技术委员会

6. 起草单位： 深圳市裕同包装科技股份有限公司等

7. 主管部门：国家新闻出版署

8. 项目周期：12 个月

9. 目的、意义：

本标准用于规定印刷产品的数字化设计和仿真，以及产品实验验证阶段过程仿真的方法和要求，从产品的功能、性能、易装配、易维修等方面提出要求，达到缩短产品研制和制造周期、降低成本的目的。

10. 范围和主要技术内容：

本标准给出了印刷产品智能设计与仿真的术语和定义、智能设计与仿真系统基本构建原则、智能设计与仿真系统构建方法、智能设计基本方法与内容。

本标准适用于指导印刷企业构建印刷产品智能设计与仿真系统，开展印刷产品的智能设计与仿真工作。

六、项目名称：数字印刷 书刊印制信息交换规范

1. 制定或修订：制定

2. 采用国际标准情况：无

3. 采用快速程序情况：不采用

4. 标准类别：技术

5. 技术归口单位：全国印刷标准化技术委员会

6. 起草单位：北京方正印捷数码技术有限公司等

7. 主管部门：国家新闻出版署

8. 项目周期：12 个月

9. 目的、意义：

为确保出版印刷行业内各单元、各系统具备良好的兼容性和互操作性，相互之间能实现新技术应用的无缝衔接，本标准拟通过规定出版与印刷关键信息交互应满足的要求，指导智能按需印刷的工艺规范、统一质量要求、数据通讯规范、流程管控等各部分工作。

10. 范围和主要技术内容：

本标准规定了数字印刷书刊印制信息交换规范的术语和定义、数据元素、信息填报要求、信息交换描述方法。

本标准适用于出版单位与印刷单位获取、交换和共享书刊印制信息。

七、项目名称：数字印刷 可变二维码喷印质量要求

1. 制定或修订：制定

2. 采用国际标准情况：无

3. 采用快速程序情况：不采用

4. 标准类别：技术

5. 技术归口单位：全国印刷标准化技术委员会

6. 起草单位：常德金鹏印务有限公司等

7. 主管部门：国家新闻出版署

8. 项目周期：12 个月

9. 目的、意义：

本标准的目标是根据包装印刷行业各主流喷印技术特征及发展趋势，制定统一的二维码喷印质量标准，对喷码质量属性（外观、规格、套印、墨层牢度以及等级）的取值进行统一规范，为喷印油墨的同质化研究、喷头使用寿命及维护提供数据标准支撑。

10. 范围和主要技术内容：

收集二维码现有编码理论及二维码检测等级认定的标准；收集、整理和定义与二维码可变喷码

内容相关的概念和术语；确定可变二维码的唯一性、正确性以及可识读性的制定原则；研究与二维码内容相关的各种国际 / 国内标准和规范，并确定哪些应该作为本标准的引用文件；制定标准整体结构以及各个模块之间的关系；研究喷码质量与喷码速度和印刷速度之间的关系；研究喷头列数和设备构造适应喷码图案的需求；研究在线检测系统实时监测喷码质量的技术要求；研究喷码油墨的附着牢度和耐磨性要求；对于不同材质的包装产品，试验并保留可靠的生产参数，包括印刷设备、喷码设备等配套参数。

八、项目名称：线装书籍要求

1. 制定或修订：制定
2. 采用国际标准情况：无
3. 采用快速程序情况：不采用
4. 标准类别：产品
5. 技术归口单位：全国印刷标准化技术委员会书刊印刷分技术委员会
6. 起草单位：深圳裕同包装科技股份有限公司等
7. 主管部门：国家新闻出版署
8. 项目周期：12 个月
9. 目的、意义：

线装图书在书刊装订中应用广泛，但在实际生产中缺乏工艺规范和统一的质量要求，工艺技术的传承也基本上是靠师傅带徒弟的传统方式进行，造成工艺操作因人而异，产品质量良莠不齐。本标准的目的在于规范工艺加工过程，保证线装图书质量，精确计算与使用各环节装订材料，为线装图书的产品检测和销售提供科学的评价依据，促进现代线装书生产实现智能化、数据化。

10. 范围和主要技术内容：

本标准规定了线装书籍装订加工的术语和定义、造型分类、材料要求、过程控制要求、成品质量要求、检验方法及其包装、贮存、运输要求。

本标准适用于线装书籍的加工、生产、质量检验、出版、销售、收藏、贮运、研究及教学等。

九、项目名称：骑马订装书刊要求

1. 制定或修订：修订
2. 采用国际标准情况：无
3. 采用快速程序情况：不采用
4. 标准类别：产品
5. 技术归口单位：全国印刷标准化技术委员会书刊印刷分技术委员会
6. 起草单位：安徽新华印刷股份有限公司等

7. 主管部门：国家新闻出版署

8. 项目周期：12 个月

9. 目的、意义：

我国旧版标准《装订质量要求及检验方法——骑马订装》（CY/T 29-1999）是 1999 年制定的。近年来由于印刷技术、设备和原辅材料的发展，以及人们对骑马订装书刊质量要求的提高，以前的标准内容已经不适应当前骑马订装生产的需要。此次修订后的标准，可及时更新和丰富我国印刷技术标准，为印刷企业生产提供技术参数；帮助印刷企业规范生产管理，提高生产质量；加快印刷企业的自我更新，提升行业竞争力。

10. 范围和主要技术内容：

本标准规定了骑马订装书刊加工的术语和定义、材料要求、过程控制要求、成品质量要求、检验方法和包装、贮存、运输要求。

本标准适用于骑马订装书刊的印后加工和检测，其他本册等产品可参照使用。

十、项目名称：印刷类柔性透明薄膜电子器件质量要求

1. 制定或修订：制定

2. 采用国际标准情况：无

3. 采用快速程序情况：不采用

4. 标准类别：产品

5. 技术归口单位：全国印刷标准化技术委员会网版印刷分技术委员会

6. 起草单位：广东顺德意达电子薄膜器件有限公司等

7. 主管部门：国家新闻出版署

8. 项目周期：12 个月

9. 目的、意义：

本标准目的在于根据柔性印刷导电膜的功能特质，明确柔性透明薄膜电子器件生产和验收使用中的各项指标，使柔性印刷导电膜在印刷行业中得到进一步的应用推广，也使得相关生产更加节能、环保、安全。

10. 范围和主要技术内容：

本标准规定了使用印刷方法制成的柔性透明薄膜电子器件所涉及的术语和定义、印刷类薄膜电子器件结构、质量要求及检验方法。

本标准适用于使用印刷方法制成的柔性透明薄膜电子器件。

十一、项目名称：纺织品网版印花分色制版数字文件制作要求

1. 制定或修订：制定

2. 采用国际标准情况：无

3. 采用快速程序情况：不采用

4. 标准类别：技术

5. 技术归口单位：全国印刷标准化技术委员会网版印刷分技术委员会

6. 起草单位：浙江原色数码科技有限公司

7. 主管部门：国家新闻出版署

8. 项目周期：12 个月

9. 目的、意义：

本标准目的在于让纺织品网版印花分色制作工艺更具体、可操作，使其术语及工艺流程更实用、指标更科学、定义更明确。

10. 范围和主要技术内容：

本标准包括平、圆网、圆辊、柔辊等印花印前分色数字文件制作要求。

主要技术内容包括：

（1）术语和定义：国内外行业术语规范。

（2）原始资料处理要求：图案精度、回头尺寸等预处理，达到分色要求。

（3）分色要求：线条图案、块面图案、过渡图案分色要求及分色顺序基本要求。

（4）拼大版要求：云纹图案处理、平网、圆网拼大版要求。

（5）输出文件要求：激光照排、数字直接制版、图像模式、文件格式、信息要求等。

十二、项目名称： 绿色印刷 转移接装纸印制过程控制要求

1. 制定或修订：制定

2. 采用国际标准情况：无

3. 采用快速程序情况：不采用

4. 标准类别：技术

5. 技术归口单位：全国印刷标准化技术委员会

6. 起草单位：温州立可达印业股份有限公司等

7. 主管部门：国家新闻出版署

8. 项目周期：12 个月

9. 目的、意义：

转移接装纸是在 35 克左右的超薄纸上进行转移复合，易产生纸张变形、涂布不均匀、膜转移不完整、胶水安全指标不达标等问题，质量控制难度大，现行接装纸的过程控制方法及质量要求不能完全适用于转移接装纸的生产控制，需要制定统一的行业标准来提升产品质量。

10. 范围和主要技术内容：

本标准规定了转移接装纸印制加工过程的术语和定义、技术要求、成品质量及检验方法。

新闻出版业 2020 年第二批拟立项行业标准中 10 项印刷行业标准相关情况

一、项目名称：印刷智能仓储系统构建指南

1. 制定或修订：制定

2. 采用国际标准情况：无

3. 采用快速程序情况：不采用

4. 标准类别：技术

5. 技术归口单位：全国印刷标准化技术委员会

6. 起草单位：中荣印刷集团股份有限公司、科大智能物联技术有限公司等

7. 主管部门：国家新闻出版署

8. 项目周期：12 个月

9. 目的、意义：

本标准将为我国印刷企业智能仓储系统（WMS）建设发展提供指导，在 WMS 系统和基于 AGV/RGV 的智能调度配送 TMS 系统等方面的建设将有力推动印刷行业智能化建设。

10. 范围和主要技术内容：

本标准给出了印刷智能工厂仓储系统的构建、运维中的指导原则、系统总体架构，以及印刷智能仓储系统构建要素，并给出具体建议。本标准适用于印刷工厂内部智能仓库的构建。

二、项目名称：印刷智能工厂企业资源计划（ERP）构建指南

1. 制定或修订：制定

2. 采用国际标准情况：无

3. 采用快速程序情况：不采用

4. 标准类别：技术

5. 技术归口单位：全国印刷标准化技术委员会

6. 起草单位：深圳印智互联信息技术有限公司等

7. 主管部门：国家新闻出版署

8. 项目周期：12 个月

9. 目的、意义：

本标准将为我国印刷企业的信息化、智能化发展提供鲜明的路径指引，帮助我国印刷企业更好地进入智能化世界，增强我国印刷企业在世界范围内的竞争优势。

10. 范围和主要技术内容：

本标准规定了印刷智能工厂企业资源计划（ERP 系统）的术语和定义、功能描述、模块组成、功能体系结构以及项目实施流程。本标准适用于指导印刷企业构建或完善印刷智能工厂企业资源计划（ERP 系统），其他行业企业可参考使用。

三、项目名称：水性油墨塑料薄膜凹版印刷技术要求

1. 制定或修订：制定

2. 采用国际标准情况：无

3. 采用快速程序情况：不采用

4. 标准类别：技术

5. 技术归口单位：全国印刷标准化技术委员会包装印刷分技术委员会

6. 起草单位：华新（佛山）彩色印刷有限公司、深圳友邦塑料印刷包装有限公司等

7. 主管部门：国家新闻出版署

8. 项目周期：12 个月

9. 目的、意义：

薄膜水墨凹印技术目前已得到较为广泛的应用，也是未来凹印领域的技术发展趋势。制定行业标准，可以对水墨凹印中的油墨、设备、工艺操作、产品质量、环境保护等方面提出一整套规范要求，更好地推动水性油墨在塑料凹版印刷业的应用，使薄膜凹印企业在生产过程控制、产品质量控制及环境保护评定中实现标准化和规范化。

10. 范围和主要技术内容：

本标准规定了薄膜水性油墨凹版印刷的术语和定义、材料要求、凹版印刷机要求、工艺要求、质量要求、环保要求和检验方法。本标准适用于薄膜水性油墨凹版印刷的生产、工艺过程控制和产品质量检验。

四、项目名称：喷墨印刷墨水使用要求及检验方法

1. 制定或修订：制定

2. 采用国际标准情况：无

3. 采用快速程序情况：不采用

4. 标准类别：技术

5. 技术归口单位：全国印刷标准化技术委员会

6. 起草单位：深圳市墨库图文技术有限公司等

7. 主管部门：国家新闻出版署

8. 项目周期：12 个月

9. 目的、意义：

本标准的制定和实施将使数字印刷行业的产品质量控制和质量监督有方法可依，使行业与企业实现标准化，有利于企业与管理部门在产品质量的管理方面协调统一，提高数字印刷喷墨印刷墨水的产品质量。

10. 范围和主要技术内容：

本标准规定了数字印刷中与喷墨印刷墨水使用相关的术语和定义、产品分类、使用要求、检验方法。本标准适用于喷墨印刷中使用的除活性染料之外的墨水。

五、项目名称：柔性版预印瓦楞纸箱印制过程控制要求

1. 制定或修订：制定

2. 采用国际标准情况：无

3. 采用快速程序情况：不采用

4. 标准类别：技术

5. 技术归口单位：全国印刷标准化技术委员会

6. 起草单位：郑州华英包装股份有限公司等

7. 主管部门：国家新闻出版署

8. 项目周期：12 个月

9. 目的、意义：

本标准将广泛征集预印制版设备厂商、制版厂商、预印水墨商、预印面纸原纸加工企业、柔印机械及瓦楞机制造企业的需求和意见，整理和研究出符合整个包装行业的统一标准。

10. 范围和主要技术内容：

本标准规定了使用柔性版预印方式印刷制作瓦楞纸箱过程中涉及的术语和定义、技术要求及检验方法。本标准适用于采用水性油墨柔性版预印方式印刷制作瓦楞纸箱的过程控制。采用胶印预印或凹印预印方式制作瓦楞纸箱的过程控制可参考使用。

六、项目名称：绿色印刷 食品类纸包装印刷品生产过程控制要求

1. 制定或修订：制定

2. 采用国际标准情况：无

3. 采用快速程序情况：不采用

4. 标准类别：技术

5. 技术归口单位：全国印刷标准化技术委员会

6. 起草单位：广州市恒远彩印有限公司等

7. 主管部门：国家新闻出版署

8. 项目周期：12 个月

9. 目的、意义：

本标准将广泛征集行业各相关方的需求和专业意见，依据国内外的先进技术与控制要求，对纸质及其复合材料印制的食品包装绿色印刷生产过程控制所涉及的术语和定义、技术要求及检验方法进行整理与研究，制定出适用于与食品直接接触或不与食品直接接触的纸类食品包装绿色印刷生产过程控制的统一标准。

10. 范围和主要技术内容：

本标准规定了纸质及其复合材料印制的食品包装绿色印刷生产过程控制所涉及的术语和定义、技术要求及检验方法。本标准适用于与食品直接接触或不与食品直接接触的纸类食品包装绿色印刷生产过程控制，不适用于可食用的纸包装印刷品。

七、项目名称：卷筒纸圆压圆烫印质量要求

1. 制定或修订：制定

2. 采用国际标准情况：无

3. 采用快速程序情况：不采用

4. 标准类别：技术

5. 技术归口单位：全国印刷标准化技术委员会

6. 起草单位：重庆宏声印务有限责任公司等

7. 主管部门：国家新闻出版署

8. 项目周期：12 个月

9. 目的、意义：

本标准旨在制定统一的符合绿色印刷要求的卷筒纸圆压圆烫印的行业技术标准，提升产品质量。

10. 范围和主要技术内容：

本标准规定了卷筒纸圆压圆烫印的术语和定义、工艺基础要求、工艺过程控制要求、质量要求及检验方法。本标准适用于卷筒纸印刷品圆压圆烫印的要求及检验方法。

八、项目名称：瓦楞纸箱印制质量要求

1. 制定或修订：制定

2. 采用国际标准情况：无

3. 采用快速程序情况：不采用

4. 标准类别：产品

5. 技术归口单位：全国印刷标准化技术委员会

6. 起草单位：中国印刷科学技术研究院有限公司等

7. 主管部门：国家新闻出版署

8. 项目周期：12 个月

9. 目的、意义：

本标准可引导和规范行业发展，助力彩箱生产和加工企业降本增效，提升产品质量。

10. 范围和主要技术内容：

本标准规定了裱印和直印瓦楞纸箱的质量要求及检验方法的术语和定义、分类、要求及检测方法。本标准适用于裱印和直印瓦楞纸箱的设计、生产、出库检验及流通环节。

九、项目名称：纸质天地盒印刷品质量要求

1. 制定或修订：制定

2. 采用国际标准情况：无

3. 采用快速程序情况：不采用

4. 标准类别：产品

5. 技术归口单位：全国印刷标准化技术委员会

6. 起草单位：中国印刷科学技术研究院有限公司等

7. 主管部门：国家新闻出版署

8. 项目周期：12 个月

9. 目的、意义：

目前纸质天地盒包装印刷品在国内外缺乏统一的参考标准。本标准可以填补行业标准空白，满足市场需求，引导和规范行业发展，助力天地盒生产和加工企业降本增效，提升产品质量。

10. 范围和主要技术内容：

本标准规定了纸质固定天地盒和折叠天地盒的质量要求及检验方法的术语和定义、分类、要求及检测方法。本标准适用于固定天地盒和折叠天地盒的设计、生产、交付及流通环节。其他纸质天地盒可参考使用。

十、项目名称：纸质印刷品覆膜表面耐摩擦性能测试方法

1. 制定或修订：制定

2. 采用国际标准情况：无

3. 采用快速程序情况：不采用

4. 标准类别：方法

5. 技术归口单位：全国印刷标准化技术委员会包装印刷分技术委员会

6. 起草单位：深圳市三上高分子环保新材料股份有限公司、深圳职业技术学院等

7. 主管部门：国家新闻出版署

8. 项目周期：12 个月

9. 目的、意义：

本标准的制定将解决薄膜生产企业和印刷包装企业对薄膜产品表面耐摩擦性能评价标准不一致的问题，有利于薄膜生产企业不断提高耐摩擦性能和产品质量。

10. 范围和主要技术内容：

本标准规定了纸质印刷品覆膜表面耐摩擦性能测试所涉及的术语和定义、原理、试样制备、测试仪器、测试条件、方法与步骤和测试结果表示。本标准适用于各类纸质印刷品覆膜表面耐摩擦性能的检验、测试和分析。

北京印刷学院
Beijing Institute Of Graphic Communication

北京印刷学院简介

北京印刷学院以“传承弘扬印刷文明，创新发展出版文化”为办学使命，开启中国出版印刷高等教育的先河。学校隶属北京市，由北京市人民政府和国家新闻出版总署共建。前身是1958年中华人民共和国文化部建立的文化学院。1961年文化学院停办，其印刷工艺系并入中央工艺美术学院。1978年，经国务院批准，在中央工艺美术学院印刷工艺系基础上组建北京印刷学院，由原国家出版事业管理局管理。2000年，学校划归北京市。学校以“守正出新，笃志敏行”为校训，成为在印刷与包装、出版与传播、设计与艺术三个领域具有明显优势和特色，工、文、艺、管协调发展，国内唯一专门为出版传媒全产业链培养人才的全日制高水平特色型高等院校。

学校现有学生近万人，拥有国家级一流本科专业建设点7个，国家级特色专业建设点2个，北京高校重点建设一流本科专业2个，北京市级一流专业建设点6个，北京市特色专业建设点4个，现有11个二级学院（教学部），26个本科专业招生。学校有12个一级学科硕士学位授权点，5个专业学位授权点，其中设计学、新闻传播学为北京高校高精尖学科。学校具有独立招收和培养博士后资格。2018年获批北京市新增博士学位授予立项建设单位。

学校是国家出版印刷高级人才培养基地、国家绿色印刷包装产业协同创新基地、北京市文化创意产业人才培养基地；拥有国家级实验教学示范中心、国家级大学生校外实践教育基地；是中国印刷技术协会、中国印刷高等教育联盟、全国数字出版专业教育联盟、全国印刷电子产业技术创新联盟等组织的发起单位和理事长单位、副理事长单位。学校拥有毕昇印刷杰出成就奖获得者、国务院政府特殊津贴专家、北京市高创计划领军人才、北京市人才强校计划高层次人才、长城学者、全国优秀教师、北京市优秀教师、北京市科技新星、青年拔尖人才等高层次人才和优秀教学人才。

学校拥有11个省部级及以上重点实验室和研究基地。拥有印刷油墨、环保及智能包装材料与技术等方面多项自主知识产权并推广应用，制定由我国主导的首个印刷领域国际标准以及图书发行新技术应用等系列国家标准和行业标准，引领出版印刷产业转型升级。

学校以北京绿色印刷包装产业技术研究院的科研成果转化平台为基础，大学科技园、文化创意产业园和大学生创新创业园相互支撑、融合发展的“一院三园”双创发展模式，形成“北印科创”“北印文创”双亮点，建设产学研用一体化产业综合体，落地北京2022年冬奥会和冬残奥会开闭幕式创意基地，取得《北京市出版物印刷保障首都核心功能建设升级指南》等一批彰显特色服务行业和首都的研究成果。

学校坚持开放办学，先后与美国、俄罗斯等30多个国家和地区的50余所大学和科研机构建立了校际合作与交流关系，年均招收300余名国际学生。2017年学校入选北京市首批“一带一路”国家人才培养基地，并成为基地秘书处单位。

面向未来，学校将始终牢记办学之初被赋予的国家使命与行业责任，把握“坚持立德树人，提高人才培养质量和高素质人才培养能力”这个根本，坚持面向首都发展、面向出版传媒行业，彰显服务出版传媒全产业链为主线的学科特色，工科与文科结合、艺术与科技结合、理论与实践结合的复合应用型人才培养特色和传承弘扬印刷文明、创新发展出版文化的文化特色，深化“特色发展、开放办学、协同创新和绿色发展”四大战略，实施“教育创新、人才强校、科技创新能力提升、文化传承创新和党建强基固本”五项工程。坚守育人初心，勇担强国使命，继往开来，开拓创新，按照学校第三次党代会确立的“三步走”战略，为建设特色鲜明高水平出版传媒大学而不懈奋斗。

地址：北京市大兴区兴华大街（二段）1号　　联系电话：010-60261013

上海出版印刷高等专科学校

上海出版印刷高等专科学校创建于1953年，是新中国较早建立的一所出版印刷类学校，中国出版印刷专业教育的摇篮，国家有关部市共建的特色学校。2008年，学校在高职高专院校人才培养工作水平评估中被评为优秀。2010年，学校被列为国家100所骨干建设高职院校单位之一，2015年通过有关部门验收并获得“优秀”等级。学校是国家高等职业教育专业教学资源库建设单位；是上海市建设现代大学制度的首批试点单位；上海市第一批依法治校示范校单位。2017年，学校1名教师入选第46届世界技能大赛申办形象大使，学校助力上海获得第46届世界技能大赛举办权。2018年荣获国家级教学成果二等奖，并获得“传统技艺传承示范基地”称号。2020年，“分类评价”工作在上海“应用技能型院校”中再次以显著优势排名第一，社会行业影响力显著提升。

学生连续三届代表中国参加世界技能大赛，并分别在2013年和2015年荣获第42届和第43届世界技能大赛印刷媒体技术项目铜牌和银牌；在2017年和2018年连续两届美国印刷大奖中，学校师生勇夺其中15项最高奖项——班尼金奖（Benny Award）。学校被有关部门确定为第43、44、45届世界技能大赛印刷媒体技术项目中国集训基地，被授予“国家技能人才培育突出贡献奖”。学校被有关部门确定为“国家印刷出版人才培养基地”，连续五次被授予“技能人才培育突出贡献奖”。2018年3月，世界技能组织主席西蒙•巴特利受聘学校名誉教授，建立了“西蒙•巴特利中国技能研究工作室”。

目前学校有全日制在校生近6000人。学校培养的学生一直受到用人单位的广泛欢迎。学校毕业生就业率连续多年一直在99%以上，专升本率保持在15%以上。

学校坚持“观念兴校、特色立校、人才强校”，夯实“三位一体”的国家示范性骨干高职院校建设成果，坚持校企合作多员参与的办学方向，努力把学校打造成具有国际重要影响力的中国出版印刷传媒领域高等职业教育龙头院校，致力于为我国培养具有国际视野、人文素养、艺术眼光、创新意识的印刷出版传媒类高端应用技术技能型人才，服务国家、上海的经济社会和文化事业发展。

上海出版印刷高等专科学校
SHANGHAI PUBLISHING AND PRINTING COLLEGE

地址：上海市杨浦区水丰路100号
电话：021-65673587
网址：www. sppc. edu. cn

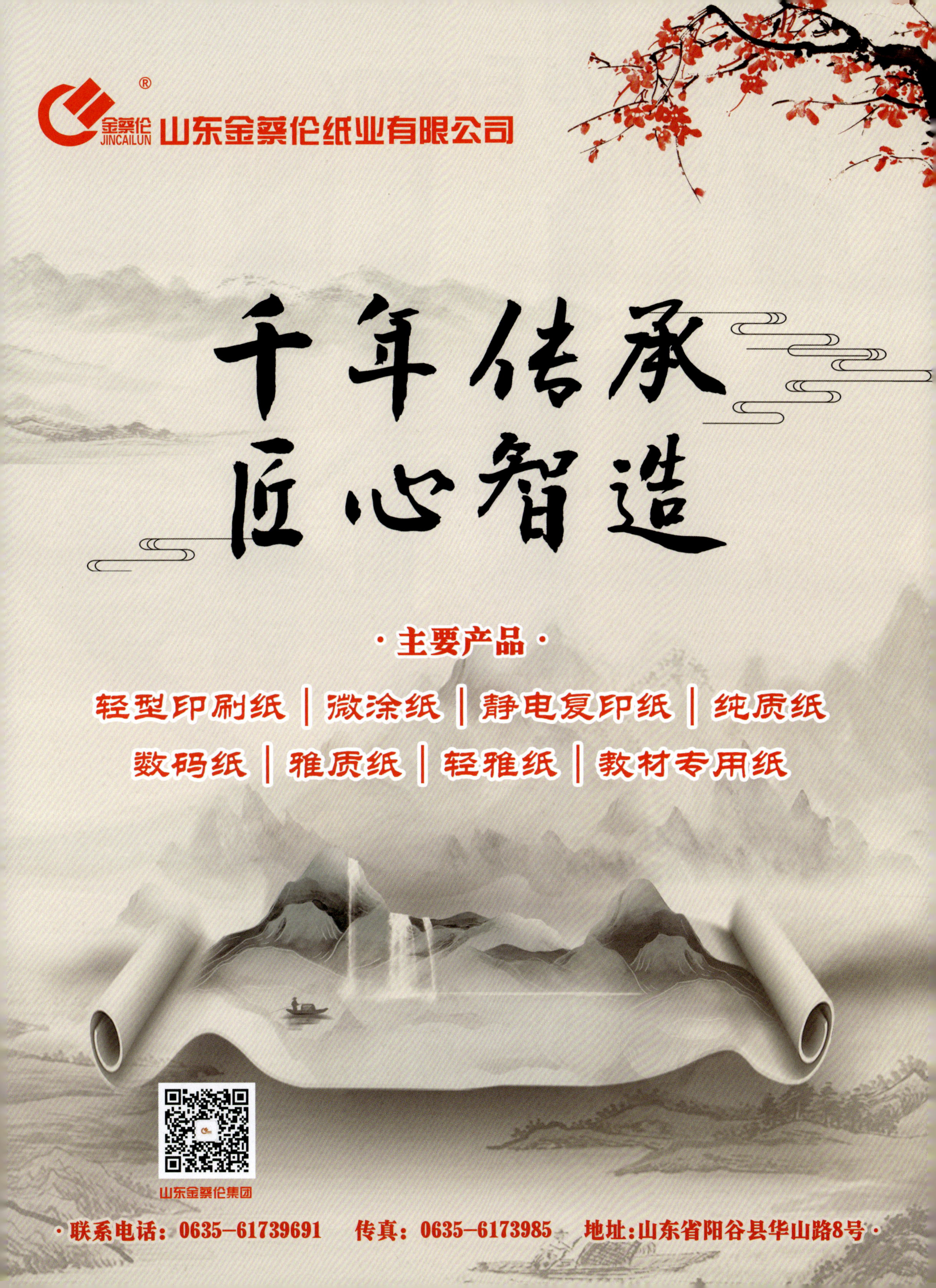
金蔡伦 JINCAILUN
山东金蔡伦纸业有限公司
千年传承
匠心智造
·主要产品·
轻型印刷纸 | 微涂纸 | 静电复印纸 | 纯质纸
数码纸 | 雅质纸 | 轻雅纸 | 教材专用纸
山东金蔡伦集团
·联系电话：0635-61739691　传真：0635-6173985　地址:山东省阳谷县华山路8号·

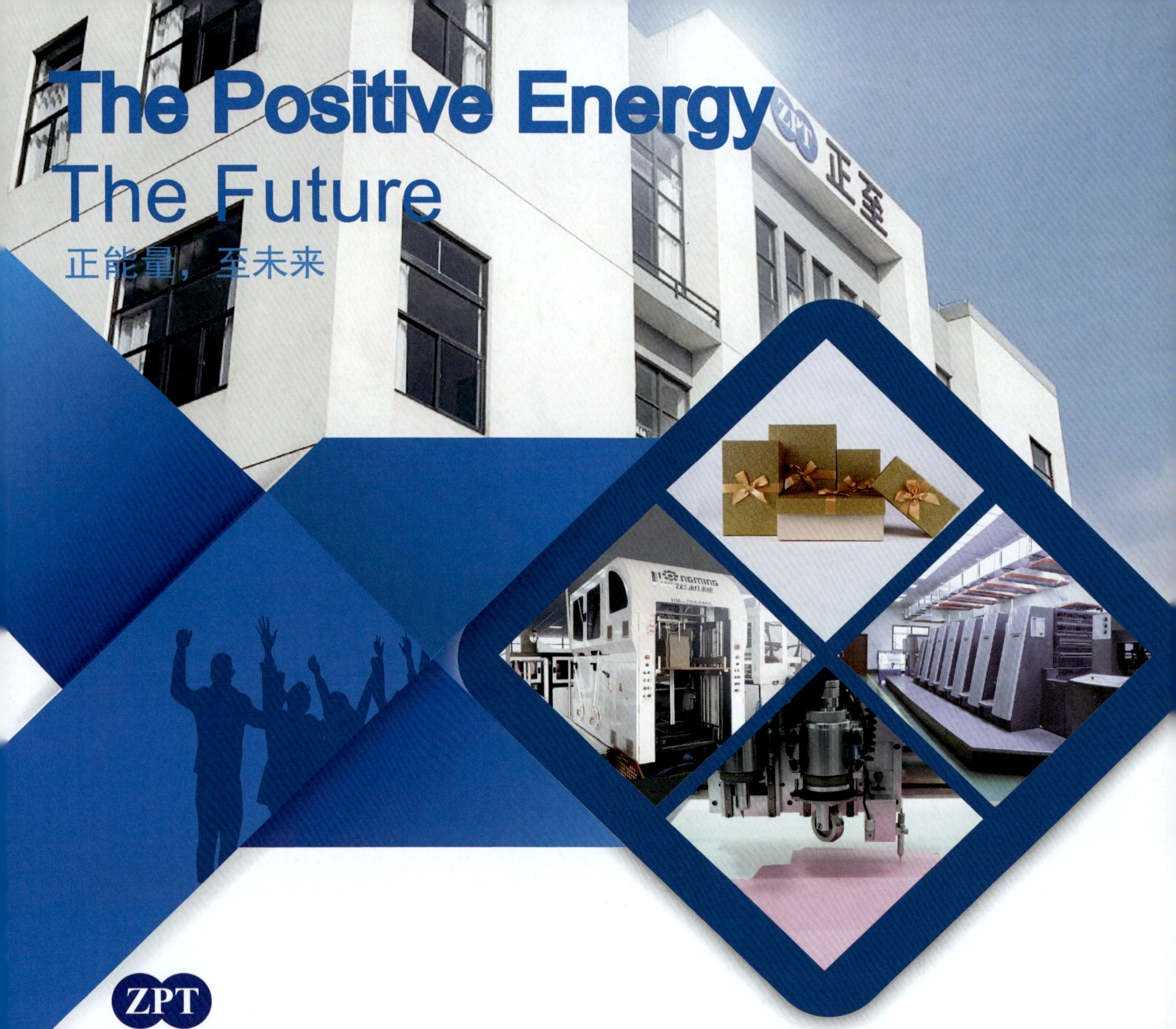
The Positive Energy
The Future
正能量，至未来
ZPT 正至

让客户用上放心的环保油墨！
ZHONGYI
中益油墨涂料有限公司
ZHONG YI INK & PAINT CO., LTD.
绿色原辅材料产品
中山市中益油墨涂料有限公司
高新技术企业
企业信用评价AAA级信用企业
ENTERPRISE CREDIT EVALUATION
UV
ZHONGYI INK

“十三五”期间印刷和记录媒介复制业规模以上工业企业统计数据

本部分收录的是“十三五”期间国家统计局关于“印刷和记录媒介复制业”规模以上企业主要经济指标的统计数据。国家统计局对“规模以上工业企业”的界定是“年主营业务收入 2000 万元及以上的工业法人单位”；对“大中型工业企业”的界定，2016—2017 年参见 2011 年《统计上大中小微型企业划分办法》，2018—2020 年参见《统计上大中小微型企业划分办法（2017）》。本部分收录数据摘自历年《中国统计年鉴》，2016—2017 年统计数据精确到小数点后两位，2018—2020 年统计数据精确到小数点后一位；2016—2017 年统计数据中的“主营业务收入”“主营业务成本”两项指标，在 2018—2020 年变更为“营业收入”“营业成本”。由于统计口径调整等原因，各年度主要指标数据与上年数据之间不能简单直接相比。

表 1　全部规模以上工业企业主要指标　（单位：亿元）

	2016 年	2017 年	2018 年	2019 年	2020 年
企业单位数（个）	5578	5621	5706	5673	5887
资产总计	5941.04	5890.54	5752.4	5906.9	6381.2
流动资产合计	3003.29	3078.31	3094.8	3301.6	3602.2
应收账款	929.09	948.41	992.3	1076.3	1094.2
存货	580.22	624.17	626.2	643.9	673.0
产成品	239.31	251.52	241.4	263.0	269.6
负债合计	2553.04	2542.04	2576.0	2717.9	2924.3
主营业务收入 / 营业收入	8057.87	7857.66	6471.1	6794.0	6638.3
主营业务成本 / 营业成本	6808.69	6636.49	5429.7	5612.2	5488.9
销售费用	204.57	204.94	177.6	193.2	184.1
管理费用	401.02	405.14	386.8	463.2	472.1
财务费用	55.53	62.23	45.5	49.0	53.4
利润总额	575.22	542.23	425.6	469.0	452.4
平均用工人数（万人）	98.71	95.51	84.5	85.0	91.7

表 2　规模以上工业企业中的国有控股工业企业主要指标　（单位：亿元）

	2016 年	2017 年	2018 年	2019 年	2020 年
企业单位数（个）	284	283	284	278	276
资产总计	739.52	756.35	766.5	807.2	939.9
流动资产合计	416.23	444.36	467.3	497.3	512.5
应收账款	95.60	79.38	85.2	98.5	92.0
存货	74.81	88.87	93.2	100.5	98.6
产成品	26.23	30.54	34.1	39.1	36.6
负债合计	248.96	242.99	239.9	261.3	268.4
主营业务收入 / 营业收入	483.32	521.40	581.3	598.2	572.6
主营业务成本 / 营业成本	379.20	405.71	441.7	460.8	447.7
销售费用	10.92	10.60	10.7	11.9	10.8
管理费用	59.47	64.04	67.2	68.7	68.8
财务费用	–0.36	–1.01	–1.7	–0.4	–0.3
利润总额	42.61	46.99	65.8	58.8	51.7
平均用工人数（万人）	8.88	8.39	8.0	7.5	7.4

表 3　规模以上工业企业中的私营工业企业主要指标　（单位：亿元）

	2016 年	2017 年	2018 年	2019 年	2020 年
企业单位数（个）	3239	3331	3423	3830	4453
资产总计	2285.53	2224.42	2106.7	2508.4	3005.4
流动资产合计	1070.29	1099.31	1103.6	1365.4	1684.8
应收账款	345.90	379.92	395.6	515.0	586.7
存货	228.87	230.58	236.1	276.2	349.5
产成品	95.62	96.75	92.5	112.0	136.9
负债合计	1083.88	1095.99	1130.1	1365.1	1626.2
主营业务收入 / 营业收入	4169.15	4025.56	3136.9	3797.2	4232.7
主营业务成本 / 营业成本	3570.87	3455.10	2711.9	3210.4	3572.1
销售费用	101.87	100.66	79.7	99.7	107.6
管理费用	161.00	163.56	143.7	219.4	251.0
财务费用	34.85	34.71	29.1	32.6	36.9
利润总额	273.63	246.29	159.2	215.7	255.3
平均用工人数（万人）	42.82	41.28	36.3	44.1	55.7

表 4　规模以上工业企业中的外商投资和港澳台商投资工业企业主要指标　（单位：亿元）

	2016 年	2017 年	2018 年	2019 年	2020 年
企业单位数（个）	613	589	588	531	535
资产总计	1267.61	1255.08	1319.9	1284.4	1376.8
流动资产合计	739.63	747.23	758.0	727.6	809.8
应收账款	251.20	248.76	256.4	236.9	233.1
存货	130.33	139.71	141.1	134.1	127.6
产成品	55.22	56.18	55.3	58.3	55.1
负债合计	500.20	518.35	522.5	507.4	535.3
主营业务收入 / 营业收入	1279.03	1141.27	1143.1	1100.1	1021.0
主营业务成本 / 营业成本	1048.24	923.07	919.5	876.2	812.7
销售费用	38.90	38.54	39.6	40.3	37.2
管理费用	84.63	84.39	88.7	90.8	87.1
财务费用	3.44	8.59	3.8	5.9	7.8
利润总额	111.54	94.32	90.4	91.2	78.1
平均用工人数（万人）	22.18	20.75	19.4	18.0	16.7

表 5　规模以上工业企业中的大中型工业企业主要指标　（单位：亿元）

	2016 年	2017 年	2018 年	2019 年	2020 年
企业单位数（个）	697	690	688	551	532
资产总计	2577.21	2620.35	2603.4	2585.1	2826.7
流动资产合计	1315.96	1370.31	1385.9	1419.0	1565.8
应收账款	401.83	384.85	417.9	451.0	423.9
存货	249.21	277.63	271.9	271.1	279.2
产成品	100.95	110.19	106.7	112.6	114.9
负债合计	995.80	976.64	975.6	1009.8	1078.8
主营业务收入 / 营业收入	2850.01	2812.66	2409.0	2549.9	2442.5
主营业务成本 / 营业成本	2362.60	2305.69	1931.5	2022.9	1935.0
销售费用	81.82	83.05	78.4	84.1	80.0
管理费用	174.71	180.61	178.5	201.3	200.8
财务费用	13.84	22.14	12.4	15.5	19.0
利润总额	233.24	239.52	217.9	230.6	223.6
平均用工人数（万人）	45.26	43.85	37.9	35.9	33.7

“十三五”期间全国印刷业年度统计数据

除特别说明外，本部分收录的数据均出自国家新闻出版署印刷企业年度核验（年度报告），直接摘引自历年《中国印刷业发展报告》（中国书籍出版社出版）。数据相关说明如下：1. 本部分数据中的珠三角地区系指广东省，长三角地区涵盖上海市、江苏省和浙江省，环渤海地区涵盖北京市、天津市、河北省、山东省、辽宁省，中部地区涵盖山西省、安徽省、江西省、河南省、湖南省、湖北省；2. 本部分数据中的第三部分“部分主营业务发展情况”系不完全统计，各年度上报企业数量及范围并不一致，增长率指标仅供参考。3. 本部分数据中的“规模以上重点印刷企业”系指年产值5000万元及以上的印刷企业。

一、行业整体情况

表1 印刷业资产总额、工业总产值和利润总额

年份	印刷企业数量（家）	资产总额（亿元）	资产总额增长率	工业总产值（亿元）	工业总产值增长率	利润总额（亿元）	利润总额增长率
2016	101420	12904.80	4.43%	11544.75	2.65%	675.27	–3.34%
2017	99054	13593.54	5.34%	12057.74	4.44%	676.58	0.19%
2018	98276	15187.45	11.73%	12712.08	5.43%	716.49	5.90%
2019	97229	15472.87	1.88%	13016.62	2.40%	697.33	–2.67%
2020	97949	16368.55	5.79%	12944.20	–0.56%	727.02	4.26%

表2 印刷企业平均产值和行业人均产值

年份	工业总产值（亿元）	印刷企业数量（家）	企业平均产值（万元）	企业平均产值增长率	行业从业人数（万人）	行业人均产值（万元）	行业人均产值增长率
2016	11544.75	101420	1138.31	4.73%	309.07	37.35	5.49%
2017	12057.74	99054	1217.29	6.94%	281.74	42.80	14.58%
2018	12712.08	98276	1293.51	6.26%	270.40	47.01	9.85%
2019	13016.62	97229	1338.76	3.50%	258.33	50.39	7.18%
2020	12944.20	97949	1321.52	–1.29%	252.61	51.24	1.69%

表3 印刷企业平均利润和行业人均利润

年份	利润总额（亿元）	印刷企业数量（家）	企业平均利润（万元）	企业平均利润增长率	行业从业人数（万人）	行业人均利润（万元）	行业人均利润增长率
2016	675.27	101420	66.58	–1.39%	309.07	2.18	–0.67%
2017	676.58	99054	68.30	2.59%	281.74	2.40	9.91%
2018	716.49	98276	72.91	6.74%	270.40	2.65	10.34%
2019	697.33	97229	71.72	–1.63%	258.33	2.70	1.88%
2020	727.02	97949	74.22	3.49%	252.61	2.88	6.62%

表 4　印刷业外商投资总额、外商注册资金额、对外加工贸易额

年份	外商投资总额（亿美元）	外商投资总额增长率	外商注册资金额（亿美元）	外商注册资金额增长率	对外加工贸易额（亿元）	对外加工贸易额增长率
2016	496.79	4.99%	324.00	10.05%	874.28	1.05%
2017	402.55	–18.97%	267.19	–17.53%	841.85	–3.71%
2018	288.89	–28.23%	208.55	–21.95%	779.11	–7.45%
2019	518.26	79.40%	274.33	31.54%	788.17	1.16%
2020	316.47	–38.94%	215.59	–21.41%	699.91	–11.20%

表 5　印刷业工业增加值在国内生产总值中的占比

年份	国内生产总值（亿元）	国内生产总值名义增长率	印刷业工业增加值（亿元）	印刷业工业增加值名义增长率	印刷业工业增加值在国内生产总值中的占比
2016	746395.1	8.35%	2583.06	–0.36%	0.35%
2017	832035.9	11.47%	2794.43	8.18%	0.34%
2018	919281.1	10.49%	2939.36	5.19%	0.32%
2019	986515.2	7.31%	2701.73	–8.08%	0.27%
2020	1015986.2	2.99%	2795.31	3.46%	0.28%

注：国内生产总值数据引用自国家统计局

表 6　珠三角、长三角、环渤海和中部地区印刷业工业总产值在全国总量中的占比

区域	2016 年		2017 年		2018 年		2019 年		2020 年	
	印刷工业总产值（亿元）	在全国印刷工业总产值中的占比	印刷工业总产值（亿元）	在全国印刷工业总产值中的占比	印刷工业总产值（亿元）	在全国印刷工业总产值中的占比	印刷工业总产值（亿元）	在全国印刷工业总产值中的占比	印刷工业总产值（亿元）	在全国印刷工业总产值中的占比
珠三角	2108.21	18.26%	2345.62	19.45%	2530.71	19.91%	2605.87	20.02%	2552.76	19.72%
长三角	3478.73	30.13%	3671.72	30.45%	3894.14	30.63%	4092.55	31.44%	4189.61	32.37%
环渤海	2312.25	20.03%	2206.34	18.30%	2283.06	17.96%	2274.66	17.48%	2113.18	16.33%
中部地区	1805.62	15.64%	1894.60	15.71%	1981.88	15.59%	1950.26	14.98%	2013.09	15.55%
其他地区	1839.92	15.94%	1939.46	16.08%	2022.28	15.91%	2093.28	16.08%	2075.55	16.03%

表 7　我国印刷业十强省份

排名	2016 年		2017 年		2018 年		2019 年		2020 年	
	省份	印刷业工业总产值（亿元）	省份	印刷工业总产值（亿元）	省份	印刷工业总产值（亿元）	省份	印刷工业总产值（亿元）	省份	印刷工业总产值（亿元）
1	广东	2108.21	广东	2345.62	广东	2530.71	广东	2605.87	广东	2552.76
2	江苏	1347.71	江苏	1461.46	江苏	1568.93	浙江	1655.27	浙江	1712.96
3	浙江	1319.45	浙江	1393.47	浙江	1492.41	江苏	1623.06	江苏	1679.01
4	上海	811.57	山东	860.39	山东	908.26	山东	951.45	山东	936.87
5	山东	803.71	上海	816.79	上海	832.80	上海	814.22	上海	797.64
6	河北	743.85	河北	665.32	河北	680.56	福建	672.50	福建	675.22
7	福建	567.24	福建	608.08	福建	638.28	河北	626.72	河北	529.35
8	湖北	427.01	湖北	446.71	湖北	482.61	湖北	501.77	湖北	486.20
9	江西	413.21	四川	423.57	四川	437.19	四川	491.66	四川	474.35
10	四川	412.52	江西	407.28	安徽	423.59	安徽	443.91	安徽	454.29
合计	—	8954.48	—	9428.70	—	9995.36	—	10386.44	—	10298.66
在全国印刷业工业总产值中的占比	—	77.56%	—	78.20%	—	78.63%	—	79.79%	—	79.56%

二、不同类别印刷企业情况

（一）出版物印刷

表 8　我国图书、期刊、报纸总印张和折合用纸量

年份	总印张数（亿印张）	折合用纸量（万吨）	总印张、总用纸量增长率
2016	2196.43	508.73	–10.97%
2017	2020.94	479.86	–7.99%
2018	1937.18	445.56	–4.14%
2019	1855.82	—	–4.20%
2020	1690.00	—	–8.94%

注：本表格数据引自国家新闻出版署“全国新闻出版业基本情况”

表 9　图书、期刊、报纸的总印数和总印张

年份	图书		期刊		报纸	
	总印数（亿册、张）	总印张（亿印张）	总印数（亿册）	总印张（亿印张）	总印数（亿份）	总印张（亿印张）
2016	90.37	777.21	26.97	151.95	390.07	1267.27
2017	92.44	808.04	24.92	136.66	362.50	1076.24
2018	100.09	882.52	22.92	126.75	337.26	927.90
2019	105.97	938.04	21.89	121.27	317.59	796.51
2020	103.74	918.90	20.35	116.40	289.14	654.69

注：本表格数据引自国家新闻出版署“全国新闻出版业基本情况”

表 10　出版物印刷关键数据指标及增长情况

年份	企业数量（家）	企业数量增长率	产值（亿元）	产值增长率	增加值（亿元）	增加值增长率
2016	7225	0.68%	1724.50	–0.78%	470.67	5.81%
2017	7177	–0.66%	1785.66	3.55%	482.05	2.42%
2018	7277	1.39%	1851.88	3.71%	514.49	6.73%
2019	7427	2.06%	1860.01	0.44%	440.20	–14.44%
2020	7345	–1.10%	1741.54	–6.37%	396.63	–9.90%

表 11–1　2016 年我国出版物印刷十强省份

排名	省份	企业数量（家）	印刷产值（亿元）	增加值（亿元）
1	广东	680	302.02	104.82
2	浙江	489	168.87	38.52
3	山东	527	168.80	20.99
4	北京	602	135.84	61.57
5	湖南	389	119.04	22.79
6	上海	171	98.62	34.35
7	河北	289	93.80	21.40
8	福建	198	88.96	25.33
9	江苏	300	78.44	18.37
10	江西	137	52.82	20.94
合计		3782	1307.21	369.10

表 11-2　2017 年我国出版物印刷十强省份

排名	省份	企业数量（家）	印刷产值（亿元）	增加值（亿元）
1	广东	596	306.33	102.08
2	浙江	480	178.39	40.80
3	山东	535	170.27	20.88
4	北京	553	160.89	56.94
5	湖南	395	117.55	31.16
6	河北	299	97.05	21.57
7	上海	162	92.49	31.70
8	江苏	316	90.39	20.04
9	福建	193	88.06	37.28
10	江西	138	55.61	21.00
合计		3667	1357.03	383.45

表 11-3　2018 年我国出版物印刷十强省份

排名	省份	企业数量（家）	印刷产值（亿元）	增加值（亿元）
1	广东	625	296.07	69.98
2	浙江	456	191.06	43.61
3	山东	580	179.55	25.17
4	北京	487	163.75	53.59
5	湖南	385	120.89	26.61
6	上海	155	108.85	33.49
7	福建	199	101.64	26.41
8	河北	325	99.37	23.18
9	江苏	328	94.16	16.06
10	江西	142	52.83	19.95
合计		3682	1408.17	338.05

表 11-4　2019 年我国出版物印刷十强省份

排名	省份	企业数量（家）	印刷产值（亿元）	增加值（亿元）
1	广东	635	337.19	91.40
2	山东	623	197.52	28.67
3	北京	475	146.20	49.31
4	浙江	407	123.16	25.73
5	湖南	395	122.84	26.47
6	河北	435	117.90	29.91
7	福建	200	111.09	23.83
8	上海	149	103.60	34.23
9	江苏	338	99.24	18.21
10	湖北	287	52.51	10.00
合计		3944	1411.25	337.75

表 11-5　2020 年我国出版物印刷十强省份

排名	省份	企业数量（家）	印刷产值（亿元）	增加值（亿元）
1	广东	581	315.17	85.87
2	山东	629	179.73	26.37
3	北京	450	120.62	32.77
4	湖南	400	120.15	25.90
5	浙江	391	119.09	22.40
6	福建	202	112.87	24.89
7	江苏	341	107.66	22.37
8	上海	146	102.31	31.61
9	河北	494	99.58	25.26
10	安徽	282	50.40	7.43
合计		3916	1327.58	304.87

表 12-1　2016 年珠三角、长三角、环渤海和中部地区出版物印刷企业数量、产值、增加值

区域	企业数量（家）	印刷产值（亿元）	增加值（亿元）	增加值在印刷产值中占比
珠三角	680	302.02	104.82	34.71%
长三角	960	345.93	91.24	26.38%
环渤海	1695	448.77	114.82	25.59%
中部地区	1629	328.75	79.16	24.08%
其他地区	2261	299.02	80.62	26.96%

表 12-2　2017 年珠三角、长三角、环渤海和中部地区出版物印刷企业数量、产值、增加值

区域	企业数量（家）	印刷产值（亿元）	增加值（亿元）	增加值在印刷产值中占比
珠三角	596	306.33	102.08	33.32%
长三角	958	361.27	92.53	25.61%
环渤海	1691	467.83	110.16	23.55%
中部地区	1645	332.70	83.66	25.14%
其他地区	2287	317.52	93.61	29.48%

表 12-3　2018 年珠三角、长三角、环渤海和中部地区出版物印刷企业数量、产值、增加值

区域	企业数量（家）	印刷产值（亿元）	增加值（亿元）	增加值在印刷产值中占比
珠三角	625	296.07	69.98	23.64%
长三角	939	394.07	93.17	23.64%
环渤海	1720	484.42	172.00	35.51%
中部地区	1627	338.74	78.89	23.29%
其他地区	2366	338.58	100.44	29.66%

表 12-4　2019 年珠三角、长三角、环渤海和中部地区出版物印刷企业数量、产值、增加值

区域	企业数量（家）	印刷产值（亿元）	增加值（亿元）	增加值在印刷产值中占比
珠三角	635	337.19	91.40	27.10%
长三角	894	326.00	78.16	23.98%
环渤海	1889	514.62	120.19	23.35%
中部地区	1635	339.72	73.99	21.78%
其他地区	2374	342.47	76.46	22.32%

表 12-5 2020 年珠三角、长三角、环渤海和中部地区出版物印刷企业数量、产值、增加值

区域	企业数量（家）	印刷产值（亿元）	增加值（亿元）	增加值在印刷产值中占比
珠三角	581	315.17	85.87	27.25%
长三角	878	329.06	76.38	23.21%
环渤海	1938	448.61	96.27	21.46%
中部地区	1644	319.65	62.87	19.67%
其他地区	2304	329.04	75.23	22.86%

（二）包装装潢印刷品印刷

表 13 包装装潢印刷品印刷关键数据指标及增长情况

年份	企业数量（家）	企业数量增长率	产值（亿元）	产值增长率	增加值（亿元）	增加值增长率
2016	51375	0.69%	8704.37	3.55%	1948.38	0.99%
2017	50187	–2.31%	9279.19	6.60%	2072.53	6.37%
2018	50738	1.10%	9838.68	6.03%	2189.97	5.67%
2019	50318	–0.83%	10075.26	2.40%	2043.10	–6.71%
2020	51159	1.67%	10097.18	0.22%	2186.01	6.99%

表 14-1 2016 年我国包装装潢印刷品印刷十强省份

排名	省份	企业数量（家）	印刷产值（亿元）	增加值（亿元）
1	广东	13068	1706.97	498.54
2	江苏	6012	1201.60	228.37
3	浙江	9574	1026.27	217.24
4	上海	2317	659.98	202.44
5	山东	4343	581.18	84.09
6	河北	2028	543.05	115.70
7	福建	1980	448.32	88.82
8	四川	1162	342.71	79.41
9	湖北	676	307.42	64.15
10	安徽	1470	291.98	62.26
合计		42630	7109.48	1641.03

表 14-2 2017 年我国包装装潢印刷品印刷十强省份

排名	省份	企业数量（家）	印刷产值（亿元）	增加值（亿元）
1	广东	11407	1964.64	540.34
2	江苏	6258	1302.20	264.00
3	浙江	9790	1098.24	231.34
4	上海	2068	676.92	206.36
5	山东	4500	645.85	86.57
6	河北	2055	492.02	127.23
7	福建	1933	486.26	91.27
8	四川	1273	359.97	78.60
9	湖北	673	326.65	67.47
10	安徽	1508	309.26	60.82
合计		41465	7662.00	1754.00

表 14-3　2018 年我国包装装潢印刷品印刷十强省份

排名	省份	企业数量（家）	印刷产值（亿元）	增加值（亿元）
1	广东	11593	2128.90	524.22
2	江苏	6449	1409.71	281.71
3	浙江	10096	1176.21	247.30
4	山东	4645	685.01	97.55
5	上海	1878	682.88	201.25
6	福建	1932	502.38	98.31
7	河北	2063	502.20	128.13
8	四川	1211	371.54	76.70
9	安徽	1613	355.18	64.68
10	湖北	675	342.03	67.59
合计		42155	8156.04	1787.44

表 14-4　2019 年我国包装装潢印刷品印刷十强省份

排名	省份	企业数量（家）	印刷产值（亿元）	增加值（亿元）
1	广东	12055	2172.81	527.30
2	江苏	6713	1460.29	228.70
3	浙江	8624	1379.47	227.51
4	山东	4899	712.11	96.53
5	上海	1792	672.68	232.36
6	福建	1908	525.11	87.58
7	河北	2044	452.66	114.83
8	四川	1229	371.82	83.68
9	安徽	1756	370.23	69.27
10	湖北	722	357.09	69.84
合计		41742	8474.26	1737.61

表 14-5　2020 年我国包装装潢印刷品印刷十强省份

排名	省份	企业数量（家）	印刷产值（亿元）	增加值（亿元）
1	广东	12187	2155.08	557.97
2	江苏	6907	1512.06	311.42
3	浙江	8858	1419.50	232.88
4	山东	5070	711.45	95.62
5	上海	1748	663.46	235.90
6	福建	1923	533.98	91.25
7	安徽	1835	385.32	63.03
8	河北	2017	382.84	96.81
9	四川	1264	360.68	80.73
10	湖北	760	346.66	64.28
合计		42569	8471.04	1829.89

表 15-1　2016 年珠三角、长三角、环渤海和中部地区包装装潢印刷品印刷企业数量、产值、增加值

区域	企业数量（家）	印刷产值（亿元）	增加值（亿元）	增加值在印刷产值中占比
珠三角	13068	1706.97	498.54	29.21%
长三角	17903	2887.85	648.05	22.44%
环渤海	8943	1601.93	289.42	18.07%
中部地区	4707	1195.13	225.29	18.85%
其他地区	6754	1312.48	287.09	21.87%

表 15-2　2017 年珠三角、长三角、环渤海和中部地区包装装潢印刷品印刷企业数量、产值、增加值

区域	企业数量（家）	印刷产值（亿元）	增加值（亿元）	增加值在印刷产值中占比
珠三角	11407	1964.64	540.34	27.50%
长三角	18116	3077.35	701.70	22.80%
环渤海	9131	1536.34	294.02	19.14%
中部地区	4816	1292.81	250.12	19.35%
其他地区	6717	1408.06	286.34	20.34%

表 15-3　2018 年珠三角、长三角、环渤海和中部地区包装装潢印刷品印刷企业数量、产值、增加值

区域	企业数量（家）	印刷产值（亿元）	增加值（亿元）	增加值在印刷产值中占比
珠三角	11593	2128.90	524.22	24.62%
长三角	18423	3268.80	730.26	22.34%
环渤海	8896	1590.06	392.97	24.71%
中部地区	5048	1367.12	251.78	18.42%
其他地区	6778	1483.81	290.73	19.59%

表 15-4　2019 年珠三角、长三角、环渤海和中部地区包装装潢印刷品印刷企业数量、产值、增加值

区域	企业数量（家）	印刷产值（亿元）	增加值（亿元）	增加值在印刷产值中占比
珠三角	12055	2172.81	527.30	24.27%
长三角	17129	3512.44	688.58	19.60%
环渤海	9112	1544.91	292.29	18.92%
中部地区	5229	1337.19	243.14	18.18%
其他地区	6793	1507.91	291.79	19.35%

表 15-5　2020 年珠三角、长三角、环渤海和中部地区包装装潢印刷品印刷企业数量、产值、增加值

区域	企业数量（家）	印刷产值（亿元）	增加值（亿元）	增加值在印刷产值中占比
珠三角	12187	2155.08	557.97	25.89%
长三角	17513	3595.03	780.19	21.70%
环渤海	9180	1466.07	274.03	18.69%
中部地区	5534	1364.61	253.39	18.57%
其他地区	6745	1516.40	320.43	21.13%

（三）其他印刷品印刷

表 16　其他印刷品印刷关键数据指标及增长情况

年份	企业数量（家）	企业数量增长率	产值（亿元）	产值增长率	增加值（亿元）	增加值增长率
2016	40250	–4.70%	881.98	0.92%	201.72	1.63%
2017	39048	–2.99%	853.07	–3.28%	202.86	0.57%
2018	37432	–4.14%	877.89	2.91%	196.83	–2.97%
2019	36557	–2.34%	923.90	5.24%	181.41	–7.83%
2020	36684	0.35%	954.79	3.34%	177.29	–2.27%

（四）不同类别印刷企业关键数据指标对比

表 17-1　2016 年各类别印刷企业平均产值、增加值

类别	企业数量（家）	产值（亿元）	企业平均产值（万元）	工业增加值（亿元）	企业平均工业增加值（万元）
出版物印刷	7225	1724.50	2386.85	470.67	651.44
包装装潢印刷品印刷	51375	8704.37	1694.28	1948.38	379.25
其他印刷品印刷	40250	881.98	219.12	201.72	50.12

表 17-2　2017 年各类别印刷企业平均产值、增加值

类别	企业数量（家）	产值（亿元）	企业平均产值（万元）	工业增加值（亿元）	企业平均工业增加值（万元）
出版物印刷	7177	1785.66	2488.03	482.05	671.66
包装装潢印刷品印刷	50187	9279.19	1848.92	2072.53	412.96
其他印刷品印刷	39048	853.07	218.47	202.86	51.95

表 17-3　2018 年各类别印刷企业平均产值、增加值

类别	企业数量（家）	产值（亿元）	企业平均产值（万元）	工业增加值（亿元）	企业平均工业增加值（万元）
出版物印刷	7277	1851.88	2544.84	514.49	707.00
包装装潢印刷品印刷	50738	9838.68	1939.11	2189.97	431.62
其他印刷品印刷	37432	877.89	234.53	196.83	52.58

表 17-4　2019 年各类别印刷企业平均产值、增加值

类别	企业数量（家）	产值（亿元）	企业平均产值（万元）	工业增加值（亿元）	企业平均工业增加值（万元）
出版物印刷	7427	1860.01	2504.38	440.20	592.70
包装装潢印刷品印刷	50318	10075.26	2002.32	2043.10	406.04
其他印刷品印刷	36557	923.89	252.73	181.41	49.62

表 17-5　2020 年各类别印刷企业平均产值、增加值

类别	企业数量（家）	产值（亿元）	企业平均产值（万元）	工业增加值（亿元）	企业平均工业增加值（万元）
出版物印刷	7345	1741.54	2371.05	396.63	540.00
包装装潢印刷品印刷	51159	10097.18	1973.69	2186.01	427.30
其他印刷品印刷	36684	954.79	260.27	177.29	48.33

三、部分主营业务发展情况

表 18　印刷业部分主营业务工业总产值

主营业务类型	产值（亿元）				
	2016 年	2017 年	2018 年	2019 年	2020 年
书刊印刷	974.03	1047.92	1001.14	1037.08	931.03
报纸印刷	159.20	142.60	144.09	129.01	120.49
纸包装印刷	4024.52	4310.28	4645.56	4518.24	4368.72
金属罐包装印刷	419.50	478.65	448.69	471.25	509.59
塑料软包装印刷	1125.10	1319.99	1339.19	1427.94	1473.53
普通票据印刷	161.36	144.82	175.65	152.38	175.99
安全印刷	122.57	138.52	138.17	94.20	112.83
玻璃、陶瓷包装印刷	201.52	18.97	14.30	29.17	62.52
标签印刷	80.19	143.07	193.72	218.68	238.50
其他包装装潢印刷	2413.33	3008.05	3178.83	3542.21	3646.28

表 19-1　2016 年我国印刷业十类主营业务涉足企业数量、产值和增加值及排序

序号	业务类型	企业数量（家）	业务类型	产值(亿元)	业务类型	增加值（亿元）
1	纸包装印刷	24721	纸包装印刷	4024.52	纸包装印刷	884.63
2	其他包装装潢印刷	18614	其他包装装潢印刷	2413.33	其他包装装潢印刷	602.15
3	塑料软包装印刷	5869	塑料软包装印刷	1125.10	书刊印刷	273.53
4	书刊印刷	5616	书刊印刷	974.03	塑料软包装印刷	238.47
5	普通票据印刷	5036	金属罐包装印刷	419.50	金属罐包装印刷	106.37
6	玻璃、陶瓷包装印刷	928	玻璃、陶瓷包装印刷	201.52	报纸印刷	49.08
7	标签印刷	725	普通票据印刷	161.36	安全印刷	48.25
8	安全印刷	722	报纸印刷	159.20	玻璃、陶瓷包装印刷	47.23
9	报纸印刷	667	安全印刷	122.57	普通票据印刷	39.20
10	金属罐包装印刷	579	标签印刷	80.19	标签印刷	22.39

表 19-2　2017 年我国印刷业十类主营业务涉足企业数量、产值和增加值及排序

序号	业务类型	企业数量（家）	业务类型	产值(亿元)	业务类型	增加值（亿元）
1	纸包装印刷	25122	纸包装印刷	4310.28	纸包装印刷	921.21
2	其他包装装潢印刷	18333	其他包装装潢印刷	3008.05	其他包装装潢印刷	679.93
3	塑料软包装印刷	7196	塑料软包装印刷	1319.99	塑料软包装印刷	287.34
4	书刊印刷	5747	书刊印刷	1047.92	书刊印刷	267.58
5	普通票据印刷	4951	金属罐包装印刷	478.65	金属罐包装印刷	103.57
6	标签印刷	1207	普通票据印刷	144.82	安全印刷	59.88
7	安全印刷	772	标签印刷	143.07	报纸印刷	47.54
8	报纸印刷	594	报纸印刷	142.60	普通票据印刷	47.26
9	金属罐包装印刷	579	安全印刷	138.52	标签印刷	34.87
10	玻璃、陶瓷包装印刷	121	玻璃、陶瓷包装印刷	18.97	玻璃、陶瓷包装印刷	5.30

表 19-3　2018 年我国印刷业十类主营业务涉足企业数量、产值和增加值及排序

序号	业务类型	企业数量（家）	业务类型	产值(亿元)	业务类型	增加值（亿元）
1	纸包装印刷	25133	纸包装印刷	4645.56	纸包装印刷	1016.21
2	其他包装装潢印刷	20021	其他包装装潢印刷	3178.83	其他包装装潢印刷	743.11
3	塑料软包装印刷	6998	塑料软包装印刷	1339.19	塑料软包装印刷	289.43
4	书刊印刷	5721	书刊印刷	1001.14	书刊印刷	282.26
5	普通票据印刷	5216	金属罐包装印刷	448.69	金属罐包装印刷	92.52
6	标签印刷	1541	标签印刷	193.72	安全印刷	65.95
7	安全印刷	855	普通票据印刷	175.65	普通票据印刷	48.06
8	报纸印刷	571	报纸印刷	144.09	标签印刷	46.98
9	金属罐包装印刷	527	安全印刷	138.17	报纸印刷	39.93
10	玻璃、陶瓷包装印刷	107	玻璃、陶瓷包装印刷	14.30	玻璃、陶瓷包装印刷	1.35

表 19-4　2019 年我国印刷业十类主营业务涉足企业数量、产值和增加值及排序

序号	业务类型	企业数量（家）	业务类型	产值(亿元)	业务类型	增加值（亿元）
1	纸包装印刷	24110	纸包装印刷	4518.24	纸包装印刷	885.73
2	其他包装装潢印刷	22213	其他包装装潢印刷	3542.21	其他包装装潢印刷	707.95
3	塑料软包装印刷	6637	塑料软包装印刷	1427.94	塑料软包装印刷	305.26
4	书刊印刷	5729	书刊印刷	1037.08	书刊印刷	247.55
5	普通票据印刷	4840	金属罐包装印刷	471.25	金属罐包装印刷	91.14
6	标签印刷	2009	标签印刷	218.68	标签印刷	50.63
7	安全印刷	710	普通票据印刷	152.38	安全印刷	47.42
8	报纸印刷	563	报纸印刷	129.01	普通票据印刷	39.37
9	金属罐包装印刷	476	安全印刷	94.20	报纸印刷	37.50
10	玻璃、陶瓷包装印刷	190	玻璃、陶瓷包装印刷	29.17	玻璃、陶瓷包装印刷	6.14

表 19-5　2020 年我国印刷业十类主营业务涉足企业数量、产值和增加值及排序

序号	业务类型	企业数量（家）	业务类型	产值(亿元)	业务类型	增加值（亿元）
1	纸包装印刷	23628	纸包装印刷	4368.72	纸包装印刷	946.26
2	其他包装装潢印刷	21352	其他包装装潢印刷	3646.28	其他包装装潢印刷	787.48
3	塑料软包装印刷	6450	塑料软包装印刷	1473.53	塑料软包装印刷	317.12
4	书刊印刷	5621	书刊印刷	931.03	书刊印刷	207.74
5	普通票据印刷	4609	金属罐包装印刷	509.59	金属罐包装印刷	90.31
6	标签印刷	2294	标签印刷	238.50	标签印刷	55.92
7	金属罐包装印刷	1109	普通票据印刷	175.99	安全印刷	48.42
8	安全印刷	982	报纸印刷	120.49	普通票据印刷	37.48
9	报纸印刷	555	安全印刷	112.83	报纸印刷	36.99
10	玻璃、陶瓷包装印刷	319	玻璃、陶瓷包装印刷	62.52	玻璃、陶瓷包装印刷	11.11

表 20-1　2016 年不同主营业务对涉足该类业务印刷企业平均产值和增加值贡献度及排序

序号	业务类型	平均产值（万元）	业务类型	平均增加值（万元）
1	金属罐包装印刷	7245.21	金属罐包装印刷	1837.18
2	报纸印刷	2386.79	报纸印刷	735.78
3	玻璃、陶瓷包装印刷	2225.59	安全印刷	668.30
4	塑料软包装印刷	1917.02	玻璃、陶瓷包装印刷	508.94
5	书刊印刷	1734.39	书刊印刷	487.06
6	安全印刷	1697.71	塑料软包装印刷	406.32
7	纸包装印刷	1627.98	纸包装印刷	357.85
8	其他包装装潢印刷	1296.51	其他包装装潢印刷	323.49
9	标签印刷	1106.12	标签印刷	308.82
10	普通票据印刷	320.40	普通票据印刷	77.84

表 20-2　2017 年不同主营业务对涉足该类业务印刷企业平均产值和增加值贡献度及排序

序号	业务类型	平均产值（万元）	业务类型	平均增加值（万元）
1	金属罐包装印刷	8266.77	金属罐包装印刷	1788.85
2	报纸印刷	2400.64	报纸印刷	800.32
3	塑料软包装印刷	1834.33	安全印刷	775.64
4	书刊印刷	1823.42	书刊印刷	465.60
5	安全印刷	1794.26	玻璃、陶瓷包装印刷	438.01
6	纸包装印刷	1715.74	塑料软包装印刷	399.30
7	其他包装装潢印刷	1640.78	其他包装装潢印刷	370.88
8	玻璃、陶瓷包装印刷	1567.45	纸包装印刷	366.69
9	标签印刷	1185.36	标签印刷	288.86
10	普通票据印刷	292.51	普通票据印刷	95.46

表 20-3　2018 年不同主营业务对涉足该类业务印刷企业平均产值和增加值贡献度及排序

序号	业务类型	平均产值（万元）	业务类型	平均增加值（万元）
1	金属罐包装印刷	8514.10	金属罐包装印刷	1755.60
2	报纸印刷	2523.39	安全印刷	771.33
3	塑料软包装印刷	1913.67	报纸印刷	699.25
4	纸包装印刷	1848.39	书刊印刷	493.37
5	书刊印刷	1749.93	塑料软包装印刷	413.60
6	安全印刷	1616.08	纸包装印刷	404.33
7	其他包装装潢印刷	1587.75	其他包装装潢印刷	371.17
8	玻璃、陶瓷包装印刷	1336.07	标签印刷	304.90
9	标签印刷	1257.12	玻璃、陶瓷包装印刷	126.44
10	普通票据印刷	336.75	普通票据印刷	92.13

表 20-4　2019 年不同主营业务对涉足该类业务印刷企业平均产值和增加值贡献度及排序

序号	业务类型	平均产值（万元）	业务类型	平均增加值（万元）
1	金属罐包装印刷	9900.18	金属罐包装印刷	1914.62
2	报纸印刷	2291.45	安全印刷	667.92
3	塑料软包装印刷	2151.49	报纸印刷	666.05
4	纸包装印刷	1874.01	塑料软包装印刷	459.94
5	书刊印刷	1810.23	书刊印刷	432.11
6	其他包装装潢印刷	1594.66	纸包装印刷	367.37
7	玻璃、陶瓷包装印刷	1535.28	玻璃、陶瓷包装印刷	323.07
8	安全印刷	1326.71	其他包装装潢印刷	318.71
9	标签印刷	1088.52	标签印刷	252.01
10	普通票据印刷	314.83	普通票据印刷	81.35

表 20-5　2020 年不同主营业务对涉足该类业务印刷企业平均产值和增加值贡献度及排序

序号	业务类型	平均产值（万元）	业务类型	平均增加值（万元）
1	金属罐包装印刷	4595.08	金属罐包装印刷	814.34
2	塑料软包装印刷	2284.54	报纸印刷	666.55
3	报纸印刷	2171.08	安全印刷	493.11
4	玻璃、陶瓷包装印刷	1959.93	塑料软包装印刷	491.66
5	纸包装印刷	1848.96	纸包装印刷	400.48
6	其他包装装潢印刷	1707.70	书刊印刷	369.58
7	书刊印刷	1656.33	其他包装装潢印刷	368.81
8	安全印刷	1148.93	玻璃、陶瓷包装印刷	348.18
9	标签印刷	1039.66	标签印刷	243.75
10	普通票据印刷	381.84	普通票据印刷	81.32

表 21　书刊印刷业务关键数据指标及增长情况

年份	企业数量（家）	企业数量增长率	产值（亿元）	产值增长率	增加值（亿元）	增加值增长率
2016	5616	2.71%	974.03	-6.68%	273.53	-10.18%
2017	5747	2.33%	1047.92	7.59%	267.58	-2.18%
2018	5721	-0.45%	1001.14	-4.46%	282.26	5.49%
2019	5729	0.14%	1037.09	3.59%	247.55	-12.30%
2020	5621	-1.89%	931.03	-10.23%	207.74	-16.08%

表 22　报纸印刷业务关键数据指标及增长情况

年份	企业数量（家）	企业数量增长率	产值（亿元）	产值增长率	增加值（亿元）	增加值增长率
2016	667	-6.45%	159.20	-6.57%	49.08	-7.47%
2017	594	-10.94%	142.60	-10.43%	47.54	-3.14%
2018	571	-3.87%	144.09	1.04%	39.93	-16.01%
2019	563	-1.40%	129.01	-10.47%	37.50	-6.09%
2020	555	-1.42%	120.49	-6.60%	36.99	-1.36%

表 23　纸包装印刷业务关键数据指标及增长情况

年份	企业数量（家）	企业数量增长率	产值（亿元）	产值增长率	增加值（亿元）	增加值增长率
2016	24721	-3.57%	4024.52	2.86%	884.63	10.40%
2017	25122	1.62%	4310.28	7.10%	921.21	4.14%
2018	25133	0.04%	4645.56	7.78%	1016.21	10.31%
2019	24110	-4.07%	4518.24	-2.74%	885.73	-12.84%
2020	23628	-2.00%	4368.72	-3.31%	946.26	6.83%

表 24　金属罐包装印刷业务关键数据指标及增长情况

年份	企业数量（家）	企业数量增长率	产值（亿元）	产值增长率	增加值（亿元）	增加值增长率
2016	579	–2.53%	419.50	4.13%	106.37	11.27%
2017	579	0.00%	478.65	14.10%	103.57	–2.63%
2018	527	–8.98%	448.69	–6.26%	92.52	–10.67%
2019	476	–9.68%	471.25	5.03%	91.14	–1.49%
2020	1109	132.98%	509.59	8.14%	90.31	–0.91%

表 25　塑料软包装印刷业务关键数据指标及增长情况

年份	企业数量（家）	企业数量增长率	产值（亿元）	产值增长率	增加值（亿元）	增加值增长率
2016	5869	–16.47%	1125.10	–21.77%	238.47	–50.52%
2017	7196	22.61%	1319.99	17.32%	287.34	20.49%
2018	6998	–2.75%	1339.19	1.45%	289.43	0.73%
2019	6637	–5.16%	1427.94	6.63%	305.26	5.47%
2020	6450	–2.82%	1473.53	3.19%	317.12	3.89%

表 26　标签印刷业务关键数据指标及增长情况

年份	企业数量（家）	企业数量增长率	产值（亿元）	产值增长率	增加值（亿元）	增加值增长率
2016	725	—	80.19	—	22.39	—
2017	1207	66.48%	143.07	78.41%	34.87	55.74%
2018	1541	27.67%	193.72	35.40%	46.98	34.73%
2019	2009	30.37%	218.68	12.88%	50.63	7.77%
2020	2294	14.19%	238.50	9.06%	55.92	10.45%

表 27　其他包装装潢印刷业务关键数据指标及增长情况

年份	企业数量（家）	企业数量增长率	产值（亿元）	产值增长率	增加值（亿元）	增加值增长率
2016	18614	—	2413.33	—	602.15	—
2017	18333	–1.51%	3008.05	24.64%	679.94	12.92%
2018	20021	9.21%	3178.83	5.68%	743.11	9.29%
2019	22213	10.95%	3542.21	11.43%	707.95	–4.73%
2020	21352	–3.88%	3646.28	2.94%	787.48	11.23%

表 28　普通票据印刷业务关键数据指标及增长情况

年份	企业数量（家）	企业数量增长率	产值（亿元）	产值增长率	增加值（亿元）	增加值增长率
2016	5036	–3.12%	161.36	4.83%	39.20	–3.28%
2017	4951	–1.69%	144.82	–10.25%	47.26	20.56%
2018	5216	5.35%	175.65	21.29%	48.06	1.69%
2019	4840	–7.21%	152.38	–13.25%	39.37	–18.08%
2020	4609	–4.77%	175.99	15.49%	37.48	–4.80%

表 29　安全印刷业务关键数据指标及增长情况

年份	企业数量（家）	企业数量增长率	产值（亿元）	产值增长率	增加值（亿元）	增加值增长率
2016	722	–8.49%	122.57	–40.79%	48.25	–43.81%
2017	772	6.93%	138.52	13.01%	59.88	24.10%
2018	855	10.75%	138.17	–0.25%	65.95	10.14%
2019	710	–16.96%	94.20	–31.82%	47.42	–28.10%
2020	982	38.31%	112.83	19.78%	48.42	2.11%

四、规模以上重点印刷企业发展态势

表 30　规模以上重点印刷企业资产总额、工业总产值、工业增加值和利润总额

年份	企业数量（家）	资产总额（亿元）	资产总额增长率	工业总产值（亿元）	工业总产值增长率	增加值（亿元）	工业增加值增长率	利润总额（亿元）	利润总额增长率
2016	3236	7087.72	3.88%	6204.00	1.94%	1588.14	0.26%	423.52	–7.74%
2017	3723	7913.65	11.65%	6926.24	11.64%	1766.80	11.25%	466.84	10.23%
2018	3860	8700.10	9.94%	7660.78	10.61%	1745.63	–1.20%	470.53	0.79%
2019	4176	9304.75	6.95%	8046.32	5.03%	1800.86	3.16%	524.13	11.39%
2020	4254	9737.30	4.65%	8104.00	0.72%	2050.88	13.88%	568.94	8.55%

表 31　规模以上重点印刷企业关键数据指标在全国印刷业中的占比

年份	企业数量	资产总额	工业总产值	增加值	利润总额
2016	3.19%	54.92%	53.74%	61.48%	62.72%
2017	3.76%	58.22%	57.44%	63.23%	69.00%
2018	3.93%	57.28%	60.26%	59.39%	65.67%
2019	4.30%	60.14%	61.82%	66.66%	75.16%
2020	4.34%	59.49%	62.61%	73.37%	78.26%

表 32　规模以上重点印刷业企业平均产值和人均产值

年份	企业数量（家）	工业总产值（亿元）	企业平均产值（万元）	企业平均产值增长率	从业人数（万人）	人均产值（万元）	人均产值增长率
2016	3236	6204.00	19171.83	2.29%	93.73	66.19	–0.51%
2017	3723	6926.24	18603.92	–2.96%	95.35	72.64	9.74%
2018	3860	7660.78	19846.58	6.68%	95.98	79.82	9.88%
2019	4176	8046.32	19268.01	–2.92%	100.32	80.21	0.48%
2020	4254	8104.00	19050.31	–1.13%	99.40	81.53	1.64%

表 33　规模以上重点印刷企业平均利润和人均利润

年份	企业数量（家）	利润总额（亿元）	企业平均利润（万元）	企业平均利润增长率	从业人数（万人）	人均利润（万元）	人均利润增长率
2016	3236	423.52	1308.78	–7.43%	93.73	4.52	–9.99%
2017	3723	466.84	1253.93	–4.19%	95.35	4.90	8.36%
2018	3860	470.53	1218.99	–2.79%	95.98	4.91	0.13%
2019	4176	524.13	1255.10	2.96%	100.32	5.22	6.57%
2020	4254	568.94	1337.42	6.56%	99.40	5.72	9.65%

表 34　规模以上重点印刷企业对外加工贸易额和行业对外加工贸易额

年份	规模以上重点印刷企业对外加工贸易额（亿元）	规模以上重点印刷企业对外加工贸易额增长率	行业对外加工贸易额（亿元）	行业对外加工贸易额增长率
2016	576.77	4.32%	874.28	1.05%
2017	652.80	13.18%	841.85	–3.71%
2018	579.82	–11.18%	779.11	–7.45%
2019	739.44	27.53%	788.17	1.16%
2020	648.16	–12.35%	699.91	–11.20%

表 35-1　2016 年我国拥有规模以上重点印刷企业数量最多的十个省份

序号	省份	企业数量（家）	资产总额（亿元）	工业总产值（亿元）	工业增加值（亿元）	利润总额（亿元）
1	广东	638	1615.77	1502.04	458.08	82.22
2	江苏	421	718.79	780.19	197.24	58.30
3	浙江	338	702.73	597.74	131.56	34.70
4	山东	276	536.74	424.81	77.27	25.52
5	上海	257	804.34	619.09	193.27	46.08
6	福建	162	392.91	349.55	84.91	24.83
7	安徽	145	261.98	242.87	58.35	21.51
8	四川	130	230.05	220.34	42.67	14.78
9	湖北	124	345.40	206.34	48.32	16.46
10	天津	88	164.44	132.19	30.72	6.63
合计		2579	5773.14	5075.16	1322.38	331.03

表 35-2　2017 年我国拥有规模以上重点印刷企业数量最多的十个省份

序号	省份	企业数量（家）	资产总额（亿元）	工业总产值（亿元）	工业增加值（亿元）	利润总额（亿元）
1	广东	829	1754.34	1600.98	486.36	95.46
2	江苏	513	958.90	992.21	227.58	69.64
3	浙江	388	786.59	662.85	158.10	37.97
4	山东	301	540.20	475.30	77.56	27.81
5	上海	270	916.85	634.72	200.35	52.68
6	福建	177	453.99	392.36	107.30	27.92
7	安徽	150	280.18	256.44	54.34	22.06
8	四川	137	244.65	282.02	61.30	15.98
9	湖北	130	381.33	212.17	54.09	17.44
10	天津	100	181.37	161.03	30.90	5.13
合计		2995	6498.40	5670.08	1457.87	372.09

表 35-3　2018 年我国拥有规模以上重点印刷企业数量最多的十个省份

序号	省份	企业数量（家）	资产总额（亿元）	工业总产值（亿元）	工业增加值（亿元）	利润总额（亿元）
1	广东	846	1792.82	1811.73	447.09	87.01
2	江苏	542	1328.64	1076.18	242.24	73.00
3	浙江	425	806.43	744.06	150.58	42.20
4	山东	312	547.07	515.66	90.73	29.05
5	上海	264	919.46	657.15	197.85	54.51
6	福建	179	662.25	471.75	94.10	21.81
7	安徽	152	320.30	292.24	57.58	25.29
8	四川	145	261.33	295.46	63.03	19.88
9	湖北	131	382.32	273.17	61.41	17.63
10	天津	92	150.99	160.01	35.67	5.65
合 计		3088	7171.60	6297.41	1440.27	376.03

表 35-4　2019 年我国拥有规模以上重点印刷企业数量最多的十个省份

序号	省份	企业数量（家）	资产总额（亿元）	工业总产值（亿元）	工业增加值（亿元）	利润总额（亿元）
1	广东	891	1990.32	1813.75	477.49	102.88
2	浙江	598	1031.94	950.70	176.00	53.36
3	江苏	555	1283.79	1116.84	189.91	75.27
4	山东	309	541.73	510.31	80.77	30.69
5	上海	247	939.97	645.43	223.86	70.57
6	福建	195	692.66	496.64	89.10	28.52
7	安徽	170	350.95	303.06	62.97	25.89
8	四川	160	287.37	294.58	60.92	20.15
9	湖北	140	339.18	312.30	62.38	18.76
10	河北	98	155.44	154.81	42.32	10.49
合 计		3363	7613.35	6598.42	1465.72	436.58

表 35-5　2020 年我国拥有规模以上重点印刷企业数量最多的十个省份

序号	省份	企业数量（家）	资产总额（亿元）	工业总产值（亿元）	工业增加值（亿元）	利润总额（亿元）
1	广东	894	1981.30	1750.21	643.43	104.49
2	浙江	611	1238.72	1008.84	176.56	55.48
3	江苏	576	1368.72	1162.34	276.06	88.32
4	山东	313	574.60	540.62	86.29	34.48
5	上海	246	959.02	631.52	224.08	76.38
6	福建	191	637.73	519.02	94.00	29.09
7	安徽	172	400.56	305.85	53.03	24.66
8	四川	156	274.21	289.10	63.56	22.35
9	湖北	124	332.18	279.64	61.85	19.78
10	北京	84	289.13	187.14	43.61	17.05
合计		3367	8056.14	6674.27	1722.47	472.07

表 36-1　2016 年珠三角、长三角、环渤海和中部地区规模以上重点印刷企业数量、资产总额、工业总产值、工业增加值和利润总额

区域	企业数量（家）	资产总额（亿元）	工业总产值（亿元）	工业增加值（亿元）	利润总额（亿元）
珠三角	638	1615.77	1502.04	458.08	82.22
长三角	1016	2225.86	1997.02	522.07	139.08
环渤海	577	1197.27	948.00	224.62	63.91
中部地区	475	979.28	835.58	179.86	65.41
其他地区	530	1069.54	921.36	203.51	72.89

表 36-2　2017 年珠三角、长三角、环渤海和中部地区规模以上重点印刷企业数量、资产总额、工业总产值、工业增加值和利润总额

区域	企业数量（家）	资产总额（亿元）	工业总产值（亿元）	工业增加值（亿元）	利润总额（亿元）
珠三角	829	1754.34	1600.98	486.36	95.46
长三角	1171	2662.33	2289.78	586.03	160.29
环渤海	613	1219.51	1058.70	233.07	66.22
中部地区	513	1089.07	861.55	183.22	60.98
其他地区	597	1188.39	1115.22	278.13	83.88

表 36-3　2018 年珠三角、长三角、环渤海和中部地区规模以上重点印刷企业数量、资产总额、工业总产值、工业增加值和利润总额

区域	企业数量（家）	资产总额（亿元）	工业总产值（亿元）	工业增加值（亿元）	利润总额（亿元）
珠三角	846	1792.82	1811.73	447.09	87.01
长三角	1231	3054.52	2477.39	590.67	169.72
环渤海	623	1201.80	1124.48	250.46	61.76
中部地区	538	1134.56	995.52	201.63	64.89
其他地区	622	1516.39	1251.66	255.78	87.15

表 36-4　2019 年珠三角、长三角、环渤海和中部地区规模以上重点印刷企业数量、资产总额、工业总产值、工业增加值和利润总额

区域	企业数量（家）	资产总额（亿元）	工业总产值（亿元）	工业增加值（亿元）	利润总额（亿元）
珠三角	891	1990.32	1813.75	477.49	102.88
长三角	1400	3255.70	2712.97	589.76	199.19
环渤海	642	1248.90	1126.99	240.04	75.30
中部地区	577	1177.12	1089.89	235.82	50.15
其他地区	666	1632.72	1302.73	257.74	96.61

表 36-5　2020 年珠三角、长三角、环渤海和中部地区规模以上重点印刷企业数量、资产总额、工业总产值、工业增加值和利润总额

区域	企业数量（家）	资产总额（亿元）	工业总产值（亿元）	工业增加值（亿元）	利润总额（亿元）
珠三角	894	1981.30	1750.21	643.43	104.49
长三角	1433	3566.45	2802.70	676.70	220.17
环渤海	665	1354.94	1135.12	220.34	69.83
中部地区	565	1204.84	1055.91	216.34	75.16
其他地区	697	1629.77	1360.06	294.07	99.29

表 37　2020 年珠三角、长三角、环渤海和中部地区规模以上重点印刷平均资产、平均产值、平均增加值和平均利润

区域	企业数量（家）	平均资产（万元）	平均产值（万元）	平均增加值（万元）	平均利润（万元）
珠三角	894	22162.19	19577.29	7197.20	1168.79
长三角	1433	24888.00	19558.27	4722.26	1536.43
环渤海	665	20375.04	17069.47	3313.38	1050.08
中部地区	565	21324.60	18688.67	3829.03	1330.27
其他地区	697	23382.64	19513.06	4219.08	1424.53

2020 年全国报纸印刷量调查统计情况

本部分表格数据是由中国报业协会印刷工作委员会根据 152 家中央、各省市自治区，以及部分地市报纸印刷单位上报的 2020 年及 2019 年相关数据情况进行整理（见表 1 至表 7）。2020 年新冠肺炎疫情，给国民经济和社会生活都带来不小的影响，报纸出版发行也受到较大冲击，特别是对都市类报纸的影响更为明显，所以 2020 年与其他年份在报纸印刷总量变化上的可比性相对较低。

2020 年的报纸印刷量调查统计报告，仍按各单位年印刷量大小顺序列表，并分别列了各省市自治区汇总表。从全国六个大地区看，报纸印刷量都有下降，其中中南地区和东北地区下降幅度较大。从全国各省市自治区报纸年印刷量变化的幅度看，下降比较多的是广东、湖北、黑龙江、上海、北京、新疆、福建、重庆、辽宁和湖南，下降比较少的是山西、宁夏、吉林、云南、甘肃和内蒙古，只有西藏自治区增加了 5.46%。

表 1　2020 年全国主要报纸印刷量调查情况汇总表　（单位：亿对开印张）

年印刷量分档	企业数（家）	2019 年印刷量	2020 年印刷量	同比（%）
5 亿印张以上	28	253.35	223.24	–11.88
2 亿—5 亿印张	24	96.53	85.03	–11.91
1 亿—2 亿印张	43	77.26	62.93	–18.55
1 亿印张以下	57	29.53	26.46	–10.40
合计	152	456.67	397.66	–12.92

表2　2020年全国各地区报纸印刷量分布统计表

地区	省市	调查单位数量（家）		2019年印量（亿印张）		2020年印量（亿印张）			
		省市合计	地区合计	省市分列	地区合计	省市分列	同比（%）	地区合计	同比（%）
华北地区	北京	9	31	47.83	85.48	40.04	–16.29	75.21	–12.01
	天津	1		5.45		4.74	–13.03		
	河北	10		16.67		15.19	–8.88		
	山西	4		11.36		11.27	–0.79		
	内蒙古	7		4.17		3.97	–4.80		
东北地区	辽宁	5	12	13.68	25.66	11.69	–14.55	22.12	–13.80
	吉林	4		4.84		4.69	–3.10		
	黑龙江	3		7.14		5.74	–19.61		
华东地区	上海	2	48	18.83	155.20	15.60	–17.15	137.21	–11.59
	江苏	13		35.30		32.58	–7.71		
	浙江	11		39.75		35.12	–11.65		
	安徽	2		8.66		7.67	–11.43		
	福建	6		17.39		14.78	–15.01		
	江西	2		6.90		6.35	–7.97		
	山东	12		28.37		25.11	–11.49		
中南地区	河南	8	33	19.07	115.47	18.00	–5.61	96.20	–16.69
	湖北	7		19.65		15.51	–21.07		
	湖南	2		12.94		11.23	–13.21		
	广东	11		47.58		37.05	–22.13		
	广西	4		10.98		9.78	–10.93		
	海南	1		5.25		4.63	–11.81		
西南地区	重庆	2	12	8.92	44.79	7.59	–14.91	40.01	–10.67
	四川	5		21.19		18.58	–12.32		
	贵州	1		5.78		5.15	–10.90		
	云南	3		7.07		6.76	–4.38		
	西藏	1		1.83		1.93	5.46		
西北地区	陕西	6	16	12.41	30.07	10.80	–12.97	26.91	–10.51
	甘肃	3		6.78		6.47	–4.57		
	青海	2		2.58		2.36	–8.53		
	宁夏	1		2.00		1.95	–2.50		
	新疆	4		6.30		5.33	–15.40		
总计	31	152家		456.67亿印张		397.66亿印张			–12.92

表3　2020年报纸印刷量在5亿印张以上的单位

编号	单位	年印刷量（亿印张）			
		2020年		2019年	
		印量	同比（%）	印量	同比（%）
1	广东南方报业传媒控股公司印务分公司	15.71	–14.20	18.31	–11.76
2	上海报业集团印务中心	14.16	–15.41	16.74	–10.48
3	人民日报印刷厂	13.29	–10.14	14.79	1.00
4	浙江日报报业集团印务有限公司	13.23	–10.06	14.71	–10.03
5	四川日报报业集团印务公司	12.21	–7.08	13.14	–10.25
6	河南日报报业集团有限公司印务中心	12.02	1.78	11.81	–10.12
7	杭报集团盛元印务有限公司	8.73	–12.17	9.94	–11.49
8	江苏新华日报印务有限公司	8.48	0.00	8.48	–2.86
9	辽宁金印文化传媒股份有限公司	7.85	–9.46	8.67	–14.92
10	广西日报社印刷厂	7.62	–6.16	8.12	–8.14
11	华声在线股份公司湖南报业印务分公司	7.23	–14.74	8.48	–6.50
12	山东大众华泰印务有限责任公司	7.16	–10.05	7.96	–26.65
13	湖北楚天传媒印务有限责任公司	7.14	–16.69	8.57	–6.03
14	广州日报报业经营有限公司印务分公司	6.79	–31.41	9.90	–44.23
15	山西日报传媒（集团）印务有限责任公司	6.77	–4.11	7.06	18.86
16	新华社印务有限责任公司	6.71	–7.58	7.26	–15.87
17	重庆重报印务有限公司	6.21	–19.35	7.70	–14.44
18	中闻集团山东印务有限公司	6.17	–9.93	6.85	—
19	江西日报社印务中心	6.00	–7.69	6.50	–7.14
20	河北报业传媒集团印务有限公司	5.99	–6.11	6.38	–5.48
21	云南报业传媒集团有限责任公司印务中心	5.82	–2.51	5.97	–11.56
22	经济日报印刷厂	5.74	–9.61	6.35	2.09
23	福建日报报业集团印刷厂	5.73	–13.96	6.66	–9.30
24	深圳报业集团印务有限公司	5.48	–38.22	8.87	–28.76
25	甘肃日报报业集团有限公司印务分公司	5.46	–4.55	5.72	–11.32
26	新安传媒有限公司印务公司	5.29	–5.70	5.61	–12.07
27	贵州日报当代融媒体集团公司印务分公司	5.15	–10.90	5.78	–12.41
28	工人日报社印刷厂	5.10	–27.35	7.02	–2.50
总计	28家	223.24	–11.88	253.35	–12.96

表 4　2020 年报纸印刷量在 2 亿—5 亿印张的单位

编号	单位	年印刷量（亿印张）			
		2020 年		2019 年	
		印量	同比（%）	印量	同比（%）
1	南京时代传媒股份有限公司	4.75	–14.26	5.54	–8.00
2	天津北方报业印务股份有限公司	4.74	–13.03	5.45	–9.17
3	北京日报印务有限责任公司	4.69	–21.04	5.94	–17.15
4	海南日报社印刷厂	4.63	–11.81	5.25	–12.06
5	陕西日报社印刷厂	4.48	–4.68	4.70	–5.05
6	黑龙江龙江传媒有限责任公司	4.17	–15.59	4.94	–19.41
7	苏州日报印刷中心	4.01	–10.89	4.50	–5.06
8	徐州报业传媒集团印务中心	4.01	6.08	3.78	–10.00
9	长沙晚报传媒有限公司印务分公司	4.00	–10.31	4.46	–7.08
10	吉林日报社印务中心	3.83	–3.53	3.97	–13.13
11	石家庄报业传媒集团有限公司印务分公司	3.71	–15.49	4.39	–12.38
12	中闻集团西安印务有限公司	3.67	–8.71	4.02	—
13	中闻集团武汉印务有限公司	3.40	–20.93	4.30	—
14	太原日报传媒集团有限公司印务分公司	3.36	5.66	3.18	–6.63
15	宁波报业印刷发展有限公司	3.30	–8.33	3.60	–8.86
16	厦门报业传媒集团有限公司印务中心	3.22	–14.13	3.75	–7.86
17	成都日报社印刷厂	3.20	–12.33	3.65	–8.29
18	中闻集团南京印务有限公司	3.07	–2.54	3.15	—
19	新疆日报社印务中心	2.89	–9.97	3.21	–13.48
20	济南日报社印刷厂	2.54	–2.31	2.60	–7.14
21	泉州市新华印务有限责任公司	2.45	–19.67	3.05	–4.09
22	合肥报业传媒有限公司	2.38	–21.97	3.05	–5.57
23	湛江日报社印刷厂	2.30	–2.13	2.35	–8.56
24	武汉长江日报传媒集团公司印务分公司	2.23	–39.73	3.70	–13.60
总计	24 家	85.03	–11.91	96.53	–11.25

表5 2020年报纸印刷量在1亿—2亿印张的单位

编号	单位	年印刷量（亿印张）			
		2020年		2019年	
		印量	同比（%）	印量	同比（%）
1	内蒙古日报印务中心	1.98	–3.41	2.05	–12.39
2	无锡日报社印刷厂	1.95	–28.04	2.71	–9.06
3	烟台报捷新闻印刷有限责任公司	1.95	–24.42	2.58	–25.86
4	泰州日报社印务有限公司	1.95	–13.72	2.26	5.12
5	宁夏报业传媒集团印刷有限公司	1.95	–2.50	2.00	–8.26
6	西藏日报社印刷厂	1.93	5.46	1.83	–2.14
7	沈阳报业印务有限公司	1.91	–12.39	2.18	0.00
8	成都博瑞数码科技有限公司	1.87	–38.49	3.04	–14.37
9	中闻集团福州印务有限公司	1.86	–18.42	2.28	—
10	潍坊报业印务有限公司	1.86	–10.41	2.07	12.28
11	青海日报社印刷厂	1.71	–9.04	1.88	–12.56
12	中国青年报社印刷厂	1.70	–38.18	2.75	–31.93
13	郑州报业集团印刷厂	1.67	–24.77	2.22	–12.25
14	佛山珠江传媒印务与发行有限公司	1.66	–27.19	2.28	1.33
15	大连新闻传媒集团印务中心	1.61	–34.55	2.46	40.57
16	温州日报报业集团有限公司印务分公司	1.53	–30.45	2.20	–14.06
17	哈尔滨报达印务股份有限公司	1.48	–28.50	2.07	–20.08
18	上海证券报社有限公司印务中心	1.44	–31.10	2.09	–16.06
19	金华日报社印刷厂	1.44	–14.29	1.68	–5.08
20	青岛日报报业集团印务中心	1.41	–30.20	2.02	–16.18
21	河北工人报印务中心	1.39	–15.76	1.65	–2.37
22	重庆华数印务有限公司	1.38	13.11	1.22	–3.94
23	浙江嘉报设计印刷有限公司	1.36	–13.92	1.58	–7.06
24	浙江广育爱多印务有限公司	1.36	–10.53	1.52	–24.75
25	汕头经济特区报社印务中心	1.32	–13.16	1.52	–16.48
26	西安日报社印务中心	1.31	–22.49	1.69	–20.66
27	临沂日报社印刷厂	1.29	14.16	1.13	–18.12
28	扬州日报印刷有限责任公司	1.28	–14.67	1.50	—
29	浙江衢州盛元文创印业有限公司	1.28	–10.49	1.43	–11.18
30	东莞日报印刷厂	1.27	–13.01	1.46	–6.41
31	商丘京九印务有限公司	1.25	–3.85	1.30	–10.96
32	台州日报印务有限公司	1.23	–6.82	1.32	–5.71
33	中国日报社印刷厂	1.20	–43.13	2.11	–13.17
34	洛阳市报业印刷有限责任公司	1.18	–20.27	1.48	–23.71
35	湖北日报传媒集团三峡印务有限公司	1.18	–16.90	1.42	–8.97
36	福州报业印务有限公司	1.17	–10.00	1.30	–11.56
37	中闻集团青岛印务有限公司	1.15	–4.96	1.21	—
38	常州报业传媒印务有限公司	1.13	–13.08	1.30	–13.91
39	乌鲁木齐晚报印务有限公司	1.09	–26.85	1.49	1.36
40	惠州报业传媒印务有限公司	1.08	–10.00	1.20	–10.45
41	绍兴日报报业印务有限公司	1.08	–0.92	1.09	–13.60
42	南宁日报社印刷厂	1.07	–31.41	1.56	–18.32
43	河北经济日报社印务中心	1.02	–9.73	1.13	–11.72
总计	43家	62.93	–18.55	77.26	–12.16

表 6　2020 年报纸印刷量在 1 亿印张以下的单位

编号	单位	年印刷量（亿印张）			
		2020 年		2019 年	
		印量	同比（%）	印量	同比（%）
1	廊坊报业印务有限公司	0.97	76.36	0.55	10.00
2	泸州日报社印刷厂	0.95	–3.06	0.98	–4.85
3	中国人民解放军解放军报印刷厂	0.95	–3.06	0.98	1.03
4	襄阳日报绿色印刷产业园有限责任公司	0.94	0.00	0.94	70.91
5	兰州日报社印务中心	0.92	–5.15	0.97	–9.35
6	南阳日报社印刷厂	0.87	–18.69	1.07	4.90
7	昆明日报印刷厂	0.81	–13.83	0.94	–16.81
8	临汾兴闻报业印务有限公司	0.81	1.25	0.80	39.29
9	新疆生产建设兵团印刷厂	0.78	–11.36	0.88	—
10	连云港报业印务有限公司	0.78	–8.24	0.85	–21.30
11	陕西华商数码信息有限公司	0.74	–45.59	1.36	–43.33
12	镇江报业印务有限公司	0.71	–4.05	0.74	–24.49
13	法制日报社印刷厂	0.66	4.76	0.63	–25.88
14	青海西宁印刷厂	0.65	–7.14	0.70	–11.54
15	枣庄日报社印务中心	0.63	–4.55	0.66	–2.94
16	丽水日报印务有限公司	0.58	–14.71	0.68	–5.56
17	新疆日报社南疆印务中心	0.57	–20.83	0.72	–16.28
18	中山报业印务有限公司	0.57	–14.93	0.67	–12.99
19	长春市长报印刷有限公司	0.56	1.82	0.55	–6.78
20	桂林日报印刷厂	0.55	–9.84	0.61	–11.59
21	柳州日报社印刷厂	0.54	–21.74	0.69	–6.76
22	珠海特区报社印务中心	0.53	–10.17	0.59	–20.27
23	张家口日报社印刷厂	0.52	–16.13	0.62	–8.20
24	保定日报社印刷厂	0.45	–28.57	0.63	–16.00
25	邢台日报社印刷厂	0.45	–8.16	0.49	–5.66
26	泰安日报社泰报印务有限公司	0.44	–21.43	0.56	–28.21
27	开封日报社印务中心	0.43	–8.51	0.47	–2.08
28	延安融媒印务有限公司	0.42	–8.70	0.46	4.55
29	赤峰日报印刷厂	0.42	–4.55	0.44	–12.00
30	三峡日报社印刷厂	0.39	–18.75	0.48	–9.43
31	济宁日报社印刷厂	0.38	–30.91	0.55	–14.06
32	唐山劳动日报社印刷厂	0.38	–25.49	0.51	–15.00
33	九江日报社印刷厂	0.35	–12.50	0.40	–11.11
34	宜宾日报社印刷中心	0.35	–7.89	0.38	–17.39
35	南平市武夷美彩印中心	0.35	0.00	0.35	–2.78

（续）

编号	单位	年印刷量（亿印张）			
		2020 年		2019 年	
		印量	同比（%）	印量	同比（%）
36	西江日报电脑印刷中心	0.34	–20.93	0.43	–8.51
37	包头日报社印刷厂	0.34	–12.82	0.39	2.63
38	呼和浩特日报社印刷厂	0.33	–13.16	0.38	—
39	鄂尔多斯报业印务有限责任公司	0.33	–2.94	0.34	–10.53
40	长治日报印刷厂	0.33	3.13	0.32	–11.11
41	信阳日报社印刷厂	0.32	–11.11	0.36	9.09
42	承德日报社印刷厂	0.31	–3.13	0.32	–3.03
43	呼伦贝尔日报社出版印务中心	0.30	0.00	0.30	0.00
44	通辽日报社印报部	0.27	0.00	0.27	0.00
45	新报传媒集团有限公司印务中心	0.26	–27.78	0.36	–5.26
46	海门市海门日报印务中心	0.26	18.18	0.22	–4.35
47	咸宁香城印务有限公司	0.23	–4.17	0.24	4.35
48	张家港市报社印刷厂	0.20	–25.93	0.27	–3.57
49	延边报捷印务有限公司	0.18	–14.29	0.21	–8.70
50	营口日报印刷厂	0.18	0.00	0.18	–5.26
51	汉中报业传媒集团有限责任公司	0.18	0.00	0.18	—
52	锦州日报社印刷厂	0.14	–26.32	0.19	–29.63
53	寿光日报传媒有限公司	0.13	–27.78	0.18	—
54	玉溪日报社印刷厂	0.13	–18.75	0.16	–20.00
55	白城新闻印务有限公司	0.12	9.09	0.11	—
56	齐齐哈尔新闻传媒中心印刷厂	0.09	–30.77	0.13	—
57	武威日报社印刷室	0.09	0.00	0.09	0.00
总计	57 家	26.46	–10.40	29.53	–9.81

表7　2020年全国各省市自治区报纸印刷量情况

编号	单位	年印刷量（亿印张）			
		2020年		2019年	
		印量	同比（%）	印量	同比（%）
北京地区（包括中央各报印刷厂）		40.04	–16.29	47.83	–8.11
1	人民日报印刷厂	13.29	–10.14	14.79	1.00
2	新华社印务有限责任公司	6.71	–7.58	7.26	–15.87
3	经济日报印刷厂	5.74	–9.61	6.35	2.09
4	工人日报社印刷厂	5.10	–27.35	7.02	–2.50
5	北京日报印务有限责任公司	4.69	–21.04	5.94	–17.15
6	中国青年报社印刷厂	1.70	–38.18	2.75	–31.93
7	中国日报社印刷厂	1.20	–43.13	2.11	–13.17
8	中国人民解放军解放军报印刷厂	0.95	–3.06	0.98	1.03
9	法制日报社印刷厂	0.66	4.76	0.63	–25.88
天津市		4.74	–13.03	5.45	–9.17
1	天津北方报业印务股份有限公司	4.74	–13.03	5.45	–9.17
河北省		15.19	–8.88	16.67	–7.92
1	河北报业传媒集团印务有限公司	5.99	–6.11	6.38	–5.48
2	石家庄报业传媒集团公司印务分公司	3.71	–15.49	4.39	–12.38
3	河北工人报印务中心	1.39	–15.76	1.65	–2.37
4	河北经济日报社印务中心	1.02	–9.73	1.13	–11.72
5	廊坊报业印务有限公司	0.97	76.36	0.55	10.00
6	张家口日报社印刷厂	0.52	–16.13	0.62	–8.20
7	保定日报社印刷厂	0.45	–28.57	0.63	–16.00
8	邢台日报社印刷厂	0.45	–8.16	0.49	–5.66
9	唐山劳动日报社印刷厂	0.38	–25.49	0.51	–15.00
10	承德日报社印刷厂	0.31	–3.13	0.32	–3.03
山西省		11.27	–0.79	11.36	10.61
1	山西日报传媒集团印务有限责任公司	6.77	–4.11	7.06	18.86
2	太原日报传媒集团公司印务分公司	3.36	5.66	3.18	–6.63
3	临汾兴闻报业印务有限公司	0.81	1.25	0.80	39.29
4	长治日报印刷厂	0.33	3.13	0.32	–11.11
内蒙古自治区		3.97	–4.80	4.17	–9.11
1	内蒙古日报印务中心	1.98	–3.41	2.05	–12.39
2	赤峰日报印刷厂	0.42	–4.55	0.44	–12.00
3	包头日报社印刷厂	0.34	–12.82	0.39	2.63
4	呼和浩特日报社印刷厂	0.33	–13.16	0.38	—
5	鄂尔多斯报业印务有限责任公司	0.33	–2.94	0.34	–10.53
6	呼伦贝尔日报社出版印务中心	0.30	0.00	0.30	0.00
7	通辽日报社印报部	0.27	0.00	0.27	0.00

（续）

编号	单位	年印刷量（亿印张）			
		2020 年		2019 年	
		印量	同比（%）	印量	同比（%）
辽宁省		11.69	–14.55	13.68	–6.17
1	辽宁金印文化传媒股份有限公司	7.85	–9.46	8.67	–14.92
2	沈阳报业印务有限公司	1.91	–12.39	2.18	0.00
3	大连新闻传媒集团印务中心	1.61	–34.55	2.46	40.57
4	营口日报印刷厂	0.18	0.00	0.18	–5.26
5	锦州日报社印刷厂	0.14	–26.32	0.19	–29.63
吉林省		4.69	–3.10	4.84	–17.51
1	吉林日报社印务中心	3.83	–3.53	3.97	–13.13
2	长春市长报印刷有限公司	0.56	1.82	0.55	–6.78
3	延边报捷印务有限公司	0.18	–14.29	0.21	–8.70
4	白城新闻印务有限公司	0.12	9.09	0.11	—
黑龙江省		5.74	–19.61	7.14	–19.61
1	黑龙江龙江传媒有限责任公司	4.17	–15.59	4.94	–19.41
2	哈尔滨报达印务股份有限公司	1.48	–28.50	2.07	–20.08
3	齐齐哈尔新闻传媒中心印刷厂	0.09	–30.77	0.13	—
江苏省		32.58	–7.71	35.30	–6.84
1	江苏新华日报印务有限公司	8.48	0.00	8.48	–2.86
2	南京时代传媒股份有限公司	4.75	–14.26	5.54	–8.00
3	苏州日报印刷中心	4.01	–10.89	4.50	–5.06
4	徐州报业传媒集团印务中心	4.01	6.08	3.78	–10.00
5	中闻集团南京印务有限公司	3.07	–2.54	3.15	—
6	无锡日报社印刷厂	1.95	–28.04	2.71	–9.06
7	泰州日报社印务有限公司	1.95	–13.72	2.26	5.12
8	扬州日报印刷有限责任公司	1.28	–14.67	1.50	—
9	常州报业传媒印务有限公司	1.13	–13.08	1.30	–13.91
10	连云港报业印务有限公司	0.78	–8.24	0.85	–21.30
11	镇江报业印务有限公司	0.71	–4.05	0.74	–24.49
12	海门市海门日报印务中心	0.26	18.18	0.22	–4.35
13	张家港市报社印刷厂	0.20	–25.93	0.27	–3.57
上海市		15.60	–17.15	18.83	–11.14
1	上海报业集团印务中心	14.16	–15.41	16.74	–10.48
2	上海证券报社有限公司印务中心	1.44	–31.10	2.09	–16.06
浙江省		35.12	–11.65	39.75	–10.82
1	浙江日报报业集团印务有限公司	13.23	–10.06	14.71	–10.03
2	杭报集团盛元印务有限公司	8.73	–12.17	9.94	–11.49

（续）

编号	单位	年印刷量（亿印张）			
		2020年		2019年	
		印量	同比（%）	印量	同比（%）
3	宁波报业印刷发展有限公司	3.30	–8.33	3.60	–8.86
4	温州日报报业集团有限公司印务分公司	1.53	–30.45	2.20	–14.06
5	金华日报社印刷厂	1.44	–14.29	1.68	–5.08
6	浙江嘉报设计印刷有限公司	1.36	–13.92	1.58	–7.06
7	浙江广育爱多印务有限公司	1.36	–10.53	1.52	–24.75
8	浙江衢州盛元文创印业有限公司	1.28	–10.49	1.43	–11.18
9	台州日报印务有限公司	1.23	–6.82	1.32	–5.71
10	绍兴日报报业印务有限公司	1.08	–0.92	1.09	–13.60
11	丽水日报印务有限公司	0.58	–14.71	0.68	–5.56
安徽省		7.67	–11.43	8.66	–9.69
1	新安传媒有限公司印务公司	5.29	–5.70	5.61	–12.07
2	合肥报业传媒有限公司	2.38	–21.97	3.05	–5.57
福建省		14.78	–15.01	17.39	–7.96
1	福建日报报业集团印刷厂	5.73	–13.96	6.66	–9.30
2	厦门报业传媒集团有限公司印务中心	3.22	–14.13	3.75	–7.86
3	泉州市新华印务有限责任公司	2.45	–19.67	3.05	–4.09
4	中闻集团福州印务有限公司	1.86	–18.42	2.28	—
5	福州报业印务有限公司	1.17	–10.00	1.30	–11.56
6	南平市武夷美彩印中心	0.35	0.00	0.35	–2.78
江西省		6.35	–7.97	6.90	–9.74
1	江西日报社印务中心	6.00	–7.69	6.50	–7.14
2	九江日报社印刷厂	0.35	–12.50	0.40	–11.11
山东省		25.11	–11.49	28.37	–19.09
1	山东大众华泰印务有限责任公司	7.16	–10.05	7.96	–26.65
2	中闻集团山东印务有限公司	6.17	–9.93	6.85	—
3	济南日报社印刷厂	2.54	–2.31	2.60	–7.14
4	烟台报捷新闻印刷有限责任公司	1.95	–24.42	2.58	–25.86
5	潍坊报业印务有限公司	1.86	–10.41	2.07	12.28
6	青岛报业传媒数字印刷产业园公司	1.41	–30.20	2.02	–16.18
7	临沂日报社印刷厂	1.29	14.16	1.13	–18.12
8	中闻集团青岛印务有限公司	1.15	–4.96	1.21	—
9	枣庄日报社印务中心	0.63	–4.55	0.66	–2.94
10	泰安日报社泰报印务有限公司	0.44	–21.43	0.56	–28.21
11	济宁日报社印刷厂	0.38	–30.91	0.55	–14.06
12	寿光日报传媒有限公司	0.13	–27.78	0.18	—

（续）

编号	单位	年印刷量（亿印张）			
		2020 年		2019 年	
		印量	同比（%）	印量	同比（%）
河南省		18.00	–5.61	19.07	–10.60
1	河南日报报业集团有限公司印务中心	12.02	1.78	11.81	–10.12
2	郑州报业集团印刷厂	1.67	–24.77	2.22	–12.25
3	商丘京九印务有限公司	1.25	–3.85	1.30	–10.96
4	洛阳市报业印刷有限责任公司	1.18	–20.27	1.48	–23.71
5	南阳日报社印刷厂	0.87	–18.69	1.07	4.90
6	开封日报社印务中心	0.43	–8.51	0.47	–2.08
7	信阳日报社印刷厂	0.32	–11.11	0.36	9.09
8	新报传媒集团有限公司印务中心	0.26	–27.78	0.36	–5.26
湖北省		15.51	–21.07	19.65	–6.61
1	湖北楚天传媒印务有限责任公司	7.14	–16.69	8.57	–6.03
2	中闻集团武汉印务有限公司	3.40	–20.93	4.30	—
3	武汉长江日报传媒集团印务分公司	2.23	–39.73	3.70	–13.60
4	湖北日报传媒集团三峡印务有限公司	1.18	–16.90	1.42	–8.97
5	襄阳日报绿色印刷产业园责任公司	0.94	0.00	0.94	70.91
6	三峡日报社印刷厂	0.39	–18.75	0.48	–9.43
7	咸宁香城印务有限公司	0.23	–4.17	0.24	4.35
湖南省		11.23	–13.21	12.94	–6.71
1	华声在线公司湖南报业印务分公司	7.23	–14.74	8.48	–6.50
2	长沙晚报传媒有限公司印务分公司	4.00	–10.31	4.46	–7.08
广东省		37.05	–22.13	47.58	–24.15
1	广东南方报业传媒公司印务分公司	15.71	–14.02	18.31	–11.76
2	广州日报报业经营公司印务分公司	6.79	–31.41	9.90	–44.23
3	深圳报业集团印务有限公司	5.48	–38.22	8.87	–28.76
4	湛江日报社印刷厂	2.30	–2.13	2.35	–8.56
5	佛山珠江传媒印务与发行有限公司	1.66	–27.19	2.28	1.33
6	汕头经济特区报社印务中心	1.32	–13.16	1.52	–16.48
7	东莞日报印刷厂	1.27	–13.01	1.46	–6.41
8	惠州报业传媒印务有限公司	1.08	–10.00	1.20	–10.45
9	中山报业印务有限公司	0.57	–14.93	0.67	–12.99
10	珠海特区报社印务中心	0.53	–10.17	0.59	–20.27
11	西江日报电脑印刷中心	0.34	–20.93	0.43	–8.51
广西壮族自治区		9.78	–10.93	10.98	–9.85
1	广西日报社印刷厂	7.62	–6.16	8.12	–8.14
2	南宁日报社印刷厂	1.07	–31.41	1.56	–18.32

（续）

编号	单位	年印刷量（亿印张）			
		2020 年		2019 年	
		印量	同比（%）	印量	同比（%）
3	桂林日报印刷厂	0.55	–9.84	0.61	–11.59
4	柳州日报社印刷厂	0.54	–21.74	0.69	–6.76
	海南省	4.63	–11.81	5.25	–12.06
1	海南日报社印刷厂	4.63	–11.81	5.25	–12.06
	重庆市	7.59	–14.91	8.92	–13.15
1	重庆重报传媒有限公司印务中心	6.21	–19.35	7.70	–14.44
2	重庆华数印务有限公司	1.38	13.11	1.22	–3.94
	四川省	18.58	–12.32	21.19	–10.44
1	四川日报报业集团印务公司	12.21	–7.08	13.14	–10.25
2	成都日报社印刷厂	3.20	–12.33	3.65	–8.29
3	成都博瑞数码科技有限公司	1.87	–38.49	3.04	–14.37
4	泸州日报社印刷厂	0.95	–3.06	0.98	–4.85
5	宜宾日报社印刷中心	0.35	–7.89	0.38	–17.39
	贵州省	5.15	–10.90	5.78	–12.41
1	贵州日报当代融媒体集团印务分公司	5.15	–10.90	5.78	–12.41
	云南省	6.76	–4.38	7.07	–12.50
1	云南报业传媒集团有限公司印务中心	5.82	–2.51	5.97	–11.56
2	昆明日报印刷厂	0.81	–13.83	0.94	–16.81
3	玉溪日报社印刷厂	0.13	–18.75	0.16	–20.00
	西藏自治区	1.93	5.46	1.83	–2.41
1	西藏日报社印刷厂	1.93	5.46	1.83	–2.14
	陕西省	10.80	–12.97	12.41	–17.81
1	陕西日报社印刷厂	4.48	–4.68	4.70	–5.05
2	中闻集团西安印务有限公司	3.67	–8.71	4.02	—
3	西安日报社印务中心	1.31	–22.49	1.69	–20.66
4	陕西华商数码信息有限公司	0.74	–45.59	1.36	–43.33
5	延安融媒印务有限公司	0.42	–8.70	0.46	4.55
6	汉中报业传媒集团有限责任公司	0.18	0.00	0.18	—
	甘肃省	6.47	–4.57	6.78	–10.95
1	甘肃日报报业集团公司印务分公司	5.46	–4.55	5.72	–11.32
2	兰州日报社印务中心	0.92	–5.15	0.97	–9.35
3	武威日报社印刷室	0.09	0.00	0.09	0.00
	青海省	2.36	–8.53	2.58	–12.45
1	青海日报社印刷厂	1.71	–9.04	1.88	–12.56
2	青海西宁印刷厂	0.65	–7.14	0.70	–11.54

（续）

编号	单位	年印刷量（亿印张）			
		2020 年		2019 年	
		印量	同比（%）	印量	同比（%）
宁夏回族自治区		1.95	–2.50	2.00	–8.26
1	宁夏报业传媒集团印刷有限公司	1.95	–2.50	2.00	–8.26
新疆维吾尔自治区		5.33	–15.40	6.30	–10.26
1	新疆日报社印务中心	2.89	–9.97	3.21	–13.48
2	乌鲁木齐晚报印务有限公司	1.09	–26.85	1.49	1.36
3	新疆生产建设兵团印刷厂	0.78	–11.36	0.88	—
4	新疆日报社南疆印务中心	0.57	–20.83	0.72	–16.28

2020 年国内印刷装备、印刷器材主要商品进出口情况

表 1　2020 年国内印刷装备、印刷器材主要商品进口地（前 5 位）统计数据汇总表

税号	商品	进口来源地	数量（千克）	进口金额（美元）
84439929	数字印刷设备的其他零件及附件	日本	695967	217588755
		美国	163006	99812638
		中国	333931	54339722
		英国	75153	19509977
		新加坡	155256	16916720
税号	商品	进口来源地	数量（台）	进口金额（美元）
84431319	其他平张纸进料式胶印机	日本	141	83785773
		德国	529	370361324
		捷克	1	748366
税号	商品	进口来源地	数量（千克）	进口金额（美元）
32151900	其他印刷油墨	日本	2217318	113521353
		中国台湾	1994367	25061986
		韩国	1021721	21297388
		新加坡	448569	14431455
		英国	423163	12156134
税号	商品	进口来源地	数量（台）	进口金额（美元）
84433221	数字式喷墨印刷机，可连接	日本	3827	31142988
		中国	6809	18576412
		意大利	51	17970904
		泰国	56403	14524170
		西班牙	95	13899889
税号	商品	进口来源地	数量（台）	进口金额（美元）
84431313	平张纸进料式四色胶印机	日本	96	49926746
		德国	171	61780515
税号	商品	进口来源地	数量（千克）	进口金额（美元）
32159020	水性喷墨墨水	日本	1330517	31991187
		马来西亚	1224016	23946577
		印度尼西亚	696058	14369335
		菲律宾	653095	11369657
		美国	880965	10025192

（续）

税号	商品	进口来源地	数量（千克）	进口金额（美元）
84439190	用 8442 所列印版等印刷的机器用其他零件附件	德国	1683865	44046240
		日本	359388	11986560
		荷兰	21552	2449118
		泰国	11467	2012318
		瑞士	12213	1985041
税号	商品	进口来源地	数量（千克）	进口金额（美元）
32151100	黑色印刷油墨	日本	749068	32049130
		韩国	149236	8404488
		英国	177136	4911688
		法国	105682	4729254
		新加坡	125643	4416055
税号	商品	进口来源地	数量（台）	进口金额（美元）
84411000	切纸机	德国	419	26202819
		西班牙	5	7506254
		中国台湾	708	5554801
		意大利	26	3927232
		芬兰	5	2861223
税号	商品	进口来源地	数量（台）	进口金额（美元）
84433222	数字式静电照相印刷机，可连接	以色列	69	15396258
		中国	11596	13198022
		日本	523	9284575
		比利时	2	937176
		荷兰	21	887169

表 2　2020 年国内印刷装备、印刷器材主要商品出口地（前 5 位）统计数据汇总表

税号	商品	出口目的地	数量（台）	出口金额（美元）
84433221	数字式喷墨印刷机，可连接	美国	58200	120018431
		荷兰	15812	53630487
		德国	68658	39997715
		印度	8862	38209943
		巴基斯坦	475	32867888
税号	商品	出口目的地	数量（平方米）	出口金额（美元）
37013024	未曝光的 CTP 版，任一边 > 255mm	韩国	21562957	56428947
		比利时	11566429	33037329
		土耳其	8418477	20908188
		中国台湾	6782637	18194096
		越南	6183005	16692868
税号	商品	出口目的地	数量（台）	出口金额（美元）
84411000	切纸机	美国	1873871	74104391
		马来西亚	274571	28691621
		越南	15924	26582565
		荷兰	275110	24226564
		印度	51269	16077865

（续）

税号	商品	出口目的地	数量（台）	出口金额（美元）
84413090	其他制造箱、盒、管、桶或类似容器的机器	越南	2125	36564722
		印度	4634	35597045
		埃及	1180	18865337
		马来西亚	484	13514803
		泰国	1055	12777366
税号	商品	出口目的地	数量（千克）	出口金额（美元）
32159020	水性喷墨墨水	巴基斯坦	1502798	11935064
		新加坡	437866	10571990
		越南	1715965	9837169
		印度	1385131	8646552
		印度尼西亚	1234847	6981010
税号	商品	出口目的地	数量（千克）	出口金额（美元）
84439929	数字印刷设备的其他零件及附件	美国	392314	17434644
		日本	285118	11361297
		以色列	1082645	8870171
		荷兰	133564	8488086
		中国香港	186630	8173911
税号	商品	出口目的地	数量（台）	出口金额（美元）
84412000	制造包、袋或信封的机器	越南	1766	14583510
		印度	140	6105476
		土耳其	30	5870662
		泰国	151	4920887
		俄罗斯联邦	42	4402810
税号	商品	出口目的地	数量（千克）	出口金额（美元）
84419010	切纸机零件	德国	112494	5480072
		意大利	167085	2699200
		瑞士	7302	2044880
		中国台湾	96471	1617590
		美国	50999	1386329
税号	商品	出口目的地	数量（千克）	出口金额（美元）
32151900	其他印刷油墨	越南	3022845	12681677
		中国台湾	1492634	6112597
		巴基斯坦	1608400	4959772
		印度尼西亚	904137	4634474
		泰国	683145	3959632
税号	商品	出口目的地	数量（台）	出口金额（美元）
84431980	未列名印刷机	越南	7957	13983226
		美国	37927	8844022
		日本	1186	6284521
		马来西亚	890	5709339
		泰国	2012	4652304

表3　2020年国内印刷装备进出口对比

（单位：千美元）

进出口分类	印前设备	印刷设备	印后设备	金额合计
进口金额	51314	1536014	187065	1774393
占比	3%	86%	11%	100%
出口金额	135741	1245658	832870	2214269
占比	6%	56%	38%	100%

表4　2020年国内印刷装备印前、印刷、印后设备分项进出口对比

商品分类		进口金额（千美元）	出口金额（千美元）
印刷装备进口		1774393	2214269
a. 印前设备		51314	135741
	计算机直接制版机	13186	37776
b. 印刷设备		1536014	1245658
	胶印机	614107	93239
	凹印机	24400	46575
	柔印机	40771	63946
	丝印机	57558	69385
	数字印刷机	213782	673112
	印刷辅机和零件	573144	176934
c. 印后设备		187065	832870
	书刊装订设备	60667	26445
	包装印后设备	54735	380978
	其他印后设备	68868	422219

表5　2020年国内印刷装备进口前10位的商品

（单位：美元）

序号	税号	进口商品名称	数量单位	进口数量	进口金额	平均进口单价
1	84439929	数字印刷设备的其他零件及附件	千克	2395130	478590102	200
2	84431319	其他平张纸进料式胶印机	台	671	454895463	677937
3	84433221	数字式喷墨印刷机，可连接	台	139622	152513887	1092
4	84431313	平张纸进料式四色胶印机	台	267	111707261	418379
5	84439190	用8442所列印版等印刷的机器用其他零件附件	个	4691519	74037170	16
6	84411000	切纸机	台	9130	52870101	5791
7	84433222	数字式静电照相印刷机，可连接	台	12498	41369946	3310
8	84431600	苯胺印刷机	台	55	40770612	741284
9	84431922	平网印刷机	台	379	39403731	103968
10	84401090	其他书本装订机器	台	3968	37297241	9400
合计					**1483455514**	

表 6　2020 年国内印刷设备出口前 10 位的商品　（单位：美元）

序号	税号	出口商品名称	数量单位	出口数量	出口金额	平均出口单价
1	84433221	数字式喷墨印刷机，可连接	台	287370	607659265	2115
2	84411000	切纸机	台	4440141	333098917	75
3	84413090	其他制造箱、盒、管、桶或类似容器的机器	台	26262	280019880	10663
4	84439929	数字印刷设备的其他零件及附件	千克	3884773	109786762	28
5	84412000	制造包、袋或信封的机器	台	4422	100958317	22831
6	84419010	切纸机零件	千克	5796645	89119856	15
7	84431980	未列名印刷机	台	119905	82206767	686
8	84425000	制成的印版、印刷滚筒等	千克	5480624	80498168	15
9	84431600	苯胺印刷机	台	4113	63946375	15547
10	84431319	其他平张纸进料式胶印机	台	172	50149247	291565
合计					**1797443554**	

表 7　2020 年国内印刷器材进出口对比　（单位：千美元）

进出口分类	油墨 / 墨水类	版材类	金额合计
进口金额	401939	45944	447883
占比	90%	10%	100%
出口金额	223058	436999	660057
占比	34%	66%	100%

表 8　2020 年国内印刷器材进口商品排序　（单位：美元）

序号	税号	进口商品名称	数量单位	进口数量	进口金额	平均进口单价
1	32151900	其他印刷油墨	千克	8713630	229073211	26.29
2	32159020	水性喷墨墨水	千克	5839414	106754526	18.28
3	32151100	黑色印刷油墨	千克	1916380	66110944	34.50
4	37013025	柔性印刷版，任何一边超过 255 毫米	平方米	573592	31926484	55.66
5	37013024	未曝光的 CTP 版，任一边> 255mm	平方米	2380270	13469969	5.66
6	37013022	PS 版，任一边> 276mm	平方米	11974	547781	45.75
合计					**447882915**	

表 9　2020 年国内印刷器材出口商品排序　（单位：美元）

序号	税号	出口商品名称	数量单位	出口数量	出口金额	平均出口单价
1	37013024	未曝光的 CTP 版，任一边> 255mm	平方米	127397587	334426960	2.63
2	32159020	水性喷墨墨水	千克	19004265	131560394	6.92
3	32151900	其他印刷油墨	千克	19366672	82423185	4.26
4	37013022	PS 版，任一边> 276mm	平方米	36088024	81854790	2.27
5	37013025	柔性印刷版，任何一边超过 255 毫米	平方米	493230	20716859	42.00
6	32151100	黑色印刷油墨	千克	2198755	9074380	4.13
合计					**660056568**	

2020年重点造纸企业产量前30名基本情况

序号	单位名称	产量（万吨）		
		2019年	2020年	同比（%）
1	玖龙纸业（控股）有限公司	1502.00	1615.00	7.52
2	理文造纸有限公司	593.10	630.21	6.26
3	山东晨鸣纸业集团股份有限公司	501.00	577.00	15.17
4	山东太阳控股集团有限公司	499.40	547.77	9.69
5	山鹰国际控股股份公司	473.59	493.23	4.15
6	华泰集团有限公司	307.70	314.10	2.08
7	山东博汇集团有限公司	235.26	306.91	30.46
8	中国纸业投资有限公司	256.00	270.00	5.47
9	宁波中华纸业有限公司（含宁波亚洲浆纸业有限公司）	261.86	262.60	0.28
10	江苏荣成环保科技股份有限公司	253.00	233.00	–7.91
11	福建联盛纸业	203.00	230.00	13.30
12	金东纸业（江苏）股份有限公司	199.07	190.00	–4.56
13	金红叶纸业集团有限公司	192.00	177.00	–7.81
14	亚太森博中国控股有限公司	156.40	163.40	4.48
15	海南金海浆纸业有限公司	151.39	148.48	–1.92
16	东莞建晖纸业有限公司	147.22	148.00	0.53
17	山东世纪阳光纸业集团有限公司	125.95	146.13	16.02
18	浙江景兴纸业股份有限公司	143.71	134.86	–6.16
19	广西金桂浆纸业有限公司	135.00	134.03	–0.72
20	武汉金凤凰纸业有限公司	136.39	132.45	–2.89
21	维达国际控股有限公司	125.00	125.00	0.00
22	恒安国际集团有限公司	121.00	109.40	–9.59
23	东莞金洲纸业有限公司	154.09	107.35	–30.33
24	新乡新亚纸业集团股份有限公司	82.86	101.25	22.19
25	东莞金田纸业有限公司	61.67	95.41	54.71
26	芬欧汇川（中国）有限公司	89.50	92.00	2.79
27	河南省龙源纸业股份有限公司	78.97	82.98	5.08
28	永丰余造纸（扬州）有限公司	77.80	79.00	1.54
29	东莞顺裕纸业有限公司	55.95	68.60	22.61
30	大河纸业有限公司	63.01	62.73	–0.44

注：1. 数据来源，中国造纸协会
2. 按已收集到的数据排列